本书受中央团校（中国青年政治学院）资助出版

理学的家国天下

二程治道思想研究

胡静/著

人民出版社

责任编辑:刘海静

图书在版编目(CIP)数据

理学的家国天下:二程治道思想研究/胡静 著. —北京:人民出版社,2024.5
ISBN 978-7-01-026310-6

Ⅰ.①理… Ⅱ.①胡… Ⅲ.①程颢(1032-1085)-理学-研究
②程颐(1033-1107)-理学-研究 Ⅳ.①B244.6

中国国家版本馆 CIP 数据核字(2024)第 032985 号

理学的家国天下

LIXUE DE JIAGUO TIANXIA

——二程治道思想研究

胡 静 著

人民出版社 出版发行

(100706 北京市东城区隆福寺街 99 号)

北京汇林印务有限公司印刷 新华书店经销

2024 年 5 月第 1 版 2024 年 5 月北京第 1 次印刷

开本:710 毫米×1000 毫米 1/16 印张:20.25

字数:385 千字

ISBN 978-7-01-026310-6 定价:99.00 元

邮购地址 100706 北京市东城区隆福寺街 99 号

人民东方图书销售中心 电话 (010)65250042 65289539

目　录

序

二程是程朱理学的奠基人，也是宋明理学的奠基人，宋明理学之为宋明理学、理学之所谓“理”，是由二程提出、确立并奠定的。

程明道言：“吾学虽有所受，天理二字却是自家体贴出来。”（《程氏遗书》卷十二）“理”并非程子首创，孟子即讲过“理”，如言：“心之所同然者何也？谓理也，义也。”（《孟子·告子上》）庄子亦讲过“理”，如言：“天地有大美而不言，四时有明法而不议，万物有成理而不说。”（《庄子·知北游》）孟子、庄子之所谓“理”，其实与理学之所谓“理”，并无二致。然将“理”作为最基本的观念、作为一种思想学说的基础，还是二程的功劳。程伊川曰：“天下物皆可以理照，有物必有则，一物须有一理。”（《程氏遗书》卷十八）一物之为一物，一物之所以如此，其实只是理。世间万事万物之如此这般，其实只是天理的自然呈现。所以二程言曰：“天理云者，这一个道理，更有甚穷已？不为尧存，不为桀亡。人得之者，故大行不加，穷居不损。这上头更怎生说得存亡加减？”（《程氏遗书》卷二）“大行不加，穷居不损”，是说“理”本来就是如此，从来就是如此；人知与不知，亦只是如此；千百年之前、千百年之后，亦只是如此。所以，二程又言：“百理俱在，平铺放着。几时道尧尽君道，添得些君道多；舜尽子道，添得些孝道多？元来依旧。”（《程氏遗书》卷二）“元来依旧”，是说其原来如此，现在依然如此，不增亦不减。

朱子自觉地承继了二程的思想学说。在朱子看来，“未有天地之先，毕竟也只是理。有此理，便有此天地；若无此理，便亦无天地，无人无物，都无该载了。”（《朱子语类》卷一）“理”不仅是先在的，而且是一事物之所以为该事物的根据。

人们一般将宋明理学分作三系，程朱理学为一系，陆王心学为一系，张王气学为一系。心学与气学都是反对程朱理学的。

心学并不反对理本身，只是反对离心言理。心学的基本口号是："心即理""心外无理"。陆象山认为："人皆有是心，心皆具是理，心即理也。"（《与李宰书》）王阳明曰："有孝亲之心，即有孝之理；无孝亲之心，即无孝之理矣。有忠君之心，即有忠之理；无忠君之心，即无忠之理矣。理岂外于吾心邪？"（《传习录》中）在陆王心学看来，有人才有理，没有人焉有理。没有人，甚至这个世界也不是本来的世界。王阳明认为："天没有我的灵明，谁去仰他高？地没有我的灵明，谁去俯他深？鬼神没有我的灵明，谁去辨他吉凶灾祥？天地鬼神万物离开我的灵明，便没有天地鬼神万物了。"（《传习录》下）而如果站在程朱理学的角度，因为有理，才有这个世界，才有人；万一没有了人，即使没有了人，理还在那里，不增不减。朱子曰："万一山河大地都陷了，毕竟理却只在这里。"（《朱子语类》卷一）正因为如此，理才是绝对的、永恒的、至上的、崇高的。

气学也不反对理本身，只是强调理是气之理。张载强调气，但并未言及理气关系。王廷相认为："天地未生，只有元气，元气具则造化人物之道理即此而在。故元气之上，无物、无道、无理。"（《雅述》上）王夫之说："理者理乎气而为气之理，是岂于气之外别有一理以游行气之中者乎！"（《读四书大全说》卷十）如果认为理只是气之理，其结论当是：气有变化，理亦因之而有变化。如果理有变化，自然无所谓绝对性、自足性与超越性，而取消了理的绝对性、自足性与超越性，理也就不成为真正意义上的理了。

程朱理学最为显著的特点，即强调理的绝对性，突出理不为一人、一事、一物所局限的自足性与超越性。理的这种超越性与自足性，以及理的永恒性、至上性、崇高性，是理之为理的根本。理学最为关键的话，正是"天理云者，这一个道理，更有甚穷已？"如果不能明白这样一个道理，自然不能把握理学之根本。理是永恒的、至上的、崇高的，这三条基本原则，是二程所确立的，朱子只是继承与发挥。学术界对朱子的研究远超过对程子的研究，其实是不尽合理的。

胡静从硕士到博士，一直跟随我学习，其硕士及博士学位论文均以二程学术为题。学术界对二程的研究，过去多留意于天理论、心性论、格致论，胡静的博士论文则以二程的治道思想为题，展开了一个新的研究向度。

儒学本来是有强烈的政治情怀的。《大学》所标举的"八条目"，本来是一个系统，由格物致知，而诚意正心，而修身、齐家、治国、平天下，这是一个层层展开、层层推进的系统。程朱理学推崇《大学》，推崇格物致知，亦推崇修齐治平。胡静认为，二程的治道思想可以概括为："家国天下，一理而已"。如何处理父子君臣之关系？如何修齐治平？其实就是如何落实"天理"；如何齐家、治国、平天下？其实就是"天理"的具体落实。"家"是"家国天下"治道体系的第一层次，齐家是"治道之始"，是治国平天下的起点。"天理"落实于父子为"慈"与"孝"，落实于兄弟为"友"与"悌"，落实于夫妇为"正"与"恒"。"国"是"家国天下"治道体系的第二层次，以"天理"统摄君臣之道，君主应秉持乾健与大公之道，臣子当秉持坤顺与守职之道，综合使用"纲纪"与"德刑"，随时因革、鉴古知今。"天下"是"家国天下"治道体系的第三层次，二程的"天下"，强调的是"为万世开太平"，以圣人之道为天下之道，由此强调兴教育，崇礼乐。二程的治道思想，是以"天理"为统摄，而赋予齐家、治国、平天下具体的实际内容。二程的治道思想，原本是以分散的形式散见于各种文本，经胡静博士这种整理，使其成为一种系统的学说。

如今她的博士论文能够在人民出版社出版，更是难能可贵。我真为她感到高兴！

是为序。

罗安宪

2023年6月23日

导　论

“华夏民族之文化，历数千载之演进，造极于赵宋之世。”①两宋时期，是中国学术文化的造极期。张立文先生进一步揭示了这一“造极”，认为这是中华文化和合创新、五千年文脉继承发展所达致的度越汉唐、和合三教、学风创新和学术繁荣的新时期，也是学术多元、学派林立、自由辩论、成果辉煌的新时期。孕育于两宋之际的宋明理学，成就了继先秦百家之学和汉唐三教哲学之后中国古代哲学的又一巅峰，是这一造极期最为典型的代表。

两宋三百余年间，群贤辈出，程氏兄弟独领风骚。程颢(1032—1085 年)，字伯淳，世称明道先生。程颐(1033—1107 年)，字正叔，程颢之胞弟，世称伊川先生。由于二人的兄弟关系和学问宗旨的一致性，故多合而并言二程，其学派被称为“洛学”。② 二程的哲学体系围绕“天理”而展开，是理学一脉的主流。本书正是立足于二程的哲学思想，以其所开创的独具特色的“天理”理论为经，以儒家齐家、治国、平天下的传统“外王”之道为纬，展开对二程“天理”统摄下家国天下治道体系的系统研究。

一、二程学术地位评析

关于“理学”阶段的划分，学界多有讨论。黄宗羲认为：“识者谓五星聚奎，濂洛关闽出焉；五星聚室，阳明子之说昌；五星聚张，子刘子之道通。”③黄

---

① 陈寅恪：《金明馆丛稿二编》，上海古籍出版社 1980 年版，第 245 页。

② 关于二程思想的异同，学界主流观点有三：第一种观点认为，二程思想根本不同，分属两个思想系统，代表人物有冯友兰、牟宗三、蔡仁厚、庞万里等；第二种观点认为，二程思想基本相同，可以不作区分，代表人物有吕思勉、侯外庐、潘富恩、张立文、徐远和等；第三种观点是一种中间立场，认为二程思想基本精神一致，但在理论形态和强调重点等方面表现出不同倾向，代表人物有唐君毅、劳思光、陈来、李景林等。本书立足于对齐家、治国、平天下“外王”之道和由此所构建的“家国天下”治道体系展开探讨，在这些方面，二程的政治思想并无大的不同，故采用第二种观点。

③ (明)黄宗羲撰，(清)全祖望补修：《蕺山学案》，《宋元学案》卷 62，中华书局 1986 年版，第 1515 页。

宗羲此论将“理学”三分:第一阶段是程朱理学阶段,又称“濂洛关闽”阶段,“濂”为周敦颐,“洛”为程颢、程颐,“关”为张载,“闽”为朱熹;第二阶段是阳明心学阶段;第三阶段为刘宗周阶段。这一划分,多有黄宗羲因师从刘宗周而刻意拔高刘宗周学术地位的嫌疑。

现代,侯外庐将宋明理学的发展分为宋元、明及清初两个时期。其中,10 世纪中期至 14 世纪中期的宋元时期进一步分为北宋和南宋两个阶段,北宋是理学的形成及初步发展阶段,代表人物有周敦颐、张载、程颢、程颐;南宋,随着理学的发展,朱子之学渐次取得统治地位,这一阶段代表人物有胡宏、吕祖谦、朱熹、张栻、陆九渊等。14 世纪中期至 17 世纪的明及清初时期进一步分为明初、明中期、明后期及清前期三个阶段,明初是朱子之学统治阶段,明中期是阳明之学崛起及传播阶段,明后期及清前期是对理学的总结批判阶段,产生了周汝登的《圣学宗传》、孙奇逢的《理学宗传》、黄宗羲和全祖望的《宋元学案》《明儒学案》等巨著。①

张立文则将宋明理学自身的演变和发展分为理学的开创、奠基、集成、解构、总结、延续六个阶段。其中,开创阶段代表人物为周敦颐。周敦颐援佛道入儒,吸收释道二家的思辨特性,借鉴释道二家有关宇宙生成理论,为理学家出入佛道开辟了新的路径;他融汇《五经》《周易》《中庸》及佛道思想,阐述了一系列为理学家不断解释的新的核心话题或哲学范畴;他提出“立人极”的成德成圣标准、圣人之道的修养路径等诸多问题,由此,周敦颐也成为“道学宗主”。奠基阶段代表人物为二程和张载。二程和张载开启理学以“理”为核心的全新的学风;他们探索自然、社会、人生的内在依据,在道德形而上学、伦理人性、格物致知等方面成为理学关注的诸多新命题的奠基人。集成阶段代表人物为朱熹。朱熹构建了贯通“理”与“气”的道体,来探究自然、社会与人生现象背后的“所以然之故”和“所当然之则”;融合儒释道及诸子百家而归宗于儒,将万事万物的必然性升格为一种普遍性“天理”,并由此构建了博大精深的理学思维逻辑结构;使形而上学的“理”世界与万物现象世界相互交融。此后,解构阶段的代表人物为王守仁,总结阶段的代表人物为王夫之,而现代新儒家是宋明理学的延续。②

---

① 参见侯外庐、邱汉生、张岂之主编,张岂之修订:《宋明理学史》,西北大学出版社 2018 年版,第 10—13 页。

② 参见张立文:《中国哲学思潮发展史》,人民出版社 2014 年版,第 800—816 页;张立文:《宋明理学研究》,人民出版社 2002 年版,第 23—30 页。

纵观这些对宋明理学发展阶段的划分,可以窥见二程在学界一直处于一种“不上不下”的尴尬地位。“不下”,是因为任何划分都无法忽视二程对理学发展的重要作用。周敦颐虽被誉为理学一脉的开山师祖,但其理学思想尚处于萌芽阶段,对理学核心命题“天理”的阐发尚不充分,与释道二家多有关联,且界限尚不明确;张载“关学”独创气论一脉,重视对“气”的研究,与其他学者多有区别。故而,从理学本质——重视阐述义理和以“天理”为核心话题而言,①二程一系正是理学之正统。陈来就指出:“二程与周、张、邵的最大的差别,是二程把‘理’或‘天理’提升为本体,这是使理学得以区别于魏晋玄学、汉唐儒学的重要根据。把‘天理’确立为最高范畴,使之贯通天人,统摄自然世界与人文世界,为儒家的价值理想提供了形上的依据,这才是理学之所以为新儒学的根本。周敦颐、张载、邵雍的哲学中都没有把儒家的价值提升到哲学的最高地位,而二程正是在这一点上,超过了宋代理学前期的发展,奠定了他们自己在理学史上的地位。”②“不上”,则是因为二程理学思想的光芒常被稍后于二程、集理学之大成的朱熹所掩盖。因二程与朱熹思想的传承性和一致性,常被合称为“程朱”,其哲学常被合称为“程朱理学”;但也正因为与朱熹并立,二程理学思想的价值常被严重低估。

事实上,二程是理学最为重要的开创者之一,理学的几乎全部核心命题在二程这里都已经产生,而朱熹则多为发挥与集大成之功。

朱熹(1130—1200 年),字元晦,南宋理学家,开闽学一派,集儒学大成,世尊称为“朱子”。朱熹是自宋代以来学问最广博、影响最深远的大家,是唯一非孔子亲传弟子而位列大成殿十二哲、享祀孔庙的儒家学者,其理学思想成为元、明、清三代官学,所编著《四书章句集注》一书成为科举选士钦定教材。对于朱熹的理学贡献,吕思勉在《理学纲要》一书中的评价最为中肯:“朱子于学,最宗濂溪及二程。……至其哲学思想,则未有出于周、张、二程之外者。不

---

① 关于“理学”概念的演变:南宋,“理学”称谓便已出现,朱熹、陆九渊等学者都有论及,主要指以讲求义理、回归道统为特色的儒学;宋末明初,胡一桂、张九韶等学者进一步将“理学”明确为以周敦颐、邵雍、张载、二程、朱熹等为代表的讲求义理的儒学,故所谓“理学”即“程朱理学”;明代中期,王守仁、王畿等学者调和朱陆,将与程朱相对的陆王一脉亦称为“理学”,“理学”称谓流行开来;明末清初,黄宗羲、孙奇逢等学者皆用“理学”指称涵括程朱陆王等在内的宋明儒学,自此成为学界约定俗成的称谓。“理学”本质即以“天理”为核心话题,以阐述义理为特色。

② 陈来:《宋元明哲学史教程》,生活·读书·新知三联书店 2010 年版,第 95 页。

过研究更为入细，发挥更为透辟耳。”①由此，吕思勉将朱熹称为宋学的“集成者”而非“创造家”。朱熹关于理气、心性、涵养的理论，多是在前贤的思想理论基础上论而深之、推而广之、大而化之，尤其是对二程的思想有着高度的继承。但是，由于朱熹综合各家、熔铸而成一个庞大圆融的哲学体系，成为理学的集大成者，学界对程朱理学乃至宋明理学的研究，多呈现重“朱”而轻“程”的倾向，对二程相关思想的重视程度不够、研究热度不高、研究成果不足。

二程的思想为后世理学的发展奠定了坚实的理论基础，其在哲学史上所创造的学术价值和所产生的学术影响，与其所受到的重视程度是极不相称的。故而，本书回归宋明理学的重要开创者二程，强调其对于理学在学理上的奠基作用，还原、正视二程在中国哲学史上重要之地位。同时，从二程的“天理”与家国天下“治道”体系入手，系统阐述朱熹对二程“天理”治道思想的一脉继承，从学术源流上厘清理学脉络，还原、正视二程治道思想在中国政治哲学史上之重要地位。

二、百年来二程哲学与治道思想研究情况

相较于朱熹、王守仁等大家，学界对同为宋明理学之大家的二程兄弟研究不够充分，这些有限的研究又主要集中于二程的“天理”论及其影响、心性论、知行论、格物致知论等方面；而对二程的治道论研究一直比较薄弱。

关于二程哲学思想的研究情况，诸多学者进行过较为全面的总结，基本每10年左右都会有新的、较为系统的综述类文章出现。如1984年徐仪明的《二程哲学思想研究的新进展》②、1994年蔡方鹿的《1949年以来程颢、程颐研究述评》③、2002年王心竹的《20世纪中国大陆程朱理学研究综述》④、2015年敦鹏的《近40年来二程思想研究综述》⑤等。

王心竹将20世纪以来中国大陆的程朱理学研究划分为四个时期，这大致也是二程哲学思想研究的分期。1900年至1949年为开创期，研究二程的论文多以人物个案为主，如两不的《程伊川之宇宙观》（1921年），这也是目前所

① 吕思勉：《理学纲要》，东方出版社1996年版，第94页。
② 徐仪明：《二程哲学思想研究的新进展》，《中州学刊》1984年第1期。
③ 蔡方鹿：《1949年以来程颢、程颐研究述评》，《社会科学研究》1994年第2期。
④ 王心竹：《20世纪中国大陆程朱理学研究综述》，《哲学动态》2002年第1期。
⑤ 敦鹏：《近40年来二程思想研究综述》，《保定学院学报》2015年第4期。

知的最早的二程研究相关论文。著作方面，谢无量在其《中国哲学史》(1915年)中即分述二程之学；吕思勉的《理学纲要》(1931年)也对明道伊川的学说提出独到见解。此外，冯友兰的《中国哲学史》(1934年)、范寿康的《中国哲学史通论》(1936年)等都对二程有所研究。1950年至1965年为探索期，对二程的研究多采用唯心主义和唯物主义的划分，认为二程哲学整体上代表客观唯心主义学说，是为封建统治阶级服务的。涉及的相关著作包括杨荣国的《简明中国思想史》(1952年)、侯外庐的《中国思想通史》(1959年)、任继愈的《中国哲学史》(1964年)等；专门研究二程的论文有两篇。1966年至1976年为挫折期，时值"文化大革命"，故对程朱理学的批判不断升温。除牟宗三的《心体与性体》(1968—1969年)由台北正中书局出版外，研究二程的著作还有《程颢程颐及其思想批判》(1974年)、《程颢程颐言论选批》(1975年)等。1977年至20世纪末为发展期，二程研究真正获得发展，二程的理气观、人性论、知行问题、理欲观等都获得深入研究。

蔡方鹿重点对1949年至1994年学界二程学研究情况进行了考辨，他指出，"文化大革命"结束后，从1980年冯友兰发表《程颢、程颐》的论文起，二程研究逐渐掀起了一股热潮；其间1988年在洛阳召开了"全国洛学与传统文化学术讨论会"，收录出版二程研究文章40篇，促进相关研究的发展。这一期间，出版了4本专著①，2本文集。从1949年到1994年，出版著作多本，海外发表二程研究论文达80篇以上。

敦鹏对改革开放以来学界二程学研究成果进行了补充，认为一些中青年学者异军突起，深化了对二程思想的研究。② 此外，众多的中国哲学史、宋明理学史以及中国思想、文化、政治等专门著作都对二程有所涉猎。③ 此外，英

① 包括刘象彬的《二程理学基本范畴研究》(1987年)，徐远和的《洛学源流》(1987年)，卢连章的《二程学谱》(1988年)，潘富恩、徐余庆的《程颢程颐理学思想研究》(1988年)。

② 如庞万里的《二程哲学体系》(1992年)、蔡方鹿的《程颢程颐与中国文化》(1996年)、徐洪兴的《旷世大儒——二程》(2000年)等。

③ 如冯友兰的《中国哲学史新编》(1999年)，萧萐父、李锦全的《中国哲学史》(1982年)，郭齐勇、冯达文的《新编中国哲学史》(2004年)，侯外庐的《宋明理学史》(1984年)，张立文的《宋明理学研究》(1985年)，陈来的《宋明理学》(1991年)，蒙培元的《理学范畴系统》(1989年)，刘泽华的《中国政治思想史》隋唐宋元明清卷(1996年)。港台地区相关研究成果则有韦政通的《中国思想史》(1980年)、唐君毅的《中国哲学原论》(1984年)、劳思光的《新编中国哲学史》(2005年)、余英时的《宋明理学与政治文化》(2008年)等。

国著名汉学家葛瑞汉撰写的《中国的两位哲学家：二程兄弟的新儒学》（1999年）一书，是在海外出版的二程研究重要成果。

近年来，与二程学密切相关的著作陆续出现，如付长珍的《宋儒境界论》（2008年）、宋大琦的《程朱礼法学研究》（2009年）、王心竹的《理学与佛学》（2011年）、傅凤英的《理学与道家道教》（2011年）、耿静波的《北宋五子心性论与佛教心性论关系研究》（2016年）等。尤为可喜的是，一大批二程哲学研究专著如雨后春笋般涌现，如温伟耀的《成圣之道——北宋二程修养工夫论之研究》（2004年）、郭晓东的《识仁与定性——工夫论视域下的程明道哲学研究》（2006年）、姜海军的《程颐〈易〉学思想研究——思想史视野下的经学诠释》（2010年）、刘乐恒的《伊川理学新论》（2014年）、赵振的《二程语录研究》（2015年）、郑臣的《内圣外王之道——实践哲学视域内的二程》（2015年）、唐纪宇的《程颐〈周易程氏传〉研究》（2016年）、姜海军的《二程经学思想研究》（2016年）、彭耀光的《二程道学异同研究》（2016年）、肖孟夏的《"体用一源，显微无间"：程伊川的理一本思想研究——以〈程氏易传〉为中心》（2017年）等。不难看出，近年来对二程哲学的研究呈现出三个新倾向：一是对二程哲学研究的视野更为广阔，道学、经学、佛学、语录等都成为二程哲学研究所关注的点；二是对程颢、程颐单人的研究愈加深入，并出现了对某一专门著述的研究；三是二程的易学思想成为二程研究的新热点。

同时，近年来二程哲学研究的相关学术论文不断涌现，代表性论文包括徐洪兴的《论二程思想之异同》（《复旦学报（社会科学版）》，2006年），蔡方鹿的《程颢程颐在宋学和理学中的地位》（《学习论坛》，2007年），刘立夫、张玉姬的《儒佛生死观的差异——以二程对佛教生死观的批判为中心》（《孔子研究》，2010年），魏义霞的《"安于义命"：二程的性命哲学及其道德旨趣》（《齐鲁学刊》，2012年），彭耀光的《二程辟佛与理学建构》（《哲学动态》，2012年），蔡方鹿的《二程的人性修养思想与价值观》（《道德与文明》，2014年），彭耀光的《二程的"道学"与道统观——以二程对孟子性论的诠释为中心》（《东岳论丛》，2015年），黄勇撰、崔雅琴译的《论二程如何化用〈孟子〉》（《社会科学》，2019年），张连伟、李晗的《辟佛、反本与开新：二程"生之谓性"新解》（《中国哲学史》，2019年），李景林、杨静的《诚敬存养与格物穷理——二程人格修养学说述论》（《人文杂志》，2019年），等等。

纵观百余年间对二程哲学的讨论,内容涵括二程的"天理"论、心性论、认识论、佛道论、政治哲学、经学、思想异同等。百余年来,学界对二程学的重视程度呈递增趋势,研究视角不断全面、研究范式也逐渐完善,二程学的研究取得了较为丰富的成果和极大的进展。但是,正如敦鹏在《近40年来二程思想研究综述》一文中指出的:"随着20世纪末'诠释学'方法的引入,学界普遍认为二程文本中的丰富思想远远没有挖掘出来,大思想家的魅力在于他们的思想拥有无限的阐释空间。"①相较于学界对朱熹、王阳明等宋明理学家长期以来系统而深入的研究,目前学界对二程相关思想理论的研究尚不够充分和完备。比如,在内容方面,与哲学思维密切相关的心性义理仍是研究重镇,而对二程哲学中经世致用的部分关注较少;在研究思路方面,相关研究多沿用西方哲学的理路,而缺乏对二程作为中国哲学家思想体系的内在理解,缺乏从二程思想体系内部挖掘并构建其理论框架的探索。就这些角度而言,二程学的研究依然任重而道远。

二程治道思想研究情况也不容乐观。何谓"治道"? 方朝晖在《"治道"考义——纪念钱穆先生诞辰125周年》一文中对"治道"作了系统研究,指出:中国古代规范意义上的"治道"概念可以从四个层面来理解:一是政治意义上"践道""行道"或"求道";二是针对具体事务、具体时期或具体朝代的治理之道,即"以道治理";三是一套完整的治理天下和国家的抽象原理,即"治理之道",这种"治道"概念是典型的形而上的;四是现实中出现的治理方式,近于今日"理政"之义。该文同时指出,"治道"一词在宋代出现频繁:《宋元学案》中出现49次,而《明儒学案》中仅出现5次;《宋史》中出现65次,为二十五史之最;"治道"在宋代各家的著述中出现也非常频繁,其中在二程论著和文集中出现22次,是宋代主要理学家中论"治道"次数仅次于朱熹(23次)的。②

本书所研究的二程"治道"思想,统合了以上四种关于"治道"的解释,取齐家治国平天下的原理与方法之义,是一种大的"治道"概念。既有抽象意义上理想化的治理之道、致治之道,如程颐《周易程氏传·解卦》之"则当修复治

① 敦鹏:《近40年来二程思想研究综述》,《保定学院学报》2015年第4期。

② 参见方朝晖:《"治道"考义——纪念钱穆先生诞辰125周年》,《政治思想史》2020年第4期。

道，正纪纲，明法度”①；也有现实层面的针对具体事务的治理方式，如程颢《论养贤劄子》之“陛下时赐召对，诏以治道，可观其材识器能也”②；既有就政治局面而言，如程颐《遗书》之“唐之治道付之尚书省，近似六官，但法不具也”③；也有就治理过程而言，如二程《粹言》之“治道之要有三，曰：立志，责任，求贤”④。

“治道”一般属于二程政治哲学的范畴，是二程哲学研究的基本内容之一，但也仅是基本内容之一，从来不是二程哲学研究的主流。⑤ 学界对二程治道思想、政治哲学的关注和讨论一直不够充分。比如，2017 年，彭永捷主编的《中国政治哲学史》第二卷出版，全书共十一章，横亘汉晋唐宋元明清几朝；其间，对两宋治道与政治哲学的讨论，包括王安石的新外王政治哲学、司马光的礼治政治哲学、朱熹的“天理”秩序与南宋浙东学派的经世哲学等，但二程并未被论及。⑥ 这与朱熹作为宋代理学中道学一系的集大成者相关，但并不意味着二程的政治哲学思想不具备学术价值。正如彭永捷在该书前言中所言：“（朱熹）他的学术思想重申了二程兄弟对遥远圣王时代的取法和对后世历代与现世政治的批判，‘三代以上天理流行，三代以下人欲横肆’‘千载无真儒，百世无善治’。”⑦二程的“天理”观念及“家国天下”治道思想，为朱熹的“天理”秩序确立了核心、提供了“模板”，其在中国政治哲学史上的价值是不可估量的。

早期，学界关于二程治道思想的研究主要集中在以下几个领域。

一是从政治史的角度，对二程治道思想与王安石熙宁变法的关系进行探

① （宋）程颐、程颢著，王孝鱼点校：《解卦》，《周易程氏传》卷 3，《二程集》，中华书局 1981 年版，第 901 页。

② （宋）程颐、程颢著，王孝鱼点校：《明道先生文一》，《河南程氏文集》卷 1，《二程集》，中华书局 1981 年版，第 455 页。

③ （宋）程颐、程颢著，王孝鱼点校：《伊川先生语一》，《河南程氏遗书》卷 15，《二程集》，中华书局 1981 年版，第 159 页。

④ （宋）程颐、程颢著，王孝鱼点校：《河南程氏粹言》卷 1，《二程集》，中华书局 1981 年版，第 1218 页。

⑤ 参见林存光、王法强：《义理、权势与政治——二程兄弟的政治哲学论纲》，《政治思想史》2018 年第 3 期。

⑥ 参见彭永捷：《中国政治哲学史》第二卷，中国人民大学出版社 2017 年版。

⑦ 彭永捷：《中国政治哲学史》第二卷，中国人民大学出版社 2017 年版，第 4 页。

讨。比如，冯友兰的《中国古代著名哲学家评传・程颢、程颐》一书中提出，二程和王安石关于是否进行“变革”的主张有一定相似之处，程颢就言“愿陛下奋天锡之勇智，体乾刚而独断，霈然不疑”（《论王霸劄子》），支持宋仁宗在一些具体政事上进行变革。① 侯外庐等的《宋明理学史》则指出，（二程）对新法自始至终都采取不调和的态度而加以猛烈抨击，认为二程是王安石变法和熙宁新政的坚定反对者。② 潘富恩、徐余庆在《论二程的变革理论和对熙宁新政的态度》一文中提出，二程虽然反对王安石变法，但反对的是王安石以“兴利”为目的的变法，而主张“尚德”。③ 目前，对这一话题的讨论无出乎以上三种观点之外，且基本已成定论，更因其偏向于政治学和历史学领域，已不再是二程政治哲学研究的主要问题。

二是从儒家伦理纲常的角度，对二程政治思想与封建制度的关系进行讨论。这一讨论集中出现在 20 世纪 80 年代。其时，恰逢改革开放初期，学界围绕宋明理学和二程展开了诸多学术研讨。如 1981 年 10 月，中国哲学史学会等主办全国宋明理学讨论会，冯友兰、贺麟、任继愈、张岱年、石峻等近 300 位海内外专家学者齐聚，形成了国内宋明理学和二程学研究的热潮。此时，对二程“代表豪族地主利益”“为封建专制主义服务”“贞洁杀人不见血”的思想予以全面否定，还是回归二程政治哲学思想本身进行客观研究，造成了不同学者的学术分歧。部分学者主张将二程的思想与封建专制主义挂钩，如卢广森在《二程的崇儒重道思想》一文中指出，二程在建立理学体系的过程中提出崇儒重道，试图从理或“天理”的高度论证封建主义制度、伦理道德的“永恒性”和“合理性”，应通过对其思想的剖析，肃清封建主义残余思想。④ 张岱年则撰文《正确评价二程洛学》，主张二程洛学是理性主义的哲学，并非完全为专制制度辩护，其对君主的错误是加以纠正的，故而要对二程进行历史的、辩证的分析。⑤ 张岱年的文章为理性研究、客观评价二程学术思想拉开了序幕。此后，

---

① 参见冯友兰：《中国古代著名哲学家评传・程颢、程颐》，齐鲁书社 1981 年版。

② 参见侯外庐、邱汉生、张岂之主编，张岂之修订：《宋明理学史》，西北大学出版社 2018 年版。

③ 参见潘富恩、徐余庆：《论二程的变革理论和对熙宁新政的态度》，《学术月刊》1986 年第 3 期。

④ 参见卢广森：《二程的崇儒重道思想》，《中州学刊》1983 年第 6 期。

⑤ 参见张岱年：《正确评价二程洛学》，《中州学刊》1988 年第 4 期。

随着时代的发展和学术环境的宽松,相关讨论已基本不再被意识形态所裹挟,逐渐走向张岱年所言的科学的分析之路。

三是对二程治道思想从哲学层面展开学术讨论。这也是目前学界对二程政治哲学研究的主要范式。比较有代表性的研究著作如下:张立文的《宋明理学研究》一书,从二程的哲学逻辑结构出发,对其政治思想与伦理道德学说并论,围绕君尊民卑、性心情、"天理"人欲、饿死失节等话题一一展开。① 宋大琦的《程朱礼法学研究》一书,从礼法的角度对二程的治道思想进行探讨,明确了礼法学在理学体系中的地位、礼法是法的外在表现形式、仁义是礼法的内在精神等问题,并兼论了义利、王霸、德刑和变法。② 刘乐恒在《伊川理学新论》一书中专设对程颐"政道篇"的研究,认为《程氏易传》的政治思想包含三个层面的问题:"治体"方面的"中"与"正","治法"方面的"仁"与"公","治者"方面的"德"与"位"。③ 郑臣的《内圣外王之道——实践哲学视域内的二程》一书,以亚里士多德开创的实践哲学思想为视域研究内圣外王之道,提出以二程为代表的儒家哲学是一种体现道德与政治高度合一的"活的哲学"的论断。④ 唐纪宇的《程颐〈周易程氏传〉研究》一书,由《周易程氏传》之二五之应、乾坤之德等,对所涉及的君臣共治、君道臣道等政治哲学思想进行了论说等。⑤ 但这些研究,多集中于某一具体视角、具体领域甚至具体著作,相关研究缺乏系统性,特别是缺少对二程政治哲学作为儒家"外王"之学的、立足中国哲学自身体系的系统化研究。

比较有代表性的学术论文如下:李存山的《庆历新政与熙宁变法——兼论二程洛学与两次"革新政令"的关系》(《中州学刊》,2004 年),邓子纲、王芳芳的《二程的"孝"思想及其现代意义》(《船山学刊》,2010 年),李晓虹的《从"理·仁·礼"看二程的孝道思想》(《中州学刊》,2012 年),刘丰的《宋代礼学的新发展——以二程的礼学思想为中心》(《中国哲学史》,2013 年),任锋的《"体乾刚健":二程政治思想的非常气质》(《学术月刊》,2015 年),敦鹏的

---

① 参见张立文:《宋明理学研究》,人民出版社 2002 年版。
② 参见宋大琦:《程朱礼法学研究》,山东人民出版社 2009 年版。
③ 参见刘乐恒:《伊川理学新论》,岳麓书社 2014 年版。
④ 参见郑臣:《内圣外王之道——实践哲学视域内的二程》,上海人民出版社 2015 年版。
⑤ 参见唐纪宇:《程颐〈周易程氏传〉研究》,人民出版社 2016 年版。

《二程关于政治改革的构想与实践》(《现代哲学》,2016 年),李永富的《引君当道　致君尧舜——二程论格君心之非》(《东岳论丛》,2016 年),姚季冬的《程颐君臣观的治道意涵》(《政治思想史》,2018 年),林存光、王法强的《义理、权势与政治——二程兄弟的政治哲学论纲》(《政治思想史》,2018 年),陈力祥的《顺理而治　发政施仁——二程王道政治伦理思想发微》(《求索》,2019 年),刘增光的《理学视域中的礼说——程颐论郊祀宗祀与宗子法》(《黑龙江社会科学》,2020 年),范立舟的《程颢、程颐论"王道"与"治道"及其现代意义》(《浙江社会科学》,2020 年),等等。这些研究成果进一步丰富了二程治道思想研究。

此外,从目前被知网收录的博士学位论文来看,对二程哲学思想的研究本身就比较少,涉及二程治道思想研究的尤为凤毛麟角。截至 2022 年,知网收录各高校历年博士学位论文 13 篇,其中文学学科 1 篇①,法学学科 1 篇②,哲学学科 11 篇。在 11 篇哲学论文中,非中国哲学专业 2 篇③,中国哲学专业 9 篇。9 篇中二程哲学比较研究 2 篇④,二程哲学专门研究 7 篇。7 篇中有 2 篇专门研究程颢哲学,见谢寒枫的《程颢哲学研究》,丁涛的《程颢理学思想研究》⑤;3 篇立足易学视角研究二程特别是程颐哲学,见肖梦夏的《"体用一源,显微无间":程伊川理一本思想研究——以〈程氏易传〉为中心》,李永富的《易学视野下的二程理学建构》,于江波的《理学和易学交融视域下的程颐礼法哲学思想研究》⑥;仅有 2 篇专门研究二程治道,见郑臣的《内圣外王之道——实

---

① 黄锦君:《二程语录语法研究》,博士学位论文,四川大学文学与新闻学院,2002 年。

② 丁静:《二程教化思想研究》,博士学位论文,南京理工大学人文与社会科学学院,2017 年。

③ 王鹏英:《二程理学美学思想研究》,博士学位论文,山东师范大学文学院,2009 年;洪梅:《二程生态伦理思想研究》,博士学位论文,中南大学公共管理学院,2012 年。

④ 王绪琴:《气本与理本——张载与程颐易学哲学比较研究》,博士学位论文,南开大学哲学院,2012 年;李学卫:《张载与程颐易学比较研究》,博士学位论文,陕西师范大学哲学与政府管理学院,2018 年。

⑤ 谢寒枫:《程颢哲学研究》,博士学位论文,中国社会科学院研究生院哲学系,2002 年;丁涛:《程颢理学思想研究》,博士学位论文,西北大学中国思想文化研究所,2019 年。

⑥ 肖梦夏:《"体用一源,显微无间":程伊川理一本思想研究——以〈程氏易传〉为中心》,博士学位论文,复旦大学哲学学院,2014 年;李永富:《易学视野下的二程理学建构》,博士学位论文,山东大学哲学与社会发展学院,2017 年;于江波:《理学和易学交融视域下的程颐礼法哲学思想研究》,博士学位论文,山东大学哲学与社会发展学院,2019 年。

践哲学视域内的二程》，敦鹏的《二程政治哲学研究》。①

其中，郑臣的《内圣外王之道——实践哲学视域内的二程》已出版，前面已有讨论；敦鹏的《二程政治哲学研究》，主体部分分为“本体与伦理——二程政治哲学的超越根据”“道统与王道——二程政治哲学的思想谱系”“义利与礼法——二程政治哲学的现实视域”三章，注重从哲学层面对二程政治思想进行讨论，但无法直观展现二程政治哲学的体系，未能凸显二程政治哲学与其他儒家思想家政治哲学本质上的区别，从而在逻辑推进和价值彰显上存在一定困难。丁静的《二程教化思想研究》一文对治道也有所论及，但因论文归属于法学学科、中国传统文化与思想政治教育方向，罕有对哲学义理的研讨，相关研究不够深入和充分。故而，对二程治道思想进行系统、深入的探究是非常有必要的，对学界而言有着开创与补足之效。

三、二程治道思想研究的基本思路与方法

由于北宋积贫积弱、内忧外患的特殊社会环境，以及士大夫阶层崛起并提出与君主同治天下的主张，“治道”在北宋特别是在二程这里，是一个不容忽视的重要命题。余英时指出，“今天我们一提起理学（或道学），便马上会联想到理、气、心、性等形而上的观念，这在当时张载和二程的语录中，往往笼统地称之为‘道德性命’。‘道德性命’是所谓‘内圣’之学；作为研究的对象，它当然可以与‘外王’分开，自成一独立的领域”；但是，他尤其强调的是，从整个宋代儒学的发展历史来看，绝不能认为理学等同于“内圣”之学，在理学家对“内圣”与“外王”的构想中，两者是不可分割的整体，“而且‘内圣’领域的开拓正是为了保证‘外王’的实现”。② 这种“内圣”与“外王”的相圆融和对“外王”之学的强调，在二程这里尤为凸显。二程接续儒家道统，将“天理”本体与“外王”之道相结合，构建出独具特色的治道体系，在儒家治道的继承和阐扬方面都作出了重要贡献，也成为宋代理学对中国政治思想史的一大历史贡献。

关于“天理”，二程创建了以“天理”为核心的哲学体系。二程指出，“天理”是宇宙的本体，为万事万物的必然法则。无论是宇宙的运行，万物的化

---

① 郑臣：《内圣外王之道——实践哲学视域内的二程》，博士学位论文，复旦大学哲学学院，2007 年；敦鹏：《二程政治哲学研究》，博士学位论文，河北大学哲学与社会学学院，2013 年。

② 余英时：《宋明理学与政治文化》，广西师范大学出版社 2014 年版，第 4 页。

生，莫不依据“天理”而行，并归结于同一个“天理”。但是，二程“天理”本体的设立，绝不仅仅是为了探究宇宙本体和道德来源，一切形而上的理论构建终归服务于形而下的社会人生。事实上，个人的修德向善、儒家的纲常法则、社会的兴替运转，亦是至高无上、至实不虚的“天理”在人世间的流行和表现。二程“天理”思想的重要意义，正在于由“天道”而言“人事”，由“天理”的大化流行而言人世间的国家社会治理，以期为积贫积弱、内忧外患的北宋王朝提供一种国家振兴、社会安定、长治久安的思想理论根基。

关于“家国天下”的“外王”之道，也由二程的发扬而再次昌明。“内圣外王”，初见于《庄子·天下篇》之“是故内圣外王之道，暗而不明，郁而不发”。但对“内圣外王”予以推崇和贯彻的却是儒家。在儒家，“内圣”即通过心性修养达至仁、圣等境界；“外王”即通过社会教化实现仁政与王道。“内圣外王”由孔子定其根本，由孟子、荀子分别就“内圣”和“外王”进行阐发，再由《大学》之“三纲”“八目”合内圣外王之道。“内圣”与“外王”合而成为一个互相贯通的体系，也成为儒家历代知识分子的最高追求。

“外王”，按照《大学》八纲目的划分，其主干内容即“齐家治国平天下”的治理之道，寄托了儒家家庭和美、社会和谐、天下为公的理想目标，展现了传统儒家的人文关怀、社会关切和大局意识。可以说，“外王”是中国古代政治哲学的主体。然而，“外王”思想在孔孟荀之后出现了偏移，从两汉、魏晋到唐代，或被异化为君权神授，或被割裂与“内圣”关联，或被佛道侵蚀，或被避而不谈，儒家“外王”之道不彰，“内圣”之道不显。及至二程，面对北宋危局，在“天理”的框架下重构儒家的“家国天下”的“外王”体系，呈现出既延续儒家传统又赋予“家国天下”以新的内涵，既注重对“内圣”之学的阐扬又在“外王”之学的理论与事业方面多有创建的鲜明特质。

二程将其“天理”本体与“外王”之道相结合。在二程看来，将“天理”落实于“治道”，正是实现“外王”政治的重要途径。“天理”之于家，便是纠正人伦的齐家之道；“天理”之于国，便是君臣同治的治国之道；“天理”之于天下，便是垂治万世、“为万世开太平”的平天下之道。“天理”分殊，形成“家国天下”贯通的“外王”体系；反之，修齐治平亦是为了复现至实不虚的“天理”。这成为二程治道体系区别于其他学者的最为核心的特质，是二程对于治道论的重要思想贡献。二程的治道体系，接续道统、统合儒家“内圣外王”之道，并为

“家国天下”的治理提出可靠方案，在二程哲学自身、宋明理学乃至中国哲学史的研究上都极具学术价值和实践意义，成为整个程朱理学、宋明理学的政治哲学研究模板，成为理学思潮在中国政治哲学上的重要贡献。

鉴于此，本书立足于对二程文本的分析，系统提出二程“天理”统摄下的家国天下治道体系这一概念，从二程首创的“天理”本体和齐家治国平天下的儒家传统政治秩序入手，深刻剖析二程的治道思想，深化对理学政治哲学体系的思考与理解。

本书主要采用以下研究方法。

其一，文献学研究法。文献是中国哲学研究的基础。对二程治道思想的研究，采用“释古”的文献学研究法，重视对原始文献的阅读，以文本为核心依据，通过全面深入地解读文本，来准确把握二程的真实思想，避免流于主观推断。同时，注重问题意识和对哲学义理的考察，立足于《二程集》《朱子语类》《宋元学案》等原典，以及《资治通鉴》《宋史》《全宋文》等史料，在贴合其命题本义的基础上，系统梳理二程治道体系的思想脉络。

其二，诠释学研究法。不少学者对二程“天理”观及其关于“家国天下”的思想作过一定的分析探讨，取得一定的成果。其中，涌现了冯友兰、钱穆、侯外庐、牟宗三、潘富恩、张立文、陈来等一批宋明理学研究大家；而学界一些后起之秀也对宋明理学提出诸多深刻的见解。须充分利用现有研究成果，加以参考借鉴，用综合思维系统诠释二程治道思想。

其三，比较研究法。比较研究是哲学研究必不可少的基本方法。只有通过比较，才能彰显哲学家思想体系的不同之处，展现其对于哲学史的重要意义。比如，家、国、天下观念在历史上的演变和三个概念本身之间的差异；大程、小程之间具体理论的分殊；程氏后学对二程思想各有侧重的继承；二程与朱熹思想的对照；等等。在对比中深刻剖析二程治道思想，充分厘清相关理论，凸显二程对儒家治道思想的特殊贡献。

其四，整体联系法。哲学家的政治观，与其关于宇宙、本体、心性等的看法密不可分，共同构成完整的哲学体系。故而，在考察二程的治道思想时，立足整体性、全面性思维，将其作为哲学大厦的有机组成部分加以研究探讨。同时，“家国天下”是关于实践的学问，也应注重理论与实践的联系，探讨二程“天理”统摄下家国天下治道体系的多重意义。

第一章　中国古代的家国天下

在中国传统文化背景中，"家国天下"具有丰富的意蕴和深刻的内涵。四字拆分，"家""国""天下"各有其相对独立的意义，映射着中国文化对社会、对世界的基本认知；四字组合，是"家国天下"这一固定的文化搭配，以体系化的组合成为儒家治道的核心命题。

自《礼记·大学》确立齐家、治国、平天下的儒家治道展开次第后，"家国天下"治道思想历经盛衰隆替。宋代，随着理学兴起，以二程为代表的理学家直追先师孔孟，复兴儒家"外王"之道，在"天理"框架下重构儒家"家国天下"的治道体系，使得儒家"家国天下"治道思想再次焕发光彩。

第一节　文化学意义上的家国天下

对家、国、天下从文字和文化源流上予以考察，可以洞察其深层文化意义。家、国、天下是与人类社会息息相关的文化概念，均在早期文明中就已经出现，并随着文明的演进而不断丰富其内涵。其中，"家"以"人"为核心，是父母、子女、兄弟、夫妻之间血脉与情感关联所形成的联合体，是每个家庭成员最为坚实有力的精神寄托，是社会最为基本和重要的组成单位；"国"以"地"为核心，在历史发展中，实现由分封制"封邦建国"背景下诸侯之"封国"，向大一统王朝中央集权背景下君主所管辖统治的"全国"之"国"的转变，是一个超越了具体王朝而存在的、以中原为中心的政治文明共同体；"天下"，则兼具地理学意义上的天下全部的土地、政治学意义上的理想政治秩序、心理学意义上的得天下万民之心、社会学意义上的人世间风俗教化等多重内涵。

一、以人为核心的家

"家"，《说文解字》释为"家，居也，从宀，豭省声"。即家是居住的地方、住所。《尔雅》释为“户牖之间谓之扆”，“其内谓之家”。“户”，单扇的门；“牖”，室和堂之间的窗子；“其内谓之家”，即以户牖为界线所间隔起来的相对独立的内部空间就是“家”。二者都是从空间住所上来定义“家”。但是，仅仅有一处住所、有一栋房子是不能成为家的。

“家”作为一个会意兼形声字，其基本内涵还可以从甲骨文、金文、楚系简帛等古文字的字形中予以探究。纵览早期各类文字中“家”的字形，甲骨文中作、、，①金文作、、，②楚系简帛作、、，③《说文》作、，此后逐渐演变为今文“家”，其古文字字形与现通用字形在结构上基本一致，均由居于上的穹盖“宀”和居于下的动物“豖”组成，这从侧面表明“家”的基本内涵自古至今是一致的。

首先，有一处相对独立、封闭的住所，这是构成“家”的外在条件；其次，家中一定有“豖”，即有猪，这代表着“家”的物质财富。房子，是人为而结；猪，是人为而养。一个家庭有房子并有一定的物质积累，其隐藏条件即一定有人的参与。而关于家中的“人”，正是“家”这一概念的核心，并由对“人”的分别而衍生出不同的“家”的内涵。其主要内涵有三。

其一，中国传统文化中的“家”的概念。“家”是由父母子女之间血脉情感所形成的关联体。《颜氏家训·兄弟》言：“夫有人民而后有夫妇，有夫妇而后有父子，有父子而后有兄弟：一家之亲，此三而已矣。”《孟子·滕文公上》曰：“父子有亲，君臣有义，夫妇有别，长幼有序，朋友有信。”从构成上而言，“家”必然包含了父亲、母亲与孩子三个成员，也就衍生了夫妇、父子及可能存在的兄弟三种关系。从居所上而言，家庭成员间一般有一个相对固定的居所，以供家庭成员日常生活、工作的展开。从关系上而言，家庭成员之间各有分工，彼此间有着最为亲密的情感，家也是每个家庭成员最为坚实有力的精神寄托。由此，便形成了“家”这一社会最基本也是最核心的单元。

其二，中国古代政治上的“家”的概念。这里的“家”具有双重内涵。一是

① 参见中国社会科学院考古研究所：《甲骨文编》，中华书局2004年版，第315页；于省吾：《甲骨文字诂林》，中华书局1996年版，第1995—2001页。

② 参见容庚：《金文编》，中华书局1985年版，第510页；周法高、张日昇：《金文诂林》，香港中文大学出版社1975年版，第382页。

③ 参见滕壬生：《楚系简帛文字编（增订本）》，湖北教育出版社2008年版，第678—680页。

自夏朝开始,大道既隐,天下为家,国家政权为统治者所私有,国家是统治者一家的私产,世代承袭。在这种“家天下”的背景下,“家”就是“国家”、就是“天下”;天子就是“天家”,如汉蔡邕《独断》“天子无外,以天下为家,故称天家”;《后汉书·曹节传》“车马服完,拟于天家”。对此,冯友兰先生在《新事论》一书中指出:“旧日所谓国者,实则还是家。皇帝之皇家,即是国,国即是皇帝之皇家,所谓家天下者是也。”①二是分封制下的卿大夫之田邑封地曰“家”。《左传·桓公二年》:“天子建国,诸侯立家,卿置侧室,大夫有贰宗,士有子弟,庶人工商各有分亲,皆有等衰。”《孟子·梁惠王上》:“大夫曰:何以利吾家?”西周分封制形成了统治阶层内部“天子——诸侯——卿大夫——士”的等级序列。“天子建国”,“天子”将土地分给王室子弟或功臣,被分封者称为“诸侯”,“诸侯”所有的封地采邑称为“国”;“诸侯立家”,“诸侯”在自己的封疆内再次分封土地,被分封者称为“卿大夫”,“卿大夫”所有的封地采邑称为“家”。在其“家”内,“卿大夫”是一“家”之主,掌握军政大权。

其三,“家”在古代典籍中还有一种较为少见的用法。与“室”相对:“室”,指妻子、妻室;“家”,指丈夫、婆家,称丈夫之家为“家”。这一概念在《诗经》等典籍中较为多见,如《诗经·周南·桃夭》“桃之夭夭,灼灼其华。之子于归,宜其室家”中的“家”就特指夫家。再如《孟子·滕文公下》:“丈夫生而愿为之有室,女子生而愿为之有家。”《左传·桓公十八年》:“女有家,男有室,无相读也,谓之有礼。”《国语·齐语》:“罢士无伍,罢女无家。”韦昭注:“夫称家也。”男子出生,父母便愿他得有妻室;女子长大,父母便愿她得觅婆家;夫妇安于家室,则与礼相合,无所亵渎;品德不好的女子,则没有婆家能够接纳。此外,有时候还称著述家为“家”,见汉班固《汉书·武帝纪赞》“孝武初立,卓然罢黜百家,表彰‘六经’”;《荀子·解蔽》“今诸侯异政,百家异说,则必或是或非,或治或乱”;等等。

本书所论述的“家”,是第一种意义上中国传统文化中的“家”,也是与现流通义最为一致的“家”。正如罗安宪的《论中国文化学意义上的“家”》一文所言,“家”是中国文化中一个含有多种感情色彩、多种感情成分的复杂概念,

---

① 冯友兰:《新事论》,商务印书馆1940年版,第68页。

同时具有生活、学习、工作、宗教四方面的功能，宜在现代社会重新进行审视。① 孙向晨在《家：中国文化最切近的当代形式》一文中强调，“家”是中国人理解世界的起点，是伦理的诞生，是陌生人社会的家园，也是慎终追远的寄托，“‘家’成了中国文化意义与价值的发源地，既是社会的最基本组织，也是精神的安放之地，也成为中国人理解世界的基本模式”。② “家”是一个涵括广泛的综合概念，须从各个方面对其进行全面考察。

二、以地为核心的国

国，《说文解字》释为“邦也，从囗从或，古惑切”；再观“邦”，《说文》释为“国也，从邑丰聲”。《说文》以“邦”“国”互训，对此，段玉裁注曰：“周礼注曰：大曰邦，小曰国，析言之也。许云：邦，国也；国，邦也，统言之也。……古者城郭所在曰国曰邑而不曰邦，邦之言封也。”③据此，“国”的基本意义是“邦”，但二者又有一定区别。概而言之，“国”就是“邦”；具体言之，大的封界称“邦”，“邦”就是所封之地；小的封界称“国”；再小的封界则称“邑”，也就是现在的“城”。

再从字形来看，自“国”的概念产生起，其基本内涵就是一致的。“国”，金文作、、，④楚系简帛作、、，⑤《说文》作，此后逐渐演变为今文“国”。纵观这些字形，虽然形态各异，但基本来说皆从“囗”从“或”。“囗”，如字形，表示疆域；“或”，《说文》“邦也，从口从戈，以守一；一，地也。通作域”，持武器守护土地，亦表疆域、邦国。由此，划地成围以为“国”。“国”作为封国、封地的基本意义就比较明确了。

“国”的古义，即主要指作为“封国”之国，也就是古代诸侯、王侯的封地。如上文提及，西周分封制下天子有“天下”，诸侯有“国”，大夫有“家”。周天子将土地和人民分给王室子弟、功臣或者古代帝王后裔，被分封者称为“诸侯”，“诸侯”所有的封地采邑称为“国”，又称为“诸侯国”“封国”“藩国”。诸

① 罗安宪：《论中国文化学意义上的“家”》，《中国人民大学学报》2017 年第 3 期。

② 孙向晨：《家：中国文化最切近的当代形式》，《中央社会主义学院学报》2020 年第 5 期。

③ (清)段玉裁：《说文解字注》，上海古籍出版社 1988 年版，第 1129 页。

④ 参见容庚：《金文编》，中华书局 1985 年版，第 426 页；周法高、张日昇：《金文诂林》，香港中文大学出版社 1975 年版，第 320、493 页。

⑤ 参见滕壬生：《楚系简帛文字编（增订本）》，湖北教育出版社 2008 年版，第 595 页。

侯在各自诸侯国内享有最高统治权。当时，诸侯林立，《荀子·儒效》称“周公兼制天下，立七十一国，姬姓独居五十三人”，较大的诸侯国有虢国、虞国、宋国、鲁国等。春秋时期，周天子对诸侯的控制力减弱，各诸侯国发展不均，春秋五霸出现；战国时期，三家分晋等事件相继发生，大的诸侯国只剩下齐楚燕韩赵魏秦七国。活动于东周晚期的孔子、孟子、老子等所言之“国”即多为这种意义上的“诸侯国”。这种意义上的“国”随不同朝代形式各异的分封制的存在而持续存在，如汉代出现“郡国”等具体形式。

在历史演进中，随着大一统王朝中央集权的不断加强，“封国”之“国”的实际权力不断衰弱，用“国”称之已名不副实。故此，自宋代开始，“国”开始向着更大的疆域，即“全国”“天下”的概念转向，“国”作为“封国”古义的逐渐消解，而作为“全国”之“国”的意义逐渐确立。沈毅在《“家”“国”关联的历史社会学分析——兼论“差序格局”的宏观建构》一文中详细考证了这种转向。沈毅借鉴吴晗、费孝通等学者于 1948 年提出的宋代皇权和绅权最终确立的观点，指出宋代随着科举制的完全确立，真正实现了君主与士大夫统治的联合；与此同时，宋代皇族内部的分封不再，实现了“国”与“天下”在皇权集权层面上的合一。① 由此，宋代“国”的概念无论是在地理上还是在内涵上都更为阔大，真正成为古代意义上的“国家”“中国”概念。这也是二程所谓“治国”的具体语境。

除上述意义外，“国”的具体内涵还因文化语境的不同而有所阐发。比如，“国”可以作为“国都”之国，即一国最高政权机关所在地。周代，以郊为分界线，王畿以内划分为“国”和“野”两大区域，王城和四郊总称为“国”。故而，又多以“国”代称都城。见《礼记·礼运》：“故祭帝于郊，所以定天位也，祀社于国，所以列地利也。”《周礼·士师》：“三曰国禁。”注：“城中也。”再如，“国”在历史发展中也衍生为对一些地方、地域或者家乡的模糊称呼。比如我国南方可以泛称为“南国”，见《诗经·小雅·四月》“滔滔江汉，南国之纪”，将长江流域称为“南国”；《楚辞·九章·橘颂》“受命不迁，生南国兮”，将江南一带称为“南国”。家乡可以称呼为“国”“故国”，见杜甫《上白帝城》“取醉

---

① 沈毅：《“家”“国”关联的历史社会学分析——兼论“差序格局”的宏观建构》，《社会学研究》2008 年第 6 期。

他乡客,相逢故国人";卢僎《南望楼》"去国三巴远,登楼万里春";等等。

三、天下:理想政治秩序

"天",《说文解字》解释为"颠也,至高无上,从一大"。颠者,人之顶也,"天"就是人头顶之上至高无上的苍穹,这就是大陆文明国家所认知的自然性的"天"。"天"不仅有自然义,还有形成于夏商周之际的神秘主义的"天命"之"天"。为了论证自身政权的合法性,夏商周普遍宣扬君权神授观念:夏代的统治者宣称其政权受于"天";商朝统治者构造出"帝"这一至高无上的神,与巫术结合假托神意来控制民众;西周统治者为了巩固政权,将道德与"天"的概念相结合,天子的天命代理人身份愈加明确;这一思想又被孔子、墨子等思想家进一步继承,"天"被赋予了主宰性、义理性、道德性等丰富内涵。对"天"的不同解读,也造成了对"天下"的不同理解。

作为中国文化中特有的一个概念,诸多学者对"天下"进行了深入研究。较有代表性的观点如:赵汀阳称"天下"为"关于帝国的一种理想或者说完美概念",有三重基本意义:一是在地理学意义上,指代"天底下所有土地",即人类所居的整个世界;二是在心理学意义上,指代"民心","得天下"主要指"得民心";三是在伦理学、政治学意义上,指向"一种世界一家的理想或乌托邦(所谓四海一家)"。① 干春松则将"天下"分殊为两重内涵:一是作为地理概念,"天下"是一块起初范围不确定、呈不断扩展趋势的土地;二是作为一种与"国"相对的价值体,"天下"是一种理想政治秩序。② 综合考察学者们的核心观点,可知将"天下"从地理维度和政治维度予以解读是学界共识。

从地理维度和政治维度而言,"天下"指的是统治政权及其所拥有的土地,并有狭义和广义两重内涵。从狭义来看,"天下"指代天子实际统治的土地,也就是"中国"。③ 如《尚书·召诰》"其惟王位在德元,小民乃惟刑用于天下,越王显",周公上书劝诫成王,要发扬王的美德,治理好臣民,这里的"天下"仅指周统治的地区。《礼记·礼运》"故圣人耐以天下为一家,以中国为一

---

① 赵汀阳:《"天下体系":帝国与世界制度》,《世界哲学》2003 年第 5 期。

② 干春松:《天下,全球化时代的托古改制》,《中国书评》2006 年第 5 辑。

③ 这里的"中国",指古代王权中心所在、华夏族群居所在的黄河流域一带,先民认为此乃天下之中,为华夏文明所在,故称"中国";与"中国"相对应的,则是处于四方,政治、经济、文化普遍较为落后的"蛮夷""四夷"。由于华夏文明一直处于对外扩张、同化过程之中,"中国"与"蛮夷"在地理上是相对概念。

人者”，以“天下”和“中国”互文，也表明这一点。《史记·秦始皇本纪》中秦二世诏书“天下已立，外攘四夷”之语，亦是狭义上的作为“中国”的“天下”。

从广义来看，“天下”指某一政权统治下的普天之下所有的土地，“以华夏之族在天下之中心即以中国建立的国家为核心，外围则是借由朝贡、羁縻制度控制的蛮夷外邦；中国为正为统，夷狄为外为服，合而为天下之整体”①。如《尚书·大禹谟》“奄有四海，为天下君……无怠无荒，四夷来王”，《战国策·齐策》“古大禹之时，天下万国”，这里的“天下”明显涵括了“四夷”的概念。《诗经·小雅·北山》“溥天之下，莫非王土”，其内涵也超出了周王朝实际统治的范围。此外，《尚书·尧典》“克明俊德，以亲九族；九族即睦，平章百姓；百姓昭明，协和万邦”，《论语·为政》“为政以德，譬如北辰，居其所而众星共之”，协和万邦中也正隐含着大的“天下”的意蕴。有学者考证，汉代及以后，“天下”的狭义概念逐渐消解，“蛮夷”被完全纳入“天下”的范畴之中，“天下”真正成为一个时人认知范围内的天之所覆、地之所载、君之所有的大的空间地理和政治概念。

在历史发展和实际应用中，地理维度广义上的“天下”在保留其“所有”这一核心意义不变的同时进一步拓展，逐渐生成了更为丰富的概念。如《吕氏春秋·察今》“见瓶水之冰，而知天下之寒”，更强调“天下”作为“天地间”“自然界”的意义；《战国策·唐雎不辱使命》“若士必怒，伏尸二人，流血五步，天下缟素”更强调“天下”作为“全世界”“所有的人”的指称；高适《别董大》“莫愁前路无知己，天下谁人不识君”更强调“天下”作为“人世间”“社会上”的内涵。

而从价值维度看，“天下”多指通过治理、教化等让整个社会达至理想政治秩序，与政治维度的“治国”有一定意义上的重合。所谓理想政治秩序，是就家和国这两种确定的社会组织而言，更强调一种价值意义而非现实意义。对应然的“天下”，不同的学术派别都提出了自己的观点。其中，对中国文化影响最大的是儒家的“天下为公”观点。《礼记·礼运》曰：“大道之行也，天下为公，选贤与能，讲信修睦。故人不独亲其亲，不独子其子，使老有所终，壮有

---

① 刘璞宁：《王通的正统论与道统论》，转引自彭永捷：《中国政治哲学史》第二卷，中国人民大学出版社 2017 年版，第 192 页。

所用,幼有所长,矜寡孤独废疾者皆有所养,男有分,女有归。……是谓大同。"孔子认为,理想的社会状态是尧舜禹三代大道流行的大同之世;但是自夏朝起,世袭制代替禅让制,"家天下"取代"公天下",大道已隐,进入小康之世。天下为公,世界大同,虽然在孔子看来也难以恢复,但它寄寓着儒家对天下最为深切的理想和情怀。

其余诸家对"天下"也进行了阐释。道家以"抱一为天下式"。《老子·二十二章》曰:"曲则全,枉则直;洼则盈,弊则新;少则得,多则惑,是以圣人抱一为天下式。"道家认为,天下事理的范式是"不争",是"曲则全",是"无为而无不为",如此个人方能安身立命,国家才能治理得当。墨家则提倡"天下"之"同"。《墨子·尚同中》曰:"察天子之所以治天下者,何故之以也?曰:唯以其能一同天下之义,是以天下治。"墨家认为,人人自下而上效法天子,天子尚同于天,则可以实现天下的富裕与安定。法家则要求统治者审慎使用权力。《商君书·修权》曰:"故三王以义亲,五霸以法正诸侯,皆非私天下之利也,为天下治天下。"君主在法度、信用的约束下,抱有为了天下而治理天下的态度去使用权力,则可以实现理想政治秩序。

而作为儒家士大夫的二程,对"天下"的体认和实践超出了传统"天下"观的范围,更强调一种社会意义和价值意义上的作为"天理"实现场所的"天下",希望借由这个"天下"真正接续儒家文化传统、阐扬儒家政治理想。

第二节　家国天下与儒家治道

《礼记·大学》言:"身修而后家齐,家齐而后国治,国治而后天下平。"自《礼记·大学》确立齐家、治国、平天下这一儒家治道的展开次第,历代儒家学者对"家国天下"多有阐发。春秋战国时期,孔子以"孝悌"贯通"家"与"国",孟子提出"天下之本在国,国之本在家,家之本在身",荀子以"国"为"小具",而"天下"则"至大",唯圣人能有。此后,历经汉之"大一统",魏晋之"名教自然",隋唐之接续"道统",再到宋初之"家国天下"新论,儒家传统"家国天下"理论经历了漫长的嬗变和演进。

但不变的是,家国(天下)同构始终是贯穿我国古代传统宗法社会的重要特征,"家国天下"儒家治道体系赋予"家国天下"以完整意义上密不可分的关联,儒家"家国天下"治道思想对中国文化品格和民族精神的塑造产生了深远的影响。"家国天下",不仅为儒家治道的展开提供了具体可操作的方式,也代表了"一种文明时空、政治想象、世界图景和道德理想,将个人抱负、集体寄托、民族理想和公民憧憬,分际合围,并立组合",①形成了极具黏性和生命力的中华文明"共同体"。

一、家国天下:儒家治道核心命题

家、国、天下,是儒家关注的重要概念。儒家学说最为重要的创立者和继承发扬者孔子、孟子、荀子,都对家、国、天下及其关联有着一定的论述。

孔子以"孝悌"来贯通"家国天下",以孝悌作为个人"得仁"、国家社会"兴仁"、协和万邦的基础和根本。对于家和国,《论语·学而》载:"子曰:'弟子入则孝,出则弟,谨而信,泛爱众,而亲仁。'""有子曰:'其为人也孝弟,而好犯上者,鲜矣……孝弟也者,其为仁之本与!'"孝,对父母孝顺恭敬;悌,对兄弟尊敬友爱。孔子提倡孝悌,以培养孝悌的品格作为实现"仁"的基本阶段;孔子弟子有若体会孔子关于"仁"的思想时发出感叹,以孝悌作为实现家庭和睦、国家安定、世风良好的重要原则,作为"仁"的根本。

孔子对"孝悌"的发扬,与孔子及其弟子所处的时代环境有关。周代是一个宗法制社会,宗法制以血缘的远近来区别亲疏,严格实行嫡长子继承制,最终呈现"天子建国,诸侯立家,卿置侧室,大夫有贰宗,士有隶子弟"的等级严密的政治格局。在这一时代背景下,对父母的孝和对君主的忠是一致的。孝顺父母,孝敬宗族亲长,这种血缘亲情逐渐向上递推,最终就是忠于君主和国家。② 故而,只要能够推行孝悌,发扬这种血脉亲情,实现了家庭层面的孝悌,就能在国家社会中普遍兴起仁德,这就是《论语·泰伯》中所言的"君子笃于亲,则民兴于仁";《论语·为政》所言"《书》云:'孝乎惟孝,友于兄弟。施于有政,是亦为政,奚其为为政?'"关于国与天下,孔子言:"德不孤,必有邻",

---

① 许章润:《论"家国天下"——对于这一伟大古典汉语修辞义理内涵的文化政治学阐发》,《学术月刊》2015 年第 10 期。

② 熊十力对于忠孝一体持有反对态度。他在《读经示要》《原儒》等著述中多次强调:"以孝亲与忠君结合为一,甚至忠孝不两全时可以移孝作忠……此等谬误观念,实自汉人启之。""而后之帝者'孝治天下'与'移孝作忠'等教条,皆缘《孝经》而立。"刘增光对此评析道:熊十力注重区分道德心性化的孝和政治化的孝,与熊十力反对帝制、反对忠君的革命性有关。(参见刘增光:《家、国、天下之间——熊十力的〈孝经〉观与孝论》,《黑龙江社会科学》2017 年第 3 期。)

“为政以德,譬如北辰,居其所而众星共之”,“故远人不服,则修文德以来之。既来之,则安之”。国家和社会广泛地施行仁德,推行教化,那么自然能够实现更大范围的天下层面的安定与太平。

孔子之后,孟子对于“家国天下”的关联阐述更为直接。《孟子·离娄上》中有多条直言“家国天下”之间的关系。第五章言:“人有恒言,皆曰:‘天下国家。’天下之本在国,国之本在家,家之本在身。”天下的基础在于国家,国家的基础在于家,家的基础在于人。《离娄上》第十一章又言:“道在迩而求诸远,事在易而求诸难。人人亲其亲、长其长而天下平。”大道至简,人人亲近父母、尊敬长辈,自然天下太平。

荀子也多言“家国天下”,尤其关注国和天下。对于二者的区别,《荀子·正论》曰:“国,小具也,可以小人有也,可以小道得也,可以小力持也;……天下者,至大也,非圣人莫之能有也。”“故可以有夺人国,不可以有夺人天下;可以有窃国,不可以有窃天下也。”荀子认为,国,是一个小的概念,“小人”可以用“小道”取得国家并以“小力”统治国家;但是天下却只有“圣人”(又言“天子”,《荣辱》篇称之为“道德纯备,智惠甚明”之人;又言“圣王”,《解蔽》篇称之为“圣也者,尽伦者也;王也者,尽制者也”)才能持有。那么,如何才能取得天下呢?《荀子·王霸》言:“取天下者,非负其土地而从之之谓也,道足以壹人而已矣。”得到天下的概念并不是得到各个国家的土地,而是如汤武一般,以大道服人,实现天下归心;否则,就如桀纣一般,纵然曾经得到天下,最终也会被天下的人舍弃。这也可以旁证,天下绝不仅仅是一个地理上的概念,更重要的是一种教化层面、价值层面的概念。

“家国天下”作为一种体系化的观念被正式提出,是在儒家典籍《礼记·大学》篇中。《大学》是西汉礼学家戴圣所编《小戴礼记》49 篇中的第 42 篇。① 该篇开篇言“大学之道”,紧接着就提出儒家关于修身治国的重要论断:

> 古之欲明明德于天下者,先治其国。欲治其国者,先齐其家。欲齐其家者,先修其身。欲修其身者,先正其心。欲正其心者,先诚其意。欲诚其意者,先致其知。致知在格物。物格而后知至,知至而后意诚,意诚而后心正,心正而后身修,身修而后家齐,家齐而后国治,国治而后天下平。

---

① 《大学》相传为春秋末年曾子所作,因该篇成书尚无定论,故采用《礼记》成书时间。

格物、致知、诚意、正心、修身、齐家、治国、平天下“八条目”，共同构成实现“明明德”“亲民”“止于至善”的“大学之道”的具体步骤。其中，前五者主要讲如何通过心性修养达至圣人之境界，又被称为“内圣”；后三者主要讲如何通过社会教化实现仁政与王道，又被称为“外王”；“内圣”“外王”之道互相贯通、相辅相成，共同构成儒家个人修养的最高理想和目标。由此，“家国天下”三者相合而成为层层推延递进的一体，由儒家关注的三个重要概念，转而成为儒家文化中的一个重要思想观念，成为儒家国家社会治理之道的核心，也建立起了儒家政治中最为正统的治道体系。齐家，则“一家仁，一国兴仁；一家让，一国兴让”，国家得治；治国与天下，则“上老老而民兴孝，上长长而民兴弟，上恤孤而民不倍”，天下太平、长治久安。由家之和美，到国之安定，到天下太平，“家国天下”寄托着儒家学说最为深切的人文关切和最为高远的政治理想。

至此，早期儒家关于“家国天下”观念和体系的构建基本完成。纵观这些关于“家国天下”治道思想及其体系的论说，可以总结出我国古代“家国天下”观的几个典型特质，而这些特质，对此后儒家“家国天下”思想乃至中国文化中的“家国天下”观都产生了深远影响。

其一，家国(天下)同构是我国古代传统宗法社会的重要特征。家国(天下)同构，即家庭和国家(天下)在内部组织结构与外部运行机理上是一致的，“国”是对“家”在空间和时间上的扩大，国家秩序是家庭秩序的无限延伸。这种家国(天下)同构，是儒家浸润于文明深处的精神特质。① 家国(天下)同构，从其内在逻辑来看，则在于忠孝的一体联结。洪元植指出：“体现在伦理纲目中是作为家伦理的‘孝’与作为国伦理的‘忠’的联结。”②在中国传统文化思维中，对君主之“忠”，在家庭层面又言“孝”。“孝”不仅仅是家庭内部的侍奉双亲之事，更是可以推之于天下的治理良策。实现了家庭层面的“孝”，

① 肖瑛：“相比于犹太—基督教文明和古希腊文明从其起点上就不屈不挠地摒斥‘家’，儒家文明对社会伦理、政治以及经济关系的建构，始终是从‘家’出发，形塑家国一体的秩序体系。……即使20世纪初以来，在个人主义和自由主义思潮影响下，‘家庭革命’甚嚣尘上，家庭结构和模式、传统家国关系频受挑战，但作为‘文化—心理结构’的‘家’并没有被根本撼动，反而自觉不自觉地成为重建舶来的个人主义、自由主义和其他思想的依据。”(肖瑛：《“家”作为方法：中国社会理论的一种尝试》，《中国社会科学》2020年第11期)

② 洪元植：《“家的发现”与儒学中“家”的特殊性》，《中国人民大学学报》2017年第3期。

稳固了家庭秩序,推而广之放大到国家,则是臣子对于君主的“忠”;有了这种“忠”,国家才能实现治理。换言之,齐家与治国平天下一体而不二。齐家和治国之间呈现出高度的一致性与一惯性,齐家成为治国的起点和根本所在。故而,到了东汉,马融在《忠经·天地神明章》中对“忠”“孝”的关联作了系统总结:“夫忠,兴于身,著于家,成于国,其行一焉。是故一于其身,忠之始也;一于其家,忠之中也;一于其国,忠之终也。”这一论断成为描述传统宗法社会中以“忠”“孝”为纽带的父权、君权同源,家国同构的定论。

其二,“家国天下”儒家治道体系赋予“家国天下”完整意义上密不可分的关联。家、国、天下不是三个独立的概念,相互间有着密切的关联。这种关联,一是作为社会基本组成单位的由小及大的物理上的关联。“家”是最小的社会细胞,是基础和根本;无数个“家”的联结构成了“国”;“国”的集合,包括地理上的集合和文化上的集合,又构成了“天下”。二是深植其中的更深层次的生命上的关联。“家”,是生命的起点和来源,是生命的最终寄托;“国”与“天下”,是生命的居所,是实现生命意义的所在,也是生命的最终归宿。三是在文化上,“家国天下”的“外王”之道,构成儒家最为正统的治道体系,使得“家国天下”在政治、文化、价值等诸多意义上浑然一体,成为一种系统化的国家治理概念。“家国天下”,是“外王”之道的核心话题;齐家、治国、平天下,构建了一个循序渐进、圆融一体的儒家正统治道体系。在不同的时代,儒家对治道有着不同的理解和实践,但其讨论的核心,其主体的架构,总在家、国与天下这几个核心命题之间。

其三,儒家“家国天下”治道思想对中国文化品格和民族精神的塑造影响深远。“家国天下”治道思想,已不仅仅是一种源远流长的文化观念,不仅仅是一种卓有成效的治理之道,它更升发成为一种镌刻在中华民族血脉中的根深蒂固的基因,直接参与了中国文化品格和民族精神的塑造。对“家国天下”的体认,凝聚成为爱家爱国的深厚情怀;在对“家国天下”的高度情感认同和精神认同下,历代儒家知识分子位卑未敢忘忧国,时时以天下为己任:屈原“长太息以掩涕兮,哀民生之多艰”,司马迁“常思奋不顾身,而殉国家之急”,文天祥“人生自古谁无死,留取丹心照汗青”……字字背后,无不是拳拳家国之情。这种拳拳爱国之情又在社会现实中进一步转化为殷殷报国之志。在“家国天下”的感召下,历代儒家知识分子饱含对国家的归属感、使命感和责任担当，挽狂澜于既倒，救黎民于倒悬，积极入世，治国齐家。“家国天下”将个人的使命、群体的寄托、民族的理想融合为一个命运共同体，形成一种家国系于我一身，我即家国的文明架构，这正是儒家经典所确立的“家国天下”治道的深刻意义。

儒家之外，其他诸家则对于“家国天下”的关联提及较少。更有与儒家“家国天下”之论截然不同者，如道家即强调家、国、天下的独立性，关注彼此的分离。《老子·第五十四章》即言：“故以身观身，以家观家，以乡观乡，以邦观邦，以天下观天下。”本章老子先言修德于身、家、乡、邦、天下，次言当“以身观身”，直至“以天下观天下”，强调“道”的自然扩充发展、不外求，而非概念彼此间的作用。管子继承老子的思想。其对“家国天下”的论述，多论及“家国天下”等几个概念间的区别。其一，“家国天下”等几者之间存在“不可为”的界限：“以家为乡，乡不可为也；以乡为国，国不可为也；以国为天下，天下不可为也。以家为家，以乡为乡，以国为国，以天下为天下。”（《管子·牧民》）由老子的“观”转为“为”，管子提出必须按照治理家的方法治理家，按照治理乡的方法治理乡，按照治理国的方法治理国，按照治理天下的方法治理天下，否则四者都无法治理好。其二，管子强调不能混淆“家国天下”等概念间大小的区别：“谨于一家，则立于一家……谨于一国，则立于一国；谨于天下，则立于天下。是故其所谨者小，则其所立亦小；其所谨者大，则其所立亦大。”（《管子·牧民》）其三，管子认为，在“家国天下”等不同领域，“道”言“一”而用“异”：“有闻道而好为家者，一家之人也；……有闻道而好为国者，一国之人也；有闻道而好为天下者，天下之人也。”（《管子·形势》）这些展现了其他诸家与儒家在“家国天下”观尤其是治道体系上的区别。可以说，“家国天下”治道体系正是由儒家提出和提倡的。

二、儒家家国天下治道的思想流变

孔孟荀之后，经由《礼记·大学》篇而确立的儒家“家国天下”治道体系，随着儒学自身的起承转合而几经盛衰隆替，儒家“家国天下”治道思想也历经了思想上的流变。汉代，汉高祖刘邦于“马上”得天下后听从儒生陆贾的建议，重新将儒家学说定为治国之策；汉武帝时期，经由董仲舒提出“《春秋》大一统”政治理论，并构建出一整套以天人感应为特色的儒家哲学体系后，儒学被提升到空前的政治地位，儒家的“家国天下”治道思想被重视；但是，相对于原始儒家而言,汉代对于齐家治国平天下治道体系的继承发生较大偏移,也没有在理论上取得较大创新和进步。

汉代影响最大的儒家学者是董仲舒。他通过解释发挥《春秋公羊传》的"微言大义"而为汉王朝"大一统"的封建统治提供理论支撑。他将西周"天命"思想和春秋战国阴阳五行的神秘主义思想相结合,提出"天者,百神之大君也","天者,群物之祖也",认为"天"是宇宙万物的本源,是至高无上的主宰;而天子是"天"在人间的代言人,"唯天子受命于天,天下受命于天子",①君权神授而依照天道治理天下。同时,董仲舒又提出,"天有十端……天为一端,地为一端;阴为一端,阳为一端","天地之常,一阴一阳。阳者天之德也,阴者天之刑也"。② 天有天地阴阳之分,阴阳是天之二性,而人又副天,要法天而治。故而,在具体的"家国天下"治理之道中,董仲舒又提出了"君为臣纲""父为子纲""夫为妻纲"的"三纲"的观点:"君臣、父子、夫妇之义,皆取诸阴阳之道。君为阳,臣为阴,父为阳,子为阴,夫为阳,妻为阴。……王道之三纲,可求于天。"③董仲舒由天地阴阳之道而论及"三纲"这一道德规范,用"天道"赋予社会伦理道德以永恒性;而在"三纲"体系的内部,夫妻、父子关系讲的是家,君臣关系讲的是国与天下,"三纲"连用强调的正是"家国天下"治道之中的尊卑与主从。可以说,"三纲"建立起了齐家治国平天下之间共同的、一贯的原则,这一原则对于教化臣民、维护社会伦理都起到了一定积极作用。但是,纵观董仲舒的"三纲"思想及其对于儒家学说的改造,他的"家国天下"治道所关注的重点,不再是激励每个儒家士大夫修身齐家治国平天下的崇高理想,而是转向以君主为坐标实现对天下的统治。

董仲舒及此后的整个两汉,经学成为儒学的主流,对于"家国天下"治道并无大的继承和发挥。汉武帝时期,随着罢黜百家、独尊儒术的确立,五经博士的设立和儒家典籍的整理,两汉经学正式登上历史舞台,成为从国家层面予以强制推行的学术主流,哲学向着经学化趋势不断发展。此后,由于研究思路

---

① (汉)董仲舒著,(清)苏舆撰,钟哲点校:《为人者天第四十一》,《春秋繁露义证》卷11,中华书局1992年版,第319页。

② (汉)董仲舒著,(清)苏舆撰,钟哲点校:《阴阳义第四十九》,《春秋繁露义证》卷12,中华书局1992年版,第341页。

③ (汉)董仲舒著,(清)苏舆撰,钟哲点校:《基义第五十三》,《春秋繁露义证》卷12,中华书局1992年版,第352页。

的差异，经学逐渐分化为两个派系，一是“我注六经”的古文经学，其注重对经书文字本身的训诂；一是“六经注我”的今文经学，其注重在经书文字中挖掘微言大义，以作为自己思想的辅证，后者又在历史发展中进一步占据主流位置，成为一时显学。但是，今文经学的弊病，也随着社会发展而不断显露。一方面，不少经学家对经文作了过度烦琐的注解，乃至超过经文本身成千上万倍，已完全偏离经文本身的内涵而多个人信口之辞；另一方面，为迎合统治需要，经学与谶纬相结合的现象越来越严重，尤其是在王莽新朝和东汉光武帝刘秀时期，这种现象达到顶峰。

在整个经学史上，董仲舒之外，对治理之道作出一定探讨的代表作是《白虎通义》。《白虎通义》又名《白虎通》，东汉班固根据汉章帝建初四年诸儒齐会白虎观“讲论五经同异”所记，当时，参与这场经学辩论的主要包括今古文经学家贾逵、丁鸿、杨终等数十人。《白虎通义》继承了董仲舒的天人感应观点，并对谶纬之书多有吸收，用阴阳五行等阐释自然、人生、伦理等社会上的一切关系。比如，《白虎通义·封公侯》曰：“父死子继何法？法木终火王也。兄死弟及何法？法夏之承春也。善善及子孙何法？法春生待夏复长也。恶恶止其身何法？法秋煞不待冬也。主幼臣摄政何法？法土用事于季孟之间也。……子顺父、妻顺夫、臣顺君何法？法地顺天也。”①由此，“家国天下”都被纳入“五行”关系的框架之中，具有不可抗拒的神圣性与永恒性。

对于董仲舒的“三纲”思想，《白虎通义》也有所继承，并进一步拓展成为“三纲六纪”：“三纲者何谓也？谓君臣、父子、夫妇也。六纪者，谓诸父、兄弟、族人、诸舅、师长、朋友也。……君臣、父子、夫妇，六人也。所以称三纲何？‘一阴一阳谓之道’，阳得阴而成，阴得阳而序，刚柔相配，故六人为三纲。”②《白虎通义》通过君臣、父子、夫妇六人间因阴阳得顺、刚柔相配而成的“君为臣纲”“父为子纲”“夫为妻纲”三组关系，以及由“三纲”到“六纪”的拓展，进一步构建并固化了覆盖整个“家国天下”的儒家社会政治伦理规范。

魏晋之际，汉代的纲常名教秩序随着汉王朝的衰败不可避免地支离破碎，

---

① （汉）班固撰，朱维铮主编：《封公侯》，《白虎通义》卷3，上海书店出版社2012年版，第295页。

② （汉）班固撰，朱维铮主编：《三纲六纪》，《白虎通义》卷7，上海书店出版社2012年版，第316页。

儒学的独尊地位也随着汉王朝政权的消亡而变得岌岌可危。此时，兵祸连绵、家国动摇，间接宣告了儒家治道理论的破灭；诸多学者开始由对儒学纲常秩序的探讨，转向对道家“玄之又玄”、回避现实的哲理性思辨。“独尊儒术”的时代一去不返，“名教自然”的新风扑面而至。王弼的“名教”本于“无为”，郭向的“独化”，裴頠的“崇有”，无不在理论上给儒家“家国天下”治道思想及其体系带来巨大打击。与此同时，随着东汉永平年间佛教的正式传入，佛教不断调适自身，一方面按照中国传统意识形态调整自己的面貌，另一方面在传播发展过程中逐渐突出教义中的本来特征与新的内容，在实现佛教中国化的过程中逐步建立起中国化佛教，对中国传统的“家国天下”秩序造成巨大冲击。到了南北朝时期，出现人人求僧拜佛，“弃缝掖、袭横衣，废俎豆、列瓶钵。家家弃其亲爱，人人绝其嗣续，至使兵挫于行间，吏空于宫府，粟罄于惰游，货殚于土木”（范缜《神灭论》）的境地。这一时期，道教理论学说也开始系统化，道教开始走向成熟并迅速传播发展，出现了葛洪、陶弘景等一大批优秀的道教学者，也发出了与儒家“家国天下”治道思想不同的声音。总而论之，在释道二教的侵蚀下，儒家“家国天下”治道思想不彰，未在学理上与时俱进取得突破。

到了隋唐，随着新的大一统王朝的建立，处于边缘的儒学也得到了重回中心的机会；而随着三教纷争的愈演愈烈，“重新使儒学成为社会意识形态主流及政治指导思想成为众多士大夫之共识”。① 于是，以王通、韩愈等为代表的儒家士大夫重拾儒学复兴的大旗，开启了复兴“家国天下”的治道之路。

王通（584—617 年），字仲淹，又称文中子，隋朝思想家。曾向隋文帝上《十二册》，后退居河汾著书授徒，著有《中说》一书。在《中说》中，王通提出自己的“王道”政治理想，依“王道”而行，推行仁义礼乐，实现“中国”与“四夷”在政治、文化等各方面的拨乱反正。同时，王通多次自比于周公和孔子，希望能够恢复周代的封邦建国等诸制度：“千载而下，有申周公之事者，吾不得见也；千载而下，有绍宣尼之业者，吾不得让也。”②“三代之末，尚有仁义存焉；六代之季，仁义尽矣。何则？导人者非其路也。”③朱熹评价道：“太宗朝一

---

① 耿静波：《北宋五子心性论与佛教心性论关系研究》，中国社会科学出版社 2016 年版，第 20 页。

② （隋）王通著，张沛撰：《天地篇》，《中说校注》卷 2，中华书局 2013 年版，第 57 页。

③ （隋）王通著，张沛撰：《事君篇》，《中说校注》卷 3，中华书局 2013 年版，第 85 页。

时人多尚文中子，盖见朝廷事不振，而文中子之书颇说治道故也，然不得其要。”①虽然被朱熹评价为“不得其要”，但王通对治道的关注，对“回归三代”的期待，对后儒多有启发。

而唐代，对“家国天下”治道多有论说的典型代表是韩愈。针对唐初三教现状，韩愈认为，释老之害过于杨墨。他力辟佛老“异端”，大力推崇儒家学说，力图接续儒家“道统”，实现孔孟之道的复归。韩愈尤为提倡《大学》，他在《原道》一文中重申了《大学》正心诚意、修齐治平的儒家内圣外王之道：“传曰：‘古之欲明明德于天下者，先治其国；欲治其国者，先齐其家；欲齐其家者，先修其身；欲修其身者，先正其心；欲正其心者，先诚其意。’然则古之所谓正心而诚意者，将以有为也。今也欲治其心而外天下国家，灭其天常，子焉而不父其父，臣焉而不君其君，民焉而不事其事。”②他由《大学》篇对修齐治平的论述进而指出，儒家知识分子要回归儒家传统，子孝于父，臣忠于君，民致力事，“治其心而外天下国家”，践行“家国天下”的“外王”之道。

三、宋初儒学复兴与家国天下之道

两宋时期是中国古代学术文化的“造极”期，学术创新而繁荣，学派多元而林立，成果丰富且辉煌。但是，宋代学术文化的兴盛与我国历史上诸多的学术文化兴盛成因并不相同，宋代理学的兴起是一朵在社会现实的逆向压迫下、在回应各方面的冲突和危机下所开出的奇葩。对于宋代的社会政治、经济与文化现状，钱穆有着一段中肯的评价：“言外患，则辽夏并峙。言内忧，则积贫积弱，兵制财制，均待改革。而政府大体制，朝廷大规模，仍亦沿袭五代，初未有一番从头整顿。言社言社会文化风教，则依然是禅宗佛学，与夫骈四俪六之文章当道得势。”③可见，宋代是一个积贫积弱、内忧外患的时代，是一个动乱不断、伦常失序的时代，社会各个方面的危机层出叠现。

在政治经济方面，北宋“不抑兼并”的土地政策，导致农民土地大量流失，国家财政难以为继；而其“强干弱枝”的分权政策，又使得军事实力大幅削弱，与辽、西夏等先后签订不平等条约。北宋为扭转局面虽先后进行了两次改革

---

① （宋）朱熹著，（宋）黎靖德编：《本朝三》，《朱子语类》卷129，中华书局1986年版，第3085页。

② （唐）韩愈撰，（宋）魏仲举集注，郝润华、王东峰整理：《原道》，《五百家注韩昌黎集》卷11，中华书局2019年版，第674页。

③ 钱穆：《朱子学提纲》，生活·读书·新知三联书店2014年版，第10页。

变法，一是由范仲淹等推动始于庆历三年(1043年)的庆历新政，一是由王安石等推动始于熙宁二年(1069年)的熙宁变法，①却都在重重阻力下无疾而终。在学术文化方面，唐末的藩镇割据和五代十国的连绵征战造成了礼崩乐坏、纲常动摇的文化格局，佛道二教与儒家文明的冲突和给儒家伦理带来的挑战也并未完全消解。加之北宋初期继续崇奉汉唐以来恪守章句训诂、拘泥名物制度的注疏之学，“穷理不深，讲道不切”，并不能适应时代的需要，乃至“儒门淡薄，收拾不住”。

在这样的背景下，政治变革与儒学复兴便产生了超越此前任何时代的关联。“统治者希望通过恢复和弘扬儒家传统以重振伦理纲常，建立与高度集中的中央集权相适应的道德伦理规范”②；传统儒家知识分子也自觉承担起整肃社会纲常、谋求富国强兵的重任。余英时指出：“治道在两宋儒学史或理学史上，始终是一个轴心的问题”，“宋代理学家的第一志愿是‘得君行道’，亲自参与‘平治天下’的事业”。③ 钱穆也认为：“宋儒多能议政，又能从大处着眼。”④于是，沉寂数百年的“内圣外王”再次成为儒学研究的重镇，“家国天下”治道体系也再次焕发光彩。不少学者都在“家国天下”的“外王”之道上进行了极具价值的探索，提出了自己的治道理论。

李觏(1009—1059年)，字泰伯，号盱江先生，北宋哲学家、思想家、教育家、改革家。他博学通识，尤长于礼，屡试科举不第后创建“盱江书院”，从学者数百人，成为“一时儒宗”；后经由范仲淹推荐入太学任助教、直讲，并与王安石多有交往。其诸多思想为范仲淹“庆历新政”提供了理论支持。李觏以“礼”统摄“家国天下”，认为修齐治平、内圣外王之道，无不出于“礼”：“夫礼，人道之准，世教之主也。圣人之所以治天下国家，修身正心，无他，一于礼而已矣。”⑤李觏进而提出，“礼、乐、刑、政”，是天下之大法，“仁、义、礼、智、信”，是

① 或认为：“北宋政治变革运动经历了三个阶段，即庆历新政、熙宁变法、元祐更化。与之相应，儒学复兴则有相对突出的三次主流思潮，即庆历学术、王安石新学派学术、以蜀洛两大学派为代表的元祐学术。”(卢国龙：《宋儒微言：多元政治哲学的批判与重建》，华夏出版社2001年版，第2页)

② 耿静波：《北宋五子心性论与佛教心性论关系研究》，中国社会科学出版社2016年版，第20—21页。

③ 余英时：《宋明理学与政治文化》，广西师范大学出版社2014年版，第7—8页。

④ 钱穆：《朱子学提纲》，生活·读书·新知三联书店2014年版，第10页。

⑤ (宋)李觏：《礼论七篇·礼论第一》，《李觏集》卷2，中华书局2011年版，第7页。

天下之至行，这八者无不“一本于礼”。

周敦颐（1017—1073年），字茂叔，谥号元公，世称濂溪先生，北宋文学家、哲学家，理学的开创者，“北宋五子”之一。周敦颐的代表作为《太极图说》和《通书》。《太极图说》上部分讲天道，描绘了一个“无极而太极”的宇宙演化总体过程；下部分由天道而言人道，提出圣人出并“立人极”——“定之以中正仁义而主静”①，确立“仁义中正”的道德原则并给予“主静”的修养方法来避免恶的产生。《通书》则主要言人道，在对“中正主静”修养工夫进一步发挥的同时提出了关于“家国天下”的治理之道。纵观一“说”一“书”，可知周敦颐的“中正主静”修养工夫是从修身一直贯彻到齐家治国平天下的。一方面，周敦颐强调，中正主静，主一无欲，才能达到“明通公溥”、廓然大公的境界，最终实现成圣成贤而天下化治的目标。另一方面，周敦颐提出：“礼者，理也；乐者，和也。阴阳理而后和。君君、臣臣、父父、子子、兄兄、弟弟、夫夫、妇妇，万物各得其理，然后和。故礼先而乐后。”②治国平天下所秉持的礼乐教化，其本质都是中正之道的展现，故而治国平天下也需要中正主静，以修身为本。由此，周敦颐以“中正主静”为核心的贯穿修齐治平、“家国天下”的治道体系得以确立。

邵雍、张载等理学家对“家国天下”的治理之道也提出了自己新的见解。邵雍（1012—1077年），字尧夫，又称邵康节、百源先生，北宋理学家、数学家，“北宋五子”之一。邵雍以《周易》“自《乾》《坤》至《坎》《离》，以天道也。自《咸》《恒》至《既济》《未济》，以人事也”，③推天道以明人事，把宇宙演化过程在时间上用元、会、运、世划分，又把产生于第三会的人类社会分为皇“以道化民”、帝“以德教民”、王“以功劝民”、霸“以力率民”四个阶段，对每个阶段的为政治国的原则和举措进行论说，并提出自己的政治设计。

张载（1020—1077年），字子厚，世称横渠先生，北宋思想家、教育家，“北宋五子”之一。张载从“太虚之气”论及“民胞物与”这一与传统儒家“天下大同”一脉相承的理念，进而提出“为天地立心，为生民立命，为去圣继绝学，为

---

① （宋）周敦颐：《太极图说》，《周敦颐集》卷1，中华书局1990年版，第6页。

② （宋）周敦颐：《通书·礼乐第十三》，《周敦颐集》卷2，中华书局1990年版，第25页。

③ （宋）邵雍：《观物外篇·后天〈周易〉理数第六》，《皇极经世书》，中州古籍出版社1993年版，第347页。

万世开太平”的理想追求，[①]激励了无数儒家知识分子以天下为己任，在“家国天下”中实现人生价值。

此外，王安石、司马光两位在哲学和政治学领域都颇有建树的学者对“家国天下”“外王”之道及其治道体系的发挥，尤其需要关注。此二位学者与二程一样，同处宋仁宗庆历时期儒学复兴运动的中心。对于这一运动，梁涛总结道：“这一儒学复兴运动的主题有二：一是阐发道德性命之学，以解决人生的价值和意义的问题；二是复兴三代礼乐王政，以重建人间秩序和政治宪纲。”[②]王安石和司马光，作为改革派和保守派儒家知识分子的代表，在这场儒学复兴的政治运动中各立学统，回归内圣外王之道，寻找道德性命之本源、经世致用之良策，在“家国天下”治道思想及其体系中有所发挥。

王安石（1021—1086 年），字介甫，号半山，北宋思想家、政治家、文学家。宋神宗熙宁年间，王安石发动一场以发展生产、富国强兵为宗旨的变法革新，变法自熙宁二年（1069 年）始，元丰八年（1085 年）结束，史称王安石变法、熙宁新政。王安石的“变法”不仅体现在社会领域，也体现在思想文化领域。在思想文化领域，王安石对《诗经》《尚书》《周礼》等儒家典籍重新诠解，“先儒传注，一切废不用”，撰写成《三经新义》颁行天下。通过对儒家经典的重新诠释，王安石构建了致力于将内圣通向变法革新、成就事功的新外王政治哲学。他的“外王”之道，“融合儒道，将道家的理论思维引入儒家的政治实践，建构起天道性命与礼乐刑政相贯通的政治哲学，为儒家政治宪纲做出理论论证。”[③]同时，引庄入儒，推阐天道而言人事，直接指向人间社会秩序即治道的构建。王安石言：“道者，天也，万物之所生，故为天下母”，“万物本乎于天”，[④]赋予“天道”自然之道与秩序之道的双重内涵，“天道”的终极指向就是人间“治道”的构建；此后，王安石又用心性道德作为“天道”和“治道”的中介，体天之道而修养心性道德，发明人事并推行礼乐刑政，由此则治道大行。

司马光（1019—1086 年），字君实，号迂叟，世称涑水先生，北宋政治家、史

① （宋）张载著，章锡琛点校：《拾遗》，《张载集》，中华书局 1978 年版，第 376 页。

② 梁涛：《北宋新学、蜀学派融合儒道的“内圣外王”概念》，《文史哲》2017 年第 2 期。

③ 梁涛：《王安石的新外王政治哲学》，转引自彭永捷：《中国政治哲学史》第二卷，中国人民大学出版社 2017 年版，第 256 页。

④ 容肇祖：《王安石老子注辑本》，中华书局 1979 年版，第 28 页。

学家、文学家。司马光认为王安石变法多有不妥之处。元丰八年(1085年)宋神宗去世后,司马光任宰相,全面废除新法、恢复旧制。与其反对变法的观点相一致,在思想文化上,司马光与李觏一样,重视伦理纲纪对于社会治理的作用,推崇以“礼”统摄“家国天下”,建立起其礼学政治哲学。司马光所谓的“礼”,就是尊卑纲纪与上下等级秩序:“夫礼,辨贵贱,序亲疏,裁群物,制庶事,非名不著,非器不形;名以命之,器以别之,然后上下粲然有伦,此礼之大经也。”①从自然属性而言,“礼”来源于天地阴阳之道;从社会属性来看,“礼”来源于对民欲的限制;“礼”覆盖了社会生活的方方面面,国家的政治制度,社会的运行法则,家庭的伦理纲常,无不展现着“礼”的规范和秩序。故而,司马光指出,对于家,“家人有严君焉,父母之谓也。父父,子子,兄兄,弟弟,夫夫,妇妇,而家道正;正家而天下定矣”;②对于国与天下,“窃以国家之治乱本于礼”。③ 在齐家治国平天下的治道体系中,都要以“礼”统摄之、贯穿之。

与之同时,周敦颐、张载、二程拔地而起,开创“理学”一脉,诸家交相争鸣,百川汇流。二程追先师孔孟,复兴儒家“外王”之道,在“天理”框架下重构儒家“家国天下”的治道体系,达至儒家治道体系的又一高峰。

---

① (宋)司马光编著,(元)胡三省音注:《周纪一》,《资治通鉴》卷1,中华书局1956年版,第4页。

② (宋)司马光著,李之亮笺注:《家范序》,《司马温公集编年笺注·附录》卷3,巴蜀书社2008年版,第183页。

③ (宋)司马光著,李之亮笺注:《谨习疏》,《司马温公集编年笺注》卷22,巴蜀书社2008年版,第162页。

第二章　家国天下，一理而已

二程作为北宋中期儒家士大夫，将儒家思想与现实政治紧密结合，以“天理”来统摄“家国天下”，构建出“天理”统摄下的家国天下治道体系，在治道思想上独树一帜，形成区别于前代及同辈儒家学者的学术分野。正如卢国龙所言：“北宋儒学从本质上讲是一种政治哲学，它所代表的时代精神，是对文明秩序及其最高的体现形式——政治制度，进行理性的批判和重建。批判是追索文明秩序的合理性依据，所谓天道性命之理，即由此发畅。”①

二程以形而上的“天理”本体来服务于其治道体系的构建，赋予“天理”以万事万物最终本体和事物运行最高法则地位，并通过“理一分殊”来保证“天理”在具体事物中的落实。家国天下，一理而已。由“天理”到“人事”，“天理”展现落实于家国天下，正是齐家治国平天下的“家国天下”之道；反之，修齐治平亦是为了复现至实不虚的“天理”；圣人当循“天理”而治天下，以“理”为循、以“道”自任，循“天理”而成王道之治。这正是二程治道思想的内在逻辑。

第一节　天下只有一个理

“理”或“天理”，作为中国哲学的传统概念由来已久。甚至在宋代理学中，“理”也并非最先由二程提出。那么，程颢何以言“吾学虽有所受，天理二字却是自家体贴出来”呢？② 所谓“有所受”，主要是就二程曾师事周敦颐所言。理学开山周敦颐确曾为二程老师，度正《周敦颐年谱》载：“因与为友，令

① 卢国龙：《宋儒微言：多元政治哲学的批判与重建》，华夏出版社 2001 年版，第 2 页。

② （宋）程颐、程颢著，王孝鱼点校：《传闻杂记》，《河南程氏外书》卷 12，《二程集》，中华书局 1981 年版，第 424 页。

二子师事之……二子即明道、伊川也，时明道年十五，伊川年十四……其后先生作《太极图》，独手授之。”①其时，周敦颐任南安军司理参军，而二程父亲程珦则是周敦颐上司。由此，发生学术史上著名的“周程授受”事件。二程自己言：“先生为学，自十五六时，闻汝南周茂叔论道，遂厌科举之业，慨然有求道之志”（程颐《明道先生行状》载程颢语），②“昔受学于周茂叔，每令寻颜子、仲尼乐处，所乐何事”。③ 所谓“自家体贴出来”，则是说“天理”形上形下的深刻内涵被充分挖掘，并以“天理”为核心构建出一套完整的理论体系，却是二程原创。全祖望即指出：“濂溪之门，二程子少尝游焉。其后伊洛所得，实不由于濂溪。”④张立文也解释道：“理”虽然在周敦颐《通书·理性命》、邵雍《观物篇》、张载《正蒙·太和篇》均已言及，但确定“理”在“理学”中地位的是二程。二程把“理”提升为形上学逻辑结构的最高范畴，从这个意义上讲，“天理”正是二程“自家体贴出来”的。⑤ 二程“自家体贴出来”“天理”二字，并用“理一分殊”来解释万物之“理”，让“天理”概念在宋明理学中卓然挺立，成为理学对于儒家理论的一大创见和重要贡献。

一、天、理与天理

“天”，《说文》曰“颠也，至高无上，从一大”，以“天”为人之头顶至高无上之苍穹；《尔雅·释天》曰“天根，氐也”，以“天”为星宿名；《白虎通义》曰“镇也，居高理下，为物镇也”，以“天”为万物统率……“天”有着自然之天、主宰之天、道德义理之天等丰富的内涵，自中华文明肇生起，历朝历代都对“天”进行着解读。

商周时期，“天”主要指神秘主义的“天命”之“天”，具有浓厚的宗教色彩和主宰性质。为了论证自身政权的合法性，商周普遍宣扬“天命”观念，统治者宣称其政权受于“天”。殷商时期，人们事事都要问卜于“帝”，甲骨文中多

---

① (宋)度正:《周敦颐年谱》,转引自(宋)周敦颐:《周敦颐集·附录一》,中华书局1990年版,第103页。

② (宋)程颐、程颢著,王孝鱼点校:《伊川先生文七》,《河南程氏文集》卷11,《二程集》,中华书局1981年版,第638页。

③ (宋)程颐、程颢著,王孝鱼点校:《二先生语二》,《河南程氏遗书》卷2,《二程集》,中华书局1981年版,第16页。

④ (明)黄宗羲撰,(清)全祖望补修:《濂溪学案上》,《宋元学案》卷11,中华书局1986年版,第480页。

⑤ 张立文:《宋明理学研究》,人民出版社2002年版,第261—262页。

有“帝令雨”“帝其令风”等记载。在商朝的天道体系中，天神上帝拥有至高无上的权威，自然界的风雨雷电都为天神上帝所驱使，人们可以通过祭祀祖神来与天神沟通；但天神上帝又是毫无规律、不可捉摸的，故而人们对于“天命”只能被动接受。西周统治者为了说明其王朝更替、天命转移的合理性以巩固政权，将道德与“天”的概念相结合，认为天之赏罚与天命转移的依据在于统治者之德行。《尚书·召诰》曰：夏朝“惟不敬厥德，乃早坠厥命”。《尚书·蔡仲之命》曰：“皇天无亲，惟德是辅。”在周朝，天神与统治者通过“德”这一标准得以统一起来，这一方面赋予“天”以“德”的性质，一方面强调统治者要以德配天，统治者的“天命”代理人身份愈加明确。①

到了东周末年的春秋战国时期，社会转型对人们的思想观念带来巨大冲击，传统的“天命”之“天”开始向着自然主义的“天道”之“天”转变。比如，《国语·越语下》载范蠡言“天道皇皇，日月以为常……阳至而阴，阴至而阳”，其中的“天道”即从自然意义的、物化的“天”来理解“天”。与此同时，与“天道”相对应的“人道”观念也逐渐产生，“天”“人”两个要素各自获得发展。《左传·昭公二十四年》载子产言“天道远，人道迩”，正是对人的存在和地位进行哲学反思的体现。张立文指出，“以天道自然为特征的自然主义思潮和以民本主义为特征的人文主义思潮由此产生”，②这正是对这一时期“天道”观念的总结。

但是，从神秘主义的“天命”之“天”向自然主义的“天道”之“天”转变是一个逐渐的过程。这一时期，自夏商周时期传承下来的神秘主义的“天命”之“天”这一意义仍然使用，“秩序的观念逐步凝结为‘天道’的观念，而命运的观念则仍旧依存于‘天命’观念之下来发展”。③ 孔子身上很好地体现了这种对

---

① 李祥俊：“人格神的上帝的‘天’观念本身也在变化之中，尤其以商周之际的变化为剧烈。中国上古时代的神学世界是一种多神论，主要分为天神、自然神、祖先神三大类，天神一般称为‘帝’‘上帝’，天、上帝两个观念基本没有区别，都是对至上神的称谓。从考古资料和比较宗教的角度考察，中国上古最早的至上神天、上帝应该是指太阳神，也有以北极星取代太阳神作为至上神的……这种天神主导下的多神论系统在商周之际有一个大的变化，即天作为至上神，而与帝、上帝观念区别开来，在殷商时期，人格化的上帝观念是主导的，天、帝不分，而到了周代，非人格化的‘天’观念是主导的，天、帝有时也不分，但帝是依附于天的。”（李祥俊：《儒学“天”观念的含义演进与思想特征》，《社会科学战线》2021 年第 2 期）

② 张立文：《中国哲学史新编》，中国人民大学出版社 2011 年版，第 29 页。

③ 陈来：《古代宗教与伦理》，北京大学出版社 2017 年版，第 226 页。

“天”的解释的复杂性。

一方面，孔子承认“天命”的主宰性，认为人对天应拥有虔诚的态度，敬畏天命：“获罪于天，无所祷也。”（《论语·八佾》）“君子有三畏：畏天命，畏大人，畏圣人之言。”（《论语·季氏》）这种天命的权威性在一定程度上演化成了命定论，将人置于“天命”的笼罩下，否定了个人修养、躬行的价值，否定了人的主观努力：“死生有命，富贵在天。”（《论语·颜渊》）“道之将行也与？命也。道之将废也与？命也。”（《论语·宪问》）但是，对于主宰性的“天命”，孔子又怀有一种矛盾的心理，提出对鬼神要不予讨论、敬而远之，要关注现实之人事：“子不语怪、力、乱、神。”（《论语·述而》）“未能事人，焉能事鬼。”（《论语·先进》）“务民之义，敬鬼神而远之，可谓知矣。”（《论语·雍也》）

另一方面，孔子对“天道”的自然性和道德义理也多有阐发。孔子以自然来解释“天道”，认为“天”就是自然及其运行规律的代名词，“天”化生四时万物：“天何言哉？四时行焉，百物生焉，天何言哉？”（《论语·阳货》）而在对“天”的道德性与伦理性的认识中，孔子又指出“天”是道德本原，圣人正是习得了“天”之道德、以德配天而与天地同在，这也是其推崇尧舜禹等圣人的原因所在：“大哉尧之为君也！巍巍乎！唯天为大，唯尧则之。荡荡乎！民无能名焉。巍巍乎！其有成功也；焕乎，其有文章！”（《论语·泰伯》）“巍巍乎，舜禹之有天下也，而不与焉。”（《论语·泰伯》）孔子对“天”的道德性的强调的意义在于，其不仅认为圣人是与天相通的，而且提出君子通过不断加强自我修养，最终也可以达到与天相知的境界，从而勉励人们敬天修德，效法天的运转，来彰显天道之大德：“吾十有五而志于学，三十而立，四十而不惑，五十而知天命，六十而耳顺，七十而从心所欲，不逾矩。”（《论语·为政》）

总而论之，孔子对“天”的主宰性、自然性和道德性的多重解释，成为儒家对“天”这一概念理解的基本模板，孟子、荀子等言“天”虽各有侧重，但也基本无出乎这些范畴。张立文总结道：儒学“天”观念的含义，“其一，指人们头顶上苍苍然的天空……这个天，便是天空之天，天地之天，天然之天，属于自然之天。其二，指超自然的至高无上的人格神，它是有意志能创造万物、主宰一切的上帝，也称为帝……这个天，便是皇天之天，天命之天，属于主宰之天……其三，指理而言，有以理为事物的客观规律……这个天，便是天道之天，天理之天，属于义理之天。”①这正与“天”的主宰性、自然性和道德性三重含义相合。

李祥俊系统研究了前儒学时代和先秦儒学“天”观念的含义，在同意张立文关于“主宰之天”“自然之天”（李祥俊称之为“物化之天”）的同时，对“义理之天”提出质疑，并进而提出一种“生命之天”的概念。他认为，“义理之天”是一个有待分析的观念，“它和自然之天、主宰之天并不是一个层次上的观念，而是一个附属性的观念，即自然之天有其自身的义理，主宰之天有其自身的义理，义理之天本身不能独立自持”。故而，李祥俊转而用“生命之天”来概括第三种“天”的内涵，“生命之天”即《易传》中“把天的范围由天空、天象、天时、天下、天地等进一步推扩到宇宙万有的境地，它一方面继续延续天地对应的观念，用天地来概括宇宙万物，同时又以天统地，这样的天就具有了宇宙全体的含义”。《易传》中的“大哉乾元，万物资始，乃统天”，“生生之谓易”，“天地之大德曰生”，“《复》，其见天地之心乎”的“天”都是这一概念下的生生不息的宇宙全体之“天”。李祥俊强调，《易传》作出较充分论述的生命之天，相对于主宰之天、物质之天，更具有综合性、人文理性的精神，使儒学“天”等观念的基本含义得到了完善，也使儒学的基本义理系统有了更加坚实的源头依据，这是《易传》相较于孔子、孟子、荀子等先秦诸大儒思想上的突破之处。②

其实，李祥俊所言“生命之天”，其内涵并无出乎“天”的自然性。“自然之天”，并不仅仅是“物化”的自然性的“天”，其本身也蕴含着“生生”的自然之道。可以说，“生命之天”是“天”的自然性的一种特有的表现形式。无论是“主宰之天”“自然之天”“义理之天”，还是“生命之天”，都无出乎“天”的主宰性、自然性和道德性三重基本内涵。

这一时期，道家对自然主义的“天道”之“天”也多有阐发。《老子》八十一章共计言“天”92 次，讨论的基本是自然主义之“天”，认为“天”只是一个自然性的、物理性的存在。其中，言“天地”9 次，言“天”多次，如第一章“无名天地之始，有名万物之母”，第五章“天地不仁，以万物为刍狗”，第三十九章“昔之得一者，天得一以清，地得一以宁，神得一以灵，谷得一以盈，万物得一以生”，是立足于与地并立的自然之天而言“天”。言“天道”或“天之道”7 次，如

---

① 张立文：《中国哲学范畴发展史（天道篇）》，中国人民大学出版社 1988 年版，第 65—66 页。

② 李祥俊：《儒学“天”观念的含义演进与思想特征》，《社会科学战线》2021 年第 2 期。

第四十七章“不出户，知天下；不窥牖，见天道”，第七十七章“天之道，损有余而补不足”，第八十一章“天之道，利而不害，圣人之道，为而不争”，是立足于道德义理而言“天”。言“天下”31次，如第十三章“故贵以身为天下，若可寄天下；爱以身为天下，若可托天下”，第二十二章“夫唯不争，故天下莫能与之争”，是立足地理范围之广阔而言“天”，等等。此外，庄子、文子等言“天”也多取自然主义之“天”的内涵。

此后，对“天”观念进行新的阐发并产生较大影响的哲学家是西汉董仲舒。董仲舒继承吸收夏商周三代天命观，并借鉴春秋时期阴阳五行家的神秘主义思想，系统提出天人合一、天人感应的大一统思想，在一定程度上将“天命”与“天道”观相结合，再次强调了作为人格神的“天”的主宰性和权威性。《春秋繁露·官制象天》曰：“天有十端，十端而止已。天为一端，地为一端，阴为一端，阳为一端，火为一端，金为一端，木为一端，水为一端，土为一端，人为一端，凡十端而毕，天之数也。天数毕于十，王者受十端于天，而一条之率。”①董仲舒认为，“天”是涵括天、地、人、阴阳、五行“十端”的全体，宇宙万事万物都来源于并统一于这个宇宙间至高无上的“天”；而统治者受“十端”于天，便将主宰之天与人类的政治活动结合起来。董仲舒进而指出，这个至高无上的主宰之“天”是有着意志情感的神秘力量，统治者顺应天意而治，则天降祥瑞、长治久安；统治者不顺天而治，则天降灾异、被天所谴。这样，一方面赋予君主统治以合法性，君主代表天意，故而人民要服从其统治；另一方面也加强了对君主的道德限制，君主必须尊天爱民，才能顺天而治，否则必将受到天的惩罚。

此外，董仲舒还提出了“王道之三纲可求于天”的论断，用天道的阴阳五行来论证人类社会的伦理纲常。《春秋繁露·基义》曰：“君臣、父子、夫妇之义，皆取诸阴阳之道。君为阳，臣为阴；父为阳，子为阴；夫为阳，妻为阴。……王道之三纲，可求于天。”②董仲舒认为，物必有偶而不单独存在，如上下、左右、前后、表里、美恶、顺逆、喜悲、寒暑、昼夜皆是如此。君臣、父子、夫妇也是如此，都是天道阴阳在人间的展现和落实。天道阳尊而阴卑，故而君尊臣卑、

① （汉）董仲舒著，（清）苏舆撰，钟哲点校：《官制象天第二十四》，《春秋繁露义证》卷7，中华书局1992年版，第217页。

② （汉）董仲舒著，（清）苏舆撰，钟哲点校：《基义第五十三》，《春秋繁露义证》卷12，中华书局1992年版，第351页。

父尊子卑、夫尊妇卑也是人道之必然。这样,从“天道”中为君臣、父子、夫妇的尊卑等级秩序找到了形而上的依据,为治道的推行找到了依据。董仲舒进而强调,天不变,道亦不变。天尊地卑、阳尊阴卑亘古不变,那么君臣、父子、夫妇之纲常名教也就永恒不变。董仲舒既从“天道”来论证纲常人道的合理性,又从人伦之道来改造春秋战国时期自然主义的“天道”观,儒家所提倡的纲常名教再次从宇宙本体层面得到确认。

而到了唐朝中后期,柳宗元、刘禹锡等又对董仲舒主宰性、权威性的“天”的观念进行了纠偏,柳宗元撰有《天说》《天对》,刘禹锡撰有《天论》三篇等,都转而强调“天”的自然性,否定“天”的主宰性和“天命”意志。柳宗元认为,“天”并不神秘,天地万物都是自然界的一部分,天地万物的生育变化都是出于元气的作用,元气在上方聚集则形成了“天”,在下方聚集则形成了地。同时,天地万物运转、自然四时变化都是出于自身的规律,而非出于“天命”等外在的意志:“阴与阳者,气而游乎其间者也。自动自休,自峙自流,是恶乎与我谋? 自斗自竭,自崩自缺,是恶乎为我设?”①而刘禹锡则在《天论》三篇中分析了“天命论”产生的根源,强调了“天”的物质性,并提出“天人交相胜,还相用”的观点,实现对董仲舒主宰之“天”的进一步消解,这些都对二程“天理”观念的确立奠定了思想基础。

“理”,《说文》曰“治玉也,从玉里声”,以“理”为对璞玉按脉理进行雕琢使之成器,可以引申为对天下一事一物进行修整治理;《玉篇》曰“正也”,《广韵》曰“义理”;等等。“理”至少具有双重内涵,一是作为动词而言的治理之“理”,二是作为名词而言的道理、义理、事理之“理”,这也成为古代典籍中对“理”的基本理解。比如,《诗经 · 大雅 · 绵》之“乃疆乃理,乃宣乃庙”,《诗经 · 大雅 · 江汉》之“于疆于理,至于南海”,《左传 · 成公二年》之“先王疆理天下物土之宜,而布其利”,都是取“理”的划分疆界、治理土地之义。《周易 · 系辞上》之“易简而天下之理得矣。天下之理得,而成位乎其中矣”,则是取“理”的道理、义理、规律之义。

春秋战国时期,诸子百家对“理”也有相关阐发,进一步丰富了“理”的内

---

① (唐)柳宗元著,吴文治等点校:《三川震》,《柳宗元集》卷 44,中华书局 1979 年版,第 1269 页。

涵。《论语》《老子》中没有出现“理”字，但孟子、荀子、庄子、韩非子等均已围绕“理”展开阐发。

在儒家，孟子、荀子更侧重于从人伦事务而言“理”。《孟子》中，已经出现“理”“条理”“理义”等概念。单用“理”字见《孟子·尽心下》载貉稽所言：“稽大不理于口。”意为貉稽自称被他人说得很坏，不顺于他人之口，“理”可作风评理解。“条理”见《孟子·万章下》：“孔子之谓集大成。集大成也者，金声而玉振之也。金声也者，始条理也；玉振之也者，终条理也。始条理者，智之事也；终条理者，圣之事也。”这里的“理”即奏乐的脉络、层次与秩序，奏乐一般以钟发声，以磬收韵，善始善终。“理义”见《孟子·告子上》：“心之所同然者何也？谓理也，义也。圣人先得我心之所同然耳。故理义之悦我心，犹刍豢之悦我口。”此处的“理”作共同的心性倾向、人心共有之条理而言。孟子认为，口之于味有相同的嗜好，耳之于声有相同的听觉，眼之于色有相同的美感，而内心的相同之处则是“理”，是“义”，是性善。而荀子也多言及“理”字。《荀子·解蔽》开篇言：“凡人之患，蔽于一曲，而暗于大理。”这里的“理”即宇宙万物之道、国家治乱之要。该篇还提出了“物理”的概念：“凡以知，人之性也；可以知，物之理也。”强调要努力认识万事万物的理，判别是非真伪。此外，《荀子·大略》言“凡百事异理而相守”，认为事物之间道理各有不同却能相知相通，《荀子·乐论》言“礼也者，理之不可易者也”，以礼仪规范为事物所当然之则等，都丰富了“理”的内涵。

在道家，庄子更侧重于从自然而言“理”，这也与道家对“天”的理解相一致。庄子对“理”的最大创新是将自然之“天”与“理”结合，开始使用“天理”一词。比如，《庄子·养生主》曰：“依乎天理，批大郤，导大窾，因其固然，技经肯綮之未尝，而况大軱乎。”这里的“理”主要指牛生理上的天然结构和内在机理。《庄子·天运》曰：“夫至乐者，先应之以人事，顺之以天理，行之以五德，应之以自然。”这里的“理”主要指自然的法则与规律，从属于“道”的概念。当然，庄子也不回避对人伦之理的探讨。《庄子·渔父》曰：“其用于人理也，事亲则慈孝，事君则忠贞，饮酒则欢乐，处丧则悲哀。”“人理”即人的自然本性，这里，庄子初步有了分殊之意，“人理”在亲则曰慈孝，在君则曰忠贞，等等。

在法家，韩非子第一次就“理”的内涵进行了概念化的论说。《韩非子·

解老》曰:“凡理者,方圆、短长、粗靡、坚脆之分也,故理定而后可得道也。故定理有存亡,有死生,有盛衰……而常者,无攸易,无定理。无定理,非在于常所,是以不可道也。圣人观其玄虚,用其周行,强字之曰:‘道’,然而可论。”“道者,万物之所然也,万理之所稽也。理者,成物之文也;道者,万物之所以成也。”韩非子认为,“理”是事物的方圆、短长、粗细、坚脆的区别,是事物的形状、结构或特征,是事物之条理和表现;“道”则是万事万物之所以然,是成就万事万物的原因和依据。比较而言,“理”是有存亡、生死、盛衰的,不能称之为“常”;只有亘古不变、不受“理”限制、周行而不可道的“道”才是“常”。这样,“道”就成为比“理”更高的本体范畴。

此后,魏晋时期,王弼和郭象进一步提升“理”的地位,成为关于“理”的认知的一大转变。正如钱穆指出:“惟特别重视此理字,一再提出,以解说天地间一切自然之变化,而成为思想上重要之一观念,则其事当始于魏晋间之王弼与郭象。弼注《周易》与《老子》,象注《庄子》,乃始时时提出此理字,处处添入理字以解说此三书之义蕴。于是遂若缺此一字,天地间一切变化,皆将有无从解说之苦。此一理的观念之郑重提出,若谓于中国思想史上有大功绩,则王郭两家当为其元勋。”①王弼和郭象在其著述中,对“理”在哲学体系中的地位充分提升,使“理”成为一种统摄万物的、普遍性的“理”,以“理”的概念来代替早期道家“道”的概念,为二程的“天理”观念作了理论铺垫。

王弼注解《周易》,在概括其《易》说大义的《周易略例·明象》开篇就指出:“物无妄然,必由其理。统之有宗,会之有元,故繁而不乱,众而不惑。”②认为天下万物各有其理,且有所统会,故而能够众多而有序。王弼注解《论语·里仁》之“吾道一以贯之”,又提出“贯犹统也。夫事有归,理有会。故得其归,事虽殷大,可以一名举。总其会,理虽博,可以至约穷也”的解释。③ 这一论断与《周易略例·明象》之“统之有宗,会之有元”异曲同工,强调了“理”一以贯之、统率万物,是天地间一切事物的普遍原则,而且可以通过穷理而得其真谛。王弼注《老子》,凡《老子》言“道”之处,王弼的注解必改言“理”。在注第四十七章“不出户,知天下;不窥牖,见天道”时,王弼即言:“事有宗而物有主,途虽

① 钱穆:《庄老通辨》,生活·读书·新知三联书店2002年版,第331页。
② (魏)王弼撰,楼宇烈校释:《周易略例·明象》,《周易注》,中华书局2011年版,第395页。
③ 转引自(清)王闿运:《论语训上》,《春秋公羊传笺》,岳麓书社2009年版,第27页。

殊而同归也，虑虽百而其致一也。道有大常，理有大致，执古之道可以御今，虽处于今可以知古始，故不出户窥牖而可知也。”[①]同时，王弼还提出“至理”“理极”等概念，以“理”为本然之理、必然之理、所以然之理，都成为“理”概念在哲学史上的创举。

郭象注《庄子》，则进一步继承了王弼重“理”的传统，处处言及“理”字。其对“理”概念的理论贡献，一是直接提出自然之理的概念，强调“理”自身的自然性，而没有什么使之然者，如其言《逍遥游》“理固自然，不患其失，又何措心于其间哉”[②]，言《齐物论》“万物万形，同于自得，其得一也。已自一矣，理无所言”[③]，皆是如此。二是其对独化之理的阐发，让“理”成为万物生成的依据。其言：“亦斯理也，将使万物各反所宗于体中，而不待乎外”，[④]“推而极之，则今之所谓有待者，率至于无待，而独化之理彰矣”。[⑤] 郭象认为，万事万物的生成只需要内在的独化之“理”，这样就凸显了“理”对生成论的意义。

此后，到了唐代，成玄英在《庄子疏》中，继续将“道”解释为“理”，以“理”替换“道”而成为最高范畴，“理”的地位得以进一步巩固。加之佛教特别是华严宗对“理”的进一步强调，以“理法界”作为与“事法界”相对应的本体世界，“理”的本体性进一步彰显，为二程将“天”与“理”结合提供了可能。

“天”与“理”合言而并称“天理”，也是中国哲学的传统。“天理”二字最晚不迟于东周晚期就已经出现。前文论及，《庄子·养生主》中已经出现“依乎天理，批大郤，导大窾，因其固然，技经肯綮之未尝，而况大軱乎”的表述，《庄子·天运》中也言“夫至乐者，先应之以人事，顺之以天理，行之以五德，应之以自然”。《韩非子·大体》也使用了“天理”二字：“古之全大体者……不逆天理，不伤情性；不吹毛而求小疵，不洗垢而察难知；不引绳之外，不推绳之

---

① （魏）王弼注，边家珍点校：《王弼道德经注》卷3，凤凰出版社2017年版，第36页。

② （晋）郭象注，（唐）成玄英疏，曹础基、黄兰发点校：《逍遥游第一》，《南华真经注疏》卷1，中华书局1998年版，第1页。

③ （晋）郭象注，（唐）成玄英疏，曹础基、黄兰发点校：《齐物论第二》，《南华真经注疏》卷1，中华书局1998年版，第43页。

④ （晋）郭象注，（唐）成玄英疏，曹础基、黄兰发点校：《齐物论第二》，《南华真经注疏》卷1，中华书局1998年版，第57页。

⑤ （晋）郭象注，（唐）成玄英疏，曹础基、黄兰发点校：《寓言第二十七》，《南华真经注疏》卷9，中华书局1998年版，第545页。

内；不急法之外，不缓法之内；守成理，因自然。”①儒家典籍《礼记·乐记》中也言：“人生而静，天之性也。感于物而动，性之欲也。物至知知，然后好恶形焉。好恶无节于内，知诱于外，不能反躬，天理灭矣。……人化物也者，灭天理而穷人欲者也。”②这里的“天理”与“人欲”相对，指人的本性、天性。《乐记》倡导以礼乐化解人欲，复归“天理”，复归“人生而静”的“天之性”。

汉代，“天理”二字连用现象愈加凸显，其中尤以董仲舒对“天理”的阐发更有代表性。董仲舒的《春秋繁露》赋予了“天理”更多的社会性，使得“天理”与个人的道德修养产生关联，并进而与治国平天下产生关联。董仲舒言：“人之形体，化天数而成；人之血气，化天志而仁；人之德行，化天理而义。”③通过天人相符，董仲舒进而认为人的德行正是“天理”的展现。董仲舒又言：“故夏无道而殷伐之，殷无道而周伐之，周无道而秦伐之，秦无道而汉伐之。有道伐无道，此天理也，所从来久矣，宁能至汤武而然耶？”④“故明圣者象天所为，为制度，使诸有大奉禄亦皆不得兼小利，与民争利业，乃天理也。”⑤董仲舒以“天理”言人伦与治道，一方面从国与国的关系而言，认为“有道伐无道”即是“天理”；另一方面又立足圣人治理国家而言，认为君主“象天”而不与民争利就是“天理”。这里的“天理”，可以理解为道德价值的最高规范和社会运行的必然法则。

魏晋，向秀和嵇康围绕“天理”展开了讨论。向秀作《难嵇叔夜养生论》，其尾段凡三次言“天理”：“且生之为乐，以恩爱相接，天理人伦，燕婉娱心，荣华悦志，服食滋味，以宣五情；纳御声色，以达性气，此天理之自然，人之所宜、三王所不易也。……言背情失性，而不本天理也。”⑥向秀认为，人追求生命之乐，以燕婉娱乐心臆，以荣华欢畅情志，以美味佳肴宣泄五情，以音乐美色畅

---

① 该文字又见于《慎子》。

② 该文字又见于《文子》《淮南子》《史记》等。

③ （汉）董仲舒著，（清）苏舆撰，钟哲点校：《为人者天第四十一》，《春秋繁露义证》卷11，中华书局1992年版，第318页。

④ （汉）董仲舒著，（清）苏舆撰，钟哲点校：《尧舜不擅移、汤武不专杀第二十五》，《春秋繁露义证》卷7，中华书局1992年版，第220页。

⑤ （汉）董仲舒著，（清）苏舆撰，钟哲点校：《度制第二十七》，《春秋繁露义证》卷8，中华书局1992年版，第230页。

⑥ （魏）嵇康撰，戴明扬校注：《嵇康集校注》卷4，人民文学出版社1962年版，第167页。

达性气，是“天理人伦”，是适宜于人的，不可以违背这种人的本心本性而丧失“天理”。这也与向秀“名教即自然”的观点相一致。而嵇康在针对向秀此论予以回应时，使用了“天理自然”这一词语，认为“夫俟此而后为足，谓之天理自然者，皆役身以物，丧志于欲，原性命之情，有累于所论矣”，①对向秀的观点提出了批判，坚持外在之人伦享乐并非“天理自然”，如果混为一谈则会“役身以物，丧志于欲”。嵇康关于“天理”的观点明显与庄子等传统道家一脉相承。

此后，郭象也多言“天理”，提出“物之感人无穷，人之逐欲无节，则天理灭矣”，②“故知君臣上下，手足外内，乃天理自然”，③“穿落之可也，若乃走作过分，驱步失节，则天理灭矣”等论断，④延续向秀的思想，引入“天理”的思想，对《庄子》提出了新的见解。特别是其对“天理”与君臣上下等人伦事务的讨论，已经呈现出会通儒、道“天理”观念的鲜明特质。

此外，佛道二教对“天理”一词也有所使用。道教“天理”多继承道家“天理”而来，如东晋葛洪《抱朴子》言“养灵根于冥钧，除诱慕于接物，削斥浅务，御以愉慔，为乎无为，以全天理尔”，⑤唐成玄英《庄子疏》言“若与天位，令御群生，必运乎心智，伐乎天理，则物皆丧己，无复自然之性也”；⑥佛教则多以因果报应等解“天理”，如东晋郄超《奉法要》言“原夫天理之于罪福，外泄则愈轻，内结则弥重。既迹著于人事，必有损于冥应”，⑦南朝宋颜延之《重释何衡阳达性论》言“所谓役物为养，见役养人者，欲言愚慧相倾，惛算相制，事由智出，非出天理”，⑧等等。

---

① （魏）嵇康撰，戴明扬校注：《嵇康集校注》卷4，人民文学出版社1962年版，第188页。

② （晋）郭象注，（唐）成玄英疏，曹础基、黄兰发点校：《大宗师第六》，《南华真经注疏》卷3，中华书局1998年版，第137页。

③ （晋）郭象注，（唐）成玄英疏，曹础基、黄兰发点校：《齐物论第二》，《南华真经注疏》卷1，中华书局1998年版，第58页。

④ （晋）郭象注，（唐）成玄英疏，曹础基、黄兰发点校：《秋水第十七》，《南华真经注疏》卷6，中华书局1998年版，第691页。

⑤ （晋）葛洪撰，王明校释：《至理》，《抱朴子内篇校释》卷5，中华书局1985年版，第111页。

⑥ （晋）郭象注，（唐）成玄英疏，曹础基、黄兰发点校：《天地第十二》，《南华真经注疏》卷5，中华书局1998年版，第417页。

⑦ （南朝梁）僧祐、（唐）道宣：《弘明集·广弘明集》卷13，上海古籍出版社1991年版，第87页。

⑧ （南朝梁）僧祐、（唐）道宣：《弘明集·广弘明集》卷4，上海古籍出版社1991年版，第23页。

北宋，稍早于二程的学者也言及“天理”二字。比如，欧阳修言：“父子之道，天性也。临之以大义，有可以降其外物，而本之于至仁，则不可绝其天性。绝人道而灭天理，此不仁者之或不为也。”①“五代之乱，君不君，臣不臣，父不父，子不子，至于兄弟、夫妇人伦之际，无不大坏，而天理几乎其灭矣。”②这种立足于父子君臣人伦之道和社会规范的对“天理”的讨论，与二程对“天理”概念的使用已极为接近。

概而言之，二程之前，各个学派、各个朝代对“天理”都有着自己的阐发。对“天理”阐发最为深刻的是儒道二家，儒家重视挖掘“天理”在人伦社会义理方面的内涵，而道家则重视挖掘“天理”在自然天性物理方面的内涵。儒道二家“天理”观念各自在其框架内向前发展并相互交织，加之吸收法家、佛教等相关观念，其意蕴日渐丰富，逻辑日渐完善，但尚未形成一种权威式的解读。在这一背景中，二程的“天理”观应运而生。

二、天理的挺立

作为中国哲学传统概念的“天理”，发展至北宋已经蔚为大观；及至二程“自家体贴”出“天理”二字，创建以“天理”为核心的哲学体系，终于实现“天理”的挺立。正如冯友兰所言：“在道学家中确立理在道学中之地位者，为程氏兄弟。”③二程将“天理”发展成为一个涵括“天”与“理”的“集大成”式的权威概念，成为形上学逻辑结构的最高范畴。由此，“儒家有了不逊于佛、老二氏的最高概念，宋明理学使儒家获得了更新的生命”；④“天理”也成为理学对儒家学说和中国文化的最大创见。

二程所“体贴”出的“天理”绝不是凭空出现的，“以往的‘帝、天、天道、天命、太极、太虚、诚体、性体、心体、仁体、中体、神体，乃至天伦、天叙、天德、秉彝……’等种种名，全都是他体贴‘天理’二字的底据。他是真能理会得这种

---

① （宋）欧阳修著，李逸安点校：《濮议卷四》，《欧阳修全集》卷123，中华书局2001年版，第1871页。

② （宋）欧阳修撰，（宋）徐无党注：《一行传第二十二》，《新五代史》卷34，中华书局1974年版，第370页。

③ 冯友兰：《中国哲学史》，重庆出版社2009年版，第257页。

④ 程永凯：《前理学时代之“天理”观研究》，《海南大学学报（人文社会科学版）》2019年第3期。

种名之实义，而首先提出‘天理’二字以代表之。”①对二程“天理”观的理解，首先需要立足于二程对“天”“理”及相关概念的阐发。“天”和“理”都是二程著述中当之无愧的高频词。以中华书局本《二程集》为例，其中收录的二程著述中，“天”字出现3200余次，“理”字出现1600余次，“天理”合用则共出现111次，覆盖了各个篇章。

“天”，在二程这里也兼具了自然之天、主宰之天、道德义理之天等丰富内涵，是一个整体化的概念。② 就自然之天而言，“天”就是与地相对的自然界的存有，又可以引申为自然规律和法则。二程言：“凡有气，莫非天；凡有形，莫非地。”③“天之道，以其气下际故能化育万物，其道光明，下际谓下交也。地之道，以其处卑，所以其气上行，交于天，皆以卑降亨也。”④在这些表述中，二程把“天”描述成了一个由“气”所构成的与“地”相对而存在的形而下的实体，天之“气”下沉而相交于地，地之“气”上行而相交于天，二者相交，化育天下万物。但同时，“天”与“地”从本质而言又没有绝对的分别，“天地一物，地亦天也。只是人为天地心，是心之动，则分了天为上，地为下”。⑤ 天和地都由云气聚成，其本质上并无二致；只是人为天地立心，为天和地作了相应的区分。从这种云气相聚所形成的自然之天出发，二程又抽象出了天地运行的自然规律，并强调人应该顺从这种自然之“天”：“天地之运，以其顺动，所以日月之度不过善，四时之行不忒武；圣人以顺动，故经正而民兴于善，刑罚清简而万民服也。”⑥天地的自然运行，又形成了日月的交替、四时的变换，这正是自然运行

---

① 蔡仁厚：《宋明理学·北宋篇》，吉林出版集团有限责任公司2009年版，第191页。

② 李祥俊：“程颐关于生命之天的论述是儒学‘天’观念中主宰之天、物化之天、生命之天的合一，是一种全体即整体、整体即本体的宇宙图景。……这样一种即全体即整体即本体的‘天’观念不仅是程颐的信念，也是宋明新儒学共同的信念，周敦颐的《太极图说》、张载的《西铭》、程颢的《识仁篇》、王守仁的《大学问》等都表述了同样的思想。”（李祥俊：《儒学“天”观念的含义演进与思想特征》，《社会科学战线》2021年第2期）

③ （宋）程颐、程颢著，王孝鱼点校：《二先生语六》，《河南程氏遗书》卷6，《二程集》，中华书局1981年版，第83页。

④ （宋）程颐、程颢著，王孝鱼点校：《谦卦》，《周易程氏传》卷2，《二程集》，中华书局1981年版，第773—774页。

⑤ （宋）程颐、程颢著，王孝鱼点校：《二先生语二》，《河南程氏遗书》卷2，《二程集》，中华书局1981年版，第54页。

⑥ （宋）程颐、程颢著，王孝鱼点校：《豫卦》，《周易程氏传》卷2，《二程集》，中华书局1981年版，第779页。

的法则;而君主治理天下万民,也正是顺应了这种自然规律和法则。

就主宰之天而言,“天”则是万事万物的根源。与自然之天对“天”的物质性的强调不同,主宰之天更强调“天”的抽象性的人格神的特质,强调“天”作为万物根源的重要意义,这也正是二程“天”论中所突出强调的。程颐言:“乾元统言天之道也。天道始万物,物资始于天也。”①程颐将“天”与“道”合言“天道”,认为天下万物都始于这种“天道”,“天”是万事万物的根源,也就赋予“天”对万事万物天然的主宰性。同样,人类社会也遵从于这种主宰之天。从家庭来看,“万物皆本乎天,人本乎祖,故以冬至祭天而祖配之”。② 万物的根源是“天”,而人的根源在于先祖。故而祭天配祖,对“天”感恩敬畏,对先祖慎终追远,也就实现了天与人的合一。而从国家来看,“天为万物之祖,王为万邦之宗。乾道首出庶物而万汇亨,君道尊临天位而四海从。王者体天之道,则万国咸宁”。③ 正如“天”化生万物而成为万物之祖,人世间的君主则是万邦之宗。居于尊位的君主,必须遵从化生万物的“天”之道,发挥其对民众和国家的主宰作用,爱护万民、养育万民,从而使得四海归一、万国咸宁,这正是“天”所赋予君主的职责所在。

从道德义理之天而言,“天”也是道德伦理规范的化身。程颐言:“阴阳尊卑之义,男女长,天地之大经也。”④“由其为顺天合道,故天祐助之,所以吉也。君子满而不溢,乃天祐也。《系辞》复申之云:‘天之所助者顺也,人之所助者信也。履信思乎顺,又以尚贤也,是以白天祐之,吉无不利也。’”⑤二程认为,一方面,君臣父子、男女尊卑,这些尊卑等级秩序正是天地之大经,是“天”的化身;另一方面,“天”也具有“满而不溢”“履信”等道德属性,个人的道德修养正是“顺天合道”。

---

① (宋)程颐、程颢著,王孝鱼点校:《乾卦》,《周易程氏传》卷1,《二程集》,中华书局1981年版,第697页。

② (宋)程颐、程颢著,王孝鱼点校:《河南程氏粹言》卷2,《二程集》,中华书局1981年版,第1277页。

③ (宋)程颐、程颢著,王孝鱼点校:《乾卦》,《周易程氏传》卷1,《二程集》,中华书局1981年版,第698页。

④ (宋)程颐、程颢著,王孝鱼点校:《上下篇义》,《周易程氏传》,《二程集》,中华书局1981年版,第694页。

⑤ (宋)程颐、程颢著,王孝鱼点校:《大有卦》,《周易程氏传》卷1,《二程集》,中华书局1981年版,第772页。

二程关于“天”的自然性、主宰性、道德性的规定，与中国哲学中传统的对“天”的认识是一致的；但是，二程对“天”的认识又超越了传统哲学，这种超越正体现在其对“天”与“理”关系的界定上。在二程看来，“天”与“理”是有区别的，正如程颐所言：“君子存心消息盈虚之理而能顺之，乃合乎天行也。理有消衰，有息长，有盈满，有虚损，顺之则吉，逆之则凶，君子随时敦尚，所以事天也。”①程颐认为，“理”有着消衰、息长、盈满、虚损，展现着万物发展变化的法则；而“天”则是一种普遍性的法则，君子顺“理”则是事“天”。

但是，二程并不强调“天”与“理”之间的这种区别。反之，更注重“天”“理”，以及常与“天”并言的“道”三者之间的合一性。二程言：“理便是天道也。”②“此理，天命也。顺而循之，则道也。”③“天者，理也。神者，妙万物而为言者也。帝者，以主宰事而名。”④二程认为，“天”“理”“道”，异名而同实，三者所指归是一致的，是同一层次的哲学范畴，仅仅是在语意表达上有所侧重。⑤ 二程将“天”的自然性、主宰性与道德性相统一，尤其突出其具有最高主宰性质的，《五经》中常以天、帝、神等形象出现的“人格神”式的“天”的概念，将之与“理”相结合，转化成为了“理”或“天理”这一哲学上的本体范畴。⑥ 英国汉学家葛瑞汉在《中国的两位哲学家：二程兄弟的新儒学》一书中总结道：“宋代新儒学的伟大成就，在于它构筑了一个哲学体系。在这个体系中，所有儒家传统概念都各得其所。……道、天、性是‘理’的不同侧面，万物依靠理统

---

① (宋)程颐、程颢著，王孝鱼点校：《剥卦》，《周易程氏传》卷 2，《二程集》，中华书局 1981 年版，第 813 页。

② (宋)程颐、程颢著，王孝鱼点校：《伊川先生语八》，《河南程氏遗书》卷 22，《二程集》，中华书局 1981 年版，第 290 页。

③ (宋)程颐、程颢著，王孝鱼点校：《二先生语一》，《河南程氏遗书》卷 1，《二程集》，中华书局 1981 年版，第 11 页。

④ (宋)程颐、程颢著，王孝鱼点校：《明道先生语一》，《河南程氏遗书》卷 11，《二程集》，中华书局 1981 年版，第 132 页。

⑤ 张立文：“‘理’所强调的是理所当然的不易法则，‘天’所强调的是支配事物的天然之理，‘道’所强调的是超乎形器的流行规律。”(张立文：《中国哲学史新编》，中国人民大学出版社 2011 年版，第 264 页)蔡仁厚：“依明道，易体、神用、理道，皆是说的道体自己。”(蔡仁厚：《宋明理学·北宋篇》，吉林出版集团有限责任公司 2009 年版，第 179 页)

⑥ 陈来：“五经形成的时代，是上古宗教观念流行的时代，商周文化中的帝、天都是指有人格的最高主宰，二程把古代文化中的代表宇宙最高实在、最高主宰者的观念，用理性化的态度，将之解释为‘理’或‘天理’，这不仅是哲学上的一大进步，也是理学‘自家体贴’出来的新的内容。”(陈来：《宋元明哲学史教程》，生活·读书·新知三联书店 2010 年版，第 100 页)

一起来。”①二程对“天”与“理”关系的界定和对“天理”性质的界定，使得一个以“天理”（或“理”）为核心的哲学体系得以建立，成为宋明理学对儒学的最大理论贡献。

二程创建了以“天理”为核心的哲学体系。所谓“天理”，其重心落实在“理”上，不是“天”的“理”，也不是“天”与“理”，而是强调此“理”就是天然的、现成的、本自固有的，甚至永恒不变的。“天理”就是度越万物而存在的实体，是万物之所以存在的依据。“天理”的展开则为万事万物的存在和运行规律，既是万事万物的主宰，又是万事万物的呈现，并最终复归于“天理”本身。在这一意义上，二程言：“天下只有一个理”，②“万物皆只是一个天理”。③ 通过对“理”进行高度思辨与抽象，二程赋予了“天理”以本体性地位，并围绕其至上性、至实性与自然性的特质展开阐发。

其一，“天理”是至上的。“天理”的“至上”展现在两个方面：一方面，就本体本根而言，“天理”是宇宙万物形而上的最高本体，是万事万物存在的根源和依据，是第一性的，潘富恩先生称之为“有理才有物，才有事，才有用，世界上的一切事物都是从理‘这里出去’的。天地间万事万物包括人类在内，都是理派生出来的”；④另一方面，就宇宙运行而言，“天理”是万事万物运行的必然法则和所以然之故，冯友兰先生称之为“理为事物所必依照而不可逃；某理为某事物所必依照而不可逃”。⑤ 万事万物的化生最终都归结于一个本体性的“天理”，“天理”是支配万物运行的最高本体依据。

二程认为，无论是宇宙的运行，还是万物的化生，莫不依据“天理”而行，并归结于同一个“天理”。二程强调了“天理”的唯一性：“天下只有一个理。”⑥“万

① [英]葛瑞汉：《中国的两位哲学家：二程兄弟的新儒学》，程德祥等译，大象出版社 1999 年版，第 27 页。

② （宋）程颐、程颢著，王孝鱼点校：《伊川先生语四》，《河南程氏遗书》卷 18，《二程集》，中华书局 1981 年版，第 196 页。

③ （宋）程颐、程颢著，王孝鱼点校：《二先生语二》，《河南程氏遗书》卷 2，《二程集》，中华书局 1981 年版，第 30 页。

④ 潘富恩：《程颢 程颐》，陕西师范大学出版社 2017 年版，第 30 页。

⑤ 冯友兰：《新理学》，北京大学出版社 2014 年版，第 127 页。

⑥ （宋）程颐、程颢著，王孝鱼点校：《伊川先生语四》，《河南程氏遗书》卷 18，《二程集》，中华书局 1981 年版，第 196 页。

物皆只是一个天理。”①“佛氏善侈大其说也。今一言以蔽之曰：万物一理耳。”②二程进而指出，这个唯一的“天理”，超越于形而下的万事万物而存在。万事万物都从“天理”那里产生，其一切发展变化都受到“天理”的支配，是“天理”的具体反映：“所以谓万物一体者，皆有此理，只为从那里来。‘生生之谓易’，生则一时生，皆完此理。”③这样，“天理”就是万事万物的来源和归宿，是万事万物的本末始终。故而，从这一意义而言，“天理”就是主宰之“天”的化身，“天者，理也。神者，妙万物而为言者也。帝者，以主宰事而名”。④ 这样，“天理”就成为二程哲学体系的最高概念，既是本体，也是本根，万物产生于“天理”，展现着“天理”，又复归于“天理”，“天理”对万事万物的统摄作用由此建立。

关于作为万事万物必然法则的“天理”，二程强调：“天下物皆可以理照，有物必有则，一物须有一理。”⑤万事万物都有其必然准则，这个准则就是“天理”，故而天下万事万物都可以“天理”观照。然而，“天理”作为万事万物的必然准则，展现在具体事物上又是不同的，比如，程颐在注解《泰》卦九三爻“九三，无平不陂，无往不复，艰贞无咎。勿恤其孚，于食有福”时指出：“三居泰之中，在诸阳之上，泰之盛也。物理如循环，在下者必升，居上者必降。……当知天理之必然，方泰之时，不敢安逸，常艰危其思虑，正固其施为，如是则可以无咎。”⑥程颐认为，九三爻居于中位、居于诸阳爻之上，正是处于鼎盛；但是，事物运转是循环反复的，未有往而不返、一直安平的。居于下位的必然要上升，居于上位的必然会下降，这就是否极而泰来、泰久而否至的道理，是事物运行

---

① （宋）程颐、程颢著，王孝鱼点校：《二先生语二》，《河南程氏遗书》卷 2，《二程集》，中华书局 1981 年版，第 30 页。

② （宋）程颐、程颢著，王孝鱼点校：《河南程氏粹言》卷 1，《二程集》，中华书局 1981 年版，第 1180 页。

③ （宋）程颐、程颢著，王孝鱼点校：《二先生语二》，《河南程氏遗书》卷 2，《二程集》，中华书局 1981 年版，第 33 页。

④ （宋）程颐、程颢著，王孝鱼点校：《明道先生语一》，《河南程氏遗书》卷 11，《二程集》，中华书局 1981 年版，第 132 页。

⑤ （宋）程颐、程颢著，王孝鱼点校：《伊川先生语四》，《河南程氏遗书》卷 18，《二程集》，中华书局 1981 年版，第 193 页。

⑥ （宋）程颐、程颢著，王孝鱼点校：《泰卦》，《周易程氏传》卷 1，《二程集》，中华书局 1981 年版，第 756 页。

所遵循的必然之理。故而，鼎盛之时，安逸之时，愈加要心怀敬畏与忧患，居安思危、夕惕若厉，才能避免祸患。从这段论述可以看出，否极而泰来、泰久而否至，就是“天理之必然”。而在注解《睽》卦序卦“家道穷必乖，故受之以睽，睽者乖也”时，程颐则指出“家道穷则睽乖离散，理必然也”，[①]强调家道不正则家庭离散也是“天理”，是事物之必然法则，等等。总之，“天理”是万事万物之“必然”，是其运行发展的必然规律和法则；反过来，这种必然性又要求万事万物必须依照“天理”，顺“天理”而行。

关于作为万事万物所以然之故的“天理”，二程指出，“天理”不仅是事物运行的必然之理，这种“必然”的背后，其实是“所以然”。正是因为“天理”是万事万物的“所以然之故”，是万事万物之所以成为万事万物的原因和依据，才使得“天理”成为一种必然之理；同时，只有去知其所以然之理，才能够“得天地之妙用，知道德之本源”，[②]让“天理”的作用充分发挥。

程颐以日常生活中最为常见的洒扫应对为例，指出：“凡物有本末，不可分本末为两段事。洒扫应对是其然，必有所以然。”[③]“圣人之道，更无精粗，从洒扫应对至精义入神，通贯只一理。虽洒扫应对，只看所以然者如何。”[④]“洒扫应对”语出《论语·子张》：“子游曰：‘子夏之门人小子，当洒扫应对进退则可矣，抑末也。本之则无，如之何？’”子游认为，子夏的学生们在洒水扫地、接待客人、趋进走退一类事务上做的是可以的，但是这只是细枝末节，根本的学问他们没有学到。子夏对此不予认同，认为君子学问的传授顺序应当循序渐进，像培植草木一样，区分类别，先小节、后大事，有始有终。对此，程颐则认为，不能够将本末看作两件事情，从“洒扫应对”到“精义入神”，看似有本末精粗的区别，其实贯通其中的都是同一个“天理”。故而，即使是洒扫应对一类的小事中，能够穷究其中的“所以然之故”，也可以体认“天理”。其实，不仅仅

① （宋）程颐、程颢著，王孝鱼点校：《睽卦》，《周易程氏传》卷3，《二程集》，中华书局1981年版，第888页。

② （宋）程颐、程颢著，王孝鱼点校：《易说》，《河南程氏经说》卷1，《二程集》，中华书局1981年版，第1029页。

③ （宋）程颐、程颢著，王孝鱼点校：《伊川先生语一》，《河南程氏遗书》卷15，《二程集》，中华书局1981年版，第148页。

④ （宋）程颐、程颢著，王孝鱼点校：《伊川先生语一》，《河南程氏遗书》卷15，《二程集》，中华书局1981年版，第152页。

是洒扫应对，对学问来说，“学必穷理。物散万殊，何由而尽穷其理？”①如何穷尽万事万物之理，实现万物之理的会通呢？二程言：“诵诗、书，考古今，察物情，揆人事，反覆研究而思索之，求止于至善，盖非一端而已也。”“求一物而通万殊，虽颜子不敢谓能也。夫亦积习既久，则脱然自有该贯。所以然者，万物一理故也。”②二程强调，要想从“万物一理”中知其所以然，体认“天理”，既需要从洒扫应对一类的小事上去穷究，也需要做到日常的积累，如此，则可以豁然贯通，通晓“天理”。

除洒扫应对外，二程还结合《周易》来论述“天理”作为“所以然”的意义。《周易·系辞上》曰：“易与天地准，故能弥纶天地之道。仰以观于天文，俯以察于地理，是故知幽明之故。……与天地相似，故不违。知周乎万物，而道济天下，故不过。旁行而不流，乐天知命，故不忧。”对于此段，二程指出：“偏理天地之道，而复仰观天文，俯察地理，验之著见之迹，故能‘知幽明之故’。在理为幽，成象为明。‘知幽明之故’，知理与物之所以然也。”③“子曰：穷物理者，穷其所以然也。天之高，地之厚，鬼神之幽显，必有所以然者。苟曰天惟高耳，地惟厚耳，鬼神惟幽显耳，是则辞而已，尚何有哉？”④二程认为，《周易》揭示了天地万物运行变化的内在规律，去仰观天文的运行，俯察地理的变化，推究事物发展的本末始终，推究事物盛衰兴亡的道理，就是要明白其中的“所以然”；而这个“所以然”，正是天之所以高、地之所以厚、鬼神之所以“幽”的“天理”。

其二，“天理”是至实的。⑤“天理”的“至实”表现在两个方面：一方面，“天理”本身具有实在性，并不是远离人伦日用高悬于天的；另一方面，“天理”

---

① （宋）程颐、程颢著，王孝鱼点校：《河南程氏粹言》卷1，《二程集》，中华书局1981年版，第1191页。

② （宋）程颐、程颢著，王孝鱼点校：《河南程氏粹言》卷1，《二程集》，中华书局1981年版，第1191页。

③ （宋）程颐、程颢著，王孝鱼点校：《易说》，《河南程氏经说》卷1，《二程集》，中华书局1981年版，第1028页。

④ （宋）程颐、程颢著，王孝鱼点校：《河南程氏粹言》卷2，《二程集》，中华书局1981年版，第1272页。

⑤ 张立文：“理、道与释、道二教的空虚之道相区别，但有鉴于张载的太虚、虚空容易与释、道相混淆，使儒家伦理的价值本体虚空化而无法落实，二程强调理在形而上层次的实在性。”（张立文：《中国哲学思潮发展史》，人民出版社2014年版，第937页）

自身具有完满性,作为万事万物永恒本体的"天理",不生不灭,不增不减,不加不损,圆满自足。

关于"天理"本身的实在性,二程认为,"天理"虽然是无形无象的最高存在,是超越一切"器"的限制的,但是"天理"与释道所言之"空""虚"绝不可等同视之,"天理"是至实不虚的。《周易·系辞》曰:"形而上者谓之道,形而下者谓之器。""道"与"器"形上形下的划分,是中国哲学的一贯传统。二程借鉴了这种划分,认为"其理则谓之道",①"天理"属于"道",属于形而上的范畴。形而上的"天理"是无形的,二程言:"至如梦寐皆无形,只是有此理。"②"理无形也,故因象以明理。理既见乎辞矣,则可由辞以观象。故曰:'得其义,则象数在其中矣。'"③因为"天理"没有形体,故而需要借助言辞来观"象",得到关于"天理"的体认。"天理"虽然是形而上的存在,但它又是寓于形而下的器物之中的,绝不等同于佛教和道教所言的"空""虚"。二程开门见山指出:"理者,实也,本也。"④"无非理也,惟理为实。"⑤"天理"是至实不虚的,这也就肯定了人伦事物的实在性,而非佛教所追求的否定尘世的涅槃世界。二程对佛道所言的"空""虚",以及张载所言的"太虚"都进行了批驳。对于佛教,二程言:"释氏无实。"⑥"佛氏之道,一务上达而无下学,本末间断,非道也。"⑦而对于张载的"太虚"之说,二程言:"又语及'太虚',曰:'亦无太虚。'遂指虚曰:'皆是理,安得谓之虚?天下无实于理者。'"⑧"太虚"不虚,都是至实的"天

---

① (宋)程颐、程颢著,王孝鱼点校:《河南程氏粹言》卷1,《二程集》,中华书局1981年版,第1170页。

② (宋)程颐、程颢著,王孝鱼点校:《二先生语二》,《河南程氏遗书》卷2,《二程集》,中华书局1981年版,第56页。

③ (宋)程颐、程颢著,王孝鱼点校:《伊川先生文五》,《河南程氏文集》卷9,《二程集》,中华书局1981年版,第615页。

④ (宋)程颐、程颢著,王孝鱼点校:《明道先生语一》,《河南程氏遗书》卷11,《二程集》,中华书局1981年版,第125页。

⑤ (宋)程颐、程颢著,王孝鱼点校:《河南程氏粹言》卷1,《二程集》,中华书局1981年版,第1169页。

⑥ (宋)程颐、程颢著,王孝鱼点校:《明道先生语三》,《河南程氏遗书》卷13,《二程集》,中华书局1981年版,第138页。

⑦ (宋)程颐、程颢著,王孝鱼点校:《伊川先生语一》,《河南程氏遗书》卷15,《二程集》,中华书局1981年版,147页。

⑧ (宋)程颐、程颢著,王孝鱼点校:《二先生语三》,《河南程氏遗书》卷3,《二程集》,中华书局1981年版,第65页。

理”的流行。对于“天理”的实在性，程颐总结道：“实有是理，故实有是物；实有是物，故实有是用；实有是用，故实有是心；实有是心，故实有是事。”①“天理”的至实不虚，保证了万事万物的存在与功用，有效保证了形而上之“天理”与形而下之事物的联结。

关于“天理”本身的完满性，二程指出：“天理云者，这一个道理，更有甚穷已？不为尧存，不为桀亡。人得之者，故大行不加，穷居不损。这上头来，更怎生说得存亡加减？是佗元无少欠，百理具备。”②二程认为，“天理”作为永恒本体，作为一个道理，其本身是圆满无缺、百理具备的。故而，“天理”不随社会历史的演进而变化，不因现实政治的好坏而存亡，人人行之而不会增加分毫，人人穷索也不会损伤一丝。正如冯友兰先生所言：“所谓理者，永久为有，不增不减。人知之与不知之，与其为有无无关。事实上有其实例与否，亦与其为有无无关。尧尽君道，为为君之理添一实例，然为君之理不因此增。即无尧尽君道，为君之理亦丝毫不减。”③这种“万物之理皆至足”的完满特质，④既保证了“天理”本身的独一无二，也为社会人伦的真实可靠性从根本上提供了理论保障。

其三，“天理”是自然的。“天理”的“自然”表现在两个方面：一方面，从理气关系而言，气之聚散，源源不断，生生之理，自然不息；另一方面，“天理”之流行是自然而然的，是内生动力而非其他的刻意安排。

关于“理”与“气”，二程认为，天地万物莫不有其理，但也莫不有其气；气之消亡则物灭，新的气又源源不断产生则物生，而“理”正是使得“气”生成万物的内在依据，由是而生生不息。⑤ 二程指出，“理”与“气”有着理先气后、理本气末、形上形下的区分，“有理则有气”，⑥“阴阳，气也。气是形而下者，道

---

① （宋）程颐、程颢著，王孝鱼点校：《中庸解》，《河南程氏经说》卷8，《二程集》，中华书局1981年版，第1160页。

② （宋）程颐、程颢著，王孝鱼点校：《二先生语二》，《河南程氏遗书》卷2，《二程集》，中华书局1981年版，第31页。

③ 冯友兰：《中国哲学史》，重庆出版社2009年版，第259页。

④ （宋）程颐、程颢著，王孝鱼点校：《河南程氏粹言》卷2，《二程集》，中华书局1981年版，第1267页。

⑤ 吕思勉：“二程以凡现象皆属于气。具体之现象固气也，抽象之观念亦气。必所以使气如此者，乃谓之理。”（吕思勉：《理学纲要》，东方出版社1996年版，第78页）

⑥ （宋）程颐、程颢著，王孝鱼点校：《河南程氏粹言》卷2，《二程集》，中华书局1981年版，第1227页。

是形而上者”,[①]“理”与“气”虽然有着先后本末和形上形下的区分,但又是分而不离的。作为本体的至高无上、至实不虚的“理”的流行,需要借助可聚而成物的形而下的“气”这一中间环节,来完成宇宙万物和人类社会的演化;否则,这一过程就无法顺利完成。[②] 二程言:“万物之始,皆气化;既形,然后以形相禅,有形化;形化长,则气化渐消。”[③]“地气不上腾,天气不下降,天气下降至于地中,生育万物者,乃天之气也。”[④]经由“气化”和“形化”两个阶段,在天地之气的相接中万物得以生成。

关于宇宙自然、万事万物乃至人类的产生,二程也作了具体阐述。二程指出,日月星辰、四时寒暑,都是“天理”统摄下阴阳之“气”的聚散、消长运动所构成的:“阴阳之气,有常百不散者,日月是也;有消长而无穷者,寒暑是也。”[⑤]“日月,阴阳之精气耳,惟其顺天之道,往来盈缩,故能久照而不已。得天,顺天理也。四时,阴阳之气耳,往来变化,生成万物,亦以得天,故常久不已。”[⑥]除了日月寒暑外,云、雨、雷、电、霜、露、雹等自然现象都是由于气的相互作用而形成,乃至人也是如此。而关于人的起源,二程认为,“太古之时,人还与物同生”,纯气为人,繁气为虫,“人乃五行之秀气,此是天地清明纯粹气所生也”。[⑦] 而关于圣人,二程认为,“圣人之生,亦天地交感,五行之秀,乃生圣人”。[⑧] 程颐指出,

---

① (宋)程颐、程颢著,王孝鱼点校:《伊川先生语一》,《河南程氏遗书》卷15,《二程集》,中华书局1981年版,第162页。

② 冯友兰:“形而下者之器,即在时空中之具体的事物;形而上者之道,即超时空而永存之抽象的理也。形上见于形下,无形下之器,则形上之道不可见”;“具体的物之成毁,由于气之聚散。横渠此意,伊川虽未明言,但似亦用之”。(冯友兰:《中国哲学史》,重庆出版社2009年版,第264页。)

③ (宋)程颐、程颢著,王孝鱼点校:《二先生语五》,《河南程氏遗书》卷5,《二程集》,中华书局1981年版,第79页。

④ (宋)程颐、程颢著,王孝鱼点校:《河南程氏粹言》卷2,《二程集》,中华书局1981年版,第1226页。

⑤ (宋)程颐、程颢著,王孝鱼点校:《河南程氏粹言》卷2,《二程集》,中华书局1981年版,第1228页。

⑥ (宋)程颐、程颢著,王孝鱼点校:《睽卦》,《周易程氏传》卷3,《二程集》,中华书局1981年版,第888页。

⑦ (宋)程颐、程颢著,王孝鱼点校:《伊川先生语四》,《河南程氏遗书》卷18,《二程集》,中华书局1981年版,第198页。

⑧ (宋)程颐、程颢著,王孝鱼点校:《伊川先生语一》,《河南程氏遗书》卷15,《二程集》,中华书局1981年版,第159页。

太古之时人之初生，与万物一样，都是“天理”统摄下由“气”而生，圣人也是如此，秉天地清明纯粹气而生。这样，包括天地日月、生物乃至人类在内的万物都由“理”与“气”相杂而生，“天理”正是一种与“气”不离不杂的自然之理。

关于“天理”之自然流行，二程认为，“天理”是万事万物所固有的，不需要外在的矫揉造作和刻意安排：“物固有是理，因而充长之，不俟乎造为，故曰‘益长裕而不设’，设则伪矣。”①“凡理之所在，东便是东，西便是西，何待信？凡言信，只是为彼不信，故见此是信尔。”②“天理”不仅仅是万事万物所自有的，其在万事万物间的大化流行也全是出于自然。二程常用“自然如此”来描述这种“天理”在宇宙万物间的自然流行，强调“理”之运行是自然而然的，具有自然的必然性。二程言：“天理鼓动万物如此。”③“道则自然生生不息……道则自然生万物。”④“只是理，理便是天道也。且如说皇天震怒，终不是有人在上震怒，只是理如此。”⑤“老子亦曰：‘三生万物’。此是生生之谓易，理自然如此。‘维天之命，于穆不已’，自是理自相续不已，非是人为之。如使可为，虽使百万般安排，也须有息时。”⑥“天理”既然是万事万物所固有，“天理”之流行而化育万物也自然而然是非人为的，那么，人类社会的一切行为都需要顺应这种自然而然的“天理”，循“理”而乐：“天地之道，万物之理，唯至顺而已。大人所以先天、后天而不违者，亦顺乎理而已。”⑦

---

① （宋）程颐、程颢著，王孝鱼点校：《河南程氏粹言》卷2，《二程集》，中华书局1981年版，第1227页。

② （宋）程颐、程颢著，王孝鱼点校：《伊川先生语八》，《河南程氏遗书》卷22，《二程集》，中华书局1981年版，第296页。

③ （宋）程颐、程颢著，王孝鱼点校：《二先生语五》，《河南程氏遗书》卷5，《二程集》，中华书局1981年版，第78页。

④ （宋）程颐、程颢著，王孝鱼点校：《伊川先生语一》，《河南程氏遗书》卷15，《二程集》，中华书局1981年版，第149页。

⑤ （宋）程颐、程颢著，王孝鱼点校：《伊川先生语八》，《河南程氏遗书》卷22，《二程集》，中华书局1981年版，第296页。

⑥ （宋）程颐、程颢著，王孝鱼点校：《伊川先生语四》，《河南程氏遗书》卷18，《二程集》，中华书局1981年版，第225—226页。

⑦ （宋）程颐、程颢著，王孝鱼点校：《豫卦》，《周易程氏传》卷2，《二程集》，中华书局1981年版，第779页。

由此,通过二程对“天理”至上、至实与自然性的界定,“天理”在宋代真正实现挺立,成为宋明理学的核心话题和最高本体。在“天理”的统摄下,一个继承儒家传统而又与时俱进,贯通形上形下、阐明天道人事的“理”世界得以建立。

三、天理的划分

二程“天理”观的构建,是一个由多到一,又由一到多的过程。由多到一,是“万物一理”;由一到多,则是“理一分殊”。经由这两个过程,至高无上、至实不虚、自然流行的“天理”得以在万事万物中落实。其中,由多到一的“万物一理”,必然涉及万物之“理”的不同划分。对二程所言的“理”,诸多学者进行了探讨,比如牟宗三先生划分为名理、物理、玄理、空理、性理、事理六者,陈来先生划分为天理、性理、伦理、物理、理性五者,等等。在这些划分中,“玄理”“空理”等多是围绕“天理”的性质展开的论说;而从“天理”之具体落实而言,万事万物之“理”的范畴不外乎与自然界具体事物相关的“物理”,与人和由人所组成的社会相关的“人理”两大类。其中,“物理”强调自然界具体事物之所以然,如火之所以热,水之所以寒。“人理”强调人类社会具体事务之所以然,如人之道德修养、社会运行之规范,以“天理”的道德律令为人类社会提供有效哲学依据。①

细分之,“人理”则又可以分为两个小类:一是人本身道德本性之“性理”,二是社会人伦道德规范之“义理”。前者强调的主要是人本身道德修养的问题,强调“天理”落实于人身,人应当秉有何种道德本性;后者强调的主要是人与人之间关系的问题,比如家庭中人与人的关系构成“齐家”理论,国家中君主、臣子与人民的关系构成“治国平天下”理论,等等。人的道德本性之“性理”和社会人伦道德规范之“义理”是相互贯通的,大多数具体道德规范,既针对个人道德修养而言,也针对社会道德而言。故而,立足“人”这一主体,以“人”统率二者,合而称为“人理”更为妥帖。

---

① 侯外庐:“在二程思想中,‘天理’本身就被赋予了道德律令的意义,企图为封建主义的法律虚构提供更有效的哲学依据。”(侯外庐、邱汉生、张岂之主编,张岂之修订:《宋明理学史》,西北大学出版社 2018 年版,第 137 页)

二程言:“天下物皆可以理照，有物必有则，一物须有一理。”[①]“凡眼前无非是物，物物皆有理。”[②]二程指出，无论是自然事物、人的道德还是社会规范，一事有一事之理，一物有一物之理，各有其理、各得其宜。围绕“物理”和“人理”两个大的范畴，二程展开了关于“万物之理”的讨论。

对于自然界具体事物之“物理”，二程从多个角度进行了阐发。首先，“物理”作为“天理”在具体事务上的落实，其本身是完满的，不需要外在的力量去对“物理”进行任何矫正。比如论及《齐物论》，程颐就指出:“庄子之意欲齐物理耶? 物理从来齐，何待庄子而后齐? 若齐物形，物形从来不齐，如何齐得? 此意是庄子见道浅，不奈胸中所得何，遂着此论也。”[③]庄子作《齐物论》，只是去阐发万物中的“理”，而不是对其中之“理”进行齐同的人为的操作。

其次，关于“物理”的具体内容，二程认为，凡是自然界事事物物之所以然皆是“物理”。“物理”既包括天之所以高、地之所以厚、鬼神之所以“幽显”这类宏观的宇宙自然现象，如二程言:“穷物理者，穷其所以然也。天之高，地之厚，鬼神之幽显，必有所以然者。苟曰天惟高耳，地惟厚耳，鬼神惟幽显耳，是则辞而已，尚何有哉?”[④]“物理须是要穷。若言天地之所以高深，鬼神之所以幽显。若只言天只是高，地只是深，只是已辞，更有甚?”[⑤]“物理”也体现在具体事务的细微之处。程颐言:“古之人穷尽物理，则食其味，嗅其臭，辨其色，知其某物合某则成何性。天有五气，故凡生物，莫不具有五性，居其一而有其四。至如草木也，其黄者得土之性多，其白者得金之性多。”[⑥]穷物之理，就要

---

① (宋)程颐、程颢著，王孝鱼点校:《伊川先生语四》,《河南程氏遗书》卷18,《二程集》,中华书局1981年版，第193页。

② (宋)程颐、程颢著，王孝鱼点校:《伊川先生语五》,《河南程氏遗书》卷19,《二程集》,中华书局1981年版，第247页。

③ (宋)程颐、程颢著，王孝鱼点校:《伊川先生语八》,《河南程氏遗书》卷22,《二程集》,中华书局1981年版，第289页。

④ (宋)程颐、程颢著，王孝鱼点校:《河南程氏粹言》卷2,《二程集》,中华书局1981年版，第1272页。

⑤ (宋)程颐、程颢著，王孝鱼点校:《伊川先生语一》,《河南程氏遗书》卷15,《二程集》,中华书局1981年版，第157页。

⑥ (宋)程颐、程颢著，王孝鱼点校:《伊川先生语一》,《河南程氏遗书》卷15,《二程集》,中华书局1981年版，第163页。

了解事物的口味、气味、颜色，了解事物秉持金木水火土中的哪一“性”而成为该事物，如草木之黄者就是因为多习得土之性，而草木之白者则是因为多习得金之性，从细微之处入手，得物与他物不同之“理”。

对于“物理”，二程还尤其强调了其消息反复的辩证特征，认为正是这一特征使得“理”反复无穷，使得万物生生不息。① 比如，观梅花冬日绽放，二程直言“物理最好玩”；②而“物理”的“好玩”之处，就在于其生长消息、变化无穷。从冬梅的发于冬日、松柏的“后凋”中，二程体悟到万物必有阴阳升降、枯荣消长之理，正因为这种阴阳升降、枯荣消长，所以万物生生不息：“早梅冬至已前发，方一阳未生，然则发生者何也？其荣其枯，此万物一个阴阳升降大节也。然逐枝自有一个荣枯，分限不齐，此各有一乾、坤也。各自有个消长，只是个消息。惟其消息，此所以不穷。至如松柏，亦不是不彫，只是后彫，彫得不觉，怎少得消息？方夏生长时，却有夏枯者，则冬寒之际有发生之物，何足怪也！”③二程又言：“学禅者曰：‘草木鸟兽之生，亦皆是幻。’曰：‘子以为生息于春夏，及至秋冬便却变坏，便以为幻，故亦以人生为幻，何不付与他。物生死成坏，自有此理，何者为幻？’”④草木鸟兽生息于春夏而衰败于秋冬的自然现象，佛教以此辩称人生虚幻；而二程认为，这正是生物生长消息的自然之理，而非虚幻。

对于“物理”消息反复的辩证特征，程颐在《周易程氏传》中还通过对各卦爻辞及序卦、彖传、象传的解读，突出其物极必反、剥极则复、否极泰来的道理。在对《否》卦序卦“泰者通也，物不可以终通，故受之以否”的解读中，程颐强调了事物泰极必否、否极泰来：“夫物理往来，通泰之极则必否，否所以次泰也。为卦，天上地下。天地相交，阴阳和畅，则为泰。天处上，地处下，是天地隔绝，

① 张立文称之为“理是动静、盛衰、生止、消长等运动变化的恒常规律”（张立文：《中国哲学思潮发展史》，人民出版社 2014 年版，第 940 页）。

② （宋）程颐、程颢著，王孝鱼点校：《二先生语二》，《河南程氏遗书》卷 2，《二程集》，中华书局 1981 年版，第 39 页。

③ （宋）程颐、程颢著，王孝鱼点校：《二先生语二》，《河南程氏遗书》卷 2，《二程集》，中华书局 1981 年版，第 39 页。

④ （宋）程颐、程颢著，王孝鱼点校：《二先生语一》，《河南程氏遗书》卷 1，《二程集》，中华书局 1981 年版，第 3—4 页。

不相交通，所以为否也。”[①]在对《大有》卦象传“匪其彭无咎，明辩晢也”的解读中，程颐强调了事物盛则知咎、谦逊损抑：“能不处其盛而得无咎者，盖有明辩之智也。晢，明智也。贤智之人，明辩物理，当其方盛，则知咎之将至，故能损抑，不敢至于满极也。”[②]在对《睽》卦上九爻“上九，睽孤，见豕负涂，载鬼一车，先张之弧，后说之弧，匪寇婚媾，往遇雨则吉”的解读中，程颐强调了物极必反、高极则下：“物理极而必反，以近明之：如人适东，东极矣，动则西也；如升高，高极矣，动则下也；既极则动而必反也。”[③]通过反复重申这种辩证关系，程颐强调了要把握“物理”，顺“理”而为。

那么，具体而言，要如何把握这种自身圆满的万事万物之理呢？二程认为，把握“物理”、顺“理”而为，需要发挥格物致知的工夫：“‘致知在格物’。格，至也，穷理而至于物，则物理尽。”[④]反过来，对于格物致知，二程也尤其强调不仅要从求四端之心上下工夫，也要从一草一木之理上下工夫：“又问：‘致知，先求之四端，如何？’曰：‘求之性情，固是切于身，然一草一木皆有理，须是察。’”[⑤]正是通过人与物的相交，则可以明晓其中的“理”。

然而，我们洞察万物之理，把握万物之理，并不仅仅是为了通晓自然万物之所以然。“穷至于物理，则渐久后天下之物皆能穷，只是一理。”[⑥]物我一理，穷“物理”的意义，更在于通过彼此相通的“理”，由物之“理”进而体认“天理”，特别是“天理”在个人道德的落实：“物我一理，才明彼即晓此，合内外之道也。语其大，至天地之高厚；语其小，至一物之所以然，学者皆当理会。”[⑦]

① (宋)程颐、程颢著，王孝鱼点校：《否卦》，《周易程氏传》卷1，《二程集》，中华书局1981年版，第758—759页。

② (宋)程颐、程颢著，王孝鱼点校：《大有卦》，《周易程氏传》卷1，《二程集》，中华书局1981年版，第768页。

③ (宋)程颐、程颢著，王孝鱼点校：《睽卦》，《周易程氏传》卷3，《二程集》，中华书局1981年版，第893页。

④ (宋)程颐、程颢著，王孝鱼点校：《二先生语二》，《河南程氏遗书》卷2，《二程集》，中华书局1981年版，第22页。

⑤ (宋)程颐、程颢著，王孝鱼点校：《伊川先生语四》，《河南程氏遗书》卷18，《二程集》，中华书局1981年版，第193页。

⑥ (宋)程颐、程颢著，王孝鱼点校：《伊川先生语一》，《河南程氏遗书》卷15，《二程集》，中华书局1981年版，第144页。

⑦ (宋)程颐、程颢著，王孝鱼点校：《伊川先生语四》，《河南程氏遗书》卷18，《二程集》，中华书局1981年版，第193页。

"观物理以察己,既能烛理,则无往而不识。"[①]二程强调,要在人与物的相交与合一中,从"物理"中明晓人的自身德性所固有之理。[②] 最终,通过穷"物理"而达到"同天下和合万类"的境界:"推物理之同,以明睽之时用,乃圣人合睽之道也。……物虽异而理本同,故天下之大,群生之众,睽散万殊,而圣人为能同之。处睽之时,合睽之用,其事至大,故云大矣哉。"[③]从推物之"理"出发,而和同天下万事万物之理,实现仁与万物一体,只有圣人方能有此作为。

对与人本身和由人所组成的社会相关的"人理",二程也进行了阐发。首先,二程开宗明义地指出,人之为人,与其他万物不同,人秉天地正气而生,必须尽人道,尽人理:"'惟圣人然后践形',言圣人尽得人道也。人得天地之正气而生,与万物不同。既为人,须尽得人理。众人有之而不知,贤人践之而未尽,能践形者,唯圣人也。"[④]二程进而指出,尽"人理"并非难事,"理只是人理,甚分明,如一条平坦底道路。"[⑤]那么,如何践履"人理"呢?二程认为,"人理"的落实主要包括三个方面的内容。

其一,"人理"是人的道德本性,这一"理"可以"性理""仁理"命名。[⑥] 尽"人理"需要加强人的道德修养,存恻隐之心、仁爱之心,乃至于推而广之,爱

---

① (宋)程颐、程颢著,王孝鱼点校:《伊川先生语四》,《河南程氏遗书》卷18,《二程集》,中华书局1981年版,第193页。

② 钱穆以"限制"解"格",认为"格物"强调"不要因物而迁,愈引愈远,要限制在物与我之相交点,而自明我德性所固有之理,则便非舍了德性而专求明物理";"可见格物不是放我心去随着物:而是限制在物上穷其理,而此理则仍不外于在我之德性";"格物穷理,乃穷此物我、内外合一之理,并非离去我而外穷物理"(钱穆:《宋明理学概述》,九州出版社2010年版,第72—73页)。

③ (宋)程颐、程颢著,王孝鱼点校:《睽卦》,《周易程氏传》卷3,《二程集》,中华书局1981年版,第889—890页。

④ (宋)程颐、程颢著,王孝鱼点校:《伊川先生语四》,《河南程氏遗书》卷18,《二程集》,中华书局1981年版,第211—212页。

⑤ (宋)程颐、程颢著,王孝鱼点校:《伊川先生语四》,《河南程氏遗书》卷18,《二程集》,中华书局1981年版,第205页。

⑥ 吕思勉:"宇宙之间,惟有一物,即所谓理也。宇宙间既惟此一物,则人之所禀受以为人者,自不容舍此而有他。故谓性即理";"天下惟有一理。所谓性者,亦即此理。此理之性质,果何如乎?二程断言之曰仁。盖宇宙现象,变化不穷,便是生生不已。凡宇宙现象,一切可该之以生,则生之外无余事。故生之大无对。生即仁也,故仁之大亦无对。人道之本,惟仁而已"(吕思勉:《理学纲要》,东方出版社1996年版,第80—83页)。

物爱人、博施济众。程颐言："心生道也，有是心，斯具是形以生。恻隐之心，人之生道也，虽桀、跖不能无是以生，但戕贼之以灭天耳。始则不知爱物，俄而至于忍，安之以至于杀，充之以至于好杀，岂人理也哉？"①程颐认为，人生而具有的恻隐之心，见到遭受灾祸的人或事能够有所不忍而寄予同情，这是"人理"的体现。关于恻隐之心，孟子有着深入的阐述。《孟子·告子上》曰："恻隐之心，人皆有之；羞恶之心，人皆有之；恭敬之心，人皆有之；是非之心，人皆有之。恻隐之心，仁也；羞恶之心，义也；恭敬之心，礼也；是非之心，智也。"《孟子·公孙丑上》曰："恻隐之心，仁之端也。"故而，二程以恻隐之心为"人理"，其潜藏的含义即认为羞恶之心、恭敬之心、是非之心皆是"人理"，仁义礼智皆是"人理"。其中，二程又尤其强调"仁"的重要意义。在仁义礼智四者中，"仁"为全体，自然涵括了义礼智。故而，程颐言："仁，理也，人，物也。以仁合在人身言之，乃是人之道也。"②"仁"正是"人理"的核心，人要秉持"仁"之"人理"，实现人自身与道德的合一；进而发扬仁心，泛爱万物、博施济众，如此则可以最大限度实现"人理"在人自身的落实。

其二，"人理"是人伦道德秩序，这一"理"可以"义理"命名。程颐在注解《贲》卦彖传"观乎人文，以化成天下"时指出："人文，人理之伦序。观人文以教化天下，天下成其礼俗，乃圣人用贲之道也。"③在讨论《论语》子贡问"博施济众"一条中关于仁和圣的区别时，程颐也指出："圣人，人伦之至。伦，理也。既通人理之极，更不可以有加。"④从这些论述可以看出，"人理"就是人伦秩序，就是君臣、父子、夫妇、兄弟、朋友及其他各种人与人之间的尊卑长幼关系。对人伦秩序这一"人理"，二程强调："父子君臣，天下之定理，无所逃于天地之间。"⑤

---

① （宋）程颐、程颢著，王孝鱼点校：《伊川先生语七》，《河南程氏遗书》卷 21，《二程集》，中华书局 1981 年版，第 274 页。

② （宋）程颐、程颢著，王孝鱼点校：《罗氏本拾遗》，《河南程氏外书》卷 6，《二程集》，中华书局 1981 年版，第 381 页。

③ （宋）程颐、程颢著，王孝鱼点校：《贲卦》，《周易程氏传》卷 2，《二程集》，中华书局 1981 年版，第 808 页。

④ （宋）程颐、程颢著，王孝鱼点校：《伊川先生语四》，《河南程氏遗书》卷 18，《二程集》，中华书局 1981 年版，第 182 页。

⑤ （宋）程颐、程颢著，王孝鱼点校：《二先生语五》，《河南程氏遗书》卷 5，《二程集》，中华书局 1981 年版，第 77 页。

"至于君臣父子闲皆是理。"①"为君尽君道,为臣尽臣道,过此则无理。"②既然君臣父子夫妇间皆是"理",那么这个"人理"的所指究竟是什么,要如何各尽其道、发扬其中所蕴藏的"人理"呢?人伦之理的核心正在于天然的尊卑等级秩序。比如在注解《恒》卦序卦"夫妇之道,不可以不久也,故受之以恒"时,程颐指出:"恒,长男在长女之上,男尊女卑,夫妇居室之常道也。……男在女上,男动于外,女顺于内,人理之常,故为恒也。"③认为在家庭中男尊女卑、夫倡妇随是"人理之常"。在《论礼部看详状》中,针对太学学生"遭祖父母丧给长假奔丧"却难以施行一事,程颐指出:"学生遭祖父母丧,非有君事官守,安然不奔,自非不孝、甚恶之人,不应至此。学校所以厚人伦。立法固当教以尊祖,若祖父母丧不许奔,深害人理。"④从为祖父母奔丧一事中,强调了对祖父母的尊重与孝道,认为这也正是"人理"。既然夫妇之尊卑、祖父母之孝皆是"人理",那么在君臣父子等其他人伦关系中,"人理"也正是落实宗法等级秩序,君仁而臣忠,父慈而子孝,等等。

其三,"人理"是社会礼法规范,这也是"义理"的一种。相较于人伦道德秩序的天然性和内发性,社会礼法规范更强调以外在的"礼"发挥对社会的规范作用,要求人人依照礼法行事。二程言:"礼者,理也,文也。"⑤"视听言动,非理不为,即是礼,礼即是理也。"⑥二程认为,"礼"就是"理","非礼"之事就是"非理"之事,是不可以违反的。二程对礼法的坚持在"濮议"之争中体现较为充分。"濮议",即宋英宗对生父濮安懿王赵允让的称谓的争

① (宋)程颐、程颢著,王孝鱼点校:《二先生语九》,《河南程氏遗书》卷9,《二程集》,中华书局1981年版,第247页。

② (宋)程颐、程颢著,王孝鱼点校:《二先生语五》,《河南程氏遗书》卷5,《二程集》,中华书局1981年版,第77页。

③ (宋)程颐、程颢著,王孝鱼点校:《恒卦》,《周易程氏传》卷3,《二程集》,中华书局1981年版,第860页。

④ (宋)程颐、程颢著,王孝鱼点校:《伊川先生文三》,《河南程氏文集》卷7,《二程集》,中华书局1981年版,第574页。

⑤ (宋)程颐、程颢著,王孝鱼点校:《明道先生语一》,《河南程氏遗书》卷11,《二程集》,中华书局1981年版,第125页。

⑥ (宋)程颐、程颢著,王孝鱼点校:《伊川先生语一》,《河南程氏遗书》卷15,《二程集》,中华书局1981年版,第144页。

论。宋仁宗无嗣,以宋英宗为继,英宗继位后欲称生父濮王为皇考,这一主张得到韩琦、欧阳修等大臣的支持,而吕诲、范纯仁、吕大防、司马光等大臣力主遵从礼制,称仁宗为皇考、濮王为皇伯。对此,宋英宗治平二年(1065年),程颐上《代彭思永上英宗皇帝论濮王典礼疏》,对"濮议"之争提出自己的观点:

> 窃以濮王之生陛下,而仁宗皇帝以陛下为嗣,承祖宗大统,则仁庙,陛下之皇考;陛下,仁庙之适子,濮王,陛下所生之父,于属为伯;陛下,濮王出继之子,于属为姪。此天地大义,生人大伦,如乾坤定位,不可得而变易者也。固非人意所能推移,苟乱大伦,人理灭矣。陛下仁庙之子,则曰父,曰考,曰亲,乃仁庙也。若更称濮王为亲,是有二亲。则是非之理昭然自明,不待辩论而后见也。①

程颐从传统礼法制度角度出发,支持吕诲、范纯仁、吕大防、司马光等人的主张,认为英宗既承皇位,则是仁宗皇帝的嗣子,理应称仁宗为皇考;作为生父的濮王,可以称为皇伯。这是天地大义和人之大伦,如果称生父濮王为皇考,则有了"二亲",是"人理"之覆灭。

除讨论"濮议"外,在注解《春秋》时,程颐也多强调礼法即是"人理",必须遵从礼法制度。比如,对"齐侯使其弟年来聘"一条中不称"公子"而称"弟",认为这是因为谴责齐侯对其弟宠任太过而失兄弟之义:"左氏公羊传皆曰年,齐僖公之母弟。先儒母弟之说,盖缘礼文有立嫡子同母弟之说。其曰同母弟,盖谓嫡尔,非以同母为加亲也。若以同母为加亲,是不知人理,近于禽道也。天下不明斯义也久矣。"②对同母之弟,按照礼法称之为嫡子则可,因同出一母过度宠任则不可,是不知"人理"的表现。故而,依照"人理",必须遵守社会的仪礼典章制度。

二程还对不遵从"人理"甚至违背"人理"的后果进行了陈述。程颐言:"后世人理全废,小失则入于夷狄,大失则入于禽兽。"③"人理既灭,天运乖

---

① (宋)程颐、程颢著,王孝鱼点校:《伊川先生文一》,《河南程氏文集》卷5,《二程集》,中华书局1981年版,第515—516页。

② (宋)程颐、程颢著,王孝鱼点校:《春秋传》,《河南程氏经说》卷4,《二程集》,中华书局1981年版,第1096页。

③ (宋)程颐、程颢著,王孝鱼点校:《伊川先生语三》,《河南程氏遗书》卷17,《二程集》,中华书局1981年版,第177页。

矣;阴阳失序,岁功不能成矣,故不具四时。”①如果在个人道德本性、人伦道德秩序、社会礼法规范方面失去了“人理”,那么对个人来说会“入于禽兽”,对国家来说会“入于夷狄”,对宇宙自然来说会导致阴阳失序、四时不调、天运不顺,等等。故而,人之处世,“不必远求,近取诸身,只明人理,敬而已矣,便是约处”。② 对于个人道德修养来说,要发挥主敬的工夫,敬以直内,义以方外,通过主敬的道德修养,养其浩然之气,实现个人道德的提升和完善。而对于人伦秩序与社会礼法而言,则应坚持君臣、父子、夫妇、夫妻之正道,发挥礼法在国家和社会治理中的作用,让“人理”真正落地,“天理”自然流行。

综上,对作为人伦道德、社会礼法的“人理”与现实政治的关联,李刚兴评述道:“它为高度集中的集权政治提供了可靠的理论依据,并且成为整个后期封建社会统治者的政治思想基础,在很长的一个历史时期起到了维护封建制度的消极作用。”③其关于“封建制度”的评价固然掺杂有意识形态的因素,但其关于“人理”与维护统治作用的论述则是妥帖的。

需要注意的是,除“人理”外,二程也常以“事理”来指称人类社会之理。“人理”与“事理”在本质上并无区别,只是“人理”侧重于从“理”的主体——人的角度去说,而“事理”侧重于从“理”的客体——事的角度去说。

关于“事理”的概念,二程言:“诚无不动者:修身则身正,治事则事理,临人则人化,无往而不得,志之正也。”④就治事而言,“天理”在事务上的落实可以称之为“事理”。程颐还用“微显一源”来解释“事理”:“至显者莫如事,至微者莫如理,而事理一致,微显一源。古之君子所谓善学者,以其能通于此而已。”⑤程颐认为,“事”是显示于外的,“理”是潜藏于内的,二者事理一致、相须为用,事中自有其理,理展现落实于事,通晓“事理”正是学者求学的目的。

---

① (宋)程颐、程颢著,王孝鱼点校:《春秋传》,《河南程氏经说》卷4,《二程集》,中华书局1981年版,第1103页。

② (宋)程颐、程颢著,王孝鱼点校:《二先生语二》,《河南程氏遗书》卷2,《二程集》,中华书局1981年版,第20页。

③ 李刚兴:《两宋大儒评介》,西南财经大学出版社2018年版,第73页。

④ (宋)程颐、程颢著,王孝鱼点校:《河南程氏粹言》卷1,《二程集》,中华书局1981年版,第1170页。

⑤ (宋)程颐、程颢著,王孝鱼点校:《伊川先生语十》,《河南程氏遗书》卷25,《二程集》,中华书局1981年版,第323页。

他还以耕种为例来具体说明“事理”。在注解《无妄》卦六二爻“六二，不耕获，不菑畲，则利有攸往”时，程颐指出：“盖耕则必有获，菑则必有畲，是事理之固然，非心意之所造作也。”①耕耘则必然有收获，这就是“事理”之固然。

二程还强调了“事理”在国家治理中的作用。程颐注解《中孚》卦象传“说而巽，孚乃化邦也”一句时指出：“上巽下说，为上至诚以顺巽于下，下有孚以说从其上，如是，其孚乃能化于邦国也。若人不说从，或违拂事理，岂能化天下乎？”②君主以至诚之心而仁政爱民、治理天下，人民信服于君主而国家安定、国泰民安，这也是“事理”之固然。在注解《革》卦象传“大人虎变，其文炳也”一句时，程颐对“事理”进行强调：“事理明著，若虎文之炳焕明盛也，天下有不孚乎？”③“事理”能够显明，则天下自然得以化治。此外，在国家治理的具体方式中，程颐还强调刑罚对显明“事理”、治理天下的作用。《噬嗑》卦象传曰：“雷电，噬嗑，先王以明罚敕法。”对此，程颐认为：“象无倒置者，疑此文互也。雷电，相须并见之物，亦有嗑象，电明而雷威。先王观雷电之象，法其明与威，以明其刑罚，饬其法令。法者，明事理而为之防者也。”④国家治理，要从噬嗑之象中学习雷电“明”和“威”的特点，重视法令、适当运用刑罚，防止祸患的发生。

最后，在讨论完“物理”“人理”“事理”的内涵及其表现后，二程又强调，无论“天理”有多少种区分，“天下只有一个理”⑤，“万物皆只是一个天理”⑥，“一物之理，即万物之理”⑦。万物之理的表现各有不同，但最终天地之间只是

---

① （宋）程颐、程颢著，王孝鱼点校：《无妄卦》，《周易程氏传》卷2，《二程集》，中华书局1981年版，第824—825页。

② （宋）程颐、程颢著，王孝鱼点校：《中孚卦》，《周易程氏传》卷4，《二程集》，中华书局1981年版，第1009页。

③ （宋）程颐、程颢著，王孝鱼点校：《革卦》，《周易程氏传》卷4，《二程集》，中华书局1981年版，第955页。

④ （宋）程颐、程颢著，王孝鱼点校：《噬嗑卦》，《周易程氏传》卷2，《二程集》，中华书局1981年版，第804页。

⑤ （宋）程颐、程颢著，王孝鱼点校：《伊川先生语四》，《河南程氏遗书》卷18，《二程集》，中华书局1981年版，第196页。

⑥ （宋）程颐、程颢著，王孝鱼点校：《二先生语二》，《河南程氏遗书》卷2，《二程集》，中华书局1981年版，第30页。

⑦ （宋）程颐、程颢著，王孝鱼点校：《二先生语二》，《河南程氏遗书》卷2，《二程集》，中华书局1981年版，第13页。

一个“天理”。[①] 作为万事万物的本体依据和必然法则，宇宙的运行，万物的化生，人的修德，社会的运转，莫不依据“天理”而行，莫不归结于同一个“天理”。这样，也就实现了“天理”从多到一的复归。

四、理一而分殊

通过“万物皆只是一个天理”[②]，二程实现了万物之理由多到一的收束；而“天理”的由一到多，从至高无上、至实不虚、自然流行的“天理”到自然万物、人伦社会的落实，则离不开“理一分殊”。“理一分殊”，强调的正是“天理”在万事万物的不同落实，和万事万物的秉持“天理”而尽其职分。

何为“理一”？程颐言：“天下之理一也，涂虽殊而其归则同，虑虽百而其致则一。虽物有万殊，事有万变，统之以一，则无能违也。”[③]“理一”，就是天下之“理”殊途而同归，百虑而一致，是以一“理”来统率万殊万变的事事物物。虽然从每一具体事物上看，此物之“理”与彼物之“理”并不相同，乃至于“万殊”；但从“理”的角度而言，天地万物只有一“理”，一物之理即万物之理，万事万物之“理”都是相同的。这种“理一”，其所涵括是方方面面的。

从自然而言，天地日月的生成与运转，都是秉持同一个“天理”。对生物界，“先生尝问伊川：‘鸢飞戾天，鱼跃于渊，莫是上下一理否？’伊川曰：‘到这里只得点头。’”[④]“鸢飞戾天，鱼跃于渊”出自《诗经·大雅·旱麓》，形容万物各得其所。程颐认为，天空飞翔的老鹰和深潭腾跃鱼，上下之间也只是一个“天理”。对物理界，程颐则提出“动静一理”，“譬如此寺钟，方其未撞时，声固在也”。[⑤] 寺庙的钟，虽然未撞而发出声响，但是声音之“理”固然已蕴藏于

---

① 李晓虹：“二程认为‘天理’是众理的总称，它既是自然万物所具有的物理（‘物理’）和自然法则（‘天道’），也是社会的道德原则（‘义理’）和人的道德本质（‘性理’）。它‘在天为命，在义为理，在人为性，主于身为心，其实一也’，在自然来说是不可违抗的‘命运’，在社会来说是规范行为的‘义’；对于个体之人来说则是人人禀受的先天之‘性’，对于个体之身来说则是作为一身主宰之‘心’。”（李晓虹：《从“理·仁·礼”看二程的孝道思想》，《中州学刊》2012 年第 1 期）

② （宋）程颐、程颢著，王孝鱼点校：《二先生语二》，《河南程氏遗书》卷 2，《二程集》，中华书局 1981 年版，第 30 页。

③ （宋）程颐、程颢著，王孝鱼点校：《咸卦》，《周易程氏传》卷 3，《二程集》，中华书局 1981 年版，第 858 页。

④ （宋）程颐、程颢著，王孝鱼点校：《传闻杂记》，《河南程氏外书》卷 12，《二程集》，中华书局 1981 年版，第 432 页。

⑤ （宋）程颐、程颢著，王孝鱼点校：《传闻杂记》，《河南程氏外书》卷 12，《二程集》，中华书局 1981 年版，第 440 页。

钟，不因钟的动静而产生分别。

就个人而言，对于心性，程颐认为心、性、天，只是一理，“自理言之谓之天，自禀受言之谓之性，自存诸人言之谓之心”。① 心、性、天只是就“天理”的不同方面而言，就“天理”自身而言称之为“天”，就人之禀受“天理”而言称之为“性”，就“天理”存诸己身而言称之为“心”。对于修养，程颐认为：“圣人之道，更无精粗，从洒扫应对至精义入神，通贯只一理。虽洒扫应对，只看所以然者如何。”②洒扫应对与“精义入神”，贯通的也只是一个“天理”，故而从洒扫应对这类小事的所以然中，也可以体贴“天理”。

就社会而言，对于伦理界，程颐在《论汉文杀薄昭事》一文中写道：“古人谓忠孝不两全，恩义有相夺，非至论也。忠孝，恩义，一理也。不忠则非孝，无恩则无义，并行而不相悖。故或捐亲以尽节，或舍君而全孝，惟所当而已。”③君臣父子间的忠孝恩义，也是并行不悖的同一个“天理”。对于道德界，二程认为，“仁者不忧”“知者不惑”“勇者不惧”三者，“此只是名其德尔，其理一也。得此道而不忧者，仁者之事也；因其不忧，故曰此仁也。知、勇亦然。不成却以不忧谓之知，不惑谓之仁也？凡名其德，千百皆然，但此三者，达道之大也。”④仁、智、勇三种道德以及三者与“不忧”“不惑”“不惧”的关系，其所以然之理也是同一个“理”。

二程也借鉴或批判了佛道两家的思想来对“理一”进行说明。对于佛教，二程论述道：

> 问：“某尝读华严经，第一真空绝相观，第二事理无碍观，第三事事无碍观，譬如镜灯之类，包含万象，无有穷尽。此理如何？”曰：“只为释氏要周遮，一言以蔽之，不过曰万理归于一理也。”又问：“未知所以破佗处。”曰：“亦未得道他不是。”⑤

---

① （宋）程颐、程颢著，王孝鱼点校：《伊川先生语八》，《河南程氏遗书》卷22，《二程集》，中华书局1981年版，第297页。

② （宋）程颐、程颢著，王孝鱼点校：《伊川先生语一》，《河南程氏遗书》卷15，《二程集》，中华书局1981年版，第152页。

③ （宋）程颐、程颢著，王孝鱼点校：《伊川先生文四》，《河南程氏文集》卷8，《二程集》，中华书局1981年版，第585页。

④ （宋）程颐、程颢著，王孝鱼点校：《二先生语一》，《河南程氏遗书》卷1，《二程集》，中华书局1981年版，第2页。

⑤ （宋）程颐、程颢著，王孝鱼点校：《伊川先生语四》，《河南程氏遗书》卷18，《二程集》，中华书局1981年版，第195页。

问释氏理障之说。曰:“释氏有此说,谓既明此理,而又执持是理,故为障。此错看了理字也。天下只有一个理,既明此理,夫复何障?若以理为障,则是己与理为二。”①

二程对佛教抱有一种矛盾的心理。一方面,立足于儒家传统伦理道德,排斥佛教理论;另一方面,又认为佛教学说自有其“高妙”之处,“亦未得道他不是”。比如,对于“理一”思想,程颐认为,华严宗的事理说归根结底就是强调“万理归于一理”,这是可取的;但是,对于佛教的“理障之说”,程颐则认为天下只有一个理,那么也就不存在“理障之说”,以理为障,将理与人的主观认识相割裂,这又是不可取的。二程又曰:

旧尝问学佛者,“传灯录几人?”云“千七百人”。某曰:“敢道此千七百人无一人达者。果有一人见得圣人‘朝闻道夕死可矣’与曾子易箦之理,临死须寻一尺布帛裹头而死,必不肯削发胡服而终。是诚无一人达者。”禅者曰:“此迹也,何不论其心?”曰:“心迹一也,岂有迹非而心是者也?正如两脚方行,指其心曰:‘我本不欲行,他两脚自行。’岂有此理?盖上下、本末、内外,都是一理也,方是道。”②

对佛教将“心”和“迹”分离,认为内在思想与外在表现没有关系的观念,二程也予以批驳。二程以传灯录百千弟子皆不闻得圣人大道为引子,强调了从“理”的角度出发,不仅心迹为一,上下、本末、内外,都是一“理”,而不可以割裂开来。

对道家、道教,二程则多立足“理一”对庄子的思想理论进行批驳:

庄子齐物。夫物本齐,安俟汝齐?凡物如此多般,若要齐时,别去甚处下脚手?不过得推一个理一也。物未尝不齐,只是你自家不齐,不干物不齐也。③

庄子曰“游方之内”、“游方之外”者,方何尝有内外?如此,则是道有

① (宋)程颐、程颢著,王孝鱼点校:《伊川先生语四》,《河南程氏遗书》卷18,《二程集》,中华书局1981年版,第195页。

② (宋)程颐、程颢著,王孝鱼点校:《二先生语一》,《河南程氏遗书》卷1,《二程集》,中华书局1981年版,第3—4页。

③ (宋)程颐、程颢著,王孝鱼点校:《伊川先生语五》,《河南程氏遗书》卷19,《二程集》,中华书局1981年版,第264页。

隔断，内面是一处，外面又别是一处，岂有此理？①

庄子《齐物论》，主张取消一切事物是非、美丑、善恶、贵贱的区别，强调万物浑然一体且相互转化，归根结底是相同的。而立足“万物一理”，程颐则认为，事物都是处于同一个“天理”，本就是“齐”的，而不是因人的如何看待而“齐”。而对《大宗师》篇中所谓“彼游方之外者也，而丘游方之内者也。外内不相及，而丘使女往吊之，丘则陋矣”的论断，二程也强调，“理”本是同一，宇宙本是一体，并不存在“游方之内”“游方之外”的区别，对“方”作出内外的区分，本身便违背了“理”。

二程还强调了“理一”对宇宙自然、个人与社会的重要意义。从社会生活的细节来看，二程指出，人之所以可以通过诵读诗书、考察古今、明晓物情、揣度人事而修养自身达至至善，正是因为“万物一理”，从一物入手反复研究思索，积习既久而豁然贯通，从而求一物之理而通万物之理：“或问：‘学必穷理。物散万殊，何由而尽穷其理？’子曰：‘诵诗、书，考古今，察物情，揆人事，反覆研究而思索之，求止于至善，盖非一端而已也。’又问：‘泛然，其何以会而通之？’子曰：‘求一物而通万殊，虽颜子不敢谓能也。夫亦积习既久，则脱然自有该贯。所以然者，万物一理故也。’”②二程还用占卜、祭祀、服药等具体事例对此进行了说明。人的占卜而有所回应、祭祀而鬼神同享，乃至于吃药而疾病可愈，其中的原因都是因为万物秉持一个“理”，故而通过这一“理”在不同事物中的契合，保证了人与“天”的有效沟通和人伦事物的有序运转：“卜筮之能应，祭祀之能享，亦只是一个理。……鬼神之理在彼，我以此理向之，故享也。不容有二三，只是一理也。如处药治病，亦只是一个理。此药治个如何气，有此病服之即应，若理不契，则药不应。”③

而就宇宙自然而言，二程认为，正是因为“万物一理”，保证了人能够从尽“人之性”出发而尽“物之性”。“‘赞天地之化育’，自人而言之，从尽其性至

① （宋）程颐、程颢著，王孝鱼点校：《二先生语一》，《河南程氏遗书》卷1，《二程集》，中华书局1981年版，第3—4页。

② （宋）程颐、程颢著，王孝鱼点校：《河南程氏粹言》卷1，《二程集》，中华书局1981年版，第1191页。

③ （宋）程颐、程颢著，王孝鱼点校：《二先生语二》，《河南程氏遗书》卷2，《二程集》，中华书局1981年版，第52页。

尽物之性，然后可以赞天地之化育，可以与天地参矣。……所谓‘人者天地之心’，及‘天聪明自我民聪明’，止谓只是一理，而天人所为，各自有分。”①可以说，“理一”和这种“理”在万事万物中的贯通，为人类认识世界、为“万物一体之仁”从根本上提供了可能。最终，通过“理一”与“物我一理”，人可以合内外之道：“物我一理，明此则尽彼，尽则通，此合内外之道也。语其大，至天地之所以高厚；语其小，至于一草木所以如此者，皆穷理之功也。”②

最后，二程还对如何发明“理一”进行了论述。二程认为，对“万物一理”的认识，正需要格物致知，从一事一物上去类推：“要在明善，明善在乎格物穷理。穷至于物理，则渐久后天下之物皆能穷，只是一理。”③

“格物穷理，非是要尽穷天下之物，但于一事上穷尽，其他可以类推。至如言孝，其所以为孝者如何，穷理如一事上穷不得，且别穷一事，或先其易者，或先其难者，各随人深浅，如千蹊万径，皆可适国，但得一道入得便可。”④正因为一事一物虽小，却各自秉有完满无缺之“天理”，故而在格物穷理的过程中，如果此一事物上穷不得，可以先穷另一事物之理，其中的先后难易，需要个人根据自己的实际情况进行把握。

二程既言“理一”，也言“分殊”。“理一”，强调“理”作为本体而言的唯一性，万事万物之“理”莫不是一个“天理”，保证了“理”的绝对统一性；“分殊”，强调作为同一本体之“理”在具体事物的呈现上又有着千差万别，赋予万事万物以不同职分，这种差异性使得“理”具体成为万事万物的内在依据。

二程作为“理一分殊”理论的发端者，对理一分殊的论述并不太多，可见的相关论述仅有 3 次，分别围绕《中庸》和张载《西铭》篇而来。

---

① （宋）程颐、程颢著，王孝鱼点校：《伊川先生语一》，《河南程氏遗书》卷 15，《二程集》，中华书局 1981 年版，第 158 页。

② （宋）程颐、程颢著，王孝鱼点校：《河南程氏粹言》卷 2，《二程集》，中华书局 1981 年版，第 1272 页。

③ （宋）程颐、程颢著，王孝鱼点校：《伊川先生语一》，《河南程氏遗书》卷 15，《二程集》，中华书局 1981 年版，第 144 页。

④ （宋）程颐、程颢著，王孝鱼点校：《伊川先生语一》，《河南程氏遗书》卷 15，《二程集》，中华书局 1981 年版，第 157 页。

对于《中庸》篇，程颢提出："中庸始言一理，中散为万事，末复合为一理。"①《中庸》相传为战国时期孔子之孙、曾参弟子子思所作，原属《礼记》第三十一篇。《宋史·道学传》载："仁宗明道初年，程颢及弟颐寔生，及长，受业周氏，已乃扩大其所闻，表章《大学》《中庸》二篇，与《语》《孟》并行，于是上自帝王传心之奥，下至初学人德之门，融会贯通，无复余蕴。"②经过二程的提倡和表彰，《中庸》《大学》两篇得以与《论语》《孟子》并立而"四书"并行。二程认为，正是由于子思作《中庸》，使得圣人之学得以传承，才能够再传而至于孟子，成就儒家之大成。程颐更是以《中庸》为孔门心传宝典，强调学者需要反复研读、极索玩味，则终身受用无穷："《中庸》之书，学者之至也"，③"善读《中庸》者，只得此一卷书，终身用不尽也。"④

所谓"中庸始言一理，中散为万事，末复合为一理"，⑤是就《中庸》篇的内容和架构而言。程颢认为，《中庸》全篇三千五百余字，开篇言"天命之谓性"的总纲，强调"天命之谓性，率性之谓道，修道之谓教"，为《中庸》奠定理论基础，之谓"理一"，是万世不变之"理"；而接下来，《中庸》又言及"天下国家有九经"等"万事"，最后又以"诚"统摄之，认为"唯天下至诚，为能经纶天下之大经，立天下之大本，知天地之化育"，复归于"一理"。通过对《中庸》内容与结构的阐发，程颢从原则上正式提出了"一理""万事"等概念，提出了"一理"散而为"万事"、"万事"合而为"一理"的认知。但是，对"一理"和"万事"之间关系的具体产生和发挥机制，并未再作详细论述。

"理一分殊"命题的正式提出，则是程颐在回答弟子杨时关于张载《西铭》篇的困惑时所提出的。《西铭》原为北宋张载所著的《正蒙·乾称篇》的一部分，单独立成篇后称《订顽》，程颐改称《西铭》：

---

① (宋)程颐、程颢著，王孝鱼点校：《明道先生语四》，《河南程氏遗书》卷14，《二程集》，中华书局1981年版，第140页。

② (元)脱脱等：《列传第一百八十六·道学一》，《宋史》卷427，中华书局1977年版，第12710页。

③ (宋)程颐、程颢著，王孝鱼点校：《伊川先生语一》，《河南程氏遗书》卷15，《二程集》，中华书局1981年版，第160页。

④ (宋)程颐、程颢著，王孝鱼点校：《伊川先生语三》，《河南程氏遗书》卷17，《二程集》，中华书局1981年版，第174页。

⑤ (宋)程颐、程颢著，王孝鱼点校：《明道先生语四》，《河南程氏遗书》卷14，《二程集》，中华书局1981年版，第140页。

乾称父，坤称母；予兹藐焉，乃混然中处。故天地之塞，吾其体；天地之帅，吾其性。民吾同胞，物吾与也。大君者，吾父母宗子；其大臣，宗子之家相也。尊高年，所以长其长；慈孤弱，所以幼其幼。圣其合德，贤其秀也。凡天下疲癃残疾、惸独鳏寡，皆吾兄弟之颠连而无告者也。于时保之，子之翼也；乐且不忧，纯乎孝者也。违曰悖德，害仁曰贼；济恶者不才，其践形，唯肖者也。知化则善述其事，穷神则善继其志。不愧屋漏为无忝，存心养性为匪懈。恶旨酒，崇伯子之顾养；育英才，颍封人之锡类。不弛劳而底豫，舜其功也；无所逃而待烹，申生其恭也。体其受而归全者，参乎！勇于从而顺令者，伯奇也。富贵福泽，将厚吾之生也；贫贱忧戚，庸玉女于成也。存，吾顺事，没，吾宁也。①

在《西铭》中，张载从《周易》的乾坤二卦入手，乾卦阐明了天道之奥秘，为万物之父；坤卦则阐明了万物之生成，为万物之母。人处于天地之间，集天地之道于一身，充塞于天地之间的气就是我的形体，统率万物生成变化的道就是我的本性，故而“民胞物与”，万民为我之同胞，万物与我为同类。

对于这一论述，杨时则认为，《西铭》篇讲“民胞物与”的“理一”，而不讲“亲亲之杀”的“分殊”，是言体不言用，多有偏颇之处。杨时在给程颐的书信中写道:《西铭》之书发明圣人微意至深，然而言体而不及用，恐其流遂至于兼爱。则后世有圣贤者出，推本而论之，未免归罪于横渠也。某窃意此书盖西人共守而谨行之者也。愿得一言推明其用与之并行，庶乎学者体用兼明，而不至于流荡也。杨时指出，《西铭》言体不言用，有流入墨家“兼爱”之说的嫌疑；故而需要既言体也明其用，体用并行、体用兼明，才不会使后世学者产生困惑。杨时对《西铭》“言体不言用”的批评，程颐并不认可，并作《答杨时论西铭书》以为回应和辩护：

前所寄史论十篇，其意甚正，才一观，便为人借去，俟更子细看。西铭之论，则未然。横渠立言，诚有过者，乃在正蒙。西铭之为书，推理以存义，扩前圣所未发，与孟子性善养气之论同功，二者亦前圣所未发。岂墨氏之比哉？西铭明理一而分殊，墨氏则二本而无分。老幼及人，理一也。

① （宋）张载著，章锡琛点校:《正蒙·乾称篇第十七》，《张载集》，中华书局1978年版，第62页。

爱无差等，本二也。分殊之蔽，私胜而失仁；无分之罪，兼爱而无义。分立而推理一，以止私胜之流，仁之方也。无别而迷兼爱，至于无父之极，义之贼也。子比而同之，过矣。且谓言体而不及用。彼欲使人推而行之，本为用也，反谓不及，不亦异乎？[①]

程颐在与杨时讨论《西铭》的回信中写道：杨时关于《西铭》的理解并不准确。张载《西铭》一篇，推究“理”以坚持“义”，发挥前代圣贤所没有揭示的道理，正可与孟子首倡性善之说、存养浩然之气之说同功。张载《西铭》认为“理”只有一个，只是在具体名分上有所不同，比如长其长、幼其幼而遍及天下疲癃、残疾、惸独、鳏寡之类，这是“理一而分殊”；墨子则认为尊老爱幼推己及人是一个理，爱无差别等级是两个本根，两个本根没有分别，这是“二本而无分”，故而张载和墨子在根本上是不同的。程颐进一步分析道，只讲“分殊”而不讲“理一”，其弊病在于私心胜而失掉“仁”；墨子认为“二本而无分”，其弊病则在于讲兼爱而失去“义”。“分殊”虽然有“私胜而失仁”的弊病，但是由“理一”去推己及人，可以遏制私心胜的弊病，正是实行“仁”的方法；墨子强调没有分别而兼爱，则走到了无父无母的极端，是“义”之大敌，故而不可把二者混为一谈。而至于杨时所认为的“言体不言用”，程颐则认为张载《西铭》正是讲推己及人、发扬功用，是体用并行、体用兼明。

由此，二程完成了其关于“理一分殊”的阐发。这里的“理一分殊”，是就道德伦理层面而言。“理一”即“民胞物与”、仁民爱物，是道德本原的统一；“分殊”则是“爱有差等”，是具体道德规范的不同。二程对“理一分殊”的讨论虽然还局限于人伦道德领域，但是，正如二程所言，“一物之理，即万物之理”。[②]“理一分殊”对自然、人生、社会各个领域都是适用的。通过“理一分殊”，统摄万事万物的同一个“天理”在具体事物上呈现出千差万别的表现，使“天理”既统摄万物，又成为万事万物的内在依据。

朱熹对二程的“理一分殊”之说总结道：“伊川说得好，曰：‘理一分殊’，合

---

① （宋）程颐、程颢著，王孝鱼点校：《伊川先生文五》，《河南程氏文集》卷9，《二程集》，中华书局1981年版，第609页。相关讨论又见于《粹言》。

② （宋）程颐、程颢著，王孝鱼点校：《二先生语二》，《河南程氏遗书》卷2，《二程集》，中华书局1981年版，第13页。

天地万物而言，只是一个理；及在人，则又各自有一个理。”①朱熹从本体层面对“理一分殊”作了更为深入的说明。他将“理一”直接作为“天理”本体的唯一性，而“分殊”则是同一“天理”在各种事物上千差万别的具体呈现，故而具体事物又各自秉有“天理”，成为其“所当然之则”与“所以然之故”。“‘理一’保证了‘天理’的绝对统一性，使其具有形上本体的地位；‘分殊’保证了‘天理’的现实差异性，使其现实地成为形下器物的内在依据。”②这样，就从哲学义理层面更为直接地对本体之“天理”和万事万物之“理”的关系进行了阐发。

朱熹论“理一分殊”的创新之处，还在于其用佛教“月印万川”的理论并结合张载的“气”论对“理一分殊”的机制作了具体说明，继而以之来整合北宋诸理学家的理学思想。

“月印万川”，出自唐代永嘉禅师《永嘉证道歌》，其中写道：“一性圆通一切性，一法遍含一切法。一月普现一切水，一切水月一月摄。诸佛法身入我性，我性同共如来合。”认为如来藏的真如法性涵盖万法，犹如月印万川，天上只有一个真月却显影于一切水中；一切水中的月影，都是源自天上唯一的真月。对此，朱熹称：“释氏云：‘一月普现一切水，一切水月一月摄。’这是那释氏也窥见得这些道理。”③朱熹以“月印万川”来解释“理一分殊”，强调具体事物之“理”不是“分有”唯一的“天理”，也不是“模仿”唯一的“天理”，而是“月印万川”，具体事物中的“理”，都是同一“天理”的展现和落实。

而至高无上的“天理”之所以能够落实为万事万物之“理”，则在于“天理”与“气”的结合：“或问：‘必有是理，然后有是气，如何？’曰：‘此本无先后之可言。然必欲推其所从来，则须说先有是理。然理又非别为一物，即存乎是气之中；无是气，则是理亦无挂搭处。气则为金木水火，理则为仁义礼智。’”④朱熹认为，“理一分殊”其实就是“天理”与“气”结合而化生万物的过程。“天理”通过挂搭在“气”上流行不息，从而在“气”生成万物之时，落实为万事万物之“理”，使万事万物秉有同一个“天理”。这样，就从内在运行机制上对“理一分殊”作了阐发。

---

① （宋）朱熹著，（宋）黎靖德编：《理气上》，《朱子语类》卷1，中华书局1986年版，第2页。
② 张立文：《中国哲学史新编》，中国人民大学出版社2011年版，第282页。
③ （宋）朱熹著，（宋）黎靖德编：《大学五》，《朱子语类》卷18，中华书局1986年版，第399页。
④ （宋）朱熹著，（宋）黎靖德编：《理气上》，《朱子语类》卷1，中华书局1986年版，第3页。

同时，朱熹认为，“理一分殊”虽由二程提出，但作为理学开山的周敦颐就已经萌生了“理一分殊”的思想，其《太极图说》讲的正是“理一分殊”的道理。朱熹以“太极”为“理”，“合而言之，万物统体一太极也；分而言之，一物各具一太极也”，“本只是一太极，而万物各有禀受，又自各全具一太极尔。如月在天，只一而已；及散在江湖，则随处而见，不月已分也”。① 朱熹认为，太极动静化生万物的过程，正是“理一分殊”。对二程以“理一分殊”来阐发张载《西铭》，朱熹也予以认同，并直言“《西铭》一篇，始末皆是‘理一分殊’。以乾为父，坤为母，便是理一而分殊；‘予兹藐焉，混然中处’，便是分殊而理一。‘天地之塞吾其体，天地之帅吾其性’，分殊而理一；‘民吾同胞，物吾与也’，理一而分殊。逐句推不皆然”。② 这样，就把北宋主要理学流派的思想用“理一分殊”统一了起来。

第二节　圣人循天理而治天下

“天理”是万事万物的最终本体，是万事万物运行的最高法则。“至上”“至实”而“自然”的本体性的“天理”，通过“理一分殊”呈现在不同事物上；其在治道的呈现，正是“家国天下”之道。“天理”不仅涵括“物理”，是宇宙本体和万物法则；也涵括“人理”，是人的道德本体，是伦理道德的价值依据和社会运行的必然规范。个人的修德向善、儒家的纲常法则、社会的兴替运转，都是至高无上、至实不虚的“天理”在人世间的流行和表现，齐家治国平天下的理想政治秩序——家庭秩序、国家与社会秩序，亦是“天理”自身的展现和落实，由此，治道的合法性得以从本体角度予以确立。

具体来说，从“天理”到“治道”的展开而言，父子君臣、“家国天下”之治道，作为“天理”的落实天然地拥有着合法性、绝对性和完备性，“父子君臣，天下之定理，无所逃于天地之间”。③ 而作为君长，也应当以“理”为循、以“道”

---

① （宋）朱熹著，（宋）黎靖德编：《周子之书》，《朱子语类》卷 94，中华书局 1986 年版，第 2409 页。

② （宋）朱熹著，（宋）黎靖德编：《张子之书一》，《朱子语类》卷 98，中华书局 1986 年版，第 2523 页。

③ （宋）程颐、程颢著，王孝鱼点校：《二先生语五》，《河南程氏遗书》卷 5，《二程集》，中华书局 1981 年版，第 77 页。

自任,沿着修身、齐家、治国、平天下这一关乎本末始终的必然次第而行,尽到其自身所具有的必然的职分。而就“天理”到“治道”的落实而言,二程又强调君长在以道自任、尽其职分,按照修齐治平、本末始终的治道次序来治理国家时,要循“天理”而成王道之治,体天之道,循理顺理,以至于乐,使得万物得宜、各止其止、各得其所。由此,二程完整构建出一个“天理”统摄下的“家国天下”治道体系,实现了政治“天理”化和“天理”政治化的合二为一,①这也成为二程在政治哲学领域直追孔孟、复兴儒学的最大创见。

一、父子君臣,天下之定理

由“天道”而言“人事”,通过推阐“天道”从而确立“人事”的最高价值原则,来解决时代所面临的各种问题,是宋明理学的重要特征。

在二程之前,周敦颐的哲学体系构建即由天道而言人道,其《太极图说》上部分讲天道,描绘了一个“无极而太极”,太极动静衍生两仪、五行,以致化生万物的宇宙演化总体过程。宇宙万物正是在太极的动静变化中生出阴阳两仪,阴阳两仪的和合变化又生出金木水火土五行。阴阳两仪和金木水火土五行“妙合而凝”,从而“乾道成男,坤道成女”,化生万物,变化无穷。《太极图说》下部分即由天道而言人道,认为宇宙化生的万物中,“唯人也得其秀而最灵”。但也正是最富灵气的人类,产生了心和思维后,便具有了知觉和思维能力,容易在与外物接触时发生触动。此时,如果心中无所主宰,就导致了恶的产生。故而,圣人出并“立人极”——“定之以中正仁义而主静”,确立“仁义中正”的道德原则并给予“主静”的修养方法,来避免恶的产生。最后言及圣人是与天地合德、与日月合明、与四时合序、与鬼神合吉凶的,故而圣人所立之“人极”也当谨守。②

二程也由“天道”而言“人事”,其“天道”即“天理”,“人事”则涉及修齐治平等个人修养、国家治理和社会生活的方方面面。二程认为,父子君臣、“家国天下”之治道,无不是充盈于天地间的“天理”的展现。父子君臣、“家国天

---

① 张立文:“宋代结束了五代十国分裂割据的局面,建立了统一的中央集权的君主专制制度。为此,作为二程哲学逻辑结构形而上范畴的‘理’或称‘道’、‘天理’,便下降人间,使现实的政治‘天理’化;现实政治提升为‘天理’,使‘天理’政治化,政治与哲学合而为一。”(张立文:《宋明理学研究》,人民出版社 2002 年版,第 317 页)

② (宋)周敦颐:《太极图说》,《周敦颐集》卷 1,中华书局 1990 年版,第 5—7 页。

下”之治道作为至高无上、至实不虚的“天理”的落实，天然地拥有着绝对性和完备性，立足于形而上之“天理”到形而下之“治道”的“理一分殊”，二程将“天道”“人事”联结起来。正如徐洪兴所指出的：“‘天理’作为最高范畴，通贯天人，统摄宇宙本体和价值本体，从而为传统儒家思想提供了一个既超越又现世的、形而上的依据”，“从理论上解决了天道与人道、自然之理与人文价值的关系，消解了它们之间的二元对峙”。① 林存光等也强调：“二程之所以汲汲于去体贴、体认天道义理，在于探索如何从世界生生之本源的意义上来解释天地万物之存在和人类社会生活的自然合理性，并证成其根本的一致性。”②二程的治道思想，正是将“至上”“至实”“自然”的“天理”转化为齐家治国平天下的国家社会治理之道，在消除二者之间对峙的同时，从“天理”本体的层面赋予治道以合理性和正当性，让“家国天下”治道成为一个贯通天人的严密逻辑体系。

从“天理”的“至上”性来看，“天理”是宇宙万物形而上的最高本体，是万事万物存在的根源和依据，也是万事万物运行的必然法则和所以然之故。万事万物的化生最终都归结于一个本体性的“天理”。从自然界万事万物之“物理”，到人类社会具体事务之“人理”，都源自同一个“天理”，是“天理”在不同事物中的具体落实。这样，个人的修德向善、儒家的纲常法则、社会的兴替运转，都是至高无上的“天理”在人世间的流行和表现，齐家治国平天下的理想政治秩序——家庭秩序、国家与社会秩序，亦是“天理”自身的展现和落实。对于“家”，程颐指出：“恒，长男在长女之上，男尊女卑，夫妇居室之常道也。……男在女上，男动于外，女顺于内，人理之常，故为恒也。”③认为在家庭中男尊女卑、夫倡妇随是“天理”流行。对于“国”，二程强调：“为君尽君道，为臣尽臣道，过此则无理。”④国家的治理正需要君臣各得其“天理”。对于“天

① 徐洪兴：《二程论“仁”和“礼乐”》，《云南大学学报（社会科学版）》2005年第4期。

② 林存光、王法强：《义理、权势与政治——二程兄弟的政治哲学论纲》，《政治思想史》2018年第3期。

③ （宋）程颐、程颢著，王孝鱼点校：《恒卦》，《周易程氏传》卷3，《二程集》，中华书局1981年版，第860页。

④ （宋）程颐、程颢著，王孝鱼点校：《二先生语五》，《河南程氏遗书》卷5，《二程集》，中华书局1981年版，第77页。

下”,二程指出:“仁,理也,人,物也。以仁合在人身言之,乃是人之道也。”①要在全社会广泛发扬仁心,泛爱万物、博施济众,如此则可以最大程度实现“天理”之落实。由此,父子君臣、“家国天下”都只是一个“天理”:“父子君臣,天下之定理,无所逃于天地之间”,②父子君臣、“家国天下”的治道就是“天理”;程颐在讨论格物时,也强调“凡眼前无非是物,物物皆有理。如火之所以热,水之所以寒,至于君臣父子闲皆是理”,③认为从“天理”角度而言,社会属性的父子君臣之“家国天下”治道与自然属性的火热水寒并无二致。天下只有一个理,“家国天下”也只是一个“天理”,“家国天下”治道都统一于至高无上的同一个“天理”。

从“天理”的“至实”性来看,“天理”本身的实在性和圆满性,使其超越一切“器”的限制却不远离人伦日用而高悬于天;同时,又作为万事万物永恒本体而“元无少欠,百理具备”,④不生不灭,不增不减。而“天理”本身的至实不虚,使得以“天理”为依据的天地万物、人伦社会也具有切切实实的实在性。唐君毅先生即指出,“天理”落实于“人事”后,更显其“有”:“此仁理日实现于我后,此仁理不特不空,且更显其有,人亦更须思其真实而不虚。此理一直是正面地显示于我,故不须就其能空妄执一面,而先名之为空理,而须直下即视为实理。”⑤至实不虚的“天理”显示于我并落实于形而下的具体事事物物,愈加保证了万物的存在与功用,更加彰显了“天理”的“有”而不“空”。故而,程颐言:“父止于慈,子止于孝,君止于仁,臣止于敬,万物庶事莫不各有其所,得其所则安,失其所则悖”,⑥“性命孝弟只是一统底事,就孝弟中便可尽性至命。至如洒扫应对与尽性至命,亦是一统底事,无有本末,无有精粗,

---

① (宋)程颐、程颢著,王孝鱼点校:《罗氏本拾遗》,《河南程氏外书》卷6,《二程集》,中华书局1981年版,第381页。

② (宋)程颐、程颢著,王孝鱼点校:《二先生语五》,《河南程氏遗书》卷5,《二程集》,中华书局1981年版,第77页。

③ (宋)程颐、程颢著,王孝鱼点校:《伊川先生语五》,《河南程氏遗书》卷19,《二程集》,中华书局1981年版,第247页。

④ (宋)程颐、程颢著,王孝鱼点校:《二先生语二》,《河南程氏遗书》卷2,《二程集》,中华书局1981年版,第31页。

⑤ 唐君毅:《中国哲学原论·导论篇》,中国社会科学出版社2005年版,第34—35页。

⑥ (宋)程颐、程颢著,王孝鱼点校:《艮卦》,《周易程氏传》卷4,《二程集》,中华书局1981年版,第968页。

却被后来言性命者别作一般高远说。故举孝弟，是于人切近者言之”。[①] 父慈子孝、君仁臣敬，上至于“性命孝悌”，下至于日常的“洒扫应对”，无不是“天理”具体而实有的展现，与之相对应的具体实在的社会治理和运行理论便应运而生。

从“天理”的“自然”性来看，“天理”由于气之聚散而源源不断、生生不息，其流行是自然而然的，而非其他的刻意安排。“有理则有气”，[②]“阴阳，气也。气是形而下者，道是形而上者”。[③] 形而上之“天理”与形而下之“气”的互相配合，在“天理”的统摄与“气”的聚散下，完成了宇宙万物和人类社会的演化。而“天理”的自然流行，“天理鼓动万物如此”，[④]又使得“天理”成为包括“家国天下”在内的万事万物所固有之“理”，不需要外在的矫揉造作和刻意安排。“天理”自然流行，“家国天下”治道也只是“天理”自然而然的流行与落实。二程以《周易·系辞》之“寂然不动，感而遂通”解“天理”和“治道”：“天理具备，元无欠少，不为尧存，不为桀亡。父子君臣，常理不易，何曾动来？因不动，故言‘寂然’；虽不动，感便通，感非自外也。”[⑤]父子君臣、“家国天下”之治道正如“天理”一般，是圆满无缺、不为外界干扰所动的；但其虽“寂然不动”，却又与天地万物、社会人伦交感而通达一切，故曰“感而遂通”。二程尤为强调，这种“感”不是由外而感，而是自内而生的，也就是说，父子君臣、“家国天下”之治道乃是与“天理”一体而生、自然而然的。故而，要实现齐家和平治天下，只需要顺“天理”而行，“天地之道，万物之理，唯至顺而已。大人所以先天、后天而不违者，亦顺乎理而已”。[⑥] 反之，如果“家国天下”之治道失去

---

① （宋）程颐、程颢著，王孝鱼点校：《伊川先生语四》，《河南程氏遗书》卷18，《二程集》，中华书局1981年版，第223—224页。

② （宋）程颐、程颢著，王孝鱼点校：《河南程氏粹言》卷2，《二程集》，中华书局1981年版，第1227页。

③ （宋）程颐、程颢著，王孝鱼点校：《伊川先生语一》，《河南程氏遗书》卷15，《二程集》，中华书局1981年版，第162页。

④ （宋）程颐、程颢著，王孝鱼点校：《二先生语五》，《河南程氏遗书》卷5，《二程集》，中华书局1981年版，第78页。

⑤ （宋）程颐、程颢著，王孝鱼点校：《二先生语二》，《河南程氏遗书》卷2，《二程集》，中华书局1981年版，第43页。

⑥ （宋）程颐、程颢著，王孝鱼点校：《豫卦》，《周易程氏传》卷2，《二程集》，中华书局1981年版，第779页。

了“天理”的统摄，则“小失则入于夷狄，大失则入于禽兽”，[①]人伦道德秩序、社会礼法规范都将荡然无存。由此，“家国天下”之治道都需要顺应这种自然而然的“天理”，穷理循理而至于乐，从而达到万物得宜、各有其所的结果。

最后，从“理一分殊”而言，万事万物秉持的都只是同一个“天理”。统摄万事万物的同一个“天理”在具体事物上呈现出千差万别的表现，使“天理”既统摄万物，又成为万事万物的内在依据。这样，“天理”几经转化，理一而分殊，便成为齐家和治国平天下的不同的具体原则和举措；反之，修齐治平亦是为了复现至实不虚的“天理”。余英时指出：“宋代理学有两项最突出的特点：一是建构了一个形而上的‘理’的世界；二是发展了种种关于精神修养的理论和方法，指点人如何‘成圣成贤’。……这两条开拓‘内圣’的道路，同是为了通过‘治道’以导向人间秩序的重建，这是宋代儒学的主流所在……理学家必须预设此‘理世界’，作为他们理想中的人间秩序的永恒而又超越的保证，否则他们重建秩序的要求便失去根据了。”[②]在“天理”的统摄下，二程的修齐治平、“家国天下”治理之道得以统一，为齐家治国平天下的秩序提供了根本性依据，从“天理”到治道的逻辑体系得以建立，这正是二程在政治哲学领域的最大创见。

除了用“理”来直接表述父子君臣、“家国天下”之“天理”，二程对“理”的同一概念——“道”与父子君臣、“家国天下”治道的关系也多有论述。[③] 二程认为，“道”有“天道”“人道”，其中“人道”如“君臣、父子、兄弟、夫妇之类皆是也”。[④] 二程又言：“道之外无物，物之外无道，是天地之间无适而非道也。即父子而父子在所亲，即君臣而君臣在所严。以至为夫妇、为长幼、为朋友，无所为而非道，此道所以不可须臾离也。”[⑤]父子、君臣、夫妇、长幼等人伦秩序和治道中均蕴含着“道”，万事万物与“道”都不可分离。而在论及“如何是道”、

① （宋）程颐、程颢著，王孝鱼点校：《伊川先生语三》，《河南程氏遗书》卷17，《二程集》，中华书局1981年版，第177页。

② 余英时：《宋明理学与政治文化》，广西师范大学出版社2014年版，第5页。

③ 参见张立文：《宋明理学研究》，人民出版社2002年版，第273页。

④ （宋）程颐、程颢著，王孝鱼点校：《程氏学拾遗》，《河南程氏外书》卷4，《二程集》，中华书局1981年版，第372页。

⑤ （宋）程颐、程颢著，王孝鱼点校：《二先生语四》，《河南程氏遗书》卷4，《二程集》，中华书局1981年版，第73—74页。

如何“求道”时，程颢直言，当“于君臣父子兄弟朋友夫妇上求”。① 在父子兄弟的人伦秩序中，在“君君臣臣”的天下治道中，“道”自可复现。此外，程颐还曾以“德”论“治道”。《论语·子张》有言，“大德不踰闲，小德出入可也”。程颐曰：“‘大德不踰闲’，指君臣父子之大义。小德如援溺之事，更推广之。”②“德”是对“天理”属性的具体描述，君臣父子之义，乃是比救人于危难更重要的“大德”，是“天理”最重要的体现。

当然，二程关于“天理”的创建不仅仅在于理论，更在于落实。正如游酢在《书行状后》中所载：先生不仅自身居庙堂之高则治国，处江湖之远则修身，至于其弟子皆能够心到自得、无求于外，“甚贫者忘饥寒，已仕者忘爵禄，鲁重者敏，谨细者裕，强者无拂理，懦者有立志，可以修身，可以齐家，可以治国平天下”。③ 对“天理”孜孜不倦的求索和脚踏实地的践行，也让二程的“天理”与“治道”理论愈加坚实。

二、以道自任，君长之职分

中国传统文化向来注重“以道自任”四字。在《论语·子罕》中，孔子被误认为阳虎而被拘匡地，却坚信“文王既没，文不在兹乎？天之将丧斯文也，后死者不得与于斯文也；天之未丧斯文也，匡人其如予何？”孔子既以尧舜禹汤周公之道的继承者和传播者自居，以天下之斯文为己任，认为载道的文明礼乐须由自己传下去，这份使命感使孔子坚信，天将使我传其道，而匡人不能奈我何。在《论语·泰伯》中，曾子更是直言：“士不可以不弘毅，任重而道远。仁以为己任，不亦重乎？死而后已，不亦远乎？”士大夫必须意志坚强、有远大抱负，把推行仁道作为自己的责任，死而后已。“以道自任”，对君子个人适用，对政权的所有者——君主同样适用。钱穆总结道：“西方人讲政治，一定先要讲‘主权’。……中国人讲政治，一向看重在‘职责’。只论政府该做些什么事？它的责任该是些什么？它尽了职没有？而并不讲主权在那里。”④在政治

① (宋)程颐、程颢著，王孝鱼点校：《传闻杂记》，《河南程氏外书》卷12，《二程集》，中华书局1981年版，第433页。

② (宋)程颐、程颢著，王孝鱼点校：《罗氏本拾遗》，《河南程氏外书》卷6，《二程集》，中华书局1981年版，第389页。

③ (宋)游酢：《书行状后》，转引自(宋)程颐、程颢著，王孝鱼点校：《遗书附录》，《二程集》，中华书局1981年版，第336页。

④ 钱穆：《中国历代政治得失》，九州出版社2012年版，第139页。

领域,中国人尤其看重君主及其他统治者的职责,作为君长必须以道自任,尽到治国理政的职分。

二程也秉持这一观念。在论及孔孟颜子等古代贤哲时,二程即言:“颜子陋巷自乐,以有孔子在焉。若孟子之时,世既无人,安可不以道自任?”①而至于“家国天下”之治道,二程也强调,既然父子君臣、“家国天下”之治道乃是“天理”的具体展开与落实,那么作为君长,自然应当以“理”为循、以“道”自任而齐家治国平天下;也就是说,修齐治平乃为君为长必然之职分。

二程常言,治和乱各有其因,治乱是由人决定的,而非由所谓“命”决定的:“治则有为治之因,乱必有致乱之因,在人而已矣。”②“贤不肖之在人,治乱之在国,不可归之命。”③人之贤不肖,国家之治乱,不可以简单地归之于“命”,而在于能够决定治乱的这个人。这个身兼重任之人,在家而言,是父母;在国家而言,是君主。父母和君主,对于家庭治理和国家治理有着天然的职责,这是“天理”所决定和赋予的,必须尽到其作为君长对于家庭和国家的义务和责任,正所谓“天之生斯人,使之平治天下,功德岂小补哉?”④

二程对父母在治道中的职分进行了讨论,其中,尤其强调父母作为家人之“严君”,在家庭的威严树立、法度确立和家庭管理中应尽其责任。《周易》之《家人》卦象传曰:“家人有严君焉,父母之谓也。”对此,程颐解释道:“家人之道,必有所尊严而君长者,谓父母也。虽一家之小,无尊严则孝敬衰,无君长则法度废。有严君而后家道正,家者国之则也。”⑤在家庭中,父母作为“严君”,是“尊严”的树立者、“法度”的确立者,必须尽到其责任,以“尊严”和“法度”管理好家庭,治家之道推而广之又可以治理好天下。

所谓“尊严”,就是作为父母要立身持正,从而“有孚威如”,既有诚信,又

---

① (宋)程颐、程颢著,王孝鱼点校:《二先生语二》,《河南程氏遗书》卷2,《二程集》,中华书局1981年版,第73—74页。

② (宋)程颐、程颢著,王孝鱼点校:《河南程氏粹言》卷1,《二程集》,中华书局1981年版,第1214页。

③ (宋)程颐、程颢著,王孝鱼点校:《河南程氏粹言》卷1,《二程集》,中华书局1981年版,第1218页。

④ (宋)程颐、程颢著,王孝鱼点校:《河南程氏遗书·附录》,《二程集》,中华书局1981年版,第321—322页。

⑤ (宋)程颐、程颢著,王孝鱼点校:《家人卦》,《周易程氏传》卷3,《二程集》,中华书局1981年版,第885页。

有威严，从而使得家道得正。关于诚信，程颐言："治家之道，非至诚不能也，故必中有孚信，则能常久，而众人自化为善。不由至诚，己且不能常守也，况欲使人乎？故治家以有孚为本。"①只有父母能够秉持诚信，才能推己及人，使家人之间待之以诚。关于威严，程颐言："治家者，在妻孥情爱之间，慈过则无严，恩胜则掩义，故家之患，常在礼法不足而渎慢生也。长失尊严，少忘恭顺，而家不乱者，未之有也，故必有威严则能终吉。"②只有父母以威严治家，才能不为妻子情爱所惑。由此，其身正，不令而行，通过修正己身、树立"尊严"并推己及人，实现家庭的治理。"治家之道，以正身为本，故云反身之谓。爻辞谓治家当有威严，而夫子又复戒云，当先严其身也。威严不先行于己，则人怨而不服，故云威如而吉者，能自反于身也。孟子所谓'身不行道，不行于妻子'也。"③

对治家之"法度"，程颐又特别强调道："治其有家之始，能以法度为之防闲，则不至于悔矣。治家者，治乎众人也，苟不闲之以法度，则人情流放，必至于有悔，失长幼之序，乱男女之别，伤恩义，害伦理，无所不至，能以法度闲之于始，则无是矣，故悔亡也"，"虽嗃嗃，于治家之道未为甚失，若妇子嘻嘻，是无礼法，失家之节，家必乱矣"。④ 父母之治家，必然涉及诸多家庭成员的约束管理，此时，就需要在家庭成员未起邪念、未有乱动之时制定好家庭的法度法则，防患于未然，则家庭既不会因人情关系而难以管理，也不会因惩戒过错而伤及情感，由此，"家道齐肃，人心祗畏"，⑤通过父母为家庭立法而实现家庭的和睦有序。

二程对君主在治道中应尽的职分多有论述。程颐在《明道先生行状》中记载了明道先生与宋神宗关于君主职分的讨论："时王荆公安石日益信用，先生每进见，必为神宗陈君道以至诚仁爱为本，未尝及功利。……尝极陈治道。

---

① (宋)程颐、程颢著，王孝鱼点校：《家人卦》，《周易程氏传》卷3，《二程集》，中华书局1981年版，第888页。

② (宋)程颐、程颢著，王孝鱼点校：《家人卦》，《周易程氏传》卷3，《二程集》，中华书局1981年版，第888页。

③ (宋)程颐、程颢著，王孝鱼点校：《家人卦》，《周易程氏传》卷3，《二程集》，中华书局1981年版，第887页。

④ (宋)程颐、程颢著，王孝鱼点校：《家人卦》，《周易程氏传》卷3，《二程集》，中华书局1981年版，第886—887页。

⑤ (宋)程颐、程颢著，王孝鱼点校：《家人卦》，《周易程氏传》卷3，《二程集》，中华书局1981年版，第886页。

神宗曰:'此尧、舜之事,朕何敢当?'先生愀然曰:'陛下此言,非天下之福也。'"①程颢与宋神宗谈及治道时,宋神宗认为治道是尧舜等圣贤之事,而非自己之事。程颢则持有不同观点,认为治道是每个君主都应当具有的品质和能力。程颐在《论经筵第一劄子》中将君主的这一职分进一步称为"自古同患,治乱所系",认为"'君仁莫不仁,君义莫不义。'天下之治乱系乎人君仁不仁耳。离是而非,则生于其心,必害于其政,岂待乎作之于外哉?"②君主绝不可生出天下治乱与己无关的"心",否则必然导致国家离乱。

在《周易程氏传》中,程颐还立足"德"与"位"的讨论,提出处在人君之位的君主,天下的治乱和教化的美恶都系于其一身,要修正己身、尽到君主职分,使得天下化治。程颐认为,君主之所以要尽其对国家治理的职责,就在于其处于君主之位,"无其位,则虽有其道,将何为乎?故圣人之位,谓之大宝"。③ 君主既然居于"大宝"之位,必须秉持君主之"德"、君主之职分,德位相配,治理好国家:"九五居人君之位,时之治乱,俗之美恶,系乎己而已。观己之生:若天下之俗皆君子矣,则是己之所为政化善也,乃无咎矣;若天下之俗未合君子之道,则是己之所为政治未善,不能免于咎也。"④作为君主,当有以道自任、尽其职分的使命和担当,如孔子之"斯文在斯"、与天为一,孟子之"舍我其谁"、听天所命,便是如此:"'夫天未欲平治天下也,如欲平治天下,当今之世,舍我其谁?'此是有所受命之语。"⑤

二程进而强调,君主以道自任、尽其职分的根本,又在于君主当"立志"。"子曰:治道之要有三:曰立志,责任,求贤。"⑥通过"立志",既在思想上明确

① (宋)程颐、程颢著,王孝鱼点校:《伊川先生文七》,《河南程氏文集》卷11,《二程集》,中华书局1981年版,第634页。

② (宋)程颐、程颢著,王孝鱼点校:《罗氏本拾遗》,《河南程氏外书》卷6,《二程集》,中华书局1981年版,第390页。

③ (宋)程颐、程颢著,王孝鱼点校:《否卦》,《周易程氏传》卷1,《二程集》,中华书局1981年版,第762页。

④ (宋)程颐、程颢著,王孝鱼点校:《观卦》,《周易程氏传》卷2,《二程集》,中华书局1981年版,第801页。

⑤ (宋)程颐、程颢著,王孝鱼点校:《二先生语三》,《河南程氏遗书》卷3,《二程集》,中华书局1981年版,第67页。

⑥ (宋)程颐、程颢著,王孝鱼点校:《河南程氏粹言》卷1,《二程集》,中华书局1981年版,第1218页。

君主自身所肩负的职责，又在行动上通过君主的“志”来确立国家政治的根本方向，从而为国家的长治久安提供可能。故而，“立志”在君主的以道自任、国家治理中处于首要地位。二程反复强调：“故在乎君志先定，君志定而天下之治成矣。”①“故治天下者，必先立其志，正志先立，则邪说不能移，异端不能惑。”②“三者之中，复以立志为本，君志立而天下治矣。”③二程认为，君主为治，以立志为根本，志向确立，至诚一心，以道自任，谨循圣人教诲和先王治国之法，努力回归到夏商周三代之治。④ 如此，君主可约束自我、明确王道政治的进路并坚持到底；如此，君主可明善恶、辨忠邪，择善而从、任贤不贰，让君臣同治的作用充分发挥；如此，朝廷之善政才能够有始有终、天下归从，“则三代之治可望于今日”，⑤通过复归三代之治的政治理想，最终实现现实中王道政治的落实。

三、修齐治平，万物得其宜

圣人治天下，不仅要尽其职分，还必须有其次第，有其原则根据。二程认为，治道之次第正是修齐治平，在修养己身的前提下，以齐家为治道之始，以治国为治道之要，以平天下为治道之终；治道之原则依据正是至高无上、至实不虚、自然流行的“天理”，要循“天理”而治天下，使得万物各得其所、各得其宜。

二程指出，治道的实现必须依据一定次序。“自致知至于知止，诚意至于平天下，洒扫应对至于穷理尽性，循循有序。”⑥否则，舍近求远、处下窥高，只能无所得。具体而言，二程延续了《礼记·大学》中“身修而后家齐，家齐而后国治，国治而后天下平”这一儒家传统修齐治平之道，认为治道应在修身的基

---

① （宋）程颐、程颢著，王孝鱼点校：《明道先生文一》，《河南程氏文集》卷1，《二程集》，中华书局1981年版，第447页。

② （宋）程颐、程颢著，王孝鱼点校：《明道先生文一》，《河南程氏文集》卷1，《二程集》，中华书局1981年版，第450—451页。

③ （宋）程颐、程颢著，王孝鱼点校：《伊川先生文一》，《河南程氏文集》卷5，《二程集》，中华书局1981年版，第521页。

④ 丁静：“所谓‘立志’就是皇帝要立志坚定，从自身道德修养做起，不被陈规陋习所迷惑。程颐坚信尧、舜先王之治必行，国家才有可能长治久安，皇帝要以复兴‘三代’的王道政治以长治久安为己任。”（丁静：《二程教化思想研究》，南京大学出版社2018年版，第119页）

⑤ （宋）程颐、程颢著，王孝鱼点校：《伊川先生文一》，《河南程氏文集》卷5，《二程集》，中华书局1981年版，第522页。

⑥ （宋）程颐、程颢著，王孝鱼点校：《伊川先生文七》，《河南程氏文集》卷11，《二程集》，中华书局1981年版，第638页。

础上，始于齐家，并渐次治国、平天下。

关于以修身为基础，程颐在阐释《大学》"物有本末，事有终始"时，言："致知在格物，则所谓本也，始也；治天下国家，则所谓末也，终也。治天下国家，必本诸身，其身不正而能治天下国家者无之。"①强调了修身治国之本末始终，治国平天下正是"本诸身"的，只有其身正，才能够治国平天下。在阐述《论语》之"兴于诗""人而不为周南、召南"时，言："欲治国治天下，须先从修身齐家来。不然，则犹'正墙面而立。'"②如果没有修养己身、端正家道，那么所谓的治国平天下都是无源之水、无根之木，不可能实现。在阐发《中庸》之"天下之达道五，所以行之者三"时，言："天下之理，一而已。……故一修身而知所以治人，知所以治人而知所以治天下国家。皆出乎此者何？中庸而已。"③再次强调了只有知道如何修身才能知道如何"治人"，只有知道了如何"治人"，才能进一步"治天下国家"。总而言之，修身是沟通"内圣"与"外王"的过渡环节。只有遵循"天理"，通过格物致知、正心诚意、主一主敬等一系列修养工夫，端正己身，才能进一步心怀家国、积极入世，承担起对国家、对社会的责任。

而关于始于齐家，渐次治国、平天下，二程也多次强调："有天下国家者，未有不自齐家始。"④"推一家之道，可以及天下，故家正则天下定矣。"⑤"天下之治，正家为先。天下之家正，则天下治矣。……天下之治，由兹而始；天下之俗，由此而成。"⑥"夫人有诸身者则能施于家，行于家者则能施于国，至于天下治。治天下之道，盖治家之道也，推而行之于外耳。"⑦在二程关于儒家"外

---

① (宋)程颐、程颢著，王孝鱼点校：《伊川先生语十一》，《河南程氏遗书》卷25，《二程集》，中华书局1981年版，第316页。

② (宋)程颐、程颢著，王孝鱼点校：《伊川先生语八》，《河南程氏遗书》卷22，《二程集》，中华书局1981年版，第293页。

③ (宋)程颐、程颢著，王孝鱼点校：《中庸解》，《河南程氏经说》卷8，《二程集》，中华书局1981年版，第1156—1157页。

④ (宋)程颐、程颢著，王孝鱼点校：《二先生语四》，《河南程氏遗书》卷4，《二程集》，中华书局1981年版，第72页。

⑤ (宋)程颐、程颢著，王孝鱼点校：《家人卦》，《周易程氏传》卷3，《二程集》，中华书局1981年版，第885页。

⑥ (宋)程颐、程颢著，王孝鱼点校：《诗解》，《河南程氏经说》卷3，《二程集》，中华书局1981年版，第1047页。

⑦ (宋)程颐、程颢著，王孝鱼点校：《家人卦》，《周易程氏传》卷3，《二程集》，中华书局1981年版，第884页。

王”之道、“治道”的构建中，家、国、天下一体而同构，有着密不可分的关联。一方面，每一个家庭都是国家和天下的缩影，“一家之道”的无限放大正是治国平天下之道，故而人能够将父子之亲、夫妇之义这些“家人之道”存诸己身并施行于家，那么向外推衍一家之道，自然可以治国而平天下；另一方面，家庭是社会的基本组成单位和细胞，国家、天下正是由无数个家庭串联而成，如果每个家庭都能够治理好，那么整个天下自然也就移风易俗、长治久安。故而，立足于儒家传统的“家国天下”同构理念，二程提出了从修身与齐家入手，重建儒家理想政治秩序的理想。

而在修身乃至渐次齐家治国平天下的过程中，二程又强调：“天地之道，万物之理，唯至顺而已。”①对于修身来说，“要人道如何，只是天理合如此，本无私意，只是个循理而已”；②对于“家国天下”来说，“家国天下”之道亦不必外求，只需要循“天理”而治天下，复现至高无上、至实不虚、自然流行的“天理”。由此，实现天下化治。

立足对历史的反思，圣人之治要体天之道，穷理循理，“吾人既知天理，则应即顺之而行”③。程颐在注解《尚书·尧典》“乃命羲、和，钦若昊天，历象日月星辰，敬授人时”一句时指出：“而事之最大最先，在推测天道，明历象，钦若时令以授人也。天下万事无不本于此，……圣人治天下之道，惟此二端而已。治身齐家以至平天下者，治之道也；建立治纲，分正百职，顺天时以制事，至于创制立度，尽天下之事者，治之法也。作典者述尧之治，尽于此矣。”④在注解《尚书·尧典》“允厘百工，庶绩咸熙”一句时，程颐再次重申：“首举其大者，是察天道，正四时，顺时行政，使人遂其生养之道，此大本也。万事无不本于此。天下之事无不顺天时法阴阳者，律度量衡皆出于此，故首举而详载之。”⑤程颐分析了上古以至于三代之治，认为上古之时，世淳人朴，故顺事而治；三代之

① (宋)程颐、程颢著，王孝鱼点校：《豫卦》，《周易程氏传》卷2，《二程集》，中华书局1981年版，第779页。

② (宋)程颐、程颢著，王孝鱼点校：《二先生语二》，《河南程氏遗书》卷2，《二程集》，中华书局1981年版，第35页。

③ 冯友兰：《中国哲学史》，重庆出版社2009年版，第262页。

④ (宋)程颐、程颢著，王孝鱼点校：《书解》，《河南程氏经说》卷2，《二程集》，中华书局1981年版，第1036页。

⑤ (宋)程颐、程颢著，王孝鱼点校：《书解》，《河南程氏经说》卷2，《二程集》，中华书局1981年版，第1037页。

时,开始因事制法,形成治道。而尧帝之所以能够明俊德、睦九族、和万邦,实现修身齐家治国平天下,根本在于其推测天道、敬授人时,由察天道、正四时,进而依据天道而建立人间的治纲,创建社会的制度,推行治道。这里的“天道”正是兼具自然性、主宰性的“天理”。由是,二程强调,上古之道已不可追,需效法尧舜三代之治,“为治而不法三代,苟道也”;①而复归三代之治的根本,又在于要“本诸人情,极乎物理”,②应天而时行,循“天理”而治,才能真正实现王道政治的落实,“元亨”而“大有”,万物得宜。

圣人循“天理”不仅具有历史依据,也具有现实依据。对现实政治和社会,二程指出:“天地生物,各无不足之理。常思天下,君臣、父子、兄弟、夫妇,有多少不尽分处。”③“天理”本身是至善而完满自足的,但是在通过“理一分殊”落实于君臣父子之间时,人们却不能很好地把握潜藏于父子君臣之间的“天理”,故而对于“家国天下”治理之道有诸多不当之处。程颢在《请修学校尊师儒取士劄子》中就具体分析了这种不足。程颢言:“宋兴百余年,而教化未大醇,人情未尽美,士人微谦退之节,乡闾无廉耻之行,刑虽繁而奸不止,官虽冗而材不足。”④对于现实政治,程颢分析道,宋朝开国已百年有余,而弊病良多,比如,教化没有完全纯正,人情没有尽善尽美,士人没有谦让的节操,民间没有懂得廉耻的行为,刑罚虽然繁多却不能杜绝奸邪,官员虽然冗杂却缺少治国理政的人才。故而,对于这些不当之处,圣人正当发扬其“公心”,遵循“天理”而治:“圣人致公,心尽天地万物之理,各当其分。……圣人循理,故平直而易行。”⑤圣人要以道自任、尽其职分,按照修齐治平、本末始终的治道次序对“家国天下”加以治理,真正实现从“天理”到“治道”在人世间的复现与落实。

---

① (宋)程颐、程颢著,王孝鱼点校:《河南程氏粹言》卷1,《二程集》,中华书局1981年版,第1211页。

② (宋)程颐、程颢著,王孝鱼点校:《明道先生文一》,《河南程氏文集》卷1,《二程集》,中华书局1981年版,第452页。

③ (宋)程颐、程颢著,王孝鱼点校:《二先生语一》,《河南程氏遗书》卷1,《二程集》,中华书局1981年版,第2页。

④ (宋)程颐、程颢著,王孝鱼点校:《明道先生文一》,《河南程氏文集》卷1,《二程集》,中华书局1981年版,第448页。

⑤ (宋)程颐、程颢著,王孝鱼点校:《明道先生语四》,《河南程氏遗书》卷14,《二程集》,中华书局1981年版,第142页。

二程还对循“天理”与失“天理”的结果进行了讨论。循“天理”而治，则万物得宜，各得其乐。“古人言乐循理之谓君子，若勉强，只是知循理，非是乐也。才到乐时，便是循理为乐，不循理为不乐，何苦而不循理，自不须勉强也。”①“循理而至于乐，则己与理一，殆非强勉之可能也。”②“君子循理，故舒泰荡荡然。小人役于物，故多忧戚。”③君子循“天理”，则舒泰坦荡，与理为一，循理而乐。二程又言：“父止于慈，子止于孝，君止于仁，臣止于敬，万物庶事莫不各有其所，得其所则安，失其所则悖。”④循“天理”而治天下，则君臣父子各止其所止、安其所安、各得其宜。

反之，失“天理”之正而依仁义之偏，则为“霸道”。所谓“霸道”，“理学对王霸问题的讨论是其义利观在政治学的具体运用，以义为先的是王道，重利轻义的是霸道”⑤，“霸道被理解为在现实政治中当权者纯粹从治术权谋着眼，使用不正当手段或策略去实现功利和私欲目的的统治方式”⑥。二程认为，时过境迁，古今特异，“先王之世，以道治天下；后世只是以法把持天下”。⑦ 程颐进而指出，两种不同的治道必然导致不同的结果：“得天理之正，极人伦之至者，尧、舜之道也；用其私心，依仁义之偏者，霸者之事也。王道如砥，本乎人情，出乎礼义，若履大路而行，无复回曲。霸者崎岖反侧于曲径之中，而卒不可与入尧、舜之道。故诚心而王则王矣，假之而霸则霸矣，二者其道不同，在审其初而已。”⑧也就是说，顺“天理”而治、得“天理”之正则为王道；悖“天理”而治、依

---

① (宋)程颐、程颢著，王孝鱼点校：《伊川先生语四》，《河南程氏遗书》卷18，《二程集》，中华书局1981年版，第185页。

② (宋)程颐、程颢著，王孝鱼点校：《河南程氏粹言》卷1，《二程集》，中华书局1981年版，第1192页。

③ (宋)程颐、程颢著，王孝鱼点校：《论语解》，《河南程氏经说》卷6，《二程集》，中华书局1981年版，第1147页。

④ (宋)程颐、程颢著，王孝鱼点校：《艮卦》，《周易程氏传》卷4，《二程集》，中华书局1981年版，第968页。

⑤ 宋大琦：《程朱礼法学研究》，山东人民出版社2009年版，第257页。

⑥ 敦鹏、惠吉兴：《王道的张力——兼论二程王道政治及其人文特质》，《社会科学战线》2013年第12期。

⑦ (宋)程颐、程颢著，王孝鱼点校：《二先生语一》，《河南程氏遗书》卷1，《二程集》，中华书局1981年版，第4页。

⑧ (宋)程颐、程颢著，王孝鱼点校：《明道先生文一》，《河南程氏文集》卷1，《二程集》，中华书局1981年版，第450—451页。

仁义之偏则为霸道。王道如坦途大道，霸道则如崎岖曲径，差之毫厘，谬以千里。故而，君主必当循“天理”而成王道之治。二程关于王霸的讨论也被认为是“宋儒尊王绌霸之源”。①

由此，通过对圣人循“天理”而治天下的规定，二程凸显了“天理”对治道的权威性，以“天理”作为政治理论得以推行的基石，挺立起了对道德伦理的敬畏，“重新建构了政治信仰的形上学基础，以确保其政治伦理思想的实践与推行”②。而圣人循“天理”而治天下的落实，必将真正发挥“天理”作为万事万物本体特别是道德本体的作用，让“理学所构思的作为终极存在的实体（天理）与人间社会的伦理规范贯通起来，形成具有浓郁道德伦理意蕴的政治模式”③，贯通“内圣”之道德与“外王”之治道，最终服务于赵宋王朝对国家的有效治理。“天理”治道也成为二程对儒家政治思想、儒家治理之道的重大理论突破和理论贡献。

---

① 宋大琦：《程朱礼法学研究》，山东人民出版社 2009 年版，第 260 页。

② 陈力祥：“在二程子的哲学思想体系中，天理是政治伦理思想得以推行的基石。中国古代的政治伦理思想中，关键是如何挺立起对道德伦理的敬畏。因之，为了挽救赵宋王朝的政治危机，二程子重新建构了政治信仰的形上学基础，以确保其政治伦理思想的实践与推行。”（陈力祥：《顺理而治　发政施仁——二程王道政治伦理思想发微》，《求索》2019 年第 1 期）

③ 敦鹏：《理想政治的道德承诺——兼论二程政治哲学的伦理之维》，《道德与文明》2013 年第 2 期。

第三章　家:治道之始

家,是一个以“人”为核心的伦理概念。《礼记·礼运》言:“何谓人义?父慈、子孝、兄良、弟弟、夫义、妇听、长惠、幼顺、君仁、臣忠,十者谓之人义。”在十种主要伦理关系中,除君仁、臣忠二者外,讨论的都是家庭成员之间的关系。① 家,也是“治道之始”,是一切社会秩序的出发点。在“家国同构”“家国一体”的古代中国,“家”是小的“国”,“国”是千万“家”,治理家庭和治理国家在道理上一以贯之,父子兄弟夫妇之道与君臣上下尊卑之道并无二致。② 这种对“家国同构”的强调,在宋代尤为明显。北宋,上承唐代韩愈、李翱等接续道统之实践,又逢内忧外患、积贫积弱、政事改革成效不显之现实政治,众多儒家士大夫回归到修齐治平的儒家传统治道秩序中去,以齐家为着力点,找寻现实政治的良药。③ 二程也是如此。

二程言:“有天下国家者,未有不自齐家始。”④“推一家之道,可以及天下,故家正则天下定矣。”⑤“天下之治,正家为先。天下之家正,则天下治

---

① 参见罗安宪:《论中国文化学意义上的“家”》,《中国人民大学学报》2017 年第 5 期。

② 敦鹏:“在‘家国一体’的古代中国,‘家’和‘国’只是在规模上的一大一小而已,二者并不存在本质上的区分。治理国家和治理小家具有相同的道理,反之亦然。在家庭或家族中沿袭的伦理秩序如男女有别、长幼有序等扩大到国家,将父子、兄弟、夫妇、长幼的关系转化成君臣、上下、尊卑等社会关系,加之以‘礼’来规范血缘亲情铺垫而成的国家制度,由此达成一脉相通的政治文化。”(敦鹏:《理想政治的道德承诺——兼论二程政治哲学的伦理之维》,《道德与文明》2013 年第 2 期)

③ 段海宝:“相比以往,宋初的士大夫更加强调家国的同构性,强调家风对国事的影响,对《大学》‘修身、齐家、治国、平天下’的秩序有更为自觉的认同。”(段海宝:《司马光的礼治政治哲学》,转引自彭永捷:《中国政治哲学史》第二卷,中国人民大学出版社 2017 年版,第 288 页)

④ (宋)程颐、程颢著,王孝鱼点校:《二先生语四》,《河南程氏遗书》卷 4,《二程集》,中华书局 1981 年版,第 72 页。

⑤ (宋)程颐、程颢著,王孝鱼点校:《家人卦》,《周易程氏传》卷 3,《二程集》,中华书局 1981 年版,第 885 页。

矣。……天下之治，由兹而始；天下之俗，由此而成。”[①]立足于儒家传统的家国（天下）同构理念，二程提出了从纠正家庭秩序入手重建儒家政治秩序的理想，并以“齐家”为着力点，开启复兴儒学、接续道统的实践。

二程着重强调了“天理”在不同家庭关系中的表现：“天理”之于父子，则为亲与孝，强调父母对子女的生身之恩和养之爱之，以及子女对父母的“安亲”行孝，并以此为起点践行“仁”道；“天理”之于兄弟，则为友与悌，强调兄对弟的友爱、关心和弟对兄的敬爱、敬重，并由此发明长幼秩序和礼法；“天理”之于夫妇，则为正与恒，强调要正夫妇之道、做终身夫妇，凸显夫妇作为人伦之始的重要地位和蕴藏其中的阴阳尊卑之序。由此，作为治道之始，要通过“齐家”之道来恢复父子、兄弟、夫妇之间的“天理”秩序，实现“天理”在家道的落实。

第一节　《家人》卦：行于家而天下治

《周易程氏传》，又名《程氏易传》，是程颐晚年所作，成书于宋哲宗元符二年（1099 年），全书共 4 卷 15 万字，是一部注解《周易》的著作。程颐的弟子尹焞曾言：“先生平生用意，惟在《易传》。求先生之学，观此足矣。”[②]他认为记述二程言谈的《语录》，因为记录之人见识有高远也有浅陋，故而所记也就有优有劣，无法完整还原二程的思想原貌；唯有《周易程氏传》一书，乃程颐平生用力最多、记述其平生之所学的著作，最能反映程颐的学术思想。

《周易程氏传》最重要的特色即重视对义理的探讨，以“天理”来统“易”。[③] 在《周易程氏传》中，程颐不重对具体章句的注释疏解，而是以“天理”为基础，以“理”统“易”、解“易”，通过对象数的分析解读来阐述其关于自

---

① （宋）程颐、程颢著，王孝鱼点校：《诗解》，《河南程氏经说》卷 3，《二程集》，中华书局 1981 年版，第 1047 页。

② （清）茅星来：《近思录集注》，华东师范大学出版社 2015 年版，第 46 页。

③ 程颐《答张闳中书》：“有理而后有象，有象而后有数。《易》因象以明理，由象以知数。得其义则象数在其中矣……”张克宾指出：程颐认为，对于天地万物来说，先有天地万物之理，再有天地万物，最后有天地万物之数；而对于《周易》来说，先有易理，再有易象，最后有易数。象数以理为本，是理的呈现；治《易》就是要以象数为载体来把握其背后微妙无形的理。也就是说，易道就是“天理”。（张克宾：《因象以明理：论程颐易学的“卦才”说》，《中国哲学史》2015 年第 1 期）

然、社会与人生的思考，以及关于"天理"的体认。正如他在《易传序》中所言："至微者理也，至著者象也，体用一源，显微无间，观会通以行其典礼，则辞无所不备。"①"体用一源，显微无间"者，以"象"为"用"来观"性命之理""幽明之故""事物之情"，则可得"理"之"体"。

在《家人》卦中，程颐正是通过对《家人》卦的序卦、卦爻辞和彖传、象传的逐一解读，来集中发明"家人"之道。《家人》卦为《周易》第三十七卦，离下巽上为"家人"。《家人》卦中提出了二程关于"齐家"思想的核心论断：

> 家人者，家内之道：父子之亲，夫妇之义，尊卑长幼之序，正伦理，笃恩义，家人之道也。
>
> 夫人有诸身者则能施于家，行于家者则能施于国，至于天下治。治天下之道，盖治家之道也，推而行之于外耳，故取自内而出之象，为家人之义也。②

此两段文字出自对该卦序卦"夷者伤也，伤于外者必反其家，故受之以家人"一句的解读，集中阐发了两个观点。其一，是"家"所涵括的具体内容。程颐认为，家庭的核心内容就是父子之亲、夫妇之义和尊卑长幼之序，而"齐家"就是要通过对家庭中父子、夫妇、长幼等主要关系的调整，来摆正家庭伦理、使家人忠于恩义。其二，是齐家与治国、平天下的关系。程颐认为，"家人"之道由内向外的发挥则是"家国天下"之治道，人能够将父子之亲、夫妇之义这些"家人之道"存诸己身并施行于家，那么向外递推自然能够齐家而治天下。也就是说，家为治道之始。此论正是将《周易》与《大学》篇"家齐而后国治，国治而后天下平"相结合，从解"易"的角度重申了以家为起点、"家国天下"相贯通的治道体系。这种行之于家而天下化治的齐家治国平天下之道，也正是程颐对《家人》卦阐发的核心要义所在。

此后，在对该卦爻辞、彖传、象传的逐一解读中，程颐具体阐发了涵括父子夫妇、尊卑长幼，作为人伦之始的"齐家"的具体要求，并以这些具体规则对国家治理、天下化治提供借鉴。《家人》卦卦辞曰："家人：利女贞。"意思是家人：

---

① （宋）程颐、程颢著，王孝鱼点校：《易传序》，《周易程氏传》，《二程集》，中华书局 1981 年版，第 689 页。

② （宋）程颐、程颢著，王孝鱼点校：《家人卦》，《周易程氏传》卷 3，《二程集》，中华书局 1981 年版，第 884 页。

宜于女子守正。对此，程颐围绕为何独言女子、“女正则家道正”的家人之道展开阐发：“家人之道，利在女正，女正则家道正矣。夫夫妇妇而家道正，独云利女贞者，夫正者身正也，女正者家正也，女正则男正可知矣。”①程颐认为，男子和女子在家庭中扮演的角色及其分工是不同的。要想家道得正，必然需要丈夫像丈夫，行夫道而尽到丈夫的责任；妻子像妻子，行妇道而尽到妻子的责任，但是其中又尤以妻子的责任更为重大，女子持守正道是家道得正的基础，凸显了妇女对于家的意义。

该卦彖传曰：“家人，女正位乎内，男正位乎外，男女正，天地之大义也。家人有严君焉，父母之谓也。父父、子子、兄兄、弟弟、夫夫、妇妇，而家道正，正家而天下定矣。”②对此，程颐逐句进行分析。首先，对男女之“正位”，结合《家人》卦卦象言：“象以卦才而言。阳居五，在外也；阴居二，处内也，男女各得其正位也。尊卑内外之道，正合天地阴阳之大义也。”③认为该卦五爻为“—”为阳，象征着男子正位于外；二爻为“- -”为阴，象征着女子正位于内。由是，该卦男女各得其位，尊卑内外得宜，正符合天地阴阳之道，符合“天理”。其次，对于“家人有严君”一句，程颐注解道：“家人之道，必有所尊严而君长者，谓父母也。虽一家之小，无尊严则孝敬衰，无君长则法度废。有严君而后家道正，家者国之则也。”④《礼记·学记》“严师为难”，严者，尊敬也。“严君”，有尊严的君长，即父母。程颐再次由齐家推论至治国，认为家人之道必须尊重父母，在家中尊重父母，则家道得正，“家者国之则”，推而广之尊重君主也正是国家之法度。最后，对彖传中的“父父、子子”一句，程颐阐发道：“父子兄弟夫妇各得其道，则家道正矣。推一家之道，可以及天下，故家正则天下定矣。”⑤“天下”正是“家”的无限放大，进一步接续序卦而论说了由齐家乃至

① （宋）程颐、程颢著，王孝鱼点校：《家人卦》，《周易程氏传》卷3，《二程集》，中华书局1981年版，第884页。

② （宋）程颐、程颢著，王孝鱼点校：《家人卦》，《周易程氏传》卷3，《二程集》，中华书局1981年版，第884页。

③ （宋）程颐、程颢著，王孝鱼点校：《家人卦》，《周易程氏传》卷3，《二程集》，中华书局1981年版，第884页。

④ （宋）程颐、程颢著，王孝鱼点校：《家人卦》，《周易程氏传》卷3，《二程集》，中华书局1981年版，第885页。

⑤ （宋）程颐、程颢著，王孝鱼点校：《家人卦》，《周易程氏传》卷3，《二程集》，中华书局1981年版，第885页。

治国平天下之间一以贯之的内在逻辑。

该卦象传曰："风自火出，家人，君子以言有物而行有恒。"程颐解释道："正家之本，在正其身。正身之道，一言一动，不可易也。君子观风自火出之象，知事之由内而出，故所言必有物，所行必有恒也。物谓事实，恒谓常度法则也。德业之著于外，由言行之谨于内也。言慎行修，则身正而家治矣。"①"风自火出"，《家人》卦上离下巽，巽为风为外卦，离为火在内卦，故"风自火出"；"言有物"，说话有事实依据；"物有恒"，行动有常度法则。程颐对《家人》卦卦象的分析与其在序卦中的分析沿用了同一思路，即先言上离下巽之卦象，再由内向外递推言"家国天下"。但与序卦不同的是，在这里，程颐着重强调了"家"向内而言的根本——"身"。"正家"向外递推是治国平天下，向内递推则是"正身"，这是"正家"的根本所在。"正身"要求君子一言一行都严格遵守法度，谨言慎行于内，方能广施德业于外。

此后，程颐又沿着《家人》卦六爻的顺序，对每一爻逐一分析与解读，阐发其关于齐家的理论。"初九，闲有家，悔亡。"象曰："闲有家，志未变也。"意为初九，家中有所防备，悔事则可消亡；初九以阳居阳位，故家人之志未变。② 针对此爻，程颐重点从"治家有法"的角度进行解读："治其有家之始，能以法度为之防闲，则不至于悔矣。治家者，治乎众人也，苟不闲之以法度，则人情流放，必至于有悔，失长幼之序，乱男女之别，伤恩义，害伦理，无所不至，能以法度闲之于始，则无是矣，故悔亡也。"③"闲之于始，家人志意未变动之前也。正志未流散变动而闲之，则不伤恩，不失义，处家之善也，是以悔亡。志变而后治，则所伤多矣，乃有悔也。"④程颐认为，治家必然涉及诸多家庭成员的约束管理。要在家庭成员未起邪念、未有乱动之时制定家庭的法度法则，防患于未然，则家庭既不会因人情关系而难以管理，也不会因惩戒过错而伤及情感，如此，则能实现家庭的和睦有序。

① (宋)程颐、程颢著，王孝鱼点校：《家人卦》，《周易程氏传》卷3，《二程集》，中华书局1981年版，第885页。

② 参见刘大钧、林忠军：《〈周易〉经传白话解》，上海古籍出版社2006年版，第101、250页。

③ (宋)程颐、程颢著，王孝鱼点校：《家人卦》，《周易程氏传》卷3，《二程集》，中华书局1981年版，第885页。

④ (宋)程颐、程颢著，王孝鱼点校：《家人卦》，《周易程氏传》卷3，《二程集》，中华书局1981年版，第885页。

“六二,无攸遂,在中馈,贞吉。”“象曰:六二之吉,顺以巽也。”意为六二,女子无所抱负愿望,在家中制作饮食以侍候人,占问则吉;六二之阴居中而得正,故顺从而又践履。程颐从刚柔之道出发,对此爻所蕴含的男子刚严治家、女子柔顺持家之理进行解读,重点言“妇人之道”:“人之处家,在骨肉父子之间,大率以情胜礼,以恩夺义,唯刚立之人,则能不以私爱失其正理。故家人卦,大要以刚为善,初三上是也。六二以阴柔之才而居柔,不能治于家者也……若为妇人之道,则其正也。以柔顺处中正,妇人之道也,故在中馈则得其正而吉也。”①程颐指出,《家人》卦中蕴藏着家庭中刚与柔对立的关系。在一个家庭中,因为父子骨肉之情的存在,稍不注意便容易发生以情爱乱礼法、以恩爱替义理的情况。故而,《家人》卦讲求刚严,只有刚严卓立之人才能不为骨肉父子之情所惑,不因私爱而舍弃正理,才能治理好家庭;而六二爻所言柔顺之道并不适合治家,只适用于妇人之道;妇人秉持柔顺之德,主持烹饪等家庭事务,“能顺从而卑巽者也,故为妇人之贞吉也”。②

“九三,家人嗃嗃,悔厉吉;妇子嘻嘻,终吝。”象曰:“家人嗃嗃,未失也;妇子嘻嘻,失家节也。”意为九三,治家严厉,家人经常受到嗃嗃严叱,则使人有所悔而最终得吉;家道不严,妇女孩子整日骄佚嬉笑,最终会导致羞吝;九三得位,刚严治家、未失家节而得正,故治家未失其道。程颐对此爻的解读承接了六二爻中关于治家之刚柔的讨论,认为“治家之则”,宁可过严而不可过宽:“治家过严,不能无伤,故必悔于严厉,骨肉恩胜,严过故悔也。虽悔于严厉,未得宽猛之中,然而家道齐肃,人心祗畏,犹为家之吉也。……盖严谨之过,虽于人情不能无伤,然苟法度立,伦理正,乃恩义之所存也。若嘻嘻无度,乃法度之所由废,伦理之所由乱,安能保其家乎?”③“虽嗃嗃,于治家之道未为甚失,若妇子嘻嘻,是无礼法,失家之节,家必乱矣。”④程颐指出,用过于刚严的原则

① (宋)程颐、程颢著,王孝鱼点校:《家人卦》,《周易程氏传》卷3,《二程集》,中华书局1981年版,第886页。

② (宋)程颐、程颢著,王孝鱼点校:《家人卦》,《周易程氏传》卷3,《二程集》,中华书局1981年版,第886页。

③ (宋)程颐、程颢著,王孝鱼点校:《家人卦》,《周易程氏传》卷3,《二程集》,中华书局1981年版,第886页。

④ (宋)程颐、程颢著,王孝鱼点校:《家人卦》,《周易程氏传》卷3,《二程集》,中华书局1981年版,第886页。

来治理家庭,有时候会对父子骨肉恩情造成一定伤害,由此带来对治家严苛的悔意;但是,这种后悔所带来的家庭局面是“家道齐肃,人心祗畏”,对于家庭来说仍是一件吉利的事情。若持家不严,家庭成员失于法度,失于放肆,人人放纵而无节,那么导致的就不仅仅是后悔,而是败家了。因此,对治家来说,一定要重法度而轻人情。

“六四,富家大吉。”“象曰:富家大吉,顺在位也。”意为六四,使得家庭富裕,是最大的吉利;六四上承九五,阴居阴位,以柔顺而居正守位。对此爻,程颐未作过多解读,仅从对六四爻“以巽顺之体而居四,得其正位”的分析出发,提出该爻得正位,顺于事,符正道,则能“保有其富”,“居家之道,能保有其富,则为大吉也”。①

“九五,王假有家,勿恤吉。”“象曰:王假有家,交相爱也。”意为九五,王到其家,不要忧愁,有吉;九五居尊位下应六二,夫妇交相爱慕。因《家人》卦中,九五爻相对于六二爻而言,“男而在外,刚而处阳,居尊而中正,又其应顺正于内”,②可以说从“位”而言九五爻是得宜而“至善”的;九五又是君位,故而程颐在该爻论及了“王者之道”:“夫王者之道,修身以齐家,家正则天下治矣。自古圣王,未有不以恭己正家为本。故有家之道既至,则不忧劳而天下治矣,勿恤而吉也。五恭己于外,二正家于内,内外同德,可谓至矣。”③“王假有家之道者,非止能使之顺从而已,必致其心化诚合,夫爱其内助,妇爱其刑家,交相爱也。能如是者,文王之妃乎?”④程颐认为,九五爻展现了王者之道,正对应修身齐家治国平天下,自古以来圣王都是以治家为本,由家齐最终达至天下治。同时,九五爻的“王者之道”与六二爻的“妇人之道”遥相呼应,则是丈夫和妻子的内外同德、相亲相爱,这种至善的境界,恐怕只有文王和文王之妃能够达到,展现了程颐对治家之道的最高期待。

---

① (宋)程颐、程颢著,王孝鱼点校:《家人卦》,《周易程氏传》卷3,《二程集》,中华书局1981年版,第887页。

② (宋)程颐、程颢著,王孝鱼点校:《家人卦》,《周易程氏传》卷3,《二程集》,中华书局1981年版,第887页。

③ (宋)程颐、程颢著,王孝鱼点校:《家人卦》,《周易程氏传》卷3,《二程集》,中华书局1981年版,第887页。

④ (宋)程颐、程颢著,王孝鱼点校:《家人卦》,《周易程氏传》卷3,《二程集》,中华书局1981年版,第887页。

“上九，有孚，威如，终吉。”“象曰：威如之吉，反身之谓也。”意为有诚信又有威严，最终得吉；《家人》卦诸爻皆正，独上九不正，君子居于此，反身求正。作为《家人》卦的最后一爻，是使得《家人》卦最终得成的一爻，也是总结的一爻。程颐认为其言“治家之本”。这种“本”，一是从原则而言，为“有孚威如”，即有诚信、有威严。关于诚信，程颐言：“治家之道，非至诚不能也，故必中有孚信，则能常久，而众人自化为善。不由至诚，己且不能常守也，况欲使人乎？故治家以有孚为本。”①关于威严，程颐言：“治家者，在妻孥情爱之间，慈过则无严，恩胜则掩义，故家之患，常在礼法不足而渎慢生也。长失尊严，少忘恭顺，而家不乱者，未之有也，故必有威严则能终吉。”②一个家庭，只有秉有诚信，人人持守“诚”之道，才能人人向善最终家庭得以长治。同时，如在其他诸爻中多次强调的，一个家庭必须有威严，能够在父母妻子间恪守礼法秩序，才能实现家的久安。二是从次第而言：“治家之道，以正身为本，故云反身之谓。爻辞谓治家当有威严，而夫子又复戒云，当先严其身也。威严不先行于己，则人怨而不服，故云威如而吉者，能自反于身也。孟子所谓‘身不行道，不行于妻子’也。”③这一内涵也是程颐在其他诸爻中多次强调的，即治家要以修身始，只有严格正身律己，才能推己及人，家庭得治。

总之，在《家人》卦中，程颐通过对序卦、卦爻辞、彖传、象传等文本的解读，反复强调了家作为人伦之始对治国平天下的重要意义。在此基础上，其关于修身为本、治家以道、女子为顺的论述，也框定了二程关于齐家理论的基本范畴。沿着这一路径出发，二程围绕父子、夫妇、兄弟等不同伦理关系，对作为人伦之始的齐家之道展开了具体论述。

---

① （宋）程颐、程颢著，王孝鱼点校：《家人卦》，《周易程氏传》卷 3，《二程集》，中华书局 1981 年版，第 888 页。

② （宋）程颐、程颢著，王孝鱼点校：《家人卦》，《周易程氏传》卷 3，《二程集》，中华书局 1981 年版，第 888 页。

③ （宋）程颐、程颢著，王孝鱼点校：《家人卦》，《周易程氏传》卷 3，《二程集》，中华书局 1981 年版，第 888 页。

第二节　父子之慈与孝

在以“人”为核心的家庭中，最为核心的成员莫过于父、母、子三者。① 有了父、母二者，则实现了横向上从单个的人向夫妇关系的联结；而加之以子，则在纵向上实现了代际的叠加。这样，一个完整意义上的最小单位的“家”得以建立，而此后一切关于“家”的成员和成员之间的伦理关系都是在此三者基础上的延伸。父、母、子三者的关系，在中国传统文化的范畴中，又可以简称为父子关系。其中的“父”，即代表了父与母；其中的“子”，则代表了子与女。正如干春松所言：“虽然中国的家族制度一直在发生变化，但其核心精神并没有变化，那就是以父子关系为中心，以血缘关系为纽带，以孝和服从为基本规则。”②父子关系构成了传统宗法社会中中国家庭制度的核心伦理关系，凡言治道，必须始于父子关系。

二程也从父子关系入手而言治道。关于父子关系，《尚书·舜典》中就有“慎徽五典，五典克从”的表述，其中“五典”指的就是父义、母慈、兄友、弟恭、子孝五种人伦关系。《礼记·礼运》则言：“父慈、子孝、兄良、弟弟、夫义、妇听、长惠、幼顺、君仁、臣忠，十者谓之人义。”《礼记·大学》又言：“‘穆穆文王，于缉熙敬止。’为人君止于仁，为人臣止于敬，为人子止于孝，为人父止于慈，与国人交止于信。”再次强调了父母的“慈”和子女的“孝”。可以说，“慈”与“孝”是立足父母子女之间天然血脉关系的中国传统文化中一以贯之的父子之道。二程言父子关系，也从“慈”与“孝”入手，并把“慈”与“孝”作为“天理”在父子之间的落实，从而为父子之道找到了形上学的依据。

一、慈与孝：天理之于父子

同作为“天理”在父子之道的落实，二程对“慈”的着墨相对较少。对“慈”与“天理”的关系，二程多围绕《礼记·大学》中的“止其所止”展开，认为“止其所止”，就是止于至高无上的“天理”，故而父子之“慈”与“孝”，都只是分殊于父子之道的“天理”。

---

① 参见罗安宪：《论中国文化学意义上的“家”》，《中国人民大学学报》2017 年第 3 期。

② 干春松：《制度化儒家及其解体》，中国人民大学出版社 2003 年版，第 84 页。

比如，在论及“格物致知”时，二程言：“致知，但知止于至善、为人子止于孝、为人父止于慈之类，不须外面，只务观物理，汎然正如游骑无所归也。”①致知最为重要的就是通晓为人则止于至善、为子则止于孝、为父则止于慈这类潜藏于内的“理”。在注解《艮》卦彖传“艮其止，止其所也”一句时，程颐再次强调：“艮其止，谓止之而止也。止之而能止者，由止得其所也。止而不得其所，则无可止之理。夫子曰：‘于止知其所止’，谓当止之所也。夫有物必有则，父止于慈，子止于孝，君止于仁，臣止于敬，万物庶事莫不各有其所，得其所则安，失其所则悖。圣人所以能使天下顺治，非能为物作则也，唯止之各于其所而已。”②程颐强调，父必止于“慈”，子必止于“孝”，这都是止于“无可止”的至高无上的“天理”。如果事事物物都能够止其所止、止于“天理”，那么万物必然各得其所，天下不需要圣人为之“作则”而自然循“天理”以顺治。

既然父母对子女之“慈”是“天理”使然，二程还常以父母能否做到慈爱作为臧否其德行的重要标准。程颐在为其父程珦作《先公太中家传》时，对程珦的一生就总结道：“公孝于奉亲，顺于事长，慈于抚幼，宽于治民。”③突出了程珦能够顺“天理”而上孝其亲、下慈于幼、宽以治民的高尚德行。可以说，“慈”是与“孝”并列的父子之间的重要伦理规范。

而关于“孝”与“天理”，则是二程的重点论述所在。中国人向来以孝道作为封建伦理道德的核心和基础，孝道也是理学体系的重要内容。宋儒言“孝”，正是显扬于二程。二程认为，子对父母之“孝”是父子之间的核心关系之一。将“孝”与“天理”结合，将“天理”作为孝的本体论依据，认为孝是天地间不可违抗的最为重要的常在之理，成为二程“孝”论的一大特色。④二程言：

---

① （宋）程颐、程颢著，王孝鱼点校：《二先生语七》，《河南程氏遗书》卷7，《二程集》，中华书局1981年版，第100页。

② （宋）程颐、程颢著，王孝鱼点校：《艮卦》，《周易程氏传》卷4，《二程集》，中华书局1981年版，第968页。

③ （宋）程颐、程颢著，王孝鱼点校：《伊川先生文八》，《河南程氏文集》卷12，《二程集》，中华书局1981年版，第650页。

④ 姜海军：“二程作为理学的建构者，他们将理、天理视为自然界、人伦社会的本体，而《孝经》孝道作为人伦道德最重要的体现，自然是天理的外在体现”，“二程将理看成是宇宙万物的最高本体，人伦道德的最高原则，而孝道自然是天理最重要的外在体现”。（姜海军：《二程经学思想研究》，北京师范大学出版社2016年版，第295—301页）

或问："孝，天之经，何也？"曰："本乎天者亲上，轻清者是也。本乎地者亲下，重浊者是也。天地之常，莫不反本。人之孝，亦反本之谓也。"①

子曰：道外无物，物外无道。在父子则亲，在君臣则敬。②

在二程看来，"天理"便是"孝"的本体，"孝"本身便是"天理"在父子之道的展现。孔子说，孝是天之经、地之义、民之行，取法于天地而人民自然施行；二程进一步将这种天道的自然流行解释为万物一理之"天理"在父子之道的分殊。"天理"之于父子则言"孝"，"天理"之于君臣则言"敬"。父子、君臣之间的孝顺和忠义都是天经地义、不可违抗的"天理"。同时，二程指出，孝作为天地间的常在之理，与"天理"形为二而实为一，它不增不减，圆满自足，永恒不变，人只需自然而然穷尽此理，则可类推而穷尽天下之理：

孝弟之至，通于神明。神明孝弟，不是两般事，只孝弟便是神明之理。③

百理具在，平铺放着。几时道尧尽君道，添得些君道多；舜尽子道，添得些孝道多？元来依旧。④

至如言孝，其所以为孝者如何，穷理如一事上穷不得，且别穷一事，或先其易者，或先其难者，各随人深浅，如千蹊万径，皆可适国，但得一道入得便可。所以能穷者，只为万物皆是一理，至如一物一事，虽小，皆有是理。⑤

而关于如何穷尽孝这一"天理"，二程给出的关键词是"诚"。"诚"是沟通天道人事、贯通本体工夫、合乎内外之道的存在，"道之浩浩，何处下手？惟立诚才有可居之处"。⑥ "诚"作为天之道，人通过"诚"的修养，则自可以实现

---

① (宋)程颐、程颢著，王孝鱼点校：《时氏本拾遗》，《河南程氏外书》卷11，《二程集》，中华书局1981年版，第413页。

② (宋)程颐、程颢著，王孝鱼点校：《河南程氏粹言》卷1，《二程集》，中华书局1981年版，第1169页。

③ (宋)程颐、程颢著，王孝鱼点校：《伊川先生语四》，《河南程氏遗书》卷18，《二程集》，中华书局1981年版，第224页。

④ (宋)程颐、程颢著，王孝鱼点校：《二先生语二》，《河南程氏遗书》卷2，《二程集》，中华书局1981年版，第34页。

⑤ (宋)程颐、程颢著，王孝鱼点校：《伊川先生语一》，《河南程氏遗书》卷15，《二程集》，中华书局1981年版，第157页。

⑥ (宋)程颐、程颢著，王孝鱼点校：《二先生语一》，《河南程氏遗书》卷1，《二程集》，中华书局1981年版，第2页。

对“天理”、天道的复归，实现作为子女对父母的孝，乃至作为臣子对君主的忠。从这一意义上，程颐反复强调：“‘诚者自成’，如至诚事亲则成人子，至诚事君则成人臣”，①“至诚一心，尽父子之道，大义也”，②“事亲事君与朋友交，皆尽其诚，学求如是而已”。③

在《明道先生行状》中，程颐通过对其兄长程颢生平的陈述，再次强调程颢此生之成就也正在于“得圣人之诚”，将这种天道之诚推而广之，故而侍奉双亲则“诚孝”，事奉君主则“诚忠”，乃至于友于兄弟、信于朋友、修身慎行，无不在于对天道之“诚”的发挥。通过将“天理”与“孝”的结合，将“天理”融入“孝”中去，一方面，就本体而言，“孝”有了超越时空的基本属性，使得“孝”具有了形而上的本体依据和价值源头；④另一方面，从孝的推行而言，“孝”与“天理”的结合，“为孝道的推行提供了合理性、权威性与必要性的解说”，“将孝道、孝行与人伦道德、社会秩序的建设紧密结合起来，发挥孝道、孝行在现实中的价值与意义”。⑤ 这也成为二程对“孝”论的最大发挥和二程“孝”论在孝道史上的重要价值。

二、父慈：生之养之爱之

二程言，“天理”落实在父母对子女则为“慈”。父母对子女的慈爱包括多重内涵，其中最为重要的两点莫过于父母对子女的生身之恩和养之爱之。

所谓生身之恩，也就是《孝经·开宗明义》之“身体发肤，受之父母”。二程强调：“万物资乾以始，资坤以生，父母之道也。”⑥“夫以一身推之，则身者

---

① （宋）程颐、程颢著，王孝鱼点校：《伊川先生语四》，《河南程氏遗书》卷18，《二程集》，中华书局1981年版，第203页。

② （宋）程颐、程颢著，王孝鱼点校：《伊川先生文一》，《河南程氏文集》卷5，《二程集》，中华书局1981年版，第516页。

③ （宋）程颐、程颢著，王孝鱼点校：《论语解》，《河南程氏经说》卷6，《二程集》，中华书局1981年版，第1134页。

④ 李晓虹：“二程在突出诠释‘孝道’的实践价值和意义的同时，更是从孔子所罕言的‘性与天道’的角度对现实生活中行为规范的‘孝悌’做了形而上的论证，使‘孝’之外在的行为仪式具化为人之内在的道德自觉，从而使‘孝’这一具体的人伦规范具有了形而上的本体论依据和价值源头，并在此基础上对佛道‘抛家弃子’、‘遁世弃俗’的行为做了批评。”（李晓虹：《从“理·仁·礼”看二程的孝道思想》，《中州学刊》2012年第1期）

⑤ 姜海军：《二程经学思想研究》，北京师范大学出版社2016年版，第297页。

⑥ （宋）程颐、程颢著，王孝鱼点校：《二先生语一》，《河南程氏遗书》卷1，《二程集》，中华书局1981年版，第707页。

资父母血气以生者也。尽其道者则能敬其身，敬其身者则能敬其父母矣。……亲受身于父母，安可不尽其道？”①从天地万物之创生来看，乾坤和合而万物生，这正是父母之道。从人之所生来看，亦是父母赋予了子女血气骨肉。这种生身之恩正是父母对于子女最大的“慈”，也决定了子女必须要孝敬父母。二程多次强调父母对于子女的这份“恩”，言：“父子止于恩”，②“父子主恩，有尊卑，无贵贱，故拜于堂上”，③“父子主恩，必有严顺之礼”。④ 父母对子女的生身之恩，子女当时时谨记，并以孝报之。

所谓养之爱之，“父母之于子，爱之至也”，⑤父母对子女不仅有生之、育之的生身之恩，还有养之、爱之的父母之养。正所谓“小儿亲慕父母谓之孺子，孺，亲慕之义，和乐而相亲慕也”，⑥父母对子女养之、爱之，子女对父母亲之、慕之，这种相亲相爱的关系相伴父母子女的终生，是其他任何关系也不可超越的。父母养我育我，作为子女自然当孝敬父母、回报父母。

也正是由于父母之“慈”，由于父母对子女有着生身之恩与父母之养，二程将孝敬父母作为子女一种分内的职责，而非身外之物。孝敬父母只是子女的分内之事。在论及孟子言“事亲若曾子可也”一语时，程颐即分析道，对曾子这种至孝之人，孟子仅仅使用了“可也”这一表述，而并未加以赞美，是因为“子之事父，其孝虽过于曾子，毕竟是以父母之身做出来，岂是分外事？若曾子者，仅可以免责尔”。⑦ 父母对子女有生身之恩，没有父母根本就没有子女的存在，故而孝只是尽到了子女应做的一份职责罢了。

---

① （宋）程颐、程颢著，王孝鱼点校：《伊川先生语九》，《河南程氏遗书》卷23，《二程集》，中华书局1981年版，第310页。

② （宋）程颐、程颢著，王孝鱼点校：《明道先生语一》，《河南程氏遗书》卷11，《二程集》，中华书局1981年版，第133页。

③ （宋）程颐、程颢著，王孝鱼点校：《伊川先生语四》，《河南程氏遗书》卷18，《二程集》，中华书局1981年版，第244页。

④ （宋）程颐、程颢著，王孝鱼点校：《二先生语一》，《河南程氏遗书》卷1，《二程集》，中华书局1981年版，第1171页。

⑤ （宋）程颐、程颢著，王孝鱼点校：《伊川先生文四》，《河南程氏文集》卷8，《二程集》，中华书局1981年版，第588页。

⑥ （宋）程颐、程颢著，王孝鱼点校：《诗解》，《河南程氏经说》卷3，《二程集》，中华书局1981年版，第1071页。

⑦ （宋）程颐、程颢著，王孝鱼点校：《伊川先生语四》，《河南程氏遗书》卷18，《二程集》，中华书局1981年版，第236页。

依据父母对子女的这份慈爱与生养之恩，二程还从其自身思想理论和文化情感出发，立足其自身"齐家"体系构建的需要，批判了佛教抛弃父母的"出世"之举，认为"世上不容有此理"，以重点批判"士大夫中之在家学禅者"，"当时士大夫中的禅风"。[①] 正如彭耀光所总结的："二程辟佛不是出于理论上批判佛教的兴趣，而是面对士大夫阶层纷纷习禅、儒家价值观念与精神受到严重侵蚀与冲击的情形，为了维护儒家的价值世界与思想阵地而展开的批判。尽管他们的批判服务于生命修养与道德实践的目标，但其有意无意的误解误读，也成为其理学体系建构的重要契机。"[②]因此，也进一步完善了其治道体系的构建。

二程指出，佛教弟子的所谓"出世""出家""得脱世网"这种行为，舍君臣、父子、夫妇、兄弟而弃忠孝仁义，其实是一种"至愚迷者"："今彼言世网者，只为些秉彝又殄灭不得，故当忠孝仁义之际，皆处于不得已，直欲和这些秉彝都消杀得尽，然后以为至道也。然而毕竟消杀不得。如人之有耳目口鼻，既有此气，则须有此识；所见者色，所闻者声，所食者味。……今强曰必尽绝，为得天真，是所谓丧天真也。"[③]秉彝，就是持执常道，指人们在日常世俗社会生活中秉持人伦物理之恒常持久的"道"。[④] 针对佛教脱离世俗生活、断绝父子君臣夫妇之义的禁欲主义，二程进行了批判。二程指出，正如父母对子女的生身之恩和父母之养这些不可磨灭的血脉情感，忠孝仁义也是性之自然，就像人有耳目口鼻就一定能够见色、闻声、食味一样。如果一定要打着复归"天真"的幌子去绝弃这些秉彝，其做法本身就已经"丧天真"了。程颐进一步指出，"释氏自己不为君臣父子夫妇之道，而谓他人不能如是，容人为之而己不为，别做一等人，若以此率人，是绝类也"，[⑤]如果人人如佛教弟子一般，舍父母骨肉之爱，那么必将导致整个社会风气的衰败："使万余人舍父母之

---

① 余英时：《朱熹的历史世界——宋代士大夫政治文化的研究》，生活·读书·新知三联书店 2004 年版，第 74 页。

② 彭耀光：《二程辟佛与理学建构》，《哲学动态》2012 年第 11 期。

③ （宋）程颐、程颢著，王孝鱼点校：《二先生语二》，《河南程氏遗书》卷 2，《二程集》，中华书局 1981 年版，第 24 页。

④ 蔡方鹿：《二程的人性修养思想与价值观》，《道德与文明》2014 年第 2 期。

⑤ （宋）程颐、程颢著，王孝鱼点校：《伊川先生语一》，《河南程氏遗书》卷 15，《二程集》，中华书局 1981 年版，第 149 页。

养,忘骨肉之爱,往来道路,旅寓他土,人心日偷,士风日薄。”①故而,佛教的“出世”观念是不可靠的,是对秩序伦理的颠覆,对生命伦理的破坏,对教化伦理的否弃。② 这都是立足父母之“慈”对佛教舍父母骨肉“出世”行为的有力驳斥。

三、子孝:孝莫大于安亲

“孝”乃是“天理”使然,又有着生身之恩与父母之养的现实依据,无论是就理论还是实践而言,其自然应在人世间践行;然而,“万物之理皆至足,而人于君臣父子之间,不能尽其分者多矣”。③ 二程认为,世间这些不能尽其职分、孝养父母之举,并非由于人们不知道应该孝敬父母,而多由“不得其道”、不知方法而造成。正如程颐在《为家君上神宗皇帝论薄葬书》中所写:“人无知愚,靡不知忠孝之为美也,然而不得其道则反害之。故自古为君者,莫不欲孝其亲,而多获不孝之讥。……何则? 有其心,行之不得其道也。”④孝亲,不仅仅是一个“孝”字这么简单,必须知道什么是孝、如何尽孝,找到合适的孝亲之法,才能尽孝道:“且如欲为孝,不成只守着一个孝字? 须是知所以为孝之道,所以侍奉当如何,温凊当如何,然后能尽孝道也。”⑤

那么,孝亲之道到底是什么? 又应如何侍奉父母? 二程给出了较为完备的途径。二程继承了《孝经·开宗明义章第一》中“身体发肤,受之父母,不敢毁伤,孝之始也。立身行道,扬名于后世,以显父母,孝之终也”的观点。在《为家君上神宗皇帝论薄葬书》中,程颐进一步写道:“孝莫大于安亲,忠莫先于爱主,人伦之本,无越于斯。”⑥对父母尽孝,必须要做到“安亲”。而所谓

---

① (宋)程颐、程颢著,王孝鱼点校:《伊川先生文三》,《河南程氏文集》卷7,《二程集》,中华书局1981年版,第564页。

② 参见李承贵:《二程的佛教观及其思想史意义》,《南京大学学报(哲学·人文科学·社会科学)》2005年第3期。

③ (宋)程颐、程颢著,王孝鱼点校:《河南程氏粹言》卷2,《二程集》,中华书局1981年版,第1167页。

④ (宋)程颐、程颢著,王孝鱼点校:《伊川先生文一》,《河南程氏文集》卷5,《二程集》,中华书局1981年版,第527—528页。

⑤ (宋)程颐、程颢著,王孝鱼点校:《伊川先生语四》,《河南程氏遗书》卷18,《二程集》,中华书局1981年版,第206页。

⑥ (宋)程颐、程颢著,王孝鱼点校:《伊川先生文一》,《河南程氏文集》卷5,《二程集》,中华书局1981年版,第510页。

“安”,又包括“体安”“心安”“葬安”“追远”四层内涵。① “体安”,即注重对父母的物质赡养;“心安”,即注重对父母的精神赡养;“葬安”,即父母去世后依礼葬之祭之;“追远”,即父母去世后仍然思之怀之。程颐弟子尹焞也对此阐述道:“自冬温夏清,昏定晨省,以至听于无声,视于无形,又如事父孝故事天明,事母孝故事地察,天地明察,神明彰矣,直至通于神明,光于四海,非尧、舜大圣人,不能尽此。”②

“体安”,注重对父母的物质赡养。首先包括衣食供养。二程指出,父母之口重于己之口,父母之体重于己之体,故而无论是闾阎小人还是身居高位之人,一衣一食都当先供养父母:“且如闾阎小人,得一食,必先以食父母,夫何故?以父母之口重于己之口也。得一衣,必先以衣父母,夫何故?以父母之体重于己之体也。”③

当满足了父母的衣食之需这一基本需求后,二程还提出了子女当“知医”这一更高层次的要求。程颐说:“世之人,虽其父母本非死疾,为医所杀,隐忍而不辨者多矣。”④程颢说:“病卧于床,委之庸医,比于不慈不孝。事亲者,亦不可不知医。”⑤世上多有因子女不懂医理,父母未患死疾而被庸医所杀却不能辨别的事情,这种事情,其实质便是子女的不孝,故而子女需要知晓一定的医理,以侍父母之疾病。故而,对于有人“事亲学医”的行为,程颐大加赞扬,认为这“最是大事”。程颐认为,百工之事确有不同,一人不能得兼,就像璞玉必使匠人去雕琢而非亲身雕琢;但是,如果有珍宝,人们却一定是亲自视之而

---

① “安亲”是二程“孝”道的核心要旨,这一点是毋庸置疑的。但就“安亲”的具体内容而言,不同学者多有阐发,有人指出:“从人子的角度来说,孝道在日常生活中表现在各个方面,概括来说可以说‘安亲’,具体应包括三方面内涵,一是使父母体安,二是使父母心安,三是事亲以礼。”(李晓虹:《从“理·仁·礼”看二程的孝道思想》,《中州学刊》2012 年第 1 期)也有人认为:“在二程看来,如何才能‘安亲’呢?概括起来,主要有以下内容:有生之年的注意保健和逝后的慎终追远。”(邓子纲、王芳芳:《二程的“孝”思想及其现代意义》,《船山学刊》2010 年第 3 期)

② (宋)程颐、程颢著,王孝鱼点校:《传闻杂记》,《河南程氏外书》卷 12,《二程集》,中华书局 1981 年版,第 431 页。

③ (宋)程颐、程颢著,王孝鱼点校:《伊川先生语四》,《河南程氏遗书》卷 18,《二程集》,中华书局 1981 年版,第 242—243 页。

④ (宋)程颐、程颢著,王孝鱼点校:《伊川先生文五》,《河南程氏文集》卷 9,《二程集》,中华书局 1981 年版,第 612 页。

⑤ (宋)程颐、程颢著,王孝鱼点校:《传闻杂记》,《河南程氏外书》卷 12,《二程集》,中华书局 1981 年版,第 428 页。

不肯假借于他人的,“事亲学医”便是如此:“今人视父母疾,乃一任医者之手,岂不害事?必须识医药之道理,别病是如何,药当如何,故可任医者也。”①子女只有通晓一定的医药道理,纵然自身无法为父母行医问药,至少可以与医者商榷、对医术审核,从而保证父母的身体健康。

同时,二程提倡,当父母年事已高时,为官的子女当辞官而归侍父母,全心照顾父母。程颢正是这一行为的践行者。《明道先生行状》载:“先生以亲老,求为闲官,居洛阳殆十余年,与弟伊川先生讲学于家,化行乡党。”②程颢为了归养父母,主动求为闲官,在洛阳奉养父母十余年,这正是士大夫至孝的表现。

“心安”,注重对父母的精神赡养。这是儒家一以贯之的观念。《论语·为政》载:“子夏问孝,子曰:‘色难。有事,弟子服其劳;有酒食,先生馔,曾是以为孝乎?’”子夏问何为孝道,孔子说,孝道不仅体现在能够衣食赡养父母,更体现在子女对待父母的容色之上。对此,二程解释道:“色难”是相较于“有事服劳”而言,二者相比,“有事服劳”只是浅层次的赡养,“若谓谕父母于道,能养志使父母说,却与此辞不相合。然推其极时,养志如曾子、大舜可也”。③能够“养志”使父母悦,才是更高层次的赡养。

具体而言,首先,距离父母要“近”。程颐言:“凡人子不可一日不见父母”,④要常常拜见父母,消解父母思念子女之苦。这也与《论语·里仁》之“父母在,不远游”暗合。其次,对待父母要“顺”。“顺,事亲之本也”,⑤程颐认为顺是侍奉双亲的根本。“子之于母,当以柔巽辅导之,使得于义。不顺而致败蛊,则子之罪也。……在乎屈己下意,巽顺相承,使之身正事治而已。”⑥

---

① (宋)程颐、程颢著,王孝鱼点校:《伊川先生语四》,《河南程氏遗书》卷18,《二程集》,中华书局1981年版,第245页。

② (宋)程颐、程颢著,王孝鱼点校:《河南程氏遗书·附录》,《二程集》,中华书局1981年版,第333页。

③ (宋)程颐、程颢著,王孝鱼点校:《二先生语六》,《河南程氏遗书》卷6,《二程集》,中华书局1981年版,第94页。

④ (宋)程颐、程颢著,王孝鱼点校:《伊川先生语八》,《河南程氏遗书》卷22,《二程集》,中华书局1981年版,第287页。

⑤ (宋)程颐、程颢著,王孝鱼点校:《蛊卦》,《周易程氏传》卷2,《二程集》,中华书局1981年版,第791页。

⑥ (宋)程颐、程颢著,王孝鱼点校:《蛊卦》,《周易程氏传》卷2,《二程集》,中华书局1981年版,第791页。

对父母的不足之处，作为子女要屈抑心志，以柔顺来辅佐之、开导之、承奉之，使其能够慢慢有所感悟，最终合于义理而能够身处于正，切不可忤逆父母、急切矫正，伤害父母子女之间的恩情。

然而，这些尚属于基本层面的精神赡养。二程认为，最高层次的精神赡养，应当是尽到自身的职分，学则有所得，仕则有所成，仰不愧于天，俯不怍于地，即《孝经·开宗明义章》所言"立身行道，扬名于后世，以显父母"，如此方能在家国一体中实现最高等级的孝道。程颐在《上仁宗皇帝书》中指出："匹夫犹当行道以显父母，况陛下贵为天子，岂不发愤求治，思齐尧、舜，纳民仁寿，上光祖考，垂休无穷？凡所谓孝，无大于此者也。"①作为君主，当思齐尧舜、发愤求治，显扬祖考的事迹；作为臣子，亦当发愤报国、为民造福、扬名于世，这正是儒家价值体系中所倡导的大孝。

"葬安"，父母去世后依礼葬之祭之。程颐专门著有《葬说》《葬法决疑》《记葬用柏棺事》《祭礼》等，在《祭礼》中又对"四时祭""始祖冬至祭""先祖立春祭""祢季秋祭"的祭语等作了详尽的说明。关于送葬，二程言，"'送死'，天下之至重。人心苟能竭力尽此一事，则可以当天下之大事"。② 为父母送终是一个家庭最为重要的事项之一，是作为子女最为重要的本分。故而，程颐在《论礼部看详状》中也表达了对官员、学子等不能为祖父母奔丧的反对，认为"学生遭祖父母丧，非有君事官守，安然不奔，自非不孝、甚恶之人，不应至此。……立法固当教以尊祖，若祖父母丧不许奔，深害人理"。③

关于祭祀，程颐言："祭先本天性，如豺有祭，獭有祭，鹰有祭，皆是天性，岂有人而不知物乎？圣人因而裁成礼法以教人耳"，④"祭祀，人心之所自尽也，故萃天下之心者，无如孝享"。⑤ 对父母和祖先的祭祀，并非因外在礼的要求而行，而是因

---

① （宋）程颐、程颢著，王孝鱼点校：《伊川先生文一》，《河南程氏文集》卷5，《二程集》，中华书局1981年版，第514页。

② （宋）程颐、程颢著，王孝鱼点校：《二先生语六》，《河南程氏遗书》卷6，《二程集》，中华书局1981年版，第80页。

③ （宋）程颐、程颢著，王孝鱼点校：《伊川先生文三》，《河南程氏文集》卷7，《二程集》，中华书局1981年版，第574页。

④ （宋）程颐、程颢著，王孝鱼点校：《伊川先生语八》，《河南程氏遗书》卷22，《二程集》，中华书局1981年版，第285—286页。

⑤ （宋）程颐、程颢著，王孝鱼点校：《萃卦》，《周易程氏传》卷3，《二程集》，中华书局1981年版，第930页。

源于血脉中的天生的人伦亲情,祭祀是人心之所尽,是作为子女当重视和践履的。

二程还为祭祀确立了几条原则。一是祭祀当肃敬、庄重。程颐言:"凡祭必致齐",①"祭先,主于孝;祭神,主于恭敬"。② "凡祭必致齐",强调祭祀要清心洁身乃祭、湛然纯一、不有他思;"祭先,主于孝;祭神,主于恭敬",是对《论语·八佾》"祭如在,祭神如神在"的阐发,强调祭祀要孝且恭,诚心而祭。二是不要完全拘泥于古法,要立足于当时之所处、顺应当时之风气:"行礼不可全泥古,须当视时之风气自不同,故所处不得不与古异。如今人面貌,自与古人不同。若全用古物,亦不相称。虽圣人作,须有损益。……全用古事,恐神不享。"③二程还对古代祭礼"用尸"传统的消亡作了解释,认为古代"用尸",本是"孝子有思亲之心,以至诚持之,皆可以尽其道。惟尸象神,其所以祖考来格者以此";④后世巫觋之"用尸",已经失去了原来的内涵,变成虚妄不实之行,故而废弃。

对于君主,二程还格外提倡薄葬以节省民力。程颐在《为家君上神宗皇帝论薄葬书》中写道,纵览古今,秦汉帝王多以四海之富厚葬其父,然而其陵寝却鲜有能够保存至今的;魏文帝、唐太宗所传的嗣君在安葬二人时不尚奢侈,从简而葬,其陵寝反而至今安全,这种远虑才是"至孝"。故而,程颐建议宋神宗,不可"崇厚陵寝","违先帝之俭德,损陛下之孝道,无益于实,有累于后",⑤而应依制薄葬。

"追远",父母去世后仍然思之怀之,在父母去世之后仍要慎重对待。二程正是"追远"这一儒家传统的倡导者。程颐在《先公太中家传》中追忆先公时曾提及,其先公之父喜酒,"公平生遇美酒,未尝不思亲"。⑥ 每当饮酒,则思

---

① (宋)程颐、程颢著,王孝鱼点校:《伊川先生语四》,《河南程氏遗书》卷18,《二程集》,中华书局1981年版,第241—242页。

② (宋)程颐、程颢著,王孝鱼点校:《伊川先生语八》,《河南程氏遗书》卷22,《二程集》,中华书局1981年版,第285页。

③ (宋)程颐、程颢著,王孝鱼点校:《二先生语二》,《河南程氏遗书》卷2,《二程集》,中华书局1981年版,第22页。

④ (宋)程颐、程颢著,王孝鱼点校:《二先生语二》,《河南程氏遗书》卷2,《二程集》,中华书局1981年版,第66页。

⑤ (宋)程颐、程颢著,王孝鱼点校:《伊川先生文一》,《河南程氏文集》卷5,《二程集》,中华书局1981年版,第528—529页。

⑥ (宋)程颐、程颢著,王孝鱼点校:《伊川先生文八》,《河南程氏文集》卷12,《二程集》,中华书局1981年版,第650页。

念喜酒之父亲,这是将父亲置于内心深处的体现。二程还强调,父母去世后,生辰之时也当时时感念父母生养之德,不能耽于饮酒作乐:“人无父母,生日当倍悲痛,更安忍置酒张乐以为乐?”①二程进而强调,在对父母思之怀之的同时,如能够做到继之述之,更是“达孝”。二程在解《中庸》“无忧者,其惟文王乎!”一句时分析道,因为文武王、周公“继文王事亲之志”,“述文王事亲之事”,故而文王、武王、周公都能至孝,以至于文王“父作子述而无忧者”。②

四、孝悌:其为仁之本与

安亲尽孝,生则使父母“体安”“心安”,逝则对父母“葬安”“追远”,其意义何在?对于儒家士大夫而言,“孝”是实现“内圣”和“外王”的不可或缺的重要一环。

从“内圣”而言,“孝”是君子修身“成人”乃至成仁成圣的必经过程。③ 程颐接续了孟子“人皆可以为尧舜”(《孟子·告子下》)、荀子“圣人者,人之所积而致”(《荀子·性恶》)以及周敦颐“‘圣可学乎?’曰:‘可。’”④的观点,认为圣是可以通过日积月累的学习和修养而达至的:“人皆可以至圣人,而君子之学必至于圣人而后已。不至于圣人而后已者,皆自弃也。”⑤二程认为,人人皆可成仁成圣,君子之学的最终目的就是要成仁成圣,而孝正是成仁成圣所必备的一种修养。

首先要通过“孝悌”而“尽性知命”。程颐在《明道先生行状》中写道:“知尽性至命,必本于孝悌;穷神知化,由通于礼乐。”⑥有弟子问:通过孝悌何以能够尽性知命呢?对此,程颐回答道:“性命孝弟只是一统底事,就孝弟中便可

---

① (宋)程颐、程颢著,王孝鱼点校:《二先生语六》,《河南程氏遗书》卷6,《二程集》,中华书局1981年版,第90页。

② (宋)程颐、程颢著,王孝鱼点校:《中庸解》,《河南程氏经说》卷8,《二程集》,中华书局1981年版,第1155—1156页。

③ 方朝晖:“中国人是必须在家和亲情之爱中‘成为人’的,因此中国文化中对人民真正的爱,就必须体现为鼓励人民经营亲情。”(方朝晖:《人伦重建是中国文化复兴必由之路》,《文史哲》2013年第3期)

④ (宋)周敦颐:《通书·圣学第二十》,《周敦颐集》,中华书局1990年版,第31页。

⑤ (宋)程颐、程颢著,王孝鱼点校:《伊川先生语十一》,《河南程氏遗书》卷25,《二程集》,中华书局1981年版,第318页。

⑥ (宋)程颐、程颢著,王孝鱼点校:《伊川先生文七》,《河南程氏文集》卷11,《二程集》,中华书局1981年版,第638页。

尽性至命。至如洒扫应对与尽性至命,亦是一统底事,无有本末,无有精粗。……故举孝弟,是于人切近者言之。”[①]也就是说,尽性知命和孝悌是一体的,尽到了孝悌则能够尽性知命,实现自身修养。现在很多人做到了孝悌却不能够尽性知命、不能修身,是因为其虽然在行孝悌却不知这个道理。程颐认为,尽性知命并不是一种多么高深的理论,不仅孝悌,洒扫庭院、应对学问,都跟尽性知命是一体的,没有本末精粗的分别。所谓“知尽性至命,必本于孝悌”,便是就人的切近之处来谈论性命。可见,不仅要行孝悌之道,更要知孝悌之道,才能通过这一切近之处,实现“尽性知命”,进而“孝其所当孝,弟其所当弟,自是而推之,则亦圣人而已矣”。[②] 当一个人能够孝养其父母,推而广之自然可以修养己身而尽性知命,从而成圣。

二程还着重探讨了“孝悌”与“仁”的关系,从另一角度为“孝悌”而至于“成仁”“成圣”提供了理论支撑。关于“仁”与“孝悌”,《论语·学而》云:“有子曰:‘其为人也孝弟,而好犯上者,鲜矣;不好犯上,而好作乱者,未之有也。君子务本,本立而道生。孝弟也者,其为仁之本与!’”关于“孝悌为仁之本”,在二程之前,千百年来历代注家莫衷一是。汉唐学者多立足训诂证据、前后文意、典籍互证等将此节中的“仁”解释为“人”。从文字训诂而言,《说文解字》释“仁,亲也,从人从二。”古字“仁”“人”通用,“仁”原作“人”,改篆为隶后传伪为“仁”。从前后文意而言,此句上句有“其为人也孝弟”的表述,紧接着讲“务本”,承接文意,故“孝悌为人之本”。从典籍互证而言,《论语·里仁》之“观过,斯知仁矣”,《后汉书·吴祐传》引作“人”;《论语·卫灵公》之“无求生以害仁”、《论语·公冶长》之“不知其仁”,《唐石经》之“仁”皆作“人”;“其为仁之本与”在《初学记·友悌部》《太平御览·人事部》中也均引作“其为人之本与”;《论语·述而》之“古之贤人也”,古本作“仁”,等等。此外,也有何晏等学者将“孝悌也者,其为仁之本”理解为“孝悌是仁道的根本所在”,提出“先能事父兄,然后仁道可大成”。[③]

① (宋)程颐、程颢著,王孝鱼点校:《伊川先生语四》,《河南程氏遗书》卷18,《二程集》,中华书局1981年版,第224—225页。

② (宋)程颐、程颢著,王孝鱼点校:《伊川先生语十一》,《河南程氏遗书》卷25,《二程集》,中华书局1981年版,第318页。

③ 参见刘玉敏:《二程对“孝悌其为仁之本”的解读及其伦理意义》,《兰州学刊》2007年第4期。

对于此句，二程作了与前人不同的解释。《二程集》收录二程相关论述6处：

孝弟本其所以生，乃为仁之本。……孟子曰："孰不为事？事亲，事之本也。孰不为守？守身，守之本也。"不失其身而事亲，乃诚孝也。推此，亦可以知为仁之本。①

"孝弟也者，其为仁之本与！"言为仁之本，非仁之本也。②

问："'孝弟为仁之本'，此是由孝弟可以至仁否？"曰："非也。谓行仁自孝弟始。盖孝弟是仁之一事，谓之行仁之本则可，谓之是仁之本则不可。盖仁是性也，孝弟是用也。性中只有仁义礼智四者，几曾有孝弟来？仁主于爱，爱莫大于爱亲。故曰：'孝弟也者，其为仁之本欤！'"③

先生教某思孝弟为仁之本。某窃谓：人之初生，受天地之中，禀五行之秀，方其禀受之初，仁固已存乎其中。……及夫情欲窦于中，事物诱于外，事物之心日厚，爱敬之心日薄，本心失而仁随丧矣。故圣人教之曰："君子务本，本立而道生。孝弟也者，其为仁之本与！"盖谓修为其仁者，必本于孝弟故也。④

或问："孝弟为仁之本与？"子曰："行仁自孝弟始，孝弟，仁之事也。仁，性也；孝弟，用也。谓孝弟为行仁之本则可，直曰仁之本，则不可。"⑤

"孝弟也者，其为仁之本与！"非谓孝弟即是仁之本，盖谓为仁之本当以孝弟，犹忠恕之为道也。⑥

二程认为，此处的"仁"当解为"为仁"，孝悌是践履仁道这一过程的开端，

---

① （宋）程颐、程颢著，王孝鱼点校：《罗氏本拾遗》，《河南程氏外书》卷6，《二程集》，中华书局1981年版，第378页。

② （宋）程颐、程颢著，王孝鱼点校：《明道先生语一》，《河南程氏遗书》卷11，《二程集》，中华书局1981年版，第125页。

③ （宋）程颐、程颢著，王孝鱼点校：《伊川先生语四》，《河南程氏遗书》卷18，《二程集》，中华书局1981年版，第183页。

④ （宋）程颐、程颢著，王孝鱼点校：《伊川先生语九》，《河南程氏遗书》卷23，《二程集》，中华书局1981年版，第309—310页。

⑤ （宋）程颐、程颢著，王孝鱼点校：《河南程氏粹言》卷1，《二程集》，中华书局1981年版，第1173页。

⑥ （宋）程颐、程颢著，王孝鱼点校：《胡氏本拾遗》，《河南程氏外书》卷7，《二程集》，中华书局1981年版，第395页。

行孝悌正是在向着“仁”的目标迈进。[①] 二程指出，一方面，仁是“性”，孝悌是“用”，仁之“性”仅仅涵括仁义礼智，并不包括孝悌，孝悌仅仅是“仁”之一事。但是，“事亲”又是行事的根本，孝悌又是“爱亲”的重要表现，而“爱亲”又是“仁”之大爱，故言孝悌是为仁、行仁之本，就像“忠恕”是“为道”的根本一样，而不是“忠恕”就是“道”的根本。另一方面，二程还从人的生长过程对此作了分析。人初生，“受天地之中，禀五行之秀”[②]，“仁”蕴含其中；但是，随着与外物的接触，情感欲望萌生，本心之仁被遮蔽，故而此时需要有爱敬之心，从爱敬父母到爱敬他人，以至于爱敬万事万物，从而恢复仁心。总之，孝悌给“行仁”提供了一条切实可行的具体路径，由孝悌始，进而用敬涵养、格物致知，通过修养锤炼终可达至仁的境界。由日常对父母的孝，可上升至仁，进而实现与万物一体，这正是孝的意义所在。

从“外王”而言，“孝”也是君子实现治国平天下的重要基础。一方面，在中国古代传统中，忠孝向来是不可分离的。由对父母的孝，到对君主的忠，是一个一体化的过程。二程也持有这一观念。程颐《论汉文杀薄昭事》即写道：“忠孝，恩义，一理也。不忠则非孝，无恩则无义，并行而不相悖。”[③]故而，二程认为，朝廷的选贤取士必须选取孝悌之人。如果一个人孝敬父母、合乎圣人之道而“孝闻于家”，必然能够“行著于乡”，进而“德推于朝廷”，[④]用之则使国家安定兴盛；反过来说，朝廷的选人用人，也必须选择品行高洁、能行孝悌之人：“凡选士之法，皆以性行端洁，居家孝悌，有廉耻礼逊，通明学业，晓达治道者。”[⑤]

---

① 蔡仁厚：“至于说孝悌不是‘仁之本’，而是‘行仁之本’，直接以‘行仁’解‘为仁’，于原句语法虽似不合，但于语意所表示的义理之实，则未尝不合。”（蔡仁厚：《宋明理学·北宋篇》，吉林出版集团有限责任公司 2009 年版，第 287 页）刘玉敏：“他们（二程）另辟蹊径，将‘为仁’之‘为’解作动词，读上声，作‘行’讲，‘为仁’即行仁，‘孝弟为仁之本’即孝弟乃是行仁之本，从而将孝悌看作践行仁道的根本。”（刘玉敏：《二程对“孝悌其为仁之本”的解读及其伦理意义》，《兰州学刊》2007 年第 4 期）

② （宋）程颐、程颢著，王孝鱼点校：《伊川先生语九》，《河南程氏遗书》卷 23，《二程集》，中华书局 1981 年版，第 309—310 页。

③ （宋）程颐、程颢著，王孝鱼点校：《伊川先生文四》，《河南程氏文集》卷 8，《二程集》，中华书局 1981 年版，第 585 页。

④ （宋）程颐、程颢著，王孝鱼点校：《伊川先生文一》，《河南程氏文集》卷 5，《二程集》，中华书局 1981 年版，第 523 页。

⑤ （宋）程颐、程颢著，王孝鱼点校：《明道先生文一》，《河南程氏文集》卷 1，《二程集》，中华书局 1981 年版，第 449 页。

同时,关于国家的治理,“仓廪实而知礼节,衣食足而知荣辱”,二程认为其中最为重要的“礼节”和“荣辱”也正是孝道。百姓能够有充足的衣食,再加之以孝悌忠信之义,那么国家就可以永葆稳固:“百姓安业,衣食足而有恒心,知孝悌忠信之教,率之易从,劳之不怨,心附于上,固而不可摇也。”①

故而,治理天下必然要使得人人止其所止,父止于慈,子止于孝,君止于仁,臣止于敬,从而天下顺治。由此,二程所构建的以“天理”为本体、以“生身之恩与父母之养”为依据、以“安亲”为途径、以“内圣外王”为目标意义的父慈子孝的思想体系得以构建,这一体系,“在传承中国固有孝文化传统的同时,予以形而上学的解释,以新的思想激发了传统文化的活力,对后世儒家、中国哲学及中国文化产生了深远影响”②。二程关于父慈子孝的相关论述,进一步丰富、完善了儒家文化传统中的父子之道。

第三节　兄弟之友与悌

在家庭中,父母之外最为亲密的血缘关系便是兄弟。“兄友”“弟恭”同“父义”“母慈”、“子孝”三者一起,共同构成了家庭中的五种基本伦理关系。相较于浓墨重彩的父子之亲,二程对兄弟之义的着墨不多,言简意赅地对治道中的兄弟关系进行了“天理”统摄下的阐释。二程认为,“天理”落实于兄弟为“友”与“悌”。“友”,强调兄对弟的友爱、关心;“悌”,强调弟对兄的敬爱、敬重。“友悌”是人生而具有的,是“圣人之诚”亦即“天理”在兄弟之间的转化与落实。据此,二程指出,兄弟之间应相亲相爱、互帮互助、团结一心、和乐和美。二程还强调,兄弟之道中彰显着长幼次序,也与中国传统礼法有着密不可分的关联。

一、友与悌:天理之于兄弟

“天理”落实在父子,为“慈”与“孝”;“天理”落实在兄弟,则是“友”与“悌”。程颐言:“或曰:‘事兄尽礼,不得兄之懽心,奈何?’曰:‘但当起敬起

① (宋)程颐、程颢著,王孝鱼点校:《伊川先生文一》,《河南程氏文集》卷5,《二程集》,中华书局1981年版,第519页。

② 李晓虹:《从“理·仁·礼”看二程的孝道思想》,《中州学刊》2012年第1期。

孝,尽至诚,不求伸己可也。'曰:'接弟之道如何?'曰:'尽友爱之道而已。'"①"友",强调兄对弟的友爱、关心;"悌",强调弟对兄的敬爱、敬重。"友悌",涵括兄弟之间彼此的相亲相爱双重内涵。

"友悌"是"天理"在兄弟之道的展现和落实。程颐言:"人生便知有父子兄弟,须是先尽得孝弟",②从人之初生即存在兄弟关系来论证了兄弟之"友悌"的天然存在性。在《明道先生行状》中,程颐在记述程颢一生之时也指出:"先生得圣人之诚者也。自始学至于成德,虽天资颖彻,绝出等夷,然卓约之见,一主于诚。故推而事亲则诚孝,事君则诚忠,友于兄弟则绰绰有裕,信于朋友则久要不忘,修身慎行则不愧于屋漏,临政爱民则如保乎赤子。非得夫圣人之诚,孰能与于斯?"③程颐认为,程颢得圣人之"诚",顺"天理"于人事,故而事父母以孝,事君主以忠,事兄弟以友,事朋友以信。"友悌"如父子、君臣之道一样,正是"诚"亦即"天理"在兄弟间的分殊与转化。

程颐还立足公心与私心对兄弟关系进行了讨论。第五伦,字伯鱼,东汉时期大臣,历任会稽太守、蜀郡太守,东汉永平十八年(75年)任大司空。以正直无畏、不惧权贵闻名于后世。《后汉书·第五钟离宋寒列传》载:有人曾问他:您有私心吗?第五伦回答说:"昔人有与吾千里马者,吾虽不受,每三公有所选举,心不能忘,而亦终不用也。吾兄子常病,一夜十往,退而安寝;吾子有疾,虽不省视而竟夕不眠。若是者,岂可谓无私乎?"④第五伦以他人送马以求做官和对待儿子与侄子生病的不同态度予以回答。有人送了千里马以求官,我虽然并没有接受,但是此后每逢三公选拔官员,我的心中时常会想起送马之人,但也始终没有重用他。我的侄子生病了,我一晚上过去看十余次才能安心入睡,儿子生病了,虽然没有去看他却整晚睡不着。这不能说我没有私心。

---

① (宋)程颐、程颢著,王孝鱼点校:《伊川先生语四》,《河南程氏遗书》卷18,《二程集》,中华书局1981年版,第243页。

② (宋)程颐、程颢著,王孝鱼点校:《伊川先生语五》,《河南程氏遗书》卷19,《二程集》,中华书局1981年版,第257页。

③ (宋)程颐、程颢著,王孝鱼点校:《河南程氏遗书·附录》,《二程集》,中华书局1981年版,第331页。

④ (南朝宋)范晔撰,(唐)李贤等注:《第五钟离宋寒列传第三十一》,《后汉书》卷41,中华书局2003年版,第1401页。

对于这段记载，程颐和弟子之间有一段问答：

问："第五伦视其子之疾，与兄子之疾不同，自谓之私，如何？"曰："不特安寝与不安寝，只不起与十起，便是私也。父子之爱本是公，才着些心做，便是私也。"又问："视己子与兄子有间否？"曰："圣人立法曰：'兄弟之子犹子也。'是欲视之犹子也。"又问："天性自有轻重，疑若有间然。"曰："只为今人以私心看了。孔子曰：'父子之道天性也。'此只就孝上说，故言父子天性。若君臣兄弟宾主朋友之类，亦岂不是天性？只为今人小看，却不推其本所由来故尔。己之子与兄之子，所争几何？是同出于父者也。只为兄弟异形，故以兄弟为手足。人多以异形故，亲己之子，异于兄弟之子，甚不是也。"①

弟子问程颐：第五伦认为自己看视生病的侄子和儿子时有所不同，自认为是有私心的，您如何看待这件事？程颐说，这件事的核心不在于司马伦对侄子和儿子的病能不能"安寝"，仅仅一个起来十余次探看，一个整夜未曾探看，这就是私心。程颐进而分析道：父子之爱，本来是"公心"，但刚刚有一点着力用心，就归于"私心"了。弟子又问：人对待儿子和侄子有区别吗？程颐对曰：《论语·先进》有言"兄弟之子犹子也"，圣人之教是希望人们要像对待自己的孩子一样对待兄弟的孩子。弟子再问：从天性来说，对待儿子和侄子似乎本来就有轻重的不同，似乎应该有差别？程颐回答道：这是因为现在的人用"私心"来看待"天性"了。孔子之所以说"父子之道天性也"，认为父子之道是天性，这仅仅是从孝的方面而言，仅仅是天性的一个方面。其实，君臣、兄弟、宾主、朋友之类也都是天性。今日之人用狭隘的目光去看待孔子的话，却不推究其本意，才会造成误读。程颐强调：儿子和侄子，都是"父"之所生。因为兄弟属于不同的形体，所以称之为"手足"；人们仅仅因为兄弟在形体上分开了，就亲爱自己儿子重于兄弟的儿子，这是非常错误的。

对于程颐对第五伦"视其子之疾与兄子之疾不同"的解释，刘增光指出：程颐以"仁"解"公"，"他会强调父子之孝的普遍性，而以天理来说孝，而非以父子为不同于君臣朋友等人伦关系的自然情感"，"'推其本所由来'，则父子

---

① （宋）程颐、程颢著，王孝鱼点校：《伊川先生语四》，《河南程氏遗书》卷 18，《二程集》，中华书局 1981 年版，第 234 页。

之爱皆是天理,故说‘本是公’。所以他认为《孝经》所言‘父子之道天性也’的‘天性’,并非仅仅适用于父子之间,也适用于君臣兄弟。”①刘增光认为,程颐之说呈现出理解父子之道与君臣之义相通的另一种思路,即以“天理”而非《孝经》中所言的“忠孝”贯通二者。诚然,程颐在对第五伦“视其子之疾与兄子之疾不同”一事的理解中,所谓“天性”正是一种“天理”的展现。故而,通过这一讨论,二程将父子之道为“天理”落实,转化为兄弟之“友悌”亦为“天理”落实,让“友悌”与“天理”的关系更为明确。

具体而言,兄弟之间如何才能落实“天理”,做到“友悌”呢? 程颐用几个具体的案例进行了说明。其一,作为兄弟,必须做到相亲相爱、兄友弟恭,这尤其要求弟对兄要有至诚之心、尊敬之心,要以礼相待:“或曰:‘事兄尽礼,不得兄之懽心,奈何?’曰:‘但当起敬起孝,尽至诚,不求伸己可也。’”②其二,对于兄弟的亲眷当与自己的亲眷同等看待。正如上文第五伦一事所谈论的,“圣人立法曰:‘兄弟之子犹子也。’是欲视之犹子也”,应像对待自己的孩子一般对待兄弟的孩子;而对于父亲的兄弟,也应当与父亲一般对待,“呼为伯父叔父者,言事之之礼与父同也”。③

此外,程颐在解《常棣》一诗时还以常棣之花萼相依相承喻兄弟之亲,指出兄弟之间相处的一些原则。比如,兄弟之间在具体事务上要互帮互助、相救于急难:“人当死生患难之事可畏,则思兄弟之助,方困穷离散,群聚于郊野之时,则求所亲以相依恃。”④当遇到生死患难之事的时候、陷于穷困离散之境的时候,兄弟之间要互相施以援手、相互依靠。兄弟之间要团结一心、一致对外:“譬之兄弟,很鬩于墙,虽有不睦之心,犹将外御其侮。”⑤兄弟之间的矛盾都属于家庭内部矛盾,如果有“外辱”,必然要兄弟同心、共同抵御。兄弟之间要相

---

① 刘增光:《理学视域中的礼说——程颐论郊祀宗祀与宗子法》,《黑龙江社会科学》2020年第4期。

② (宋)程颐、程颢著,王孝鱼点校:《伊川先生语四》,《河南程氏遗书》卷18,《二程集》,中华书局1981年版,第243页。

③ (宋)程颐、程颢著,王孝鱼点校:《伊川先生语四》,《河南程氏遗书》卷18,《二程集》,中华书局1981年版,第234页。

④ (宋)程颐、程颢著,王孝鱼点校:《诗解》,《河南程氏经说》卷3,《二程集》,中华书局1981年版,第1071页。

⑤ (宋)程颐、程颢著,王孝鱼点校:《诗解》,《河南程氏经说》卷3,《二程集》,中华书局1981年版,第1071页。

互和乐："兄弟既志意翕合，故其和乐，久而不厌……如是亲睦其宗族，则能宜其室家。"①由兄弟之间的志同道合、和谐愉悦、久处不厌，推而广之则可以亲睦宗族，这种和乐也是国家和社会和谐的基础。

反之，程颐也指出，如果兄弟之间失去了"友悌"，不能做到兄友弟恭，甚至兄弟相残，那么是不符合"天理"的，必然受到谴责。比如在解释《春秋》之"郑伯克段于鄢"中为何称"郑伯"时，程颐解释道："郑伯失为君之道，无兄弟之义，故称伯而不言弟。"②而在"齐侯使其弟年来聘"中，程颐认为之所以不称呼"公子"而称呼"弟"，也是因为其过于宠爱而失去了兄弟之道："凡不称公子而称弟者，或责失兄弟之义，或罪其以弟之爱而宠任之过。"③从这些负面案例中，再次重申了其关于兄弟之"友悌"的理念。

二、长幼之序与礼法之辨

兄弟的"友悌"中，还蕴藏着长幼之序。从生命起源来看，兄弟之降生必然有着先后；从伦理关系而言，"言长幼则兄弟尊卑备矣"，④兄弟之道中也必然蕴含着长幼次序。《家人》卦序卦言："家人者，家内之道：父子之亲，夫妇之义，尊卑长幼之序，正伦理，笃恩义，家人之道也。"⑤这里明确将"长幼之序"作为家庭中的重要伦理关系，其一是指家庭不同辈分成员之间的尊卑长幼，其二是指同辈兄弟之间的长幼次序。二程还直接把这种长幼次序作为无所逃于天地之间的"天道""天理"："道之外无物，物之外无道，是天地之间无适而非道也。即父子而父子在所亲，即君臣而君臣在所严，以至为夫妇、为长幼、为朋友，无所为而非道，此道所以不可须臾离也。"⑥

---

① （宋）程颐、程颢著，王孝鱼点校：《诗解》，《河南程氏经说》卷3，《二程集》，中华书局1981年版，第1071页。

② （宋）程颐、程颢著，王孝鱼点校：《春秋传》，《河南程氏经说》卷4，《二程集》，中华书局1981年版，第1087页。

③ （宋）程颐、程颢著，王孝鱼点校：《春秋传》，《河南程氏经说》卷4，《二程集》，中华书局1981年版，第1096页。

④ （宋）程颐、程颢著，王孝鱼点校：《书解》，《河南程氏经说》卷2，《二程集》，中华书局1981年版，第1041页。

⑤ （宋）程颐、程颢著，王孝鱼点校：《家人卦》，《周易程氏传》卷3，《二程集》，中华书局1981年版，第884页。

⑥ （宋）程颐、程颢著，王孝鱼点校：《二先生语四》，《河南程氏遗书》卷4，《二程集》，中华书局1981年版，第73—74页。

二程对这种家庭中的长幼次序特别是兄弟间的长幼次序尤为重视。论述古时,程颐言:“古者家有塾,党有庠,故人未有不入学者。三老坐于里门,出入察其长幼揖让之序。”①“三老”就是古代掌教化的乡官。古时,“三老”教化一方的重要方式正是纠正出入学校的孩童之间的长幼揖让之序,从而纠正礼义道德。论述历史,程颐在注解《习坎》卦六四爻“六四,樽酒簋贰,用缶,纳约自牖,终无咎”时指出:“且如汉祖爱戚姬,将易太子,是其所蔽也。群臣争之者众矣。嫡庶之义,长幼之序,非不明也,如其蔽而不察何?四老者,高祖素知其贤而重之,此其不蔽之明心也,故因其所明而及其事,则悟之如反手。”②程颐以汉高祖刘邦欲立戚夫人之子赵如意为太子一事为例,认为这一做法是“君心蔽于荒乐”之故。另立太子,不仅违背了嫡庶之别,也违背了长幼之序,故而商山四皓出而嫡庶长幼之义得以保留。论述今时,二程也强调:“伯叔父之兄弟,伯是长,叔是少,今人乃呼伯父叔父为伯叔,大无义理。”③在现实生活中,要秉持兄弟之义,不可在称呼上混淆为兄的伯父和为弟的叔父的长幼关系。

兄弟之道中不仅蕴藏着天然的长幼之序,其与中国传统礼法下的婚丧嫁娶等也有着密不可分的关联。在女子的婚嫁中,兄弟之议与父母之命、媒妁之言一起,具有不可替代的作用和地位,凡无兄弟之议则为“奔”:“女子之义,从于人也,必待父母之命,兄弟之议,媒妁之言,男先下之,然后从焉。”④在祭祀中,兄弟之间有着复杂的礼法关系。比如服丧:“兄弟之子,子之属也,故兄弟之子之妇服,与兄弟之子同。”⑤比如不同类别之殇的处理:“下殇之祭,父母主之,终父母之身。中殇之祭,兄弟主之,终兄弟之身。上殇之祭,兄弟之子主

---

① (宋)程颐、程颢著,王孝鱼点校:《伊川先生语三》,《河南程氏遗书》卷17,《二程集》,中华书局1981年版,第178页。

② (宋)程颐、程颢著,王孝鱼点校:《习坎卦》,《周易程氏传》卷2,《二程集》,中华书局1981年版,第874页。

③ (宋)程颐、程颢著,王孝鱼点校:《伊川先生语四》,《河南程氏遗书》卷18,《二程集》,中华书局1981年版,第234页。

④ (宋)程颐、程颢著,王孝鱼点校:《诗解》,《河南程氏经说》卷3,《二程集》,中华书局1981年版,第1053页。

⑤ (宋)程颐、程颢著,王孝鱼点校:《伊川先生语四》,《河南程氏遗书》卷18,《二程集》,中华书局1981年版,第243页。

之,终兄弟之子之身。”[①]比如大小宗:“所谓宗者,以己之旁亲兄弟来宗于己,所以得宗之名,非己宗于人也。”[②]比如祧庙与昭穆:“‘兄弟可为昭穆否?’曰:‘国家弟继兄,则是继位,故可为昭穆,士大夫则不可。’”[③]兄弟在礼法上的复杂纠葛,也彰显了兄弟对家庭乃至国家社会的重要意义。故而,在兄弟间推行“友悌”之德与“长幼”之序,是“齐家”的重要路径,这蕴藏着治国平天下的大道。程颐言:“‘书云孝乎!’书之言孝,则曰‘惟孝友于兄弟,则能施于有政’。”[④]孝于父母,友于兄弟,执守此道,正可以施行于政事。

第四节 夫妇之正与恒

《周易·序卦》曰:“有天地然后有万物,有万物然后有男女,有男女然后有夫妇,有夫妇然后有父子,有父子然后有君臣,有君臣然后有上下,有上下然后礼仪有所错。”儒家传统文化中从不避言夫妇对家庭乃至国家的重要意义。除父子和兄弟这条路径外,从夫妇之道入手重建伦理纲常、道德秩序,亦是很多心忧天下的儒家士大夫的选择。二程也提出了自己的夫妇理论。

二程认为,“天理”落实于夫妇为“正”与“恒”。“正”就是合乎法度、各得其位,“恒”是夫妇关系的恒久稳定,而夫妇之“正”与“恒”的实现又离不开夫妇之“礼”。二程继承了《周易》中的观点,认为夫妇是“人伦之始”,是一切伦理关系的根本和基础;作为“人伦之始”,夫妇之道中蕴藏着天地万物之常道,由夫妇之道可以“察乎天地”。此外,立足天地阴阳,二程也强调了男尊女卑、夫妇倡随这一传统伦理纲常,特别是其所提出的“饿死事小,失节事大”等论断,引发了后世学者的诸多批判。

---

① (宋)程颐、程颢著,王孝鱼点校:《伊川先生语四》,《河南程氏遗书》卷18,《二程集》,中华书局1981年版,第245页。

② (宋)程颐、程颢著,王孝鱼点校:《伊川先生语三》,《河南程氏遗书》卷17,《二程集》,中华书局1981年版,第180页。

③ (宋)程颐、程颢著,王孝鱼点校:《伊川先生语八》,《河南程氏遗书》卷22,《二程集》,中华书局1981年版,第278页。

④ (宋)程颐、程颢著,王孝鱼点校:《论语解》,《河南程氏经说》卷6,《二程集》,中华书局1981年版,第1135页。

一、正与恒:天理之于夫妇

二程言“天理”之于夫妇,多与父子君臣等并言。二程言:“道之外无物,物之外无道,是天地之间无适而非道也。即父子而父子在所亲,即君臣而君臣在所严,以至为夫妇、为长幼、为朋友,无所为而非道,此道所以不可须臾离也。”①“人道者,君臣、父子、兄弟、夫妇之类皆是也。”②二程所言的“道”,正是“天理”这一最高本体。天下万事万物、人间君臣、父子、兄弟、夫妇等诸多“人道”,无不是“天理”的分殊。在论及佛教时,二程更是直言夫妇之道就是“天理”,抛妻弃子就是出于“私意造作”而违背“天理”③:“人伦者,天理也。彼将其妻子当作何等物看,望望然以为累者,文王不如是也。”④

反过来,从君臣、父子、兄弟、夫妇之道入手,也正是识得此“道”,求其“天理”的重要途径:“人问某以学者当先识道之大本,道之大本如何求? 某告之以君臣父子夫妇兄弟朋友,于此五者上行乐处便是。”⑤“有人问明道先生:‘如何是道?’明道先生曰:‘于君臣父子兄弟朋友夫妇上求。’”⑥能够识得君臣、父子、兄弟、朋友、夫妇之间蕴含的“天理”,则可以得“道之大本”。那么,“天理”落实于夫妇,其“道”究竟为何?

“天理”之于夫妇,其一曰“正”。“正”即合乎法度、各得其位。程颐言:“夫妇人伦之本,夫妇正而后父子亲”,⑦“夫妇,人伦之本,故当先正”,⑧“男女

---

① (宋)程颐、程颢著,王孝鱼点校:《二先生语四》,《河南程氏遗书》卷4,《二程集》,中华书局1981年版,第73—74页。

② (宋)程颐、程颢著,王孝鱼点校:《程氏学拾遗》,《河南程氏外书》卷4,《二程集》,中华书局1981年版,第372页。

③ 冯友兰:“吾人既知天理,则应即顺之而行。若佛氏者,即不顺天理而别有私意造作者也。”(冯友兰:《中国哲学史》,重庆出版社2009年版,第262页)

④ (宋)程颐、程颢著,王孝鱼点校:《胡氏本拾遗》,《河南程氏外书》卷7,《二程集》,中华书局1981年版,第394页。

⑤ (宋)程颐、程颢著,王孝鱼点校:《二先生语八》,《河南程氏遗书》卷8,《二程集》,中华书局1981年版,第187页。

⑥ (宋)程颐、程颢著,王孝鱼点校:《传闻杂记》,《河南程氏外书》卷12,《二程集》,中华书局1981年版,第432页。

⑦ (宋)程颐、程颢著,王孝鱼点校:《书解》,《河南程氏经说》卷2,《二程集》,中华书局1981年版,第1040页。

⑧ (宋)程颐、程颢著,王孝鱼点校:《春秋传》,《河南程氏经说》卷4,《二程集》,中华书局1981年版,第1088页。

之际，当以正礼”。① 夫妇之道的根本在于“正”，二程试图由对夫妇之伦的矫正，进而拓展到对整个社会纲常伦理的纠偏，实现治道的推行。其中，二程又尤其强调了“女正则家道正”的观点。程颐在阐释《家人》卦卦辞“家人：利女贞”时指出：“家人之道，利在女正，女正则家道正矣。夫夫妇妇而家道正，独云利女贞者，夫正者身正也，女正者家正也，女正则男正可知矣。”②男子和女子在家庭中扮演的角色及其分工是不同的。要想家道得正，必然需要丈夫像丈夫，行夫道而尽到丈夫的责任；妻子像妻子，行妇道而尽到妻子的责任。这与儒家传统解释是一致的。但是，二程强调，家道之中，又尤以妻子的责任更为重大，女子持守正道是家道得正的基础，凸显了妇女对于家的意义。

“天理”之于夫妇，其二曰“恒”。“恒”即夫妇关系的恒久稳定。二程认为，夫妇之道受之以恒，夫妇关系是稳定而持久的。在分析《恒》卦序卦时，程颐对序卦中“夫妇之道，不可以不久也，故受之以恒”的表述极为认同，认为“咸，夫妇之道。夫妇终身不变者也，故咸之后受之以恒也”。③ 在谈《归妹》一卦时，程颐也强调夫妇之道当常永有终。常永有终是在受之以恒基础上提出的更高要求，不仅要求夫妇关系之长长久久，还要求后嗣绵延：“永终谓生息嗣续，永久其传也。……又夫妇之道，当常永有终，必知其有敝坏之理而戒慎之。……知其必敝，则当思永其终也。天下之反目者，皆不能永终者也。不独夫妇之道，天下之事，莫不有终有敝，莫不有可继可久之道。观归妹，则当思永终之戒也。”④要实现夫妇关系的恒久和子嗣的绵延，夫妇当常常思考“敝坏之理”并警惕谨慎之。只有这样，才能实现夫妇之间的“黾勉和同”，从而实现“和则夫妇之道成而家室正”。⑤ 从夫妇之道的“正”与“恒”中，带来的整个家庭、国家和社会的稳定与和谐。

---

① （宋）程颐、程颢著，王孝鱼点校：《归妹卦》，《周易程氏传》卷4，《二程集》，中华书局1981年版，第980页。

② （宋）程颐、程颢著，王孝鱼点校：《家人卦》，《周易程氏传》卷3，《二程集》，中华书局1981年版，第884页。

③ （宋）程颐、程颢著，王孝鱼点校：《恒卦》，《周易程氏传》卷3，《二程集》，中华书局1981年版，第860页。

④ （宋）程颐、程颢著，王孝鱼点校：《归妹卦》，《周易程氏传》卷4，《二程集》，中华书局1981年版，第979—980页。

⑤ （宋）程颐、程颢著，王孝鱼点校：《诗解》，《河南程氏经说》卷3，《二程集》，中华书局1981年版，第1050页。

在提出夫妇之间当秉持“正”与“恒”的“天理”后,二程也接续儒家传统,给出了夫妇之道的落实途径。二程认为,夫妇之“正”与“恒”的落实,必须依礼法而行。二程强调“礼”对夫妇之道的规范作用。二程在《礼序》中写道:“人者,位乎天地之间,立乎万物之上;天地与吾同体,万物与吾同气,尊卑分类,不设而彰。圣人循此,制为冠、昏、丧、祭、朝、聘、射、飨之礼,以行君臣、父子、兄弟、夫妇、朋友之义。”①为规范君臣、父子、兄弟、夫妇、朋友之间的定位和关系,圣人制定了各种礼制,如冠、昏、丧、祭等。作为夫妇,礼贯穿了嫁娶、生活、葬祭的各个过程。只有遵从礼制,才能得夫妇之道,实现夫妇之道的得正与长久。

比如,关于娶妻,程颐在解《诗经·伐柯》时言,“伐柯,匪斧则不能;娶妻,匪媒则不成;言各有其道”,②强调要依照周公之礼仪而行。在解《诗经·蝃蝀》时程颐又言:“女子之义,从于人也,必待父母之命,兄弟之议,媒妁之言,男先下之,然后从焉。……违谓违背不由其命而奔也。”③女子婚嫁,当有父母之命、兄弟之议、媒妁之言,且男方先行下聘等,亦是不可违背之礼。关于葬祭,二程也强调要严格遵守夫妇应有之礼。比如,在葬穴的设置上,二程言:“其穴之次,设如尊穴南向北首,陪葬者前为两列,亦须北首,各于其穴安夫妇之位。坐于堂上,则男东而女西,卧于室中,则男外而女内也。推此为法观之。”④对于夫妇葬穴的位置、男女的方位等都有着明确规定。再如祭祀时的礼仪,程颐言:“尸如配位时,男男尸,女女尸。……执事且尔,况今日事之,便如国之先君与夫人,如合祭之时,考妣当各异位。盖人情亦无舅妇同坐之礼,如特祭其庙之时,则不害夫妇并祭。”⑤等等。

需要注意的是,二程虽然强调夫妇之道要守之以“礼”,但是并不否认其

---

① (宋)程颐、程颢著,王孝鱼点校:《河南程氏文集·遗文》,《二程集》,中华书局 1981 年版,第 668 页。

② (宋)程颐、程颢著,王孝鱼点校:《诗解》,《河南程氏经说》卷 3,《二程集》,中华书局 1981 年版,第 1068 页。

③ (宋)程颐、程颢著,王孝鱼点校:《诗解》,《河南程氏经说》卷 3,《二程集》,中华书局 1981 年版,第 1053 页。

④ (宋)程颐、程颢著,王孝鱼点校:《二先生语二》,《河南程氏遗书》卷 2,《二程集》,中华书局 1981 年版,第 56 页。

⑤ (宋)程颐、程颢著,王孝鱼点校:《伊川先生语一》,《河南程氏遗书》卷 15,《二程集》,中华书局 1981 年版,第 168 页。

中的自然性，并不否认正常的人欲。① 二程继承《礼记·礼运》篇“饮食男女，人之大欲存焉”的观点，认为男女夫妇都是出于性之自然。因此，要对夫妇之爱、男女之欲有正确的认知。

故而，二程不仅立足于父母对子女的恩养来驳斥佛教舍父母骨肉的“出世”行为，也立足夫妇之道、男女之欲的自然性来对佛家绝情去欲、舍妻弃子的理论进行驳斥。二程指出，饮食男女之欲和耳闻目见、喜怒哀乐一样，本身都是自然真性；佛教所谓对其禁绝以至于道，不仅不是回归性之自然，而且是丧失了性之自然：“佛之所谓世网者，圣人所谓秉彝也。尽去其秉彝，然后为道，佛之所谓至教也，而秉彝终不可得而去也。耳闻目见，饮食男女之欲，喜怒哀乐之变，皆其性之自然。今其言曰：‘必尽绝是，然后得天真。’吾多见其丧天真矣。”②二程直言佛教绝情去欲、抛妻弃子的行为对社会造成的极大弊病：“佛有妻子舍之，而僧绝其类。若使人尽为此，则老者何养？幼者何长？”③如果人人出家，不使有妻，那么必然导致长者无人养，少者无人育，社会无法正常运转。故而，男女之欲是自然的，夫妇之道是必要的。

二、天地万物之本，夫妇人伦之始

为何如此重视夫妇之道，力求复归夫妇之间的“正”与“恒”？这与二程对夫妇关系重要性的认知有关。二程提出了“天地万物之本，夫妇人伦之始”④的论断，在父子、兄弟、夫妇等诸多家庭伦理关系中，强调夫妇关系是一切关系的基础：

> “慎徽五典，五典克从。”尧既命之以位，而舜敬美其五常之教。五典谓父子有亲，君臣有义，夫妇有别，长幼有序，朋友有信也。五者人伦也，

---

① 蔡方鹿：“从程朱批判佛教的禁欲主义也可看出，理学家并不排斥正常的人欲”，“程颐明确将‘饮食男女之欲’视为‘性之自然’，而对佛教将饮食男女之欲‘必尽绝是’的禁欲主义则持反对态度，这怎么能说理学的‘存天理，去人欲’是‘鲜明宗教禁欲主义’‘坚决主张禁欲复理’呢？”（蔡方鹿、冯欢：《“存天理，去人欲”提出的针对性、原因及其流弊再探》，《哲学研究》2019年第8期）

② （宋）程颐、程颢著，王孝鱼点校：《河南程氏粹言》卷1，《二程集》，中华书局1981年版，第1180页。

③ （宋）程颐、程颢著，王孝鱼点校：《大全集拾遗》，《河南程氏外书》卷10，《二程集》，中华书局1981年版，第409页。

④ （宋）程颐、程颢著，王孝鱼点校：《咸卦》，《周易程氏传》卷3，《二程集》，中华书局1981年版，第854页。

言长幼则兄弟尊卑备矣，言朋友则乡党宾客备矣。孔氏谓父义、母慈、兄友、弟恭、子孝，乌能尽人伦哉？夫妇人伦之本，夫妇正而后父子亲，而遗之可乎？孟子云："尧使契为司徒，教以人伦。"五者人伦大典，岂舜有以易之乎？五典克从，则左氏所谓无违教也。①

《尚书》中提出了"慎徽五典，五典克从"(《尚书·舜典》)，"汝作司徒，敬敷五教"(《尚书·舜典》)，"狎辱五常"(《尚书·泰誓下》)等论断，唐孔颖达认为，"五典""五教""五常"，指的都是父义、母慈、兄友、弟恭、子孝五种中国传统伦理中最为基本的关系。二程对此并不完全认同，并以父子有亲、君臣有义、夫妇有别、长幼有序、朋友有信作解。程颐指出，孔颖达对"五常之教"的理解中缺少了最为重要的一种人伦关系，即夫妇。而"夫妇人伦之本，夫妇正而后父子亲"，夫妇是所有人伦的根本，夫妇之道得正，然后才有父子、兄弟；实现了夫妇有别，才能进而谈父子有亲、君臣有义、长幼有序、朋友有信。

而关于为何夫妇为"人伦之始""人伦之本"，程颐又结合《周易》进行了解释。《周易·序卦》曰："有天地然后有万物，有万物然后有男女，有男女然后有夫妇，有夫妇然后有父子，有父子然后有君臣，有君臣然后有上下，有上下然后礼义有所错。"《序卦》指出，有了天地才生成万物，有了万物而人分成男女，有了男女进而可以匹配夫妇，有了夫妇然后才产生父子关系，此后再依次产生君臣之别、上下之分以至于礼义。程颐承接《周易》中将夫妇之道与天地并言的做法，在论及六十四卦的次序时，提纲挈领地指出："乾、坤，天地之道，阴阳之本……咸、恒，夫妇之道，生育之本。"②在解读序卦时，程颐更是直接指出："天地万物之本，夫妇人伦之始，所以上经首乾、坤，下经首咸继以恒也。天地二物，故二卦分为天地之道。男女交合而成夫妇，故咸与恒皆二体合为夫妇之义。"③天地化生万物，故为万物之本；夫妇孕育后代，故而人伦之本。这样，从"生生"的角度，夫妇这种人伦关系就直接与天地产生关联。而这种关联的意义在于，君子之道广大而精深，即使是圣人也有所不能；夫妇作为人伦

① (宋)程颐、程颢著，王孝鱼点校：《书解》，《河南程氏经说》卷2，《二程集》，中华书局1981年版，第1041页。

② (宋)程颐、程颢著，王孝鱼点校：《河南程氏文集·遗文》，《二程集》，中华书局1981年版，第664—665页。

③ (宋)程颐、程颢著，王孝鱼点校：《咸卦》，《周易程氏传》卷3，《二程集》，中华书局1981年版，第854页。

之本，夫妇之常行中正蕴藏着天地之常道。《中庸》言“君子之道费而隐，及其至也察乎天地”，二程注曰“自夫妇之能，至察乎天地，则常道尽矣”，[①]由夫妇之道，进而洞察天地之大道，如此则可察天地“费而隐”的至道，夫妇之道的重要性愈加凸显。

“天地万物之本，夫妇人伦之始”，程颐对作为“人伦之始”的夫妇之道及其意义在《周易程氏传》中反复论述。在《周易》中，言夫妇男女之卦主要有四，分别为《咸》《恒》《渐》《归妹》。其中，《咸》讲男女之情相感而悦，《恒》讲夫妇倡随之常道，《渐》讲男女配合得其正道，《归妹》讲女子之嫁当从男。“咸、恒夫妇之道，渐、归妹女归之义。……男女之道，夫妇之义，备于是矣。”[②]在《周易程氏传》中，程颐通过对相关卦爻辞的具体解读，从多个角度对重视夫妇之道的原因进行反复论证，从而为强调作为“人伦之始”的夫妇之“正”与“恒”提供依据，试举几例：

夫妇之道事关子嗣繁衍。第五十四卦《归妹》彖传曰：“归妹，天地之大义也。天地不交而万物不兴，归妹，人之终始也。”《归妹》何以为天地之大义、人之终始？程颐认为：“一阴一阳之谓道。阴阳交感，男女配合，天地之常理也。归妹，女归于男也，故云天地之大义也。”[③]《归妹》之象上震下兑，震为长男，兑为少女，男在女上，阴阳交感，阴从阳动，化生万物，这正是天地之常理、天地之大义。同时，程颐指出：“天地不交，则万物何从而生？女之归男，乃生生相续之道。男女交而后有生息，有生息而后其终不穷。”[④]天地相交而化生万物，男女相交而繁衍子嗣。正是由于男女婚嫁结为夫妇，才能够子嗣延绵，生生相续，实现人类社会的终始延续。

夫妇之道事关宗庙祭祀。第五十四卦《归妹》上六爻曰：“上六，女承筐无实，士刲羊无血，无攸利。”少女盛奁具的筐中没有东西，新郎刺羊没有放出血

---

① （宋）程颐、程颢著，王孝鱼点校：《中庸解》，《河南程氏经说》卷8，《二程集》，中华书局1981年版，第1154—1155页。

② （宋）程颐、程颢著，王孝鱼点校：《归妹卦》，《周易程氏传》卷4，《二程集》，中华书局1981年版，第977—978页。

③ （宋）程颐、程颢著，王孝鱼点校：《归妹卦》，《周易程氏传》卷4，《二程集》，中华书局1981年版，第978页。

④ （宋）程颐、程颢著，王孝鱼点校：《归妹卦》，《周易程氏传》卷4，《二程集》，中华书局1981年版，第978页。

来，无所利。对于此爻，程颐注解道："妇者，所以承先祖，奉祭祀。……女当承事筐篚而无实，无实则无以祭，谓不能奉祭祀也。夫妇共承宗庙，妇不能奉祭祀，乃夫不能承祭祀也，故刲羊而无血，亦无以祭也，谓不可以承祭祀也。"① 祭祀是一个家族最为重要的事务，承先祖、承宗庙、奉祭祀需要夫妇二人共同完成，夫妇之道的重要性再次凸显。

夫妇之道事关事务有序。第五十三卦《渐》卦卦辞曰："女归吉，利贞。"按女子出嫁的程序那样一步一步循序渐进，就会吉象，利于守正。程颐指出："天下之事，进必以渐者，莫如女归。臣之进于朝，人之进于事，固当有序，不以其序，则陵节犯义，凶咎随之。然以义之轻重，廉耻之道，女之从人，最为大也，故以女归为义。"②男女嫁娶需要完成纳采、问名、纳吉、纳征、请期、成婚等完整的礼节，每一礼节之内又有着各种具体要求和规定，故而男女婚嫁是最能彰显井然之秩序的。这种秩序，对于人之行事、臣子之进于朝堂等，都是非常重要的。故而男女作为"万事之先"，当凸显渐进之义、严格有序，引领整个社会的秩序规范。

反之，失夫妇之道则入于淫姣。第三十一卦《咸》卦卦辞曰："亨，利贞，取女吉。"亨通顺利，宜于守正，娶女而吉。咸卦兑女在上，艮男居下，柔上刚下，相感和合，"以男下女，和之至也"。程颐指出，除男女外，君臣乃至于万物都是相互交感的，物与物相互交感则能亨通顺利："君臣能相感，则君臣之道通；上下能相感，则上下之志通；以至父子、夫妇、亲戚、朋友，皆情意相感，则和顺而亨通。"③君臣交感则君臣之道通达，上下交感则上下之志通畅，父子、夫妇、亲戚、朋友情意交感则和顺。但是，这些相互交感必须"正"："利贞，相感之道利在于正也。不以正，则入于恶矣，如夫妇之以淫姣，君臣之以媚说，上下之以邪僻，皆相感之不以正也。"④因此，夫妇之道也必须"正"，否则就会不能免于

---

① （宋）程颐、程颢著，王孝鱼点校：《归妹卦》，《周易程氏传》卷4，《二程集》，中华书局1981年版，第982页。

② （宋）程颐、程颢著，王孝鱼点校：《渐卦》，《周易程氏传》卷4，《二程集》，中华书局1981年版，第972—973页。

③ （宋）程颐、程颢著，王孝鱼点校：《咸卦》，《周易程氏传》卷3，《二程集》，中华书局1981年版，第854页。

④ （宋）程颐、程颢著，王孝鱼点校：《咸卦》，《周易程氏传》卷3，《二程集》，中华书局1981年版，第854页。

淫乱，推而广之君臣、上下之道都会入于邪僻。

失夫妇之道则夫妻反目。第九卦《小畜》九三爻曰："九三，舆说辐，夫妻反目。"车身与车轴分离，夫妻怒目而视。象曰："夫妻反目，不能正室也。"九三阳爻为夫而在内卦，六四阴爻为妻而在外卦，妻承夫在上，夫反居于下，故不能规正妻室。程颐指出："暱比而不中，为阴畜制者也，故不能前进，犹车舆说去轮辐，言不能行也。……妇人为夫宠惑，既而遂反制其夫，未有夫不失道而妻能制之者也。"①"夫妻反目，盖由不能正其室家也。三自处不以道，故四得制之不使进，犹夫不能正其室家，故致反目也。"②如因"宠惑"等丧失夫妇之道，则将导致不能规正其室家，夫妇反目，家庭不宁。

失夫妇之道则祸乱丛生。第三十七卦《家人》上九爻曰："上九，有孚，威如，终吉。"有威严而有诚信，最终得吉。程颐指出："治家者，在妻孥情爱之间，慈过则无严，恩胜则掩义，故家之患，常在礼法不足而渎慢生也。长失尊严，少忘恭顺，而家不乱者，未之有也，故必有威严则能终吉。"③如果丧失夫妇之道，那么必然陷于妻子情爱之间，慈有余而严不足，那么家庭的礼法秩序将慢慢消散，轻慢不恭慢慢累积，最终会导致长幼失序，家庭祸乱丛生。故而，必须坚持夫妇之道的"正"与"恒"。

三、阴阳尊卑之序，夫妇倡随之理

二程还从阴阳尊卑的角度对男女尊卑、夫妇倡随的儒家传统伦理道德进行了阐发。男女尊卑思想自宗法制社会形成便相伴始终。作为儒家传统士大夫的二程也未能打破数千年来男女尊卑的定论。

在强调夫妇之"正"与"恒"的同时，这种"正"与"恒"的背后也隐藏着男女尊卑的差异。《周易·系辞上》曰："天尊地卑，乾坤定矣。卑高以陈，贵贱位矣。……乾道成男，坤道成女。"这一论断从天尊地卑的角度确立了男尊女卑的合理性。二程也多从天地阴阳的角度对男女尊卑的合理性做出说明。二

---

① （宋）程颐、程颢著，王孝鱼点校：《小畜卦》，《周易程氏传》卷1，《二程集》，中华书局1981年版，第747页。

② （宋）程颐、程颢著，王孝鱼点校：《小畜卦》，《周易程氏传》卷1，《二程集》，中华书局1981年版，第747页。

③ （宋）程颐、程颢著，王孝鱼点校：《家人卦》，《周易程氏传》卷3，《二程集》，中华书局1981年版，第888页。

程言:“阳唱阴和,男行女随,乃理之正。”[①]“阴阳尊卑之义,男女长少之序,天地之大经也。”[②]既然男女尊卑由天地阴阳天然而定,那么男尊女卑便是夫妇之间的常道。程颐言:“男尊女卑,夫妇居室之常道也”,[③]“男女有尊卑之序,夫妇有倡随之礼,此常理也”。[④] 可以说,男尊女卑正是“天理”使然。

而按照男为阳为尊、女为阴为卑的界定,程颐进而指出,处于低位、卑位的女子当有柔顺、顺从之德:“而处柔乃妇人之道”,[⑤]“妇人以从为正,以顺为德”,[⑥]“能如女子之顺从,则不失中正,乃为利也”,[⑦]“为下之道,不居其功,含晦其章美”。[⑧] 这种阴阳尊卑表现在婚嫁中,强调求娶女子的时候,当求娶柔顺的女子,如此才能让家道“正”且“恒”;如果夫妇之间失去男女应有的尊卑秩序,则会导致家道衰败:“阴长则阳消,女壮则男弱,故戒勿用取如是之女。取女者,欲其柔和顺从,以成家道。姤乃方进之阴,渐壮而敌阳者,是以不可取也。女渐壮,则失男女之正,家道败矣。”[⑨]而作为女子,二程也强调,在嫁于男子后,纵然本身身份高贵,也必须遵守男女尊卑之分,不得骄纵任性,不失柔顺之理:“至帝乙而后正婚姻之礼,明男女之分,虽至贵之女,不得失柔巽之道,有贵骄之志。”[⑩]

---

① (宋)程颐、程颢著,王孝鱼点校:《诗解》,《河南程氏经说》卷3,《二程集》,中华书局1981年版,第1053页。

② (宋)程颐、程颢著,王孝鱼点校:《河南程氏文集·遗文》,《二程集》,中华书局1981年版,第666页。

③ (宋)程颐、程颢著,王孝鱼点校:《咸卦》,《周易程氏传》卷3,《二程集》,中华书局1981年版,第859页。

④ (宋)程颐、程颢著,王孝鱼点校:《归妹卦》,《周易程氏传》卷4,《二程集》,中华书局1981年版,第979页。

⑤ (宋)程颐、程颢著,王孝鱼点校:《归妹卦》,《周易程氏传》卷4,《二程集》,中华书局1981年版,第981页。

⑥ (宋)程颐、程颢著,王孝鱼点校:《恒卦》,《周易程氏传》卷3,《二程集》,中华书局1981年版,第860页。

⑦ (宋)程颐、程颢著,王孝鱼点校:《观卦》,《周易程氏传》卷2,《二程集》,中华书局1981年版,第799—800页。

⑧ (宋)程颐、程颢著,王孝鱼点校:《坤卦》,《周易程氏传》卷1,《二程集》,中华书局1981年版,第711页。

⑨ (宋)程颐、程颢著,王孝鱼点校:《姤卦》,《周易程氏传》卷3,《二程集》,中华书局1981年版,第924页。

⑩ (宋)程颐、程颢著,王孝鱼点校:《归妹卦》,《周易程氏传》卷4,《二程集》,中华书局1981年版,第981页。

而这种男尊女卑思想与封建礼法相交织，则进一步生发出了“妻有不善，便当出也”和“饿死事小，失节事大”的论断。

二程强调夫妇关系的恒久性，对男子的再娶提出了诸多限制。程颐提出，大夫以上以至于诸侯天子，不可再娶：“凡人为夫妇时，岂有一人先死，一人再娶，一人再嫁之约？只约终身夫妇也。”①大夫以下的普通百姓，只有因需要侍奉公婆、主持家务等不得已的原因才能再娶：“自大夫以下，有不得已再娶者，盖缘奉公姑，或主内事尔。”②但是，对休弃品德有亏的妻子，二程却并不反对，认为这是实现家道之“正”的途径。这也展现了其“正”与“恒”的夫妇之道之间的张力，以及二程在夫妇理论和具体实践上的矛盾性。

对于能否出妻，程颐认为：“妻不贤，出之何害？……妻有不善，便当出也。只为今人将此作一件大事，隐忍不敢发，或有隐恶，为其阴持之，以至纵恣，养成不善，岂不害事？人修身刑家最急，才修身便到刑家上也。”③程颐认为，出妻之举古已有之，子思就曾出妻；当今社会认为出妻是丑行而不敢为的举动是错误的。如果妻子不贤不善，隐忍不发只能进一步放纵这种行为，最后对个人和家庭都将导致祸患。程颐还指出，古代出妻多用一些“对姑叱狗”“梨蒸不熟”这样的细碎理由，并不是被出之妻没有大的恶行，只是因为古人忠厚，不肯言他人之大过而已。出妻，要能做到让所出之妻明白其罪行，且自己问心无愧即可，要有含蓄包容的姿态：“彼必自知其罪。但自己理直可矣，何必更求他人知？然有识者，当自知之也。如必待彰暴其妻之不善，使他人知之，是亦浅丈夫而已。君子不如此。大凡人说话，多欲令彼曲我直。若君子，自有一个含容意思。”④这种对“出妻”的认知，在一定程度上也是男尊女卑思想的映射。

二程还提出了女子“饿死事小，失节事大”的论断，认为“生死涉及的只是人的感性生命存在，而守节则是一种道德理性的追求，是个体人格完美性的象征”⑤，作

① （宋）程颐、程颢著，王孝鱼点校：《伊川先生语八》，《河南程氏遗书》卷 22，《二程集》，中华书局 1981 年版，第 303 页。

② （宋）程颐、程颢著，王孝鱼点校：《伊川先生语八》，《河南程氏遗书》卷 22，《二程集》，中华书局 1981 年版，第 303 页。

③ （宋）程颐、程颢著，王孝鱼点校：《伊川先生语四》，《河南程氏遗书》卷 18，《二程集》，中华书局 1981 年版，第 243 页。

④ （宋）程颐、程颢著，王孝鱼点校：《伊川先生语四》，《河南程氏遗书》卷 18，《二程集》，中华书局 1981 年版，第 243 页。

⑤ 付长珍：《宋儒境界论》，上海三联书店 2008 年版，第 116 页。

为女子,即使舍弃生命,也要坚守贞洁:

> 问:"孀妇于理似不可取,如何?"曰:"然。凡取,以配身也。若取失节者以配身,是己失节也。"又问:"或有孤孀贫穷无托者,可再嫁否?"曰:"只是后世怕寒饿死,故有是说。然饿死事极小,失节事极大。"①

程颐认为,"女子之道也,在女子为贞也",②"当终守于从一"。③ 女子当从一而终,无论何种情况,女子都不可再嫁,孀妇即使贫穷无依,几至于饥寒交迫而死,也不可再嫁,否则便是"失节";男子绝不可娶孀妇,因为娶一再嫁而"失节"之孀妇来配己,便是娶者自己的"失节",有违于"天理"。

"饿死事小,失节事大"这一论断的提出,被一些学者认为颇有"矫枉过正"之处,可能发展成为"礼法杀人"的工具。戴震即认为:"人死于法,犹有怜之者;死于理,其谁怜之!"④张岱年也指出:"实有不少人,受礼教之束缚,不能达其可达之情,遂其当遂之欲,以至抑郁而死。"⑤侯外庐更是直接称之为:"这里所讲的'节'仿佛是一条锁链,紧紧地套在处于封建社会底层的妇女身上。"⑥当然,也有学者对此给予了"同情的理解",如贺麟对"饿死事小,失节事大"的伦理原则和"再嫁为失节"的具体判断进行了分别讨论,认为"饿死事小,失节事大"的伦理原则与孟子的"舍生取义""贫贱不能移"并无二致,只是就人立身处世的大节而言,并不能因此而成为一种"杀人"的礼教风俗;其不足之处只在于误认为妇女再嫁为失节而已。⑦

---

① (宋)程颐、程颢著,王孝鱼点校:《伊川先生语八》,《河南程氏遗书》卷22,《二程集》,中华书局1981年版,第301页。

② (宋)程颐、程颢著,王孝鱼点校:《观卦》,《周易程氏传》卷2,《二程集》,中华书局1981年版,第799—800页。

③ (宋)程颐、程颢著,王孝鱼点校:《恒卦》,《周易程氏传》卷3,《二程集》,中华书局1981年版,第864页。

④ (清)戴震:《理》,《孟子字义疏证》卷上,中华书局1982年版,第10页。

⑤ 张岱年:《中国哲学大纲》,中国社会科学出版社1982年版,第458页。

⑥ 侯外庐、邱汉生、张岂之主编,张岂之修订:《宋明理学史》,西北大学出版社2018年版,第138页。

⑦ 贺麟:"伊川的错误,似乎不在于提出了'饿死事小,失节事大'这一概括的伦理原则,只在于误认为妇女当夫死后再嫁为失节。不过伊川的话无论如何有力量,亦必不能形成宋以后的风俗礼教。他的'饿死事小,失节事大'一语,只不过为当时的礼俗加一层护符,奠一个理论基础罢了……若单就其伦理原则而论,恐怕是四海皆准,百世不惑的原则,我们似乎不能根本否认。……伊川此语,亦不过是孟子'舍生取义,贫贱不能移'的另一种说法。"(贺麟:《文化与人生》,商务印书馆1996年版,第192—193页)

其实,对"饿死事小,失节事大"这一论断,应置于具体社会环境中进行考察。有学者对北宋初年的社会婚姻情况进行考证,指出宋代妇女有较高的地位,无论是婚姻关系的缔结还是解除都拥有一定程度的自主权利,各个阶层妇女再嫁更是普遍存在;①但同时,统治阶层自上而下崇尚享乐、文恬武嬉,于夫妇之道不谨不严,整个社会道德伦理消磨殆尽,加剧了国家的内忧外患。② 这正是"饿死事小,失节事大"提出的时代背景。一方面,二程希望通过对再嫁的限制,维持夫妇之道的"正"与"恒",维护社会伦理道德与纲常的稳定,进而引领整个国家和社会的守正不移之风气;另一方面,二程"守节"的要求也绝不仅仅是对女子而言,而是对夫妇双方都作出了一些限制。对于男子,二程提出了远色去欲、审慎再娶的规劝。程颐更是严厉反对男子蓄妓狎娼③,谴责"世人以媟狎为常"而失夫妇常正之道的行为。④ 从这些角度而言,贺麟的"同情的理解"是有一定可取之处的。

对于"齐家"之道,二程不仅是理论家,也是实践家。程颢曾言,"君子之道,贵乎有成,有济物之用,而未及乎物,犹无有也",⑤无论是父子之"慈"与"孝"、兄弟之"友"与"悌",还是夫妇之"正"与"恒",二程不仅提出了自己的理论体系,也进行着"齐家"的实践。二程通过对"天理"统摄下父子、兄弟、夫妇关系的界定和重申,来重整纲常,纠正失序。比如,程颢在任晋城县令期间,

---

① 伊沛霞:"士人阶层里有不少例子,特别是在 11 和 12 世纪。她们当中有杜衍(978—1057)、范仲淹(989—1052)、刘斌(创作活跃期,约 1000 年)、贾逵(1010—1078)、胡藤川等人的母亲;姚某忱(11 世纪)、岳飞(1104—1142)、张九成(1092—1159)和罗田(1150—1194)的妻子;薛居正(912—981)、程颜(1032—1085)、张俊(1086—1154)和陈则(12 世纪)的儿媳;还有孙稷(1074—1134)、翁忱(1137—1205)、赵用(1151—1209)、林经略(13 世纪)和魏了翁(1178—1237)的女儿,张大成(12 世纪)的妹妹。"([美]伊沛霞著:《内闱——宋代的婚姻和妇女生活》,胡志宏译,江苏人民出版社 2004 年版,第 181 页)

② 贾贵荣:《宋代妇女地位与二程贞节观的产生》,《山东社会科学》1992 年第 3 期。

③ 贾贵荣:"二程关于男灭欲的主要内容是指一个有道德有气节的男子应洁身自好,不近女色,尤其不蓄妓狎娼。"(贾贵荣:《宋代妇女地位与二程贞节观的产生》,《山东社会科学》1992 年第 3 期)

④ (宋)程颐、程颢著,王孝鱼点校:《归妹卦》,《周易程氏传》卷 4,《二程集》,中华书局 1981 年版,第 981 页。

⑤ (宋)程颐、程颢著,王孝鱼点校:《河南程氏粹言》卷 2,《二程集》,中华书局 1981 年版,第 2268 页。

就曾推行一系列政治革新,强调“民以事至邑者,必告之以孝悌忠信,入所以事父兄,出所以事长上”①,等等。这些都使得二程关于“家”的治道思想愈加稳固有力。

① 参见高会霞:《理学与社会》,长春出版社2011年版,第76页。

第四章　国:君臣同治

在二程齐家治国平天下的治道体系中,治国(二程又常混用“国”与“天下”,以“天下”代“国”)是最为核心的一环。一方面,如果说家庭是一个个细胞,那么国家就是肌体,每个细胞的健康最终是为了肌体的良好运转,齐家的重要意义就在于为治国奠定良好的根基;另一方面,治国是平天下的重要前提,只有国家治理得当,才能够进一步实现对整个社会的教化,实现天下的长治久安。

二程指出,“治必有为治之因,乱必有为乱之因”,①国家的治乱皆有其缘由。如何才能实现国家治理?二程认为,一是以“天理”作为治国之本体,“自觉将天理本体作为儒家政治改革的根本规范,在更高水平上为思考政治本性以及现实政治改革所应遵循的原则提出了要求”②,遵循“天理”、依照“天理”而治理国家;二是突出“君臣同治”,在士大夫与君主共同治理国家的背景中探求君主专制和士大夫共治之间的平衡之道,在妥善处理君、臣、民三者关系的基础上实现国家治理。

二程指出,“天理”落实在君臣,是君臣之道。君主要秉持乾健与大公之道,臣子当秉持坤顺与守职之道,德位相配,秉持诚敬,同治天下。在治国过程中,还当以爱民为要旨,以王道为心,以生民为念,重民生大利,并综合使用“纲纪”和“德刑”两种方法来进行治理。而关于常与变,则应随时因革、鉴古知今,依据时代现实需要来决定沿袭或者变革,革天下之弊,新天下之治。

---

① (宋)程颐、程颢著,王孝鱼点校:《二先生语六》,《河南程氏遗书》卷6,《二程集》,中华书局1981年版,第98页。

② 敦鹏:《二程关于政治改革的构想与实践》,《现代哲学》2016年第2期。

第一节　君臣:同治之主体

在中国古代封建社会,君主和臣子,是治国的基本主体。《诗经·小雅·北山》曰:“普天之下,莫非王土,率土之滨,莫非王臣。”其中,君主为最高统治者,对国家的一切事务享有最高拥有权和决策权;臣子是君主治理国家的辅助者,政令的制定、发布与实施,无不需要不同层级臣子的落实。君臣在国家治理中相辅相成,共同实现国家的长治久安。

在北宋,君臣共同作为治国主体的地位愈加凸显。正如柳诒征在《中国文化史》中所言:“盖宋之政治,士大夫之政治也。政治之纯出于士大夫之手,惟宋为然。”①余英时在《宋明理学与政治文化》一书中也强调:“由于种种历史因缘的凑合,宋代的‘士’(或‘士大夫’)发展出高度的政治主体的意识。落在政治实践层面则要求与皇帝‘同治天下’。”②北宋时期,受到唐末五代以来的战乱冲击,门阀氏族加速衰败;而随着科举考试制度的完全确立,更多的儒家士大夫进入统治集团。在这些因素的影响下,北宋时期形成了我国历史上独具特色的君主专制下的儒士文官体制,形成“士大夫与君主共同治理国家的局面”③。这一体制,对于君主而言,没有了门阀氏族的制约,加之“重文轻武”政策对军权的削弱,使得皇权空前发展;对于儒家士大夫而言,儒家士大夫群体则形成新的“臣子”群体,在政治生活的方方面面也发挥着重大作用。故而,在君主专制和士大夫共治之间找寻到平衡,探求君臣同治之道,是宋代儒学家孜孜不倦的探索。④

---

① 柳诒征:《中国文化史》,上海三联书店 2007 年版,第 521 页。

② 余英时:《宋明理学与政治文化》,广西师范大学出版社 2014 年版,第 3 页。“同治天下”见载于(宋)李焘:《续资治通鉴长编》,中华书局 1992 年版,第 600、5370 页。

③ 姜海军:《二程经学思想研究》,北京师范大学出版社 2016 年版,第 27 页。

④ 对于宋代政治体制下的君臣关系,余英时则提出“虚君制度”的观念:“程颐理想中的君主只是一个以德居位而任贤的象征性元首,通过‘无为而治’的理念,他所向往的其实是重建一种虚君制度,一切‘行道’之事都在贤士大夫之手。”(余英时:《朱熹的历史世界》,生活·读书·新知三联书店 2004 年版,第 163 页)唐纪宇则认为:“(余英时)认为‘君臣同治’与‘君为臣纲’之间存在着一条不可跨越的鸿沟,至少在程颐的政治思想中是很难成立的。由于程颐对于‘君臣共治’的思想并不是着眼于权力,反而是以维护君权为前提的,所以与宣扬君主绝对权力的‘君为臣纲’的思想之间并不直接产生矛盾。”(唐纪宇:《〈程氏易传〉中的“君臣共治”思想》,《中国哲学史》2013 年第 1 期)立足对二程关于君臣及治道的讨论,笔者认为二程更多强调君主专制下的君臣共治,君臣相互依赖并在一些具体事务上有着相对平等的关系,希望通过君臣各尽其道来共同完成对国家的治理;而非君主对臣子的主宰支配,或者君主无为而治、由士大夫治国理政。

在这一背景下，二程提出以“天理”统摄君臣之道的理念，希望通过“天理”统摄下的君臣各行其道、各尽其职，来协调好君权与文官体制之间的关系，处理好统治集团之间的内部矛盾。“天理”落实在君臣，则为君臣之道。二程常将君臣之道与父子之道并言，认为这都是寂然不动、感而遂通之“天理”在人世间的落实，是自内而生、无处不在、变动不居的“常理”：“道之外无物，物之外无道，是天地之间无适而非道也。即父子而父子在所亲，即君臣而君臣在所严，以至为夫妇、为长幼、为朋友，无所为而非道，此道所以不可须臾离也。”①二程反复强调：“父子君臣，天下之定理，无所逃于天地之间。”②“凡眼前无非是物，物物皆有理。如火之所以热，水之所以寒，至于君臣父子间皆是理。”③“天理具备，元无欠少，不为尧存，不为桀亡。父子君臣，常理不易。”④故而，君主与士大夫共同治理国家，只需要依照“天理”而行。

具体而言，如何遵循“天理”而实现君臣同治？二程指出，作为“同治”的基本主体，君与臣各有其“德”与“位”，君臣要各处其位、德位相配，才能治理好国家。天行健，君子以自强不息；地势坤，君子以厚德载物。作为君主，当秉持乾健之德与大公之道，“志定”而“心正”，选贤而任能；作为臣子，当秉持坤顺之德与持守己道，竭心尽力事奉其君，心怀万民，与君主共同治理好国家。君臣之间，要秉持“敬”的外在性规范和“诚”的内在性原则，由此，实现臣辅君治、君臣共治天下。

一、德与位的讨论

君臣作为国家治理的主体，有着何种分工、履行何种职责？这首先涉及“位”的讨论。在二程看来，虽然言“同治”，但君臣是有尊卑贵贱之分的，“君臣以义合，有贵贱”，⑤这种尊卑贵贱是由其所处之“位”天然决定的，这正是

① (宋)程颐、程颢著，王孝鱼点校：《二先生语四》，《河南程氏遗书》卷4，《二程集》，中华书局1981年版，第73—74页。

② (宋)程颐、程颢著，王孝鱼点校：《二先生语五》，《河南程氏遗书》卷5，《二程集》，中华书局1981年版，第77页。

③ (宋)程颐、程颢著，王孝鱼点校：《伊川先生语五》，《河南程氏遗书》卷19，《二程集》，中华书局1981年版，第247页。

④ (宋)程颐、程颢著，王孝鱼点校：《二先生语二》，《河南程氏遗书》卷2，《二程集》，中华书局1981年版，第43页。

⑤ (宋)程颐、程颢著，王孝鱼点校：《伊川先生语四》，《河南程氏遗书》卷18，《二程集》，中华书局1981年版，第244页。

“天理”的体现。二程关于“君位”与“臣位”的讨论主要集中在《周易程氏传》中。程颐反对王弼有关爻位的观念,对“位”提出了阴阳之位和爵位之位两种解释,其中“爵位”观念直接指向现实政治中的权位。① 一卦中爻的上下尊卑贵贱之位,常被程颐引申出“君臣”关系的问题。具体来说,在六爻中,程颐一般将“五”作为君位,而爵位则因距离五之君位的近与远而产生尊卑分别,故而“四”常被认为是“近君”的大臣之位。程颐强调,君臣各有其位,必须有“位”才能发挥各自的作用。在《周易程氏传》中,程颐对诸多卦爻辞围绕“位”展开了论述。试举几例:

《革》卦:六二,已日乃革之,征吉,无咎。

以六居二,柔顺而得中正,又文明之主,上有刚阳之君,同德相应。中正则无偏蔽,文明则尽事理,应上则得权势,体顺则无违悖。②

《丰》卦:九四,丰其蔀,日中见斗,遇其夷主,吉。

四虽阳刚,为动之主,又得大臣之位,然以不中正,遇阴暗柔弱之主,岂能致丰大也?……居大臣之位,而得在下之贤,同德相辅,其助岂小也哉?故吉也。③

《鼎》卦:初六,鼎颠趾,利出否,得妾以其子,无咎。

四近君,大臣之位,初在下之人,而相应;乃上求于下,下从其上也。上能用下之善,下能辅上之为,可以成事功,乃善道,如鼎之颠趾,有当颠之时,未为悖理也。④

二程认为,君臣之道,必须臣能够处于臣位,上辅于君而行其臣道;君能够处于君位,受群臣之辅而行其君道。如此,上下同德、同道、同心,共同“革天下之弊,新天下之治”,成就治世之功。

---

① 唐纪宇:“程颐有关爻位的理解:当‘位’被解释为阴阳之位时,主要用于判断一爻是否居正,如果阳爻居阳位、阴爻居阴位则为正。反之,如果阳爻居阴位、阴爻居阳位则为不正。”“而关于爵位,程颐认为初上无爵位,这是因为‘初居最下’,而‘上处尊位之上,过于尊位’,其他各位则均有爵位,而爵位大致可以分为两种:君位和臣位,其中五位为君位、天位,二三四位皆为臣位。”(唐纪宇:《程颐〈周易程氏传〉研究》,人民出版社 2016 年版,第 212—291 页)

② (宋)程颐、程颢著,王孝鱼点校:《革卦》,《周易程氏传》卷 4,《二程集》,中华书局 1981 年版,第 953 页。

③ (宋)程颐、程颢著,王孝鱼点校:《丰卦》,《周易程氏传》卷 4,《二程集》,中华书局 1981 年版,第 987 页。

④ (宋)程颐、程颢著,王孝鱼点校:《鼎卦》,《周易程氏传》卷 4,《二程集》,中华书局 1981 年版,第 958—959 页。

二程还立足“位”与“德”的关系进行了讨论。一方面,认为“位”是君臣之“德”得以发挥的基础。对于君主,程颐说:“无其位,则虽有其道,将何为乎? 故圣人之位,谓之大宝。”①如果没有“位”,即使是具有大德的圣人也无法施行其大道,圣人必须有“位”才能使“道”得以发挥。另一方面,认为“德”是“位”得以存续的保障。二程指出,君主之“位”不是永恒的。比如,对于周武王灭商后“耻食周粟,饿死首阳”的伯夷、叔齐,程颐解释道:“武王伐纣,伯夷只知君臣之分不可,不知武王顺天命诛独夫也。”②程颐认为,周武王讨伐纣王,乃是顺应天命之行,并非不守君臣之分、以下犯上的恶行。可见,君主之“位”的得来、继承与失去,都与其“德”相匹配。由此,再次重申了君臣各得其“位”、各具其“德”的必要性。

二程进而指出,从“德”与“位”而言,天下之乱一般有两种,一是君臣“位”之不当,二是君臣“德”不配“位”。关于君臣“位”之不当,在注解《颐》卦六四爻“六四,颠颐,吉。虎视眈眈,其欲逐逐,无咎”时,程颐分析道:“夫居上位者,必有才德威望,为下民所尊畏,则事行而众心服从。若或下易其上,则政出而人违,刑施而怨起,轻于陵犯,乱之由也。”③居于上位之君主,必须有才德威望,才能为臣子和下民所敬仰、敬畏,其为政必使百姓心悦诚服;但是如果上下易位,有德行之君主不能处于上位,则政令虽出而人不从之,刑罚遍地而百姓怨恨,国家的混乱就会由此而始。

而对于臣,也应该严守臣之位而不逾矩。二程对于臣越其“位”的行为极为反对,即使这个“臣”是周公也不例外。比如,二程在与刘安节论及“赐鲁天子礼乐以祀周公”一事时,指出:“不可。人臣而用天子之所用,周公之法乱矣。成王之赐,伯禽之受,皆过也。王氏谓人臣有不能为之功,而周公能之,故赐以人臣不能用之礼乐,非也。人臣无不能为之功,周公亦尽其分耳。”④周成

① (宋)程颐、程颢著,王孝鱼点校:《否卦》,《周易程氏传》卷1,《二程集》,中华书局1981年版,第762页。

② (宋)程颐、程颢著,王孝鱼点校:《伊川先生语八》,《河南程氏遗书》卷22,《二程集》,中华书局1981年版,第293页。

③ (宋)程颐、程颢著,王孝鱼点校:《颐卦》,《周易程氏传》卷2,《二程集》,中华书局1981年版,第836页。

④ (宋)程颐、程颢著,王孝鱼点校:《河南程氏粹言》卷2,《二程集》,中华书局1981年版,第1244页。

王赐给周公以天子礼乐,而周公之子伯禽受之,原因是周公有“人臣不能为之功”。对此,二程认为,这是破坏了君臣之位、君臣之法的行为。臣子对君主自当像儿子侍奉父亲一样,既然儿子侍奉父亲不存在所谓“不能为之孝”,那么臣子对君主也就不存在所谓“不能为之功”,臣子尽其职责本就是处于臣子之“位”的职分所系。故而,君臣都应严守其位,不越轨、不逾矩。

二程具体探讨了几个朝代君臣之“德”与“位”不当的负面案例,在总结历史教训的同时立足于儒家伦理纲常对统治者从道德义理上进行批判和纠偏,以希维系国家的有效治理和社会的正常运转。① 譬如东周,程颢言:“东周之乱,无君臣上下,故孔子曰:‘如有用我者,吾其为东周乎?’言不为东周也。”②东周之所以大乱,正是因为其君臣上下之别被混淆,君臣各不在其位;而孔子之所以终生致力于恢复一个西周式的社会、让文武之道重现,其所想之根本亦是使得君臣上下各归其位。譬如唐代,程颐指出:“唐有天下,如贞观、开元间,虽号治平,然亦有夷狄之风,三纲不正,无父子君臣夫妇,其原始于太宗也。故其后世子弟,皆不可使。……君不君,臣不臣,故藩镇不宾,权臣跋扈,陵夷有五代之乱。”③唐代三纲不正,唐太宗杀兄篡位,又娶元吉之妻,此后唐朝历代君主君臣父子夫妇之伦混乱,处于君位的君主不具备君主的才德,处于臣位的臣子不满足于臣子的地位,导致有唐一代不能长治久安,以致晚唐藩镇割据、权臣弄权等诸多问题。再如,在解析《诗经·齐风·东方之日》时,程颐指出:“齐国政衰,君臣皆失道,故风俗败坏,男女淫奔。日兴君,月兴臣。日月明照,则物无隐蔽,奸慝莫容,如朝廷明于上也。今君不明,故有淫奔之俗。诗人以东方之日,刺其当明而昏也。”④齐国君臣都失德失道,既导致国家政治衰

---

① 蔡方鹿:“二程以义理为标准对统治者不讲伦理提出批评,总结历史教训,明于天理人欲之分,其理论所针对的正是唐统治者的‘闺门无法不足以正天下’,体现了新形势下宋学学者复兴儒学、重整纲常、纠正前代纲常失序、人无廉耻的价值取向。目的正是为了维护社会等级秩序,以维持社会生活的正常运转。”(蔡方鹿:《二程的人性修养思想与价值观》,《道德与文明》2014 年第 2 期)

② (宋)程颐、程颢著,王孝鱼点校:《明道先生语一》,《河南程氏遗书》卷 11,《二程集》,中华书局 1981 年版,第 131 页。

③ (宋)程颐、程颢著,王孝鱼点校:《伊川先生语四》,《河南程氏遗书》卷 18,《二程集》,中华书局 1981 年版,第 236 页。

④ (宋)程颐、程颢著,王孝鱼点校:《诗解》,《河南程氏经说》卷 3,《二程集》,中华书局 1981 年版,第 1058 页。

败、奸佞横行，也导致社会秩序荡然无存，风俗败坏、男女淫奔。君臣居其“位”而无其“德”的弊端可见一斑。

故而，二程强调，作为君主，必须有更高更谨慎的要求，要做到“必有其位”“安民厚本”“修德受命”“威如孚信”，①心怀万民，治理国家；作为臣子，“位愈高而思所以报国者当愈勤”，②在其位则行其臣道，推广其道德，辅佐君主治理好天下。

二、君道：乾健而大公

要实现君臣德与位的匹配，让君臣能够在“同治”中发挥效用，程颐又提出了关于君道与臣道的理论。“天理”落实于君臣分别形成君道与臣道。在注解《乾》《坤》两卦时，程颐分别言：“乾者万物之始，故为天、为阳、为父、为君”，③“主利，利万物则主于坤，生成皆地之功也。臣道亦然，君令臣行，劳于事者臣之职也”。④ 也就是说，乾为天，为因，为君；坤，为地，为阴，为臣。这样，“《乾》《坤》两卦《彖传》中有关万物资乾（天）以始、资坤（地）以生的宇宙论思想就被程颐转化为政治世界中的政事资君而发、资臣而成的结构，这种君臣二元结构构成了他整个政治哲学思考的前视野”。⑤

具体而言，在“君道”和“臣道”中，立足北宋君权高度集中的政治现状和君主在君臣同治中所居的主体地位，正“君道”以治天下，成为二程首先需要

---

① 刘乐恒：所谓“必有其位”，是说君必有确实的君位，如果没有君位，则不成为君。所谓“安民厚本”，是说在君之位，其职是对天下万民负责。需要存安民之心、行养民之道，从而保民而王、敦厚其本。所谓“修德受命”，是指既然人君居最中正之位，因此天下对于人君的“德”的要求就更高。处人君之位，要尽其分位，必须通过修德的工夫，让自身“上顺天命，下应人心”。所谓“威如孚信”，是说人君之位是凝重稳固的大位，人君守其位，则必须对于天地人物孚诚守信，同时也必须在仪表气象上整饬严恪，有威严之态，才能使得下不犯上、以德服众。（刘乐恒：《伊川理学新论》，岳麓书社 2014 年版，第 170 页）

② （宋）程颐、程颢著，王孝鱼点校：《河南程氏粹言》卷 2，《二程集》，中华书局 1981 年版，第 1247 页。

③ （宋）程颐、程颢著，王孝鱼点校：《乾卦》，《周易程氏传》卷 1，《二程集》，中华书局 1981 年版，第 695 页。

④ （宋）程颐、程颢著，王孝鱼点校：《坤卦》，《周易程氏传》卷 1，《二程集》，中华书局 1981 年版，第 706 页。

⑤ 唐纪宇：《〈程氏易传〉中的“君臣共治”思想》，《中国哲学史》2013 年第 1 期。

处理的问题。① 二程多次强调君主在国家治理中的重要性。对百官而言，君主起到垂范作用，“君主正，则百官正；百官正，则天下定也，百姓受益也”。②对国家而言，君主在一个国家中处于至高无上的地位，国家的治乱、社会风俗的美恶，都系于君主。正如程颐所言：“九五居人君之位，时之治乱，俗之美恶，系乎己而已。观己之生：若天下之俗皆君子矣，则是己之所为政化善也，乃无咎矣；若天下之俗未合君子之道，则是己之所为政治未善，不能免于咎也。”③君主以一人之身事关天下治乱，只有君主能行其“君道”，有德行、善教化，那么才能“安天下”“养天下”。

二程对“君道”的内涵进行了阐发。程颐指出，既然社会政治领域之君臣恰如自然环境领域的天地之分、阴阳之别，那么作为对平治天下起到决定性作用的君主，自当乾健而大公，体天道而治：“天为万物之祖，王为万邦之宗。乾道首出庶物而万汇亨，君道尊临天下而四海从。王者体天之道，则万国咸宁也。”④正如天是万物之祖，君主也是万邦之祖，“天理”在自然之天则为乾之刚健之道，惠及万物；“天理”在社会之君则为君之道，四海归从。因此作为君主，只需要体会天之“乾健”，顺天道而治理天下，自然可以万民归心、万国咸宁。

作为君主，如何效法乾之刚健而治？“天行健，君子以自强不息”，天的“乾健”在君主身上展现有二，一为秉持“正心”，二为大公无私。二程反复强调君主之“正心”的重要性，认为“正心”是君主治道之本。“治道亦有从本而言，亦有从事而言。从本而言，惟从格君心之非、正心以正朝廷，正朝廷以正百官。若从事而言，不救则已，若须救之，必须变。大变则大益，小变则小益。”⑤

① 林存光：“二程亦清楚地认识到，皇权是政治行动的最终权源和国家治乱的根本所系，故汲汲于从君主的角度来探求治国平天下之道。”（林存光、王法强：《义理、权势与政治——二程兄弟的政治哲学论纲》，《政治思想史》2018 年第 3 期）

② 参见陈力祥：《顺理而治　发政施仁——二程王道政治伦理思想发微》，《求索》2019 年第 1 期。

③ （宋）程颐、程颢著，王孝鱼点校：《观卦》，《周易程氏传》卷 2，《二程集》，中华书局 1981 年版，第 801 页。

④ （宋）程颐、程颢著，王孝鱼点校：《乾卦》，《周易程氏传》卷 1，《二程集》，中华书局 1981 年版，第 698 页。

⑤ （宋）程颐、程颢著，王孝鱼点校：《伊川先生语一》，《河南程氏遗书》卷 15，《二程集》，中华书局 1981 年版，第 165 页。

"治道有自本而言,有就事而言。自本而言,莫大乎引君当道,君正而国定矣。就事而言,未有不变而能有为者也,大变则大益,小变则小补。"①此两句分别出自《遗书》和《粹言》,文本有细节上的差异而大义相同,即认为治道有本和事的区分。就本而言,治道之本无外乎君主之"正心",君主能够保持心志坚定而"格君心之非",那么推而广之可以使朝廷归向于正,使百官归向于正,故言君主心志坚定而国家安定;就事而言,治道则应因时变革、革故鼎新。

效法乾之刚健之道而治,仅仅"心正""志定"是不够的。二程指出,有正心之君主还要做到大公无私,广泛地考察万事万物而做到无所偏颇。"大公"观念,出自《礼记·礼运》"天下为公",代表着一种"人不独亲其亲,不独子其子,使老有所终,壮有所用,幼有所长,矜寡孤独废疾者皆有所养,男有分,女有归"的大同理想。二程继承了这种至公无私思想,并与其"天理"哲学体系相结合,将"天理"的运行有常、至公无私与君主的伦理道德和圣人气象相连接。"圣人以大公无私治天下";②"有分毫私,便不是王者事";③"人君当与天下大同,而独私一人,非君道也"。④ 这样,就通过"至公无私",实现了天人的沟通。⑤

三、臣道:坤顺而守职

正如在宇宙自然中天地相交而化生万物,在政治世界中,君道与臣道的相合则成就现实政治。⑥ 天行健,君子以自强不息;地势坤,君子以厚德载物。天之"乾健"之于君则成君道,地之"坤顺"之于臣则成臣道。君道当效法乾之刚健而格正君心、大公无私,与之相对应,臣道则应效法坤之柔顺而持守己道。

---

① (宋)程颐、程颢著,王孝鱼点校:《河南程氏粹言》卷1,《二程集》,中华书局1981年版,第1218页。

② (宋)程颐、程颢著,王孝鱼点校:《比卦》,《周易程氏传》卷1,《二程集》,中华书局1981年版,第742页。

③ (宋)程颐、程颢著,王孝鱼点校:《二先生语五》,《河南程氏遗书》卷5,《二程集》,中华书局1981年版,第77页。

④ (宋)程颐、程颢著,王孝鱼点校:《大有卦》,《周易程氏传》卷1,《二程集》,中华书局1981年版,第767页。

⑤ 蔡方鹿:"至诚无私既是自然之天运行的客观规律,又是人间的道德原则,具有沟通天人的普遍意义。"(蔡方鹿:《二程的人性修养思想与价值观》,《道德与文明》2014年第2期)

⑥ 唐纪宇:"在程颐看来,政治世界中的君臣结构与宇宙生化的模式是极为相似的,这种模式在自然世界中表现为天与地共同生成万物的关系,在人文社会则表现为君与臣共同成就政事的关系。"(唐纪宇:《〈程氏易传〉中的"君臣共治"思想》,《中国哲学史》2013年第1期)

当然,这种关于君与臣、乾与坤的区分是一种相对性的概念,强调君道与臣道各自侧重之处,并不是说君一定不讲“坤顺”。“或问:‘坤者臣道也,在君亦有用乎?’子曰:‘厚德载物,岂非人君之用?’”①二程指出,“坤”之厚德载物,对于君主也是适用的。

二程认为,作为士大夫,自然当秉持坤顺之道,辅君主而治。第一要义为“顺”,这也是臣道之真谛。《益》卦初九爻“初九,利用为大作,元吉,无咎”,程颐解释道:“四,巽顺之主,上能巽于君,下能顺于贤才也。在下者不能有为也,得在上者应从之,则宜以其道辅于上,作大益天下之事,利用为大作也。”②作为臣,应当有巽顺之德,上顺于君,下顺于贤才,辅佐君主成就治国的大事,此之谓“大作”。《观》卦六四爻“六四,观国之光,利用宾于王”,程颐解释曰:“四虽阴柔,而巽体居正,切近于五,观见而能顺从者也。……四既观见人君之德,国家之治,光华盛美,所宜宾于王朝,效其智力,上辅于君,以施泽天下,故云利用宾于王也。”③臣子观君主之德、国家之治,则进于朝堂、效力于君主,以顺治德辅佐君主,让君主“光华盛美”之大德泽被天下。只有这样,才能“上明下顺,君臣相得”。④

臣子之“坤顺”,还体现在臣子懂得“止其所止”的道理。《升》卦六四爻“六四,王用亨于岐山,吉,无咎”,程颐注解曰:“处大臣之位,不得无事于升,当上升其君之道,下升天下之贤,已则止其分焉。分虽当止,而德则当升也,道则当亨也。尽斯道者,其唯文王乎!”⑤程颐认为,臣子以坤顺之道辅佐君主,在上要帮助君主推行治国之大道,在下要协助君主选拔天下之贤才,但是对于臣子自身来说,则应柔顺谦恭、安于其位,不能求取升官进爵。臣子已居高位而继续求“升”,只会给自己带来祸患;反之,如果能够具备坤顺之道、

---

① (宋)程颐、程颢著,王孝鱼点校:《河南程氏粹言》卷1,《二程集》,中华书局1981年版,第1200页。

② (宋)程颐、程颢著,王孝鱼点校:《益卦》,《周易程氏传》卷3,《二程集》,中华书局1981年版,第914页。

③ (宋)程颐、程颢著,王孝鱼点校:《观卦》,《周易程氏传》卷2,《二程集》,中华书局1981年版,第800—801页。

④ (宋)程颐、程颢著,王孝鱼点校:《晋卦》,《周易程氏传》卷3,《二程集》,中华书局1981年版,第874页。

⑤ (宋)程颐、程颢著,王孝鱼点校:《升卦》,《周易程氏传》卷3,《二程集》,中华书局1981年版,第938页。

止其所止，那么虽然作为臣的职分没有上升，但是作为臣子之德却是增益良多的。

臣子应如何秉持坤顺之道，辅助君主成就天下之治呢？程颐言："夫为人臣者，居其位，食其禄，必思何所得爵禄来处，乃得于君也。必思所以报其君，凡勤勤尽忠者，为报君也。"[①]作为臣子，居于臣子之位、领取朝堂俸禄，必须要思索其俸禄之所由来而勤勉尽忠、报答其君，这是一种单向度的义务，是"符合天理、理所当然应该承担的一种道德规范和义务"[②]。同时，臣子尽心尽力辅佐君主、心怀万民而治理国家也是其作为臣子的责任之所在："大臣当天下之任，必能成天下之治安，则不误君上之所倚，下民之所望，与己致身任道之志，不失所期，乃所谓信也。"[③]"宜竭其才力，济天下之艰危，成天下之治安，故曰利涉大川。得君如此之专，受任如此之重，苟不济天下艰危，何足称委遇而谓之贤乎？当尽诚竭力，而不顾虑，然惕厉则不可忘也。"[④]臣子当以天下为己任，为其所当为之事，不为其所不当为之事，上不辜负君主的信任，下不失却百姓的希冀，又不违背自己的意志，竭尽其能"济天下之艰危，成天下之治安"，像伊尹和周公一样，"忧勤兢畏"，治理国家。

其二，臣子在辅佐君主治理国家之时，必须要严守君臣之别，维护君主权威，让事功和民心尽归之于君主，"臣子不仅不要彰显自己的成就，反而要将功劳都归之于君主，从而使民众也都归心于君主"[⑤]。具体而言，臣下遇事不可擅专，在注解《师》九二爻"九二，在师中吉，无咎，王三锡命"时，程颐指出："人臣之道，于事无所敢专，唯阃外之事则专制之，虽制之在己，然因师之力而能致者，皆君所与而职当为也。"[⑥]只有在自己职分之内、君主给予的职分所当为之事，才能去做。臣子做事时还当不居功，令恩威出于君主而百姓感怀其

---

① （宋）程颐、程颢著，王孝鱼点校：《伊川先生语五》，《河南程氏遗书》卷19，《二程集》，中华书局1981年版，第264页。

② 丁静：《二程教化思想研究》，南京大学出版社2018年版，第137页。

③ （宋）程颐、程颢著，王孝鱼点校：《震卦》，《周易程氏传》卷4，《二程集》，中华书局1981年版，第960—961页。

④ （宋）程颐、程颢著，王孝鱼点校：《颐卦》，《周易程氏传》卷2，《二程集》，中华书局1981年版，第837—838页。

⑤ 唐纪宇：《〈程氏易传〉中的"君臣共治"思想》，《中国哲学史》2013年第1期。

⑥ （宋）程颐、程颢著，王孝鱼点校：《师卦》，《周易程氏传》卷1，《二程集》，中华书局1981年版，第734页。

君:"为臣之道,当使恩威一出于上,众心皆随于君。"①这也就要求臣子善于"守拙",不过度凸显自己的功劳:"为臣之道,当含晦其章美,有善则归之于君,乃可常而得正。上无忌恶之心,下得柔顺之道也。可贞谓可贞固守之,又可以常久而无悔咎也。或从上之事,不敢当其成功,惟奉事以守其终耳。守职以终其事,臣之道也。"②作为臣子,当包藏美质,有美德而不显耀,怀才华而藏善之,要将所行之善政皆归于君,自己只是奉行君主的政令、协助君主的事业而已。只有这样,才能上下相得,使君臣之道长久于治。

其三,臣子虽然持守坤顺之道,但是也要持守"天理"之正,不一味从君从众、阿谀奉承,在必要之时"格君心之非","让皇帝明确实行仁政的责任,使其认清权力来源,并学会妥善使用权力"。③ 首先,臣子要敢于直言兴亡之大道。程颐指出,"死者无终极,国家有废兴。自昔人臣当大事之际,乃以兴废之言为忌讳,莫敢议及,如此苟循人情,辜负往者,不忠之大者也。"④人之存亡和国家之兴废都自有其"理",臣子不能因为忌讳而不谈国家兴废之大事,为了自保而不敢向君主陈此大道。其次,对于君主的错误,臣子要讲明事理,予以纠正,格君心之非:"大臣之任,上畜止人君之邪心,下畜止天下之恶人。"⑤"凡谏说于君,论辩于人,理胜则事明。"⑥作为臣子,必须敢于劝谏君主,发事物之天理,止君主之私欲。

二程批判了当时朝堂上臣子不敢劝谏君主的弊病,指出:"今天下之士人,在朝者又不能言,退者遂忘之,又不肯言,此非朝廷吉祥。虽未见从,又不曾有大横见加,便岂可自绝也?君臣,父子也,父子之义不可绝。岂有身为侍

① (宋)程颐、程颢著,王孝鱼点校:《随卦》,《周易程氏传》卷2,《二程集》,中华书局1981年版,第786页。

② (宋)程颐、程颢著,王孝鱼点校:《坤卦》,《周易程氏传》卷1,《二程集》,中华书局1981年版,第709页。

③ 李永富:"格君心之非,可以让皇帝明白实行仁政是天道秩序的要求。""格君心之非,还可以让皇帝明白实行仁政是人间的政治契约的必然要求。"(李永富:《引君当道 致君尧舜——二程论格君心之非》,《东岳论丛》2016年第11期)

④ (宋)程颐、程颢著,王孝鱼点校:《伊川先生文一》,《河南程氏文集》卷5,《二程集》,中华书局1981年版,第528页。

⑤ (宋)程颐、程颢著,王孝鱼点校:《大畜卦》,《周易程氏传》卷2,《二程集》,中华书局1981年版,第830页。

⑥ (宋)程颐、程颢著,王孝鱼点校:《河南程氏粹言》卷2,《二程集》,中华书局1981年版,第1245页。

从，尚食其禄，视其危亡，曾不论列，君臣之义，固如此乎？”①君臣犹如父子，臣子既然食君主之禄，就应该行当行之事，对于君主之不足、朝堂之弊病、天下之得失，不能因计较个人得失而“不能言”“不肯言”；作为臣子，要能够为君主陈治国之道、谏君主之失，如此才不负君臣之义。

但是，二程也指出，虽然“臣贵正，不贵权”，但臣子在劝谏君主时也要讲究方式方法和变通。对于是否必须劝谏，二程言：“或问：‘为官僚而言事于长，理直则不见从也，则如之何？’子曰：‘亦权其轻重而已。事重于去则当去，事轻于去则当留，事大于争则当争，事小于争则当已。’”②如果是臣子之所言，其理虽正而不为君主听从，此时要区分轻重缓急。如果是事关家国社稷之大事、要事，自然当据理力争，哪怕辞官或被罢黜也在所不辞；而对于一些枝节细碎之事，则不必与君主作一时之争，可以保养己身以待徐徐图之。

关于劝谏的具体方法，二程言：“人臣以忠信善道事其君者，必达其所蔽，而因其所明，乃能入矣。虽有所蔽，亦有所明，未有冥然而皆蔽者也。古之善谏者，必因君心所明，而后见纳。是故讦直强果者，其说多忤；温厚明辩者，其说多行。”③二程认为，君主虽然有被遮蔽之处，但一定也有明达之处；善于劝谏的臣子，当从君主之所“明”入手，循循善诱乃至于所“蔽”之处，最后达到循其所“明”而革其所“弊”的目的。总之，劝谏君主，要做到“知变守常应是，直谏而不顺从，规过而不卑折，法古而不随俗，守道而不习非”，④以“坤顺”之道循序渐进、温厚而劝，而不可过于刚直，因忤逆君主而使得所劝谏之事不得施行。

与之相对应，二程也劝谏君主当谦逊而采纳臣子之良谏。“人君居兆人之上，处天下之尊，只惧怕人过为崇奉，以生骄慢之心。”⑤“人君居崇高之位，

① （宋）程颐、程颢著，王孝鱼点校：《二先生语二》，《河南程氏遗书》卷2，《二程集》，中华书局1981年版，第43页。

② （宋）程颐、程颢著，王孝鱼点校：《河南程氏粹言》卷2，《二程集》，中华书局1981年版，第1245页。

③ （宋）程颐、程颢著，王孝鱼点校：《河南程氏粹言》卷2，《二程集》，中华书局1981年版，第1243页。

④ 张立文：《宋明理学研究》，人民出版社2002年版，第318—319页。

⑤ （宋）程颐、程颢著，王孝鱼点校：《河南程氏粹言》卷2，《二程集》，中华书局1981年版，第1247页。

持威福之柄,百官畏惧而莫敢仰视,万方崇奉而所欲必得,苟非知道畏义,所养如此,其惑可知。"[①]"人主之势,不患不尊,患臣下尊之过甚而骄心生尔。"[②]处于万人之上、居于天下之尊的君主,百官畏惧仰视,所欲皆能满足,最怕因被臣子过度崇奉乃至阿谀奉承而生傲慢之心,导致国家的祸患。故而,程颐在《上仁宗皇帝书》中写道:"圣明之主,无不好闻直谏,博采刍荛,故视益明而听益聪,纪纲正而天下治;昏乱之主,无不恶闻过失,忽弃正言,故视益蔽而听益塞,纪纲废而天下乱;治乱之因,未有不由是也。"[③]自古以来,圣明的君主都是好闻直谏、博采刍荛,而圣明君主治下之臣也是敢言直谏、直陈利弊得失,由此君主才能兼听则明,规正纲纪而治理天下;而昏聩的君主闭目塞听、不闻自恶,昏聩君主治下的臣子亦三缄其口、自保其身,故而纲纪不正、天下大乱。

最后,臣子的坤顺之道还体现在臣子的忠贞上。程颢言:"忠者,天理。"[④]为臣子当忠贞于自己的君主,坚持君臣之义,不可事于二主,如唐初之臣既事建成、又事太宗,二程认为这是不符合臣子之德、君臣之义的:"天下宁无魏公之忠亮,而不可无君臣之义。昔事建成而今事太宗,可乎?"[⑤]在二程的设想中,通过如此之道,使得君守君道,臣守臣道,在君臣的有效配合下,成就国家之治。

四、君臣之道,在敬与诚

二程还强调了君臣在"同治"过程中各尽其"天理"而所当遵循的规范原则。二程指出,君臣之道,在"敬"与"诚"。其中,"敬"为外在性规范,强调君臣之间要互待以"敬";"诚"为内在性原则,强调君臣相处当内心怀"诚","'诚'与'敬'是一国之君与天下臣民都应该具有的品质和德性,而君王以身

① (宋)程颐、程颢著,王孝鱼点校:《河南程氏粹言》卷2,《二程集》,中华书局1981年版,第1248页。

② (宋)程颐、程颢著,王孝鱼点校:《河南程氏遗书·附录》,《二程集》,中华书局1981年版,第342页。

③ (宋)程颐、程颢著,王孝鱼点校:《伊川先生文一》,《河南程氏文集》卷5,《二程集》,中华书局1981年版,第510页。

④ (宋)程颐、程颢著,王孝鱼点校:《明道先生语一》,《河南程氏遗书》卷11,《二程集》,中华书局1981年版,第124页。

⑤ (宋)程颐、程颢著,王孝鱼点校:《大全集拾遗》,《河南程氏外书》卷10,《二程集》,中华书局1981年版,第405页。

作则、带头践履尤为重要”。①

“敬”,《释名·释言语》曰“敬,警也,恒自肃警也”;《玉篇·苟部》曰“敬,恭也”;东汉许慎《说文解字》作“肃也”。“敬”,即“肃”,取肃正、谨慎之义,又可引申为尊重、谦恭而有礼貌地对待。

“敬”也是中国哲学思想史上的重要概念。在《诗》《书》《礼》《易》《春秋》五经中,“敬”多次出现。《诗经》中与“敬”相关的诗句主要集中在《雅》特别是《大雅》中,表达对天命、先祖和礼法的敬畏之情,如《诗经·大雅·民劳》曰“敬慎威仪,以近有德”,《诗经·小雅·雨无正》曰“凡百君子,各敬尔身”,都取此意。《礼记》中的“敬”则表现出“敬”与“礼”相结合、敬畏礼法的鲜明特质。《礼记·曲礼》全文七次出现“敬”字,其开篇即云:“曲礼曰:‘毋不敬,严若思,安定辞,安民哉。’”《易经》中也多次提及“敬”的概念,多言“敬以直内”“敬慎不败”“敬之终吉”“敬之无咎”等,来表明对“敬”的推崇。而《尚书》中,“敬”实现了由宗教性的“敬天”向人文性的“敬民敬德”的转向,②如《尚书·商书·盘庚下》曰“朕及笃敬,恭承民命,用永地于新邑”,《尚书·周书·召诰》“王敬作所,不可不敬德”等,集中体现圣王先哲的忧患意识。

孔子也多言“敬”,“敬”字在《论语》中出现了21次。一方面,孔子强调敬畏天命,致力于通过敬畏天命来达到天人和谐。他认为人对天应拥有虔诚的态度,通过敬畏天命来严格要求自己:“君子有三畏:畏天命,畏大人,畏圣人之言。”(《论语·季氏》)这里,“敬”已与“畏”的概念紧密结合。同时,孔子认为,天是道德原则之本原,人当以德配天,依靠人的力量、效法天的运转,来彰显天道之大德。他说,“天生德于予”(《论语·述而》),“五十而知天命”(《论语·为政》),“不知命,无以为君子也”(《论语·尧曰》),正是强调人要不断敬天修德,这就超越了仅仅敬畏的层面。另一方面,孔子也强调君君、臣臣、父父、子子角度的政治和伦理层面的敬。“弟子入则孝,出则弟”(《论语·学而》),“事父母几谏,见志不从,又敬不违,劳而不怨”(《论语·里仁》)展现的是伦理层面的“敬”;“上好礼,则民莫敢不敬”(《论语·子路》),“事君,敬其

---

① 罗家祥:《儒家“诚”“敬”理论的宋代开展及其实践意义》,《哲学研究》2015年第5期。

② 参见冯兵:《儒家“敬”论的三个发展阶段——以〈尚书〉、〈曲礼〉和程朱理学为例》,《哲学动态》2017年第4期。

事而后其食”（《论语·卫灵公》），展现的都是政治层面的“敬”。此外，孔子还特别提出“敬事”的概念。《论语·子路》篇曰：“居处恭，执事敬，与人忠。虽之夷狄，不可弃也。”恭、敬、忠这些仁德到了夷狄也不能背弃。《论语·季氏》曰：“君子有九思：视思明，听思聪，色思温，貌思恭，言思忠，事思敬，疑思问，忿思难，见得思义。”做事就要心怀敬意，这才是君子应有的操守。最后，孔子也强调日常修养中的敬以修身，而“修己以敬”的终极意义在于通过修正己身，修齐治平，最终“明明德于天下”。

孔子之后，孟子也曾言“敬”。《孟子·离娄下》言：“爱人者，人恒爱之；敬人者，人恒敬之。”《孟子·告子上》言：“恭敬之心，礼也。……仁义礼智，非由外铄我也，我固有之也，弗思耳矣。”孟子言“敬”，再次与礼结合，将“礼敬”加以阐发，“敬”成为施行礼的关键。到了荀子，“敬”论发生了一定转变。《荀子·礼论》：“礼有三本：天地者，生之本也；先祖者，类之本也；君师者，治之本也。……故礼，上事天，下事地，尊先祖而隆君师，是礼之三本也。”荀子站在礼的角度，将“敬”具体区分为对天地的事奉，对先祖的敬重和对君师的尊崇三个部分，这也与其“明于天人之分”的思想相一致。此外，《大学》等儒家典籍中也多有“敬”相关表述，整体都处于孔孟所开创的儒家“敬”论的框架内。①

孔孟荀之后，对“敬”的阐发最为精深的则是二程。朱熹言：“敬者工夫之妙，圣学之成始成终者皆于此。自秦汉以来，诸儒皆不识这敬字，直至程子方说得亲切，学者知所用力。”②“程先生所以有功于后学者，最是敬之一字之力。”③“敬”正是由于二程的提倡而得以发扬，这也是二程对后学最大的贡献。朱熹自己更是强调：“‘敬’字工夫，乃圣门第一义，彻头彻尾，不可顷刻间断。‘敬’之一字，真圣门之纲领，存养之要法。一主乎此，更无内外精粗之间。”④二程言“敬”，何以得到后学如此高的评价？

关于“敬”的内涵实现了对五经及孔孟荀“敬”相关理论的突破。二程主要从两个层面对“敬”进行讨论。其一，从人的本心即“天理”的角度，提出“涵

---

① 参见罗安宪：《敬、静、净：儒道佛心性论比较之一》，《探索与争鸣》2010年第6期。

② （宋）朱熹著，（宋）黎靖德编：《学六》，《朱子语类》卷12，中华书局1986年版，第208页。

③ （宋）朱熹著，（宋）黎靖德编：《学六》，《朱子语类》卷12，中华书局1986年版，第210页。

④ （宋）朱熹著，（宋）黎靖德编：《学六》，《朱子语类》卷12，中华书局1986年版，第210页。

养须用敬”的主张，以及“诚敬”“闲邪”“识仁定性”“主一无适”等具体思路，主张用“主敬”的修养工夫来涵养本心，心有所敬，进而使自己的“天命之性”得以呈现，从而获得个人道德境界的提升，见诸：

涵养须用敬，进学则在致知。①

君子主敬以直其内，守义以方其外。敬立而内直，义形而外方。义形于外，非在外也。敬义既立，其德盛矣，不期大而大矣，德不孤也。②

主心者，主敬也；主敬者，主一也。不一，则二三矣。苟系心于一事，则他事无自入，况于主敬乎？③

虑，则自然生敬，敬只是主一也。主一，则既不之东，又不之西，如是则只是中。既不之此，又不之彼，如是则只是内。存此，则自然“天理”明。④

在修养工夫方面，二程兄弟对周敦颐的“主静”修养工夫进行了厘析，提出当以“主敬”来克服“主静”之弊病。具体而言，程颢的“主敬”修养工夫可以概括为“诚敬而识仁定性”，也就是以“诚”为本体，以“敬”为原则，然后去“识仁”而“定性”，从而复现本心的“天理”，完成个体道德的提升和完善，实现自己的价值理想和追求。程颐与其兄程颢存在一些差异。程颐“主敬”修养工夫的立足点不再是先天天理流行的本然之心，而是后天的并不至善至美的实然之心；他不再从取消内外区别、取消主客二分的圆融性出发，而是直接讲“涵养须用敬”，并用“闲邪”和“主一无适”来释“敬”，将“敬”关注的重点从内在直接体验转向外在的修炼和提升。蔡仁厚评价道：“明道是以直通道体的敬体诚体直内，以清澈内部之生命。……这是从先天的体上说工夫，不是从后天的实然的心上说工夫。而伊川则是从后天的实然之心上着眼，由涵养这个‘由振作、肃整、凝聚而表现的敬心’，来渐渐迫近那本心、或渐渐迫近那‘於穆不已’之体，以使实然的心转为道心。”⑤二程对“主敬”修养工夫的阐发各

---

① （宋）程颐、程颢著，王孝鱼点校：《伊川先生语四》，《河南程氏遗书》卷18，《二程集》，中华书局1981年版，第188页。

② （宋）程颐、程颢著，王孝鱼点校：《坤卦》，《周易程氏传》卷1，《二程集》，中华书局1981年版，第712页。

③ （宋）程颐、程颢著，王孝鱼点校：《河南程氏粹言》卷1，《二程集》，中华书局1981年版，第1192页。

④ （宋）程颐、程颢著，王孝鱼点校：《伊川先生语一》，《河南程氏遗书》卷15，《二程集》，中华书局1981年版，第149页。

⑤ 蔡仁厚：《宋明理学·北宋篇》，吉林出版集团有限责任公司2009年版，第321页。

有特色,形成相辅相成的儒家重要修养理论。

其二,强调在君君臣臣的关系问题上,应当心中主“敬”。二程认为,“天理”落实在君臣之间的外在表现即为“敬”,“敬”是君臣之间“天理”的直接表现。二程在《论道篇》中写道:“子曰:道外无物,物外无道。在父子则亲,在君臣则敬。”①在注解《损》卦彖传“曷之用?二簋可用享。二簋应有时,损刚益柔有时”时,程颐再次强调:“父子主恩,必有严顺之体;君臣主敬,必有承接之仪;礼让存乎内,待威仪而后行;尊卑有其序,非物采则无别;文之与实,相须而不可缺也。”②父子之间主于恩,才能操守端谨而随顺时势,实现家庭的和睦;君臣之间主于“敬”,才能有上下接续承应,实现国家的治理。

推而广之,二程进一步指出,不只是君臣,朋友等亦当主于“敬”:“问:‘人有以“君子敬而无失与人”为一句,是否?’曰:‘不可。敬是持己,恭是接人。与人恭而有礼,言接人当如此也。近世浅薄,以相懽狎为相与,以无圭角为相懽爱,如此者安能久?若要久,须是恭敬。君臣朋友,皆当以敬为主也。’”③这里,二程强调了“敬”的双重内涵,既要“敬是持己”,通过“主敬”实现个人的修养;又要“敬”君臣朋友,将恭敬作为待人接物之道,如此才能实现彼此关系的持久和稳固。反之,决不能以相处甚欢、不露锋芒为相处之道。

与父对子为“慈”、子对父为“孝”不同,君臣之间的“敬”是一种双向的关系。作为君主,当敬重臣子、礼贤下士。《河南程氏粹言》中也收录了一则宋神宗礼敬明道先生的轶事。“明道每进见,必陈君道以至诚仁爱为本,未尝一言及功利。上始疑其迂阔,而礼貌不少替也。一日,极论治道,上敛容谢曰:‘此尧、舜之事也,朕何敢当?’明道愀然曰:‘陛下此言,非天下之福。’上益敬之。”④程颢每每觐见神宗,一定会向神宗申述以仁爱为本的为君之道,对神宗认识上的不足之处亦能够指出。神宗对于程颢的观点虽不甚认同,却能够做

---

① (宋)程颐、程颢著,王孝鱼点校:《河南程氏粹言》卷1,《二程集》,中华书局1981年版,第1169页。

② (宋)程颐、程颢著,王孝鱼点校:《损卦》,《周易程氏传》卷3,《二程集》,中华书局1981年版,第908页。此条又见于《粹言》。

③ (宋)程颐、程颢著,王孝鱼点校:《伊川先生语四》,《河南程氏遗书》卷18,《二程集》,中华书局1981年版,第184页。

④ (宋)程颐、程颢著,王孝鱼点校:《河南程氏粹言》卷2,《二程集》,中华书局1981年版,第1252页。

到“礼貌不少替”,这正是外在之“敬”。

二程也从理论上对君主当“敬”臣子的原因作了分析。程颐在解《蒙》卦彖传“蒙,山下有险,险而止,蒙”时说:“贤者在下,岂可自进以求于君? 苟自求之,必无能信用之理。古之人所以必待人君致敬尽礼而后往者,非欲自为尊大,盖其尊德乐道,不如是不足与有为也。”①古代君子之出仕,一定是等待君主礼敬而入于庙堂,这不是出于君子的傲慢自大,而是只有能够礼敬臣下、尊崇道德的君主才值得君子辅佐,能够有所作为;反之,自己求进于君主,罕能有所作为。而在《中庸解》中,二程更为系统地梳理了君主对臣子之“敬”。二程指出:

> 修身,九经之本。必亲友,然后修身之道进,故次之以尊贤。道之所进,莫先其家,故次之以亲亲。由亲亲以及朝廷,故敬大臣,体群臣。由朝廷以及其国,故子庶民,来百工。由其国以及天下,故柔远人,怀诸侯。此九经之序。视群臣犹吾四体,视庶民犹吾子,此视臣视民之别。礼义由贤者出,尊贤则不为异端所惑。大臣,人所瞻仰,所以取法,非其人,黜之可也。在其位,不可不敬,不敬则民眩,不知所从。……注云:大臣皆有属官,所任使,不亲小事也。待之以忠信,养之以厚禄,士无有不劝者也。②

《中庸》中说:“凡为天下国家有九经,所以行之者一也。”治理天下和国家有九条准则,分别是:“修身”“尊贤”“亲亲”“敬大臣”“体群臣”“子庶民”“来百工”“柔远人”“怀诸侯”。这九者有着天然的密切关联。就次第而言,以修身为本,然后能够尊崇贤能、亲爱亲族,“亲亲”之道体现在朝堂,则是敬重大臣、体恤群臣。而朝堂“敬臣”之道体现在国家,就是爱民如子、招贤工匠,进而到整个天下层面的优待远人、安抚诸侯。处于中间环节的“敬大臣”“体群臣”,串联起了齐家治国平天下之道。

二程进而分析了臣子的地位。臣子对于君主来说就像君主的四肢一样,是协助君主治理国家的。一方面,百姓无不瞻仰大臣、取法于大臣,从这个角度而言君主要敬爱大臣,否则必然导致百姓无所取法、无所适从;同时,在自上

---

① (宋)程颐、程颢著,王孝鱼点校:《蒙卦》,《周易程氏传》卷1,《二程集》,中华书局1981年版,第719页。

② (宋)程颐、程颢著,王孝鱼点校:《中庸解》,《河南程氏经说》卷8,《二程集》,中华书局1981年版,第1157页。

而下金字塔式的国家治理结构中,大臣还有其属下、有其所任命之人,如果君主能够敬爱大臣、忠信待之,那么必将发挥辐射效应,使天下之士无不受到勉励、劝服,共同治理好国家。

反之,二程指出,臣子对君主亦当主于"敬":"故圣人只言止。所谓止,如人君止于仁,人臣止于敬之类是也。"①程颐在《为家君祭吕申公文》中也写道,吕公著身居司空之高位,"二圣临御,人望是从;起藩入辅,命相册公",可谓对国之大事一言万钧;然而,能够"公心如权衡,所以无闲言于率土;德如山岳,所以致敬心于人主",道德高尚,以恭敬之心辅佐两代君主,堪称臣子之典范。② 作为臣子,对君主要时时尊敬、敬畏,对政务要时时端肃、谨慎,在君主的统领下共同治理国家。

"诚",《说文解字》曰"信也",《广雅》曰"敬也",《增韵》曰"纯也,无伪也,真实也"。"诚"的本义是实实在在,"诚"进一步发挥则是真诚、诚实、诚恳、诚心,心志专一,主要涉及人的内在心理状态。

"诚"也是儒家文化中源远流长、意蕴深远的概念。"诚"在孔子之前使用并不广泛,《易传》中出现2次,如《周易·乾卦》言"闲邪存其诚",要自存诚心来防止邪恶;《尚书》中出现1次,见《尚书·太甲》言"鬼神无常享,享于克诚",鬼神不系于一人,诚信者则享其祀。此外,《诗经》《春秋公羊传》《春秋左传》中也有零星出现。在《论语》中,"诚"出现2次,见"善人为邦百年,亦可以胜残去杀矣。诚哉是言也!"(《论语·子路》),"诚不以富,亦只以异"(《论语·季氏》)。但是,这里的"诚"都不具有独立思想意义。在孔子思想体系中,"诚"更多以"直"和"忠"的观念出现,前者强调正直不曲、端正直率,如"孔子曰:'益者三友,损者三友。友直、友谅、友多闻,益矣;友便辟、友善柔、友便佞,损矣。'"(《论语·季氏》)后者则强调尽心尽力,如"曾子曰:'吾日三省吾身:为人谋而不忠乎?与朋友交而不信乎?传不习乎?'"(《论语·学而》)罗安宪指出:"'忠'与'直'的结合,其实即是后代所谓的'诚'。'诚'是内,'直'是外,'诚'则'直','诚'必'直'。孔子之后,'诚'字大行其道,'直'

---

① (宋)程颐、程颢著,王孝鱼点校:《伊川先生语四》,《河南程氏遗书》卷18,《二程集》,中华书局1981年版,第201页。

② (宋)程颐、程颢著,王孝鱼点校:《伊川先生文七》,《河南程氏文集》卷11,《二程集》,中华书局1981年版,第642页。

字则由此而销声匿迹。"①

孔子之后,《孟子》《大学》《中庸》《荀子》均多言"诚"。孟子言"诚",强调"诚"作为发自内心的真实情感,并将"诚"与"诚之"提升到了天道与人道的形而上角度加以讨论,见诸《孟子·离娄上》:"悦亲有道:反身不诚,不悦于亲矣;诚身有道:不明乎善,不诚其身矣。是故诚者,天之道也;思诚者,人之道也。至诚而不动者,未之有也;不诚,未有能动者也。"《大学》则言:"所谓诚其意者,毋自欺也,如恶恶臭,如好好色,此之谓自谦,故君子必慎其独也。"将"诚意"作为《大学》的"八纲目"之一,强调要以"诚意"来"正心",进而实现"修身"。到了《中庸》,更是极言"诚",提出"诚者,物之终始,不诚无物","唯天下至诚,为能尽其性;能尽其性,则能尽之性;能尽人之性,则能尽物之性;能尽物之性,则可以赞天地之化育;可以赞天地之化育,则可以与天地参矣"的论断,将"诚"上升到化生万物的境界。人通过"诚"与"明",可以尽人之性、尽物之性,参赞天地化育,与天地并立而为"叁"。荀子则将"诚"作为修养工夫:"君子养心莫善于诚,致诚则无它事矣,惟仁之为守,惟义之为行。诚心守仁则形,形则神,神则能化矣。诚心行义则理,理则明,明则能变矣。变化代兴,谓之天德。"(《荀子·不苟》)荀子认为,人通过"诚"则可以"守仁""行义",合内外之道而修养己身。

到了宋代,周敦颐再次高扬"诚"字。其在《通书》中言:"诚者,圣人之本。"②"圣,诚而已矣。诚,五常之本,百行之源也。静无而动有,至正而明达也。五常百行,非诚非也,邪暗塞也。故诚则无事矣。"③这样,就赋予了"诚"以"圣人之本""五常之本""百行之源"的地位,圣人之所以为圣人,"五常百行"之精神内核,都只是一个"诚"字。④

二程对"诚"的理解继周敦颐而来。二程指出,"诚"是沟通天道人事、贯通本体工夫、"合内外之道"的存在:"诚者合内外之道,不诚无物。"⑤"若反身

---

① 罗安宪:《"诚信"观念的历史生成及时代意义》,《哲学家》2011年辑。

② (宋)周敦颐:《通书·诚上第一》,《周敦颐集》卷2,中华书局1990年版,第13页。

③ (宋)周敦颐:《通书·诚下第二》,《周敦颐集》卷2,中华书局1990年版,第15页。

④ 参见罗安宪:《"诚信"观念的历史生成及时代意义》,《哲学家》2011年辑。

⑤ (宋)程颐、程颢著,王孝鱼点校:《二先生语一》,《河南程氏遗书》卷1,《二程集》,中华书局1981年版,第9页。

未诚,则犹是二物有对,以己合彼,终未有之,又安得乐。”①同时,“诚”也是个人修养工夫的来源之处:“道之浩浩,何处下手?惟立诚才有可居之处,有可居之处则可以修业也。”②程颢还指出,“诚”与“敬”有着密不可分的关联:“诚者天之道,敬者人事之本。敬者用也。敬则诚。”③由“天道”的“诚”,到“人事”的“敬”,程颢将“敬”的定位确立为“人事之本”,这也正与其关于君臣之“诚”与“敬”的思想相合。“敬”正是君臣之“诚”的重要外在表现形式。④

关于君臣之间的“诚”,二程开宗明义地指出,君臣之间只有以“诚”待之,才能实现君臣之间的稳固和长久。“诚”是“天理”的化身,是自我圆满的物之终始,“天理”落实于君臣,内在精神为“诚”:“‘诚者自成’,如至诚事亲则成人子,至诚事君则成人臣。‘不诚无物,诚者物之终始’,犹俗说彻头彻尾不诚,更有甚物也。”⑤“诚”揭示了作为“同治”主体的君臣能够稳定有序协作于国家治理的关键所在,是理想君臣关系的内在必要条件。⑥

二程进而指出,无论是对乱世的统一,还是治世的治理,君臣之“诚”都有着至关重要的作用。在乱世,天下分裂、治道不彰之时,君臣之间的“诚”难能可贵。比如在对《睽》的解释中,程颐就强调:“天下睽散之时,必君臣刚阳中正,至诚协力,而后能合也。”⑦天下分裂之时,倘若君臣能够以诚心相待,则能够众志成城、齐心协力,实现国家的一统。而在治世,实现了君臣之间内在的“诚”,则能实现君主与臣子的感通与和合;实现了君臣之交的感通和合、稳固

---

① (宋)程颐、程颢著,王孝鱼点校:《二先生语二》,《河南程氏遗书》卷2,《二程集》,中华书局1981年版,第17页。

② (宋)程颐、程颢著,王孝鱼点校:《二先生语一》,《河南程氏遗书》卷1,《二程集》,中华书局1981年版,第2页。

③ (宋)程颐、程颢著,王孝鱼点校:《明道先生语一》,《河南程氏遗书》卷11,《二程集》,中华书局1981年版,第127页。

④ 蔡仁厚认为,此处“敬”本是工夫,但即工夫即本体,故“敬”亦是本体。(蔡仁厚:《宋明理学·北宋篇》,吉林出版集团有限责任公司2009年版,第214页)

⑤ (宋)程颐、程颢著,王孝鱼点校:《伊川先生语四》,《河南程氏遗书》卷18,《二程集》,中华书局1981年版,第203页。

⑥ 姚季冬:“‘至诚之心’是理想君臣关系形成的必要条件,其实这也是君臣‘行道’,发挥其治理作用的必要条件。”(姚季冬:《程颐君臣观的治道意涵》,《政治思想史》2018年第3期)

⑦ (宋)程颐、程颢著,王孝鱼点校:《家人卦》,《周易程氏传》卷3,《二程集》,中华书局1981年版,第889页。

长久，由此才能共同治理天下："然自古君臣道合，靡不由至诚感通，信以发志"，①"君臣之交，能固而常者，在诚实而已"。②

作为君主，对待臣子当真诚、诚心。"诚"是君主应当具备的重要品质。程颐指出："九居尊位，当以至诚感天下"，③"人君居得致之位，操可致之权，苟至诚益于天下，天下受其大福，其元吉不假言也。有孚惠我德：人君至诚，益于天下，天下之人，无不至诚爱戴，以君之德泽为恩惠也"④。作为君主，居于至高之位，享有至高的权力，必须用诚心来惠及天下、教化万民，这样，天下之民都能够感怀君主之大德，才能使得天下稳固。

对天下是如此，对辅佐自己治理天下的臣子更应如此。二程指出，君主治理国家并不需要亲力亲为，只需要以至诚之心选贤任能，至诚降屈则求贤无所不遇；而在通过"至诚"之心求得贤臣后，充分发挥臣子所能，就能协助自己共同治理好天下。君主至"诚"则能求得贤臣。在注解《姤》卦九五爻"九五，以杞包瓜，含章，有陨自天"时，程颐指出："自古人君至诚降屈，以中正之道，求天下之贤，未有不遇者也。高宗感于梦寐，文王遇于渔钓，皆由是道也。"⑤君主能够以诚心求贤、不耻屈尊地去求取天下人才，那么就像殷高宗之梦寐以求良佐，如周文王遇吕尚于渭阳之滨，一定能够得到贤能之臣。君主至"诚"则能任命使用贤臣。在注解《蒙》卦六五爻"六五，童蒙吉"时，程颐指出，"五以柔顺居君位，下应于二，以柔中之德，任刚明之才，足以治天下之蒙，故吉也。……为人君者，苟能至诚任贤以成其功，何异乎出于己也？"⑥君主能够以诚心任命和信任贤德之人，那么就可以充分发挥臣子作用，同治天下。程颐总

---

① （宋）程颐、程颢著，王孝鱼点校：《河南程氏粹言》卷2，《二程集》，中华书局1981年版，第1249页。

② （宋）程颐、程颢著，王孝鱼点校：《习坎卦》，《周易程氏传》卷2，《二程集》，中华书局1981年版，第848页。

③ （宋）程颐、程颢著，王孝鱼点校：《咸卦》，《周易程氏传》卷3，《二程集》，中华书局1981年版，第859页。

④ （宋）程颐、程颢著，王孝鱼点校：《益卦》，《周易程氏传》卷3，《二程集》，中华书局1981年版，第917页。

⑤ （宋）程颐、程颢著，王孝鱼点校：《萃卦》，《周易程氏传》卷3，《二程集》，中华书局1981年版，第928页。

⑥ （宋）程颐、程颢著，王孝鱼点校：《大有卦》，《周易程氏传》卷1，《二程集》，中华书局1981年版，第722页。

结道:“人君在困时,宜念天下之困,求天下之贤,若祭祀然,致其诚敬,则能致天下之贤,济天下之困矣。”①君主能够诚心求贤、真心任贤,则能在臣子辅佐下济困天下万民、成就君主之大业。

故而,二程在现实政治中也时时劝谏君主当以“诚”任贤。程颐在《为家君应诏上英宗皇帝书》中写道:“愿陛下如臣前所陈,既坚求治之志,则以责任宰辅为先,待之尽其礼,任之尽其诚,责之尽其职。”②程颐劝谏英宗,要想实现天下的治理,首先要选任好宰辅,要真诚地任命之、信任之、使用之,让宰辅能够与皇帝志向相通,抛弃个人的顾虑而尽心尽力辅佐君主,“能为”且“得为”,能够有作为且有所作为,如此才能不失于君臣之道。

作为臣子,对待君主当赤诚、专一。二程多次言及,臣子对君主当“尽其诚”,“不虚受陛下爵禄”。③ 作为臣子,既然受朝廷之爵位,受君主之俸禄,自当尽其所能辅佐君主。程颐在分析《颐》卦上九爻“上九,由颐,厉吉,利涉大川”时即指出,臣子居于高位,不仅君主信赖于己,甚至天下之任也系于身,必须如伊尹、周公一般,“常怀危厉”、忧愁劳苦、警惕谨慎:“身当天下大任,宜竭其才力,济天下之艰危,成天下之治安,故曰利涉大川。得君如此之专,受任如此之重,苟不济天下艰危,何足称委遇而谓之贤乎?当尽诚竭力,而不顾虑,然惕厉则不可忘也。”④身担天下大任之国之重臣,必须要心怀赤诚、竭诚尽力来辅佐君主治理天下,让天下能够安定、百姓能够安生,这是作为重臣不可规避的责任。

二程还指出,臣子如果能够以“诚”心事奉君主,那么即使自身才能有所不足,也能够实现天下化治。“士有志在朝廷而才不足者,有才可以济而诚不至者。诚苟至焉,正色率下,则用之天下治矣。”⑤对有志于朝堂但才能有所不

---

① (宋)程颐、程颢著,王孝鱼点校:《困卦》,《周易程氏传》卷4,《二程集》,中华书局1981年版,第944页。

② (宋)程颐、程颢著,王孝鱼点校:《伊川先生文一》,《河南程氏文集》卷5,《二程集》,中华书局1981年版,第524页。

③ (宋)程颐、程颢著,王孝鱼点校:《伊川先生文一》,《河南程氏文集》卷5,《二程集》,中华书局1981年版,第514页。

④ (宋)程颐、程颢著,王孝鱼点校:《过卦》,《周易程氏传》卷2,《二程集》,中华书局1981年版,第838页。

⑤ (宋)程颐、程颢著,王孝鱼点校:《河南程氏粹言》卷2,《二程集》,中华书局1981年版,第1244页。

足的臣子,或者本身有才能但不能“诚”于治的臣子,如果能够以“诚”事君、治国,对天下之治也能发挥好的效用。此外,二程还从臣子所处的位置探讨了臣子对君主必须要“诚”的原因。二程言:

大臣当险难之时,唯至诚见信于君,其交固而不可闲,又能开明君心,则可保无咎矣。①

必也诚积于中,动不违理,威福不自己出,人惟知有君而已,然后位极而无逼上之嫌,势重而无专权之过。斯可谓明哲君子矣,周公、孔明其人也。②

四居大臣之位,承柔弱之君,而当天下之任,危疑之地也,独当上之倚任,而下无同德之助,所以疑也;唯当尽其至诚,勿有疑虑,则朋类自当盍聚。夫欲上下之信,唯至诚而已。苟尽其至诚,则何患乎其无助也?③

对封建王朝的臣子来说,以“诚”事君不仅仅是源于君臣之本分使然,更是身居高位之臣子处世的重要原则。二程多次提及,臣所处的“高”位,也是“危疑之地”;臣道,也是“处险之道”。臣子身居高位,功劳至于天下,百姓皆感怀之,那么必然会遭到君主的顾忌和猜疑。此时,臣子应如何化解这种猜忌呢?正如唐纪宇所总结的:“和君主相比,‘诚’对于臣子来讲意义更为重要。……士大夫如果要实现儒家的政治理想势必会产生大的功绩并受到民众的爱戴,那么要如何消除由此所带来的君主的猜疑呢?程颐认为保持一种至诚的状态是极为重要的。”④臣子唯有至“诚”方能获得君主信任。因为对君主至诚,故而能够不违君臣之理,持守臣道而不逾矩,身受重任而不专权擅功,从而上下同德于治。

最后,二程指出,“诚”是有自己的原则的。臣子虽以“诚”待君,但只需要尽到忠诚、尽其才力、无愧于君、无愧于民即可;决不能为了亲近君主、获得君主信任而阿谀奉承、放弃原则,这样就不是真正的赤诚了:“以臣于君言之:竭

---

① (宋)程颐、程颢著,王孝鱼点校:《习坎卦》,《周易程氏传》卷2,《二程集》,中华书局1981年版,第847页。

② (宋)程颐、程颢著,王孝鱼点校:《河南程氏粹言》卷2,《二程集》,中华书局1981年版,第1244页。

③ (宋)程颐、程颢著,王孝鱼点校:《豫卦》,《周易程氏传》卷2,《二程集》,中华书局1981年版,第781—782页。

④ 唐纪宇:《〈程氏易传〉中的“君臣共治”思想》,《中国哲学史》2013年第1期。

其忠诚,致其才力,乃显其比君之道也,用之与否,在君而已,不可阿谀逢迎,求其比己也。"①"事君者:知人主不当自圣,则不为谄谀之言。"②在论及禴祭时,程颐认为,禴祭当简薄而不尚装饰,再次重申了"诚"之有度。"孚,信之在中,诚之谓也;禴,祭之简薄者也。菲薄而祭,不尚备物,直以诚意交于神明也。孚乃者,谓有其孚则可不用文饰,专以至诚交于上也。以禴言者,谓荐其诚而已,上下相聚而尚饰焉,是未诚也。……不独君臣之聚,凡天下之聚,在诚而已。"③真正的"诚"在于诚心,有诚心则自然上下相交而信服;反之,只注重外在的繁复装饰并不是真正的"诚"。

五、选贤任能,君臣同德

二程着重讨论了通过君主的选贤任能与臣子的臣辅君治,最终达到君臣上下一心,同治天下的目标。程颐言:"天下之治,由得贤也。天下不治,由失贤也。"④"帝王之道也,以择任贤俊为本,得人而后与之同治天下。"⑤其中,二程又尤为强调君主尊贤畏相、使臣以礼、知人善用,认为这是实现君臣同治政治秩序的前提。⑥

程颐和程颢认为君主治道之要有三,一为"立志",二为"责任",三为"求贤"。这一观点在程颐的《为家君应诏上英宗皇帝书》中有集中阐发。程颐指出,天下的安危治乱不系于一条政令之得失,不系于一件政事之利弊,不在于兴利除害之方、安国养民之术、边境备御之策;天下之治,就其本而言有三,即

① (宋)程颐、程颢著,王孝鱼点校:《比卦》,《周易程氏传》卷1,《二程集》,中华书局1981年版,第742页。

② (宋)程颐、程颢著,王孝鱼点校:《河南程氏粹言》卷2,《二程集》,中华书局1981年版,第1246页。

③ (宋)程颐、程颢著,王孝鱼点校:《萃卦》,《周易程氏传》卷3,《二程集》,中华书局1981年版,第932页。

④ (宋)程颐、程颢著,王孝鱼点校:《伊川先生文一》,《河南程氏文集》卷5,《二程集》,中华书局1981年版,第514页。

⑤ (宋)程颐、程颢著,王孝鱼点校:《书解》,《河南程氏经说》卷2,《二程集》,中华书局1981年版,第1035页。

⑥ 李永富:"就君主而言,他不仅需要担负起任命贤相的政治责任,还应垂拱而治、尊贤畏相、使臣以礼、用人不疑。就宰相而言,他应该担负起组建朝廷、统领百官的职责。就地方官而言,他们应当恪尽职守,履行好治理天下、泽被苍生的政治义务。而君主的尊贤畏相则是实现上述政治秩序的前提。如果皇帝刚愎自用、好大喜功、独断专行、宠信奸佞,以二程为代表的儒者就会因为缺乏制约君权的有效制度保障和充足政治资源而无能为力。"(李永富:《引君当道　致君尧舜——二程论格君心之非》,《东岳论丛》2016年第11期)

"立志""责任""求贤"。其中,"立志"即君主志向坚定,至诚一心,以道自任,努力复归夏商周三代之治,前文已有讨论;而"责任"和"求贤"讲的正是选拔贤能而任之用之。

程颐还指出了三者之间的辩证关系:"今虽纳嘉谋,陈善算,非君志先立,其能听而用之乎?君欲用之,非责任宰辅,其孰承而行之乎?君相协心,非贤者任职,其能施于天下乎?三者本也,制于事者用也。有其本,不患无其用。"[①]君主志向坚定,故而对嘉谋善算能够择善如流而推行之;而这些谋略到政令的转化以及政策的推行,必然离不开宰辅和贤臣的作用。故而,只要将此三"本"做好了,那么在治国过程中具体的"事"和"用"必然没有错漏。这三者之中,"立志"是君主个人之事,而"责任"和"求贤"讲的正是君主选贤任能、任贤自辅,来实现国家治理之事。

君主首先要善于责成任用宰辅,这是针对三代之"公天下"不再所发,[②]也是针对北宋建立以来君主权力的过度集中所带来的弊病所发。[③] 宰辅大臣身居重位,君主之下,万民之上,与君主一样,事关国家治乱。程颐言:"天下重任,唯宰相与经筵:天下治乱系宰相,君德成就责经筵。由此言之,安得不以为重?"[④]故而,选择好宰辅也就成为君主的重要职责,这也正是"责任"的内涵。"所谓责任者:夫以海宇之广,亿兆之众,一人不可以独治,必赖辅弼之贤,然后能成天下之务。自古圣王,未有不以求任辅相为先者也。"[⑤]"责任"就是责

---

① (宋)程颐、程颢著,王孝鱼点校:《伊川先生文一》,《河南程氏文集》卷5,《二程集》,中华书局1981年版,第522页。

② 任锋:"天下治理不是一人可以完成的,这是三代公天下所揭示者。在二程时代,禅让之公天下转移既不可言,则责任宰辅、君臣共治成为公共治理的首义。"(任锋:《"体乾刚健":二程政治思想的非常气质》,《学术月刊》2015年第12期)

③ 卢国龙:"责任即分责分权,也就是加强辅弼大臣的职责,赋予更大的权力,从而化解高度集权对于政治活力的沉重束缚。……联系到宋初以来既防重臣,又防悍将,因而将权力集中于皇帝一身的政治体制,程颐的说法不仅有针对性,而且很大胆。"(卢国龙:《宋儒微言:多元政治哲学的批判与重建》,华夏出版社2001年版,第307页)

④ (宋)程颐、程颢著,王孝鱼点校:《伊川先生文二》,《河南程氏文集》卷6,《二程集》,中华书局1981年版,第540页。经筵,汉唐以来帝王为讲论经史而特设的御前讲席。宋代正式制度化,置讲官以翰林学士或其他官员充任或兼任,每年二月至端午节、八月至冬至节为讲期,逢单日入侍,轮流讲读。或称:"宋代凡侍读、侍讲的学士等官均称经筵官。"参见丁静:《二程教化思想研究》,南京大学出版社2018年版,第130页。

⑤ (宋)程颐、程颢著,王孝鱼点校:《伊川先生文一》,《河南程氏文集》卷5,《二程集》,中华书局1981年版,第522页。

成任用宰辅,信任、依赖宰辅,充分发挥宰辅对国家治理的重要作用;而对宰辅的重用,也“体现出君主与宰辅为首之士大夫群体共同担当天下治理的公共本性”①。

程颐强调,对宰辅这一君主以下、众臣以上的朝廷股肱之臣,对其任用必须慎之又慎:“夫图任之道,以慎择为本。择之慎,故知之明;知之明,故信之笃;信之笃,故任之专;任之专,故礼之厚而责之重。择之慎,则必得其贤;知之明,则仰成而不疑;信之笃,则人致其诚;任之专,则得尽其才;礼之厚,则体貌尊而其势重;责之重,则其自任切而功有成。”②只有谨慎,才能真正了解之、信任之、任用之、礼待之;只有慎重,才能得其贤、仰其诚、致其诚、尽其才,如此,君主对宰辅以诚心任用之,待以师之礼,最终能够使得宰辅知自身责任之重,以天下为己任,协助君主治理好国家。

君主还要广泛发动群臣推贤援能。“所谓求贤者:夫古之圣王所以能致天下之治,无佗术也。朝廷至于天下,公卿大夫,百职群僚,皆称其任而已。何以得称其任?贤者在位,能者在职而已。何以得贤能而任之?求之有道而已。”③程颐指出,“求贤”就是选贤任能,让公卿大夫、百职群僚皆由贤能之臣任之。天下常用之物,如金之生于山,木之生于林,必须由匠人采伐而后能够使用;故而贤能之士、杰出之人,也必须由君主搜求之而得用于朝。但是,程颐指出,当时的取士之法多有弊端,诸如“投名自荐”“记诵声律”一类,并不是求贤之正道,通过这些方法,即使能够求得贤能之人,也是偶然之幸,而非知人而求之、知人而善任。概而言之,科举进士之法并不能取尽天下之才、兴天下之治。

得到贤能之士后,二程还强调要“养贤”“仁贤”,给予贤能之士优厚的待遇。程颢在《论养贤劄子》中提出,可以设置“延英院”这一专门机构,负责以崇高的礼仪和优厚的奉养来接待四方贤能之士,与之共同讨论政治、礼仪之事。在这个过程中,君主可以通过召之应对、参与讨论等方式对他们的学术进

① 任锋:《“体乾刚健”:二程政治思想的非常气质》,《学术月刊》2015年第12期。

② (宋)程颐、程颢著,王孝鱼点校:《伊川先生文一》,《河南程氏文集》卷5,《二程集》,中华书局1981年版,第523页。

③ (宋)程颐、程颢著,王孝鱼点校:《伊川先生文一》,《河南程氏文集》卷5,《二程集》,中华书局1981年版,第526页。

行评判，对他们的品行详加考察，从中选拔出真正贤能之人，按其德性学问授予职位，辅弼君主治理天下："臣今欲乞朝廷设延英院以待四方之贤，凡公论推荐及岩穴之贤，必招致优礼，视品给俸，而不可遽进以官，止以应诏命名；凡有政治则委之详定，凡有典礼则委之讨论，经画得以奏陈而治乱得以讲究也。俾群居切磨，日尽其材，行其志，使政府及近侍之臣，互与相接，陛下时赐召对，诏以治道，可观其材识器能也。察以累岁，人品益分，然后使贤者就位，能者任职，或委付郡县，或师表士儒，其德业尤异，渐进以帅臣职司之任，为辅弼，为公卿，无施之不称也。"①

程颐在《上仁宗皇帝书》中则指出，求贤当效法五帝、三王、周公、孔子之治天下，"各以其所得大小而用之"，根据臣子的才德差异给予不同的职位和分工："有宰相事业者，使为宰相；有卿大夫事业者，使为卿大夫；有为郡之术者，使为刺史；有治县之政者，使为县令。各得其任，则无职不举，然而天下弗治者，未之有也。"②如此，人人由其才德而各得其任，在各自的职位上有所作为；同时，也营造了一种重视贤能之士的良好社会环境，让天下士大夫都浸润于这种环境之中，久而久之国家自然能够治理好。

"择才而用，虽在君；以身许国，则在己。"③作为君主，要选贤任能，以诚相求、以礼相待，广泛选拔人才为己所用；而作为臣子，也要竭尽其能、以身许国。二程尤为强调贤能之臣对君臣同治的重要性。在注解《鼎》卦九四爻"九四，鼎折足，覆公餗，其形渥，凶"及其象传"覆公餗，信如何也"时，程颐就指出："四，大臣之位，任天下之事者也。天下之事，岂一人所能独任？必当求天下之贤智，与之协力。得其人，则天下之治，可不劳而致也。""大臣当天下之任，必能成天下之治安，则不误君上之所倚，下民之所望，与己致身任道之志，不失所期，乃所谓信也。"④在注解《革》卦六二爻"六二，巳日乃革之，征吉，无咎"时，

---

① （宋）程颐、程颢著，王孝鱼点校：《明道先生文一》，《河南程氏文集》卷1，《二程集》，中华书局1981年版，第455页。

② （宋）程颐、程颢著，王孝鱼点校：《伊川先生文一》，《河南程氏文集》卷5，《二程集》，中华书局1981年版，第513页。

③ （宋）程颐、程颢著，王孝鱼点校：《河南程氏粹言》卷2，《二程集》，中华书局1981年版，第1124页。

④ （宋）程颐、程颢著，王孝鱼点校：《鼎卦》，《周易程氏传》卷4，《二程集》，中华书局1981年版，第960—961页。

程颐也指出,“如二之才德,所居之地,所逢之时,足以革天下之弊,新天下之治,当进而上辅于君,以行其道,则吉而无咎也”。[①] 作为臣子,既然处于臣子之位,自当协助君主革除天下之弊病、革新天下之治理,使得大道行于天下。

臣子辅助君主同治国家的必要性在君主的才德有所不足时尤为彰显:“人君虽己才不足,若能信任贤辅,使以其道深入于己,则可以有为。”[②]“人君虽柔暗,若能用贤才,则可以为天下之福,唯患不能耳。”[③]二程认为,如果君主的才能有所不足,此时更加需要信任、任命臣子来辅助自己,让臣子的治国之能充分发挥,这正是国家和百姓之福。在《蹇》卦九五爻“九五,大蹇,朋来”中,程颐对此作了具体分析:“五居君位,而在蹇难之中,是天下之大蹇也。大蹇之时,而二在下,以中正相应,是其朋助之来也。方天下之蹇,而得中正之臣相辅,其助岂小也? ……自古圣王济天下之蹇,未有不由贤圣之臣为之助者,汤、武得伊、吕是也。中常之君,得刚明之臣而能济大难者则有矣,刘禅之孔明,唐肃宗之郭子仪,德宗之李晟是也。”[④]《蹇》卦“五”为君位,而处于蹇难之中,此时,处于“二”位之臣以中正相应,处于蹇难中的君主得到刚明之臣的辅助,那么天下不至于困苦。

二程进而分析历史上的圣明之君和中常之君,无论君主是否圣明,其治理天下都离不开臣子的辅助。尤其是作为中常之君,本身才能有限却能得到贤能刚正之臣的辅助,也可以实现天下化治。臣子辅佐中常之君成就天下之治的方式,正是前文论及的“诚”之道:“君子之事君也,不得其心,则尽其诚以感发其志而已,诚积而动,则虽昏蒙可开也,虽柔弱可辅也,虽不正可正也。古之人,事庸君常主而克行其道者,以己诚上达,而其君信之之笃耳。管仲之相威公,孔明之辅后主是也。”[⑤]如果君主并不是圣明之君,甚至是昏蒙、柔弱、不正

---

① (宋)程颐、程颢著,王孝鱼点校:《革卦》,《周易程氏传》卷4,《二程集》,中华书局1981年版,第953页。

② (宋)程颐、程颢著,王孝鱼点校:《睽卦》,《周易程氏传》卷3,《二程集》,中华书局1981年版,第893页。

③ (宋)程颐、程颢著,王孝鱼点校:《丰卦》,《周易程氏传》卷4,《二程集》,中华书局1981年版,第988页。

④ (宋)程颐、程颢著,王孝鱼点校:《蹇卦》,《周易程氏传》卷3,《二程集》,中华书局1981年版,第899页。

⑤ (宋)程颐、程颢著,王孝鱼点校:《河南程氏粹言》卷2,《二程集》,中华书局1981年版,第1245页。

之人，此时如果君主能够选用贤臣，臣子能够尽己之“诚”来感化君主、教化君主，那么即使是平庸的君主也能够在臣子之“诚”的推广传达下，推行治国之大道。管仲和诸葛亮正是这样的例子。

在讨论了君主的选贤任能、臣子辅佐君主而治之后，二程还尤为强调了君臣同德的问题。君臣同德是实现君臣同治的内在要求。“天地不相遇，则万物不生；君臣不相遇，则政治不兴”，①要使得国家得到有效治理，政治得以有效推行，必须君臣相遇而同心同德，这是君臣治国的根本所在。在解释《尚书·尧典》“克明俊德”一章时，程颐也曾言：“帝王之道也，以择任贤俊为本，得人而后与之同治天下。天下之治，由身及家而治，故始于以睦九族也。”②

君臣同德的第一层次是臣子与臣子之间能够同心同德，这是君臣能够同德的基础。程颢在熙宁三年（1070 年）给宋神宗的上书中就指出：“盖自古兴治，虽有专任独决，能就事功者；未闻辅弼大臣人各有心，睽戾不一致，国政异出，名分不正，中外人情交谓不可，而能有为者也。”③这一年，宋神宗任命王安石为同中书门下平章事，全国范围内推行青苗法、均输法、方田均税法等新法，朝中大臣多有异见而不能一心。二程认为，辅弼大臣必须同心同德，才能推行政令、有所作为。

君臣同德的第二层次是君主与臣子之间的同心同德。君臣同德思想集中体现在程颐《周易程氏传》中。在注解《泰》卦九二爻“九二，包荒，用冯河，不遐遗，朋亡，得尚于中行”时，程颐指出：“二以阳刚得中，上应于五；五以柔顺得中，下应于二。君臣同德，是以刚中之才，为上所专任，故二虽居臣位，主治泰者也，所谓上下交而其志同也。”④《泰》卦二五爻刚柔得位、上下相应，正展现了君臣同德，上下志同，这种君臣的志同道合推广到治国则国家安定。而在注解《涣》卦六四爻“六四，涣其群，元吉。涣有丘，匪夷所思”及其象传“涣其

---

① （宋）程颐、程颢著，王孝鱼点校：《河南程氏粹言》卷 1，《二程集》，中华书局 1981 年版，第 1172 页。

② （宋）程颐、程颢著，王孝鱼点校：《书解》，《河南程氏经说》卷 2，《二程集》，中华书局 1981 年版，第 1035 页。

③ （宋）程颐、程颢著，王孝鱼点校：《明道先生文一》，《河南程氏文集》卷 1，《二程集》，中华书局 1981 年版，第 457—458 页。

④ （宋）程颐、程颢著，王孝鱼点校：《泰卦》，《周易程氏传》卷 1，《二程集》，中华书局 1981 年版，第 755 页。

群,元吉,光大也”时,程颐也强调:“四,巽顺而正,居大臣之位;五,刚中而正,居君位。君臣合力,刚柔相济,以拯天下之涣者也”,“五与四君臣合德,以刚中正巽顺之道,治涣得其道矣。……涣之四五通言者,涣以离散为害,拯之使合也。非君臣同功合力,其能济乎?”①二程认为,天下涣散之时,只有君臣同心同德、同工合力,才能拯救天下于涣散,使之群聚而和合。

“人君之于贤才,非道同德合,岂能用也?”②二程也从反面论证了君臣不能同德的原因、表现及其弊端。君臣之间不能同德,多因为君臣之间有间隙:“凡天下至于一国一家,至于万事,所以不和合者,皆由有闲也,无闲则合矣。……若君臣父子亲戚朋友之闲,有离贰怨隙者,盖谗邪闲于其闲也,除去之则和合矣。故闲隔者,天下之大害也。”③从一家、一国乃至于天下,从父子、亲戚乃至于君臣,之所以不能和合,就在于有谗邪之言、谗邪之人、谗邪之事横亘其间。因此,程颐指出,“闲隔”乃是天下之大害,故而圣人观“噬嗑”之象,以刑罚除“间”而闲邪。

君臣有间而不能同德,则君不知臣,而臣不尽其职分。程颐指出,《诗经·小雅·四牡》描述的就是臣子驾驭四马奔走在路上、为王事而辛劳奔波的场景,此诗的意旨就是希望君主能够了解臣子的奔波、感念臣子的辛劳,而臣子也自然会为国家政事尽其所能;如果君主不能体谅臣子之辛劳,则臣子不能尽其力而忠于王事,是谓君臣之道不合:“四牡之义,悯使臣之勤劳,故云有功而见知则说矣。上不知下之劳,则下不自尽其力,故四牡之义废,则君臣缺矣。”④而由此,必然导致“君臣道绝,贤者隐遯”,⑤“君臣睽离,其咎大矣”。⑥ 不

① (宋)程颐、程颢著,王孝鱼点校:《涣卦》,《周易程氏传》卷4,《二程集》,中华书局1981年版,第1004页。

② (宋)程颐、程颢著,王孝鱼点校:《观卦》,《周易程氏传》卷2,《二程集》,中华书局1981年版,第797页。

③ (宋)程颐、程颢著,王孝鱼点校:《噬嗑卦》,《周易程氏传》卷2,《二程集》,中华书局1981年版,第802页。

④ (宋)程颐、程颢著,王孝鱼点校:《诗解》,《河南程氏经说》卷3,《二程集》,中华书局1981年版,第1070—1071页。

⑤ (宋)程颐、程颢著,王孝鱼点校:《坤卦》,《周易程氏传》卷1,《二程集》,中华书局1981年版,第712—713页。

⑥ (宋)程颐、程颢著,王孝鱼点校:《睽卦》,《周易程氏传》卷3,《二程集》,中华书局1981年版,第891页。

仅君臣之道不行,还将导致天下不能善治。故而,君臣在国家治理中应通力合作、相辅相成。在二程的设想中,通过君主的选贤任能、臣子的尽心辅政,加之君臣同心同德、同治天下,最终必将实现国家的治理。

第二节 爱民:同治之要旨

在明确了君臣共治天下这一基本主体之后,二程还对治国之主体——君臣和治国之客体——民的关系,尤其是这一关系的两端——君与民进行了讨论。程颐对君主和人民的关系有一段深刻的论述:“人之生,不能保其安宁,方且来求附比。民不能自保,故戴君以求宁;君不能独立,故保民以为安。不宁而来比者,上下相应也。”①君民是“上下相应”的关系,君主不能独立存在,因保护人民而居于其位;人民不能自我保护,需要依附君主以获得安宁。这种政治模式,余英时称之为一种类似于“社会契约论”的君民模式,“最近于社会契约说,因为其中不但强调了‘上下相应’,而且分别指出了‘民’之所以依附于‘君’是为了换取‘保护’,而‘君’若不能尽到‘保民以为安’的责任,则‘民’必中止‘依附’”。②

君主和人民要长期保持“上下相应”的关系,对于君主来说,就必须推行“王道”,行“仁”而爱民。由此,二程继承了儒家传统中的“仁政”与“民为贵、社稷次之、君为轻”思想,提出作为君主,当“以王道为心”“以生民为念”,推行仁义道德,厚生养民而治天下。

一、以王道为心

王道政治,圣人之治,向来是儒家理想政治的典范。《尚书·洪范》曰:“无偏无党,王道荡荡。”“王道”的概念由孔孟而来,君主无所偏私,“行仁政而王”,以仁爱之心推行仁政则为王道。③ 二程又将“王道”称为“大中之道”,程颐在《上仁宗皇帝书》中言:“臣所学者,天下大中之道也。圣人性之为圣人,

---

① (宋)程颐、程颢著,王孝鱼点校:《比卦》,《周易程氏传》卷1,《二程集》,中华书局1981年版,第739页。

② 余英时:《宋明理学与政治文化》,广西师范大学出版社2014年版,第145页。

③ 蒋庆:“王道政治就是指依王者之道所从事的政治,故王道是指古圣王之道;具体说来是指禹汤文武周公孔子一脉相承的治国平天下之道。”(蒋庆:《政治儒学》,生活·读书·新知三联书店2003年版,第202页)

贤者由之为贤者,尧舜用之为尧舜,仲尼述之为仲尼。其为道也至大,其行之也至易,三代以上,莫不由之。"①

二程将"天理"与"王道"相结合,赋予"王道"以更为丰富的内涵。二程所谓的"王道",正是遵循"天理",实现"天理"在"治道"的落实,依照"天理"推行大公无私的仁义之治;反之,如果君主怀有私心,失却仁义,则会偏离正道而沦为"霸道"。程颐言:"得天理之正,极人伦之至者,尧、舜之道也;用其私心,依仁义之偏者,霸者之事也。王道如砥,本乎人情,出乎礼义,若履大路而行,无复回曲。霸者崎岖反侧于曲径之中,而卒不可与入尧、舜之道。"②故而,从推行王道政治而言,二程对"王道"作了具体论述。

二程首先立足君主的"位",为君主推行王道政治找寻合法性依据。程颐言:"如人主所以有崇高之位者,盖得之于天,与天下之人共戴也,必思所以报民。古之人君视民如伤,若保赤子,皆是报民也。"③在为君主讲授人君之道时,程颐指出,君主崇高的地位是天所赋予的,天下万民无不爱戴君主;作为居于庙堂之高的君主,必须将人民视若赤子,关怀之、爱护之,使之安居乐业,以回报天所赋予的高位、人民所给予的爱戴。

在《周易程氏传》中,程颐也多立足对卦爻辞的分析来陈述推行王道政治的缘由。比如,在注解《观》卦九三尧"九三,公用亨于天子,小人弗克"时,程颐强调:"人君:上观天道,下观民俗,则为观;修德行政,为民瞻仰,则为观。"④

---

① (宋)程颐、程颢著,王孝鱼点校:《伊川先生文一》,《河南程氏文集》卷5,《二程集》,中华书局1981年版,第510页。卢国龙认为,"王道"是通用的或公共的说法,"大中之道"则表达了博达公正的特定内涵,是程颐特有的说法……更符合或者说更能反映二程政治哲学的特质。(参见卢国龙:《宋儒微言:多元政治哲学的批判与重建》,华夏出版社2001年版)郑臣也认为:"'大中之道'在他(二程)那里又不仅仅只代表一种政治理念,甚至也可以说是他全部内圣外王之学的凝练概括和集中表达。"(郑臣:《内圣外王之道——实践哲学视域内的二程》,上海人民出版社2015年版,第206页)但是,相较于"王道","大中之道"在二程著述中仅出现三次,侧重于从某一角度来阐发二程政治理念,其所指称的范畴恐不能完全覆盖"王道",故本书仍采用"王道"的表述。

② (宋)程颐、程颢著,王孝鱼点校:《明道先生文一》,《河南程氏文集》卷1,《二程集》,中华书局1981年版,第450—451页。

③ (宋)程颐、程颢著,王孝鱼点校:《伊川先生语五》,《河南程氏遗书》卷19,《二程集》,中华书局1981年版,第264页。

④ (宋)程颐、程颢著,王孝鱼点校:《观卦》,《周易程氏传》卷2,《二程集》,中华书局1981年版,第798页。

身为君主,必须要顺承“天理”,推行德政,教化万民。而在注解《否》卦象传“否之匪人,不利君子贞,大往小来,则是天地不交而万物不通也,上下不交而天下无邦也”时,程颐也指出:“夫天地之气不交,则万物无生成之理。上下之义不交,则天下无邦国之道。建邦国所以为治也。上施政以治民,民戴君而从命,上下相交,所以治安也。今上下不交,是天下无邦国之道也。”①正如天地之气相交而万物化生,君民上下之义相交则天下化治,而君民的上下相交之义,正是在上位的君主能够推行王道政治,以仁政爱民;在下位的民众能够爱戴君主、听从君命,由此实现国家的长治久安,这正是天下邦国治理的不二之道。

关于如何推行“王道”,二程也继承了儒家传统思想,认为“王道”的核心要义在于“仁”,在于施行“仁政”。程颐在《上仁宗皇帝书》中对此作了详尽论述。程颐针砭时弊,直指现实政治之弊端:一是民力匮竭、衣食不足,人民饱受盘剥、生活困苦;二是国家财用不足、储备空虚,以致兵费无法供给;三是夷狄强盛、盗贼层出,“强敌乘隙于外,奸雄生心于内”,等等。由此,程颐提出,朝廷的安危治乱,已经处于“抱火厝之积薪之下而寝其上”的形势,作为君主,必须要“警惕于衷,思行王道”。据此,他进一步指出,王道之本,在于君主心中怀“仁”,推行王道政治:“窃惟王道之本,仁也。臣观陛下之仁,尧、舜之仁也。然而天下未治者,诚由有仁心而无仁政尔”;②“臣观陛下之心,非不忧虑天下也。以陛下忧虑天下之心行王道,岂难乎哉?”③故而,作为君主,一方面要选贤任能,发挥臣子的作用来共同治理天下;另一方面要发奋图治,学习尧舜,把王道放在心中,把人民放在心上,成就不同凡响的功绩,“以王道为心,以生民为念,黜世俗之论,期非常之功”。④

二程还对君主依照“天理”而推行“王道”的次第进行了讨论。二程认为,

---

① (宋)程颐、程颢著,王孝鱼点校:《否卦》,《周易程氏传》卷1,《二程集》,中华书局1981年版,第759页。

② (宋)程颐、程颢著,王孝鱼点校:《伊川先生文一》,《河南程氏文集》卷5,《二程集》,中华书局1981年版,第513页。

③ (宋)程颐、程颢著,王孝鱼点校:《伊川先生文一》,《河南程氏文集》卷5,《二程集》,中华书局1981年版,第515页。

④ (宋)程颐、程颢著,王孝鱼点校:《伊川先生文一》,《河南程氏文集》卷5,《二程集》,中华书局1981年版,第515页。

“王道”的推行是一个渐次的过程：“子曰：人君欲附天下，当显明其道，诚意以待物，恕己以及人，发政施仁，使四海蒙其惠泽可也。若乃暴其小惠，违道干誉，欲致天下之亲己，则其道狭矣。”[①]君主要正心诚意、推己及人，施行仁政，则四海之民感其惠泽而归附之。程颐在担任宋哲宗老师时，也通过启发式的教学对其反复劝导这一道理：“伊川在经筵，已闻上盥漱喷水避蚁。他日，先生进曰：‘愿陛下推此心以及天下。’”[②]宋哲宗即位后，程颐以布衣受诏，出任崇政殿说书，教导辅佐年幼的哲宗，听闻哲宗在宫中盥洗时因害怕伤害了蚂蚁而刻意避开蚂蚁，立刻以此而教导哲宗，要把爱蚂蚁的仁心推广到四海万民身上，这正是作为帝王的要道。

二、以生民为念

王道政治的核心在于仁政，仁政的核心则在于爱民。[③] 潘富恩评价二程曰：“他们在和人民接触的过程中，耳闻目睹人民的苦难与悲痛，觉察到人民中间日益高涨的反抗情绪。”[④]二程都曾长期在地方执政治学，对人民的疾苦有着直接的体验和深刻的感知。这些，必然会催生其爱民之理念情怀和价值追求。

二程均提出君主当爱民、“以生民为念”的理念。程颢在《南庙试九叙惟歌论》中写道：“民受天地之中而生者也。水火金木土谷，民所赖而生者也；树之君，使修举其所赖而养之者也。修之有道，行之有节；上为天顺之，下焉民乐之；正德焉，利用焉，厚生焉，此其所以秉统持正而制天下之命者也。”[⑤]程颢从人民赖以生养的“金木水火土谷”出发，强调君主要顺应“天理”，修之有道，厚生养民，从而实现对民众的养育和天下家国的治理。程颐则在《上仁宗皇帝书》和《为家君应诏上英宗皇帝书》中对爱民安民、厚生养民有着较为集中的论述。

---

① (宋)程颐、程颢著，王孝鱼点校：《河南程氏粹言》卷2，《二程集》，中华书局1981年版，第1242页。

② (宋)程颐、程颢著，王孝鱼点校：《胡氏本拾遗》，《河南程氏外书》卷7，《二程集》，中华书局1981年版，第393页。

③ 参见王甬：《儒家天下观念与世界秩序重建》，转引自彭永捷主编：《张立文学派》，河北大学出版社2014年版，第753页。

④ 潘富恩、徐余庆：《程颢程颐理学思想研究》，复旦大学出版社1988年版，第116页。

⑤ (宋)程颐、程颢著，王孝鱼点校：《明道先生文二》，《河南程氏文集》卷2，《二程集》，中华书局1981年版，第463页。

宋仁宗皇祐二年(1050年),18岁的程颐以平民身份上书仁宗《上仁宗皇帝书》,“自陈所学”和“议天下事”,劝仁宗“以王道为心,以生民为念,黜出俗之论,期非常之功”:

书曰:“民惟邦本,本固邦宁。”窃惟固本之道,在于安民;安民之道,在于足衣食。今天下民力匮竭,衣食不足,春耕而播,延息以待,一岁失望,便须流亡。以此而言,本未得为固也。臣料陛下仁慈,爱民如子,必不忍使之困苦,一至于是。臣窃疑左右前后壅蔽陛下聪明,使陛下不得而知。今国家财用,常多不足,不足则责于三司,三司责诸路转运。转运何所出?诛剥于民尔。或四方有事,则多非时配卒,毒害尤深。急令诛求,竭民膏血,往往破产亡业,骨肉离散。众人观之,犹可伤痛;陛下为民父母,岂不悯哉?……伏望陛下出于圣断,勿徇众言,以王道为心,以生民为念,黜世俗之论,期非常之功。昔汉武笑齐宣不行孟子之说,自致不王,而不用仲舒之策;隋文笑汉武不用仲舒之策,不至于道,而不听王通之言。二主之昏料陛下亦尝笑之矣。臣虽不敢望三子之贤,然臣之所学,三子之道也。陛下勿使后之视今,犹今之视昔,则天下不胜幸甚!望陛下特留意焉。臣愚无任逾越狂狷恐惧之极,臣颐昧死顿首谨言。①

程颐立足对现实政治的分析,直接提出君主要“以王道为心,以生民为念”,劝谏仁宗仁政爱民。程颐以《尚书》为譬喻指出,正如《尚书》“民惟邦本,本固邦宁”所言,人民是国家的根本所在,这个根本牢固了国家就能够安定。而巩固根本的方法,就是安民;安民的首要途径,就是让人民丰衣足食。但是,程颐指出,当今之世民力匮乏枯竭,人民缺衣少食,本来一旦遇到哪年收成不好便可能会流离失所;加之国家财政的不足,三司辗转索取于民,进一步加深了对人民的盘剥;而一旦发生兵患,不仅会榨干人民的血汗,更会导致人民破产失业、骨肉离散。故而,作为民之父母,君主必须施行仁政、爱护人民。

如果说《上仁宗皇帝书》中,忧国忧民的少年程颐仅仅是立足于民生之艰难、痛陈社会之弊病来预估形势并劝谏君主当施行王道、爱民如子,那么在15

① (宋)程颐、程颢著,王孝鱼点校:《伊川先生文一》,《河南程氏文集》卷5,《二程集》,中华书局1981年版,第510—515页。

年后的《为家君应诏上英宗皇帝书》中,其对现实问题的剖析则更加深入,对治理天下的论述也更为详尽务实。《为家君应诏上英宗皇帝书》作于宋英宗治平二年(1065 年),此时,程颐响应诏令以父亲程珦的名义给宋英宗上书,先从六个方面具体陈述“安危治乱之机”,指出天下之势并不是“治且安”,而是“有危亡之虞”,并对施行王道政治、爱民安民的具体方案进行了详尽阐发。《为家君应诏上英宗皇帝书》写道:

> 所谓安且治者:朝廷有纲纪权持,总摄百职庶务,天下之治,如网之有纲,裘之有领,举之而有条,委之而不紊也;郡县之官,得人而职修,惠养有道,朝廷政化宣达于下也;百姓安业,衣食足而有恒心,知孝悌忠信之教,率之易从,劳之不怨,心附于上,固而不可摇也;化行政肃,无奸宄盗贼之患,设有之,不足为虑,盖有歼灭之备,而无响应之虞也;民心和而阴阳顺,无水旱虫螟之灾,虽有之,不能为害,盖仓廪实而府库充,官用给于上,民食足于下也;武备修而威灵振,蛮夷戎狄无敢不服,虽有之,不足为忧,盖甲兵利而储备丰,将善谋而士素练也。①

程颐认为,天下的安定和治理体现在六个方面:一是朝廷有权,朝廷有纲纪权力,能够总管百官和各种事务,对天下的治理有纲目条理;二是百官称职,选贤任能得当而百官各尽其职,能够爱护好养育好百姓,让朝廷的政策和教化能够在百姓中宣扬;三是民生安定,百姓安居乐业,仓廪实而知礼节,衣食足而知荣辱,孝悌忠信,拥护朝廷;四是政治清明,教化流行而少奸宄盗贼之患;五是民心和谐,没有水、旱、虫灾,粮仓和府库充实,即使遇到灾害也公家用度不缺、百姓食用充足;六是武备完善,武器精良而储备充裕,将领士兵皆训练有素,蛮夷戎狄尽皆臣服。在二程所设定的“安且治”的六条标准中,无不与爱民安民有着直接或间接的关联。首先,朝廷的纲纪和百官的尽职是“以生民为念”的保障,由此才能实现民生安定和民心和谐,而民生安定和民心和谐又为政治清明、武备完善奠定了精神或物质基础。可以说,在天下的“安且治”中,爱民安民、厚生养民,既是结果,也是前提,是维系整个国家顺利运转的核心环节。

---

① (宋)程颐、程颢著,王孝鱼点校:《伊川先生文一》,《河南程氏文集》卷 5,《二程集》,中华书局 1981 年版,第 519 页。

同时，与《上仁宗皇帝书》一样，在《为家君应诏上英宗皇帝书》中，程颐也从社会现实对君主以爱民为要、推行王道政治的必要性进行了论述。他指出，如果朝廷纲纪涣散、百官不能称职，朝廷恩惠不能下达百姓，因循苟安，相沿成俗，那么政治必然废弛混乱，人民必然贫穷困苦。本就穷困的百姓遇到横征暴敛、苛捐杂税的盘剥，天下自足之人越来越少；百姓没有赖以谋生的职业，又加之缺乏教化而不能明辨善恶是非，只知趋利避害、苟度岁月，必然会动摇意志、滋生罪恶。"保民之道，以食为本"，当今天下，尽皆空虚匮乏，缺衣少食者十之六七，在没有大的变故之时，百姓尚可苟安；一旦遇到极端情况，比如旱涝灾害、夷狄之乱，必然影响天下安危。故而，要想实现对国家的治理，必须以爱民为要，厚生养民：

> 民惟邦本，本根如是，邦国奈何？民无生业，极困则虑生；不渐善教，思利而志动；乘闲隙则萌奸宄，逼冻殍则为盗贼。……保民之道，以食为本。今自京师至于天下，计平时之用，率无三年之蓄，民闲空匮，则又甚焉。以万室之邑观之，有厚蓄者百无二三，困衣食者十居六七，统而较之，天下虚竭可知矣。丰年乐岁，飢寒见于道路，一谷不稔，便致流转，卒有方数千里连数年之水旱，不知可以待之？奸盗蜂起于内，夷狄乘隙于外，虽欲为之，未如何矣。……事至于此，兴衰可知。以今观之，天下之势，安乎？危乎？①

二程还指出，爱民安民、厚生养民，不仅是君主的职责所在，也是地方父母官的职责所在。比如，程颐就在《为家君作试汉州学策问三首》中指出，"以一郡而言，守之职岂不以养人为本？然而民产不制，何术以济乎困穷？吏繇有数，何道以宽乎力役？比闾无法，教化何由而可行？衣食不足，风俗何缘而可厚？"②对为政一方的地方官员来说，要想实现对地方的治理，其首要职责亦在于厚生养民。只有人民有一定的田产，才能在保证自己和家人衣食充足的前提下去服力役、行教化、美风俗，才能实现一方的安定。故而，无论是对君主还是臣子，"为政之道，以顺民心为本，以厚民生为本，以安而不扰为本"。③

---

① （宋）程颐、程颢著，王孝鱼点校：《伊川先生文一》，《河南程氏文集》卷5，《二程集》，中华书局1981年版，第520页。

② （宋）程颐、程颢著，王孝鱼点校：《伊川先生文四》，《河南程氏文集》卷8，《二程集》，中华书局1981年版，第581页。

③ （宋）程颐、程颢著，王孝鱼点校：《伊川先生文一》，《河南程氏文集》卷5，《二程集》，中华书局1981年版，第531页。

既然厚生养民对国家治理有着如此重要的意义,那么如何实现厚民之生、民生阜足呢?首先,衣食为民之父母,要“因民之所利而利之”,引导民众按照他们要获得的利益去做,引导人民开展耕地、种田、制瓦、打鱼等各种农业生产活动,“若耕稼陶渔,皆因其顺利而道之”,①通过这些农业生产活动,真正解决人民温饱问题。这样,则“百姓安业,衣食足而有恒心,知孝悌忠信之教,率之易从,劳之不怨,心附于上,固而不可摇也”。②

同时,在开展生产活动之时,要注意对天时地利的把握。在注解《泰》卦象传“天地交泰,后以财成天地之道,辅相天地之宜,以左右民”时,程颐解释道:“辅相天地之宜,天地通泰,则万物茂遂,人君体之而为法制,使民用天时,因地利,辅助化育之功,成其丰美之利也。如春气发生万物,则为播植之法;秋气成实万物,则为收敛之法;乃辅相天地之宜,以左右辅助于民也。民之生,必赖君上为之法制以教率辅翼之,乃得遂其生养,是左右之也。”③作为君主,要顺应天地之大道而制定法度,教导民众顺应天时、遵循地利,春种秋收,从而获得丰美之利。

二程还尤为强调了君主必须爱惜民力。程颐言:“为民立君,所以养之也。养民之道,在爱其力。民力足则生养遂,生养遂则教化行而风俗美,故为政以民力为重也。”④民力,包括民众的人力、物力、财力等。作为君主,必须知道为政之先后轻重,不能在兴修宫殿等方面滥用民力,要将民力集中于事关国计民生的事务之上。通过百姓发展民力和君主爱惜民力,在日积月累的开源节流中,人民必然日用充足,国家的根基从根本上得以稳固。

三、重民生大利

以王道为心,以生民为念,二程不仅强调要推行王道,施行仁政,厚生养民,还尤为关注事关百姓生活、民生“大利”之大事。二程曾记录“宋初三先

---

① (宋)程颐、程颢著,王孝鱼点校:《罗氏本拾遗》,《河南程氏外书》卷6,《二程集》,中华书局1981年版,第390页。

② (宋)程颐、程颢著,王孝鱼点校:《伊川先生文一》,《河南程氏文集》卷5,《二程集》,中华书局1981年版,第519页。

③ (宋)程颐、程颢著,王孝鱼点校:《泰卦》,《周易程氏传》卷1,《二程集》,中华书局1981年版,第754页。

④ (宋)程颐、程颢著,王孝鱼点校:《春秋传》,《河南程氏经说》卷4,《二程集》,中华书局1981年版,第1096页。

生”之一的胡瑗在湖州设“治道斋”之事,其所言之“治道”,无非如治兵、治民、水利、算数,等等。水利,正是事关民生“大利”的要事之一。二程尤为重视水利这类大工程对民生的重要意义。比如,在评价刘彝①时,二程言,“尝言刘彝善治水利,后累为政,皆兴水利有功”。② 程颐《明道先生行状》中也记述了程颢治水的经历:“江南稻田,赖陂塘以溉。盛夏塘堤大决,计非千夫不可塞。法当言之府,府禀于漕司,然后计功调役,非月余不能兴作。先生曰:‘比如是,苗槁久矣,民将何食?救民获罪,所不辞也。’遂发民塞之,岁则大熟。”③程颢在为官时,面对每日处理百余诉讼之时,仍然能够以民生为要,不计工程艰难、耗时长久,不计个人荣辱得失,毅然治理堤坝,造福一方。

经界,亦是事关民生之“大利”。经界,即划分土地边界,实现农田的分配,《孟子·滕文公上》“夫仁政,必自经界始。经界不正,井地不钧,谷禄不平,是故暴君污吏必慢其经界”即是言此。而在北宋,“田制不立”和由此而带来的土地分配问题尤其严重,成为诸多社会矛盾的根源所在。故而,宋神宗熙宁二年(1069 年),程颢上书《论十事劄子》,从师傅、六官、经界、乡党、贡士、兵役、民食、四民、山泽、分数等十个方面详细论述了王道政治,并尤其强调了“经界”的意义。④

关于“经界”,程颢指出:“天生蒸民,立之君使司牧之,必制其恒产,使之厚生,则经界不可不正,井地不可不均,此为治之大本也。唐尚能有口分授田之制,今则荡然无法,富者跨州县而莫之止,贫者流离饿殍而莫之恤。”⑤君主

① 刘彝(1017—1086 年),字执中,北宋著名水利专家。著有《七经中议》170 卷、《明善集》30 卷、《居阳集》30 卷。

② (宋)程颐、程颢著,王孝鱼点校:《二先生语二》,《河南程氏遗书》卷 2,《二程集》,中华书局 1981 年版,第 18 页。

③ (宋)程颐、程颢著,王孝鱼点校:《伊川先生文七》,《河南程氏文集》卷 11,《二程集》,中华书局 1981 年版,第 631 页。

④ 在程颢《论十事劄子》所言“十事”中,以经界、民食和兵役最为重要。宋代,租佃制成为普遍的剥削形态,佃农租种地主占有的土地并按时交租,农民对地主的人身依附关系相对削弱,封建经济有所发展;但同时,大量土地被官僚地主即所谓“官户”所垄断,致使国家财政收入减少,而农村佃户即所谓“客户”的人数急剧增加,他们中间不少人难以为生,或流亡,或进行反抗。土地问题成为当时社会矛盾的真实写照,成为国家治乱的关键所在。(参见侯外庐、邱汉生、张岂之主编,张岂之修订:《宋明理学史》,西北大学出版社 2018 年版,第 116 页)

⑤ (宋)程颐、程颢著,王孝鱼点校:《明道先生文一》,《河南程氏文集》卷 1,《二程集》,中华书局 1981 年版,第 453 页。

统治人民,必须为人民置办土地房屋等固定的产业,从而使其生活富裕;而实现百姓“恒产”“厚生”的方法,从制度而言在于“经界”,即规范田地界限,平均分配土地,这是国家治理的根本。唐代时,按人口多少授予土地的“口分授田”制度尚且存在,而今天相关的法度已经荡然无存了,这就导致贫富两极分化严重,富者的土地跨越州县,而贫者几无立锥之地,贫苦的百姓衣食不足、流离失所,这成为治乱的关键所在。故而,君主治理国家,必须要做好“经界”这一事关民生“大利”之事,既解决田界问题,又调动农民积极性解决粮食生产和储备问题,“渐从古制,均田务农,公私交为储粟之法,以为之备”。① 遗憾的是,在现实政治中,关于如何实现“渐从古制,均田务农”,通过恢复井田制而厘正经界,二程并未能提出具体可操作的方案。

程颢在《论十事劄子》中,还指出了另一事关民生“大利”之事,即“山泽”。“山泽”即加强对山林水泽的管理。对“山泽”等相关资源的管理在我国古代政治中有着悠久传统。《尚书·大禹谟》言:“地平天成,六府三事允治,万世永赖。”“六府”即水、火、金、木、土、谷六者,被古人认为是财货聚敛之所、人类养生之本。《左传·昭公二十九年》中,提出“五官”的概念,“五官”即管理金木水火土五行之官,“木正曰句芒,火正曰祝融,金正曰蓐收,水正曰玄冥,土正曰后土”。而具体到“山泽”,《周礼·大宰》中就记录了“虞”“衡”两类管理山林水泽的具体官职。

及至宋代,程颢指出,“今五官不修,六府不治,用之无节,取之不时。岂惟物失其性,材木所资,天下皆已童赭,斧斤焚荡,尚且侵寻不禁,而川泽渔猎之繁,暴殄天物,亦已耗竭,则将若之何！此乃穷弊之极矣。”②古代正是因为山林水泽各有其官员治理,各有禁令,故而万物丰盛、财用不缺。而今不设“五官”,“六府”便得不到有效治理,山林水泽的取用没有节制、不按时节,导致天下之山木材枯竭,江湖湖泽鱼虾匮乏,天生之物在过度的渔猎中被消耗殆尽,这必然不利于国家的长远发展。故而,必须恢复“虞”“衡”的官职,对山川、林泽加以养护,对资源的取用加以治理,才是长久之计。

---

① (宋)程颐、程颢著,王孝鱼点校:《明道先生文一》,《河南程氏文集》卷1,《二程集》,中华书局1981年版,第454页。

② (宋)程颐、程颢著,王孝鱼点校:《明道先生文一》,《河南程氏文集》卷1,《二程集》,中华书局1981年版,第454页。

第三节 纲纪与德刑:同治之实践

君主和臣子同治国家,不仅需要有爱民之心,推行王道政治,还必须借助一定的方式和手段,譬如孔孟之以礼治国,韩非之以法治国,等等。二程也提出了关于治国实践的具体主张,给出了"纲纪"和"德刑"两条路径。"纲纪"即明确治理规范,厘清百官职分,落实君臣父子夫妇"三纲"之道;"德刑"即尚德善其俗,尚刑齐其众,强调要通过立善法、刑罚与道德教化相辅相成等来治理天下。二程强调"纲纪"与"德刑"并重,在对曲与直、柔与刚的适度把握中,治理好国家。

一、正纲纪法度,行圣人治道

"纲纪"二字,语出《诗经·大雅·棫朴》"追琢其章,金玉其相,勉勉我王,纲纪四方",在《诗经》中乃动词治理、管理之意,用以称颂周王勤勉治理天下之德。而到了春秋战国时期,"纲纪"已有大纲要领之意,如《荀子·劝学》"礼者,法之大分、类之纲纪也"。"纲纪"作为国家治理的秩序这一概念出现,最晚不迟于西汉,见诸《史记·秦始皇本纪》之"大圣作治,建定法度,显箸纲纪",《汉书·律历志上》之"汉兴,方纲纪大基,庶事草创,袭秦正朔",等等。

二程在其著述中凡言"纲纪"十余次,也多取国家的法度秩序之意。比如在注解《尧典》《舜典》之"典"时,程颐言:"典,典则也。上古时淳朴,因时为治,未立法度典制。至尧而始著治迹,立政有纲,制事有法,故其治可纪,所以有书而称典也。"①上古之时,尚无典制,及至尧为君主,开始为治理国家、处理事务制定法度秩序,因此其治国之法可以记录下来,成为"典"。这里的"纲""纪",正是国家治理的秩序之意。

作为国家治理法度秩序的"纲纪",二程并未就其具体所指作出太多直接的阐述,程颐仅在论及宋朝超越古代"五事"时模糊提及:"尝观自三代而后,本朝有超越古今者五事:如百年无内乱;四圣百年;受命之日,市不易肆;百年未尝诛杀大臣;至诚以待夷狄。此皆大抵以忠厚廉耻为之纲纪,故能如此,盖

---

① (宋)程颐、程颢著,王孝鱼点校:《书解》,《河南程氏经说》卷2,《二程集》,中华书局1981年版,第1033页。

睿主开基,规模自别。”①他认为,宋朝超越古代的成就就在于百年无战乱、四圣治百年、市场稳定、群臣共治、诚待夷狄;而这五项成就的取得,究其根本又在于以“忠厚廉耻”为纲纪。忠厚廉耻,是儒家传统的道德要求;但是,忠诚宽厚、廉操知耻仅仅是从厚德载物之大德而言,并不涉及太多具体的秩序规范。

那么,二程所言“纲纪”究竟指哪些法度秩序?可以从二程对历代为政得失的相关讨论中窥见答案。二程在讨论历史上的“纲纪”得失时,多言及两个时期。一是尧之“纲纪”初立之时,二是唐之“纲纪”破败之时。关于尧之“纲纪”初立,程颐在注解《尧典》时多次加以论述:

> “乃命羲、和,钦若昊天,历象日月星辰,敬授人时。”前言尧之治始于“明俊德”,而后由“睦九族”以至“和万邦,变时雍”。此复言其立政纲纪,分正百官之职,以成庶绩;而事之最大最先,在推测天道,明历象,钦若时令以授人也。天下万事无不本于此,故最先详载其事。圣人治天下之道,惟此二端而已。治身齐家以至平天下者,治之道也;建立治纲,分正百职,顺天时以制事,至于创制立度,尽天下之事者,治之法也。作典者述尧之治,尽于此矣。自“尧曰畴咨”以下,皆纪其事,以明尧之圣耳。②
>
> “允厘百工,庶绩咸熙。”自“乃命羲、和”以下,言尧设官分职,立正纲纪,以成天下之务。首举其大者,是察天道,正四时,顺时行政,使人遂其生养之道,此大本也。万事无不本于此。天下之事无不顺天时法阴阳者,律度量衡皆出于此,故首举而详载之。其他庶事,无不备言,故统云“允厘百工”,言百工之职各分命之也。各授其任,使行其治,是信使治也。允厘,信治也。百工各信治其职,故庶工皆和。史载尧治天下之事,尽于此矣。③

程颐指出,《尧典》中所载的圣人治理天下之道有两条逻辑线索,其一是儒家传统的自修身、齐家、治国以至平天下,他将这一逻辑线索称为“治之道”,也

---

① (宋)程颐、程颢著,王孝鱼点校:《伊川先生语一》,《河南程氏遗书》卷15,《二程集》,中华书局1981年版,第159页。

② (宋)程颐、程颢著,王孝鱼点校:《书解》,《河南程氏经说》卷2,《二程集》,中华书局1981年版,第1036页。

③ (宋)程颐、程颢著,王孝鱼点校:《书解》,《河南程氏经说》卷2,《二程集》,中华书局1981年版,第1038页。

就是治理天下的道理；另一逻辑则与纲纪紧密关联，即通过“察天道”“正四时”来“立纲纪”“正百官”，将天道的秩序落实于人事的秩序，他将这一逻辑称为“治之法”，也就是治理天下的具体方法。

就第二条逻辑展开来说，尧治理国家的方法首先是“乃命羲、和，钦若昊天，历象日月星辰，敬授人时”，也就是命羲氏与和氏敬慎地遵循天数，推算日月星辰运行的规律，制定出历法并敬慎地把天时节令告诉人们。程颐指出，天下万事都以此为本。紧接着，尧以此为依据，“顺天时法阴阳”而确定“律度量衡”，将音律的标准、长度的标准、容量的标准、重量的标准都确定下来，为建立古代政治秩序奠定基础；进而，尧又“立政纲纪，分正百官”“允厘百工，庶绩咸熙”，确立治理的规范，规定百官的事务，从而使许多事情得以兴办起来。

总而言之，程颐关于《尧典》中“纲纪”的讨论，有几点可以明确：一是确定了“纲纪”的来源。“纲纪”源于对天道的推测，从日、月、星辰运行的天象中明确天之时令，进而类推出人世间的秩序。二是确定了“纲纪”的基本内涵，既包括“律度量衡”这些数学上的规范，也包括国家治理法度、百官职能分工这些政治上的秩序。三是明确了“纲纪”的重要意义，认为尧之所以能够治理好天下，就在于通过天道秩序规范了人世秩序，使得百官按天道各得其位，各行其职，各尽其能，从而使天下得治。

而关于与北宋相承接的唐代，二程在论述历代治道得失时着墨颇多。二程对唐代政治的评价较为客观。一方面，“三代而后，汉为治，唐次之，汉大纲正，唐万目举”，①认为三代之后在国家的治理上，汉代的总体治理秩序最为规范，而唐代的治理仅次于汉代，能够做到条理分明。而关于唐代为何“次之”，程颐有着进一步的解释：“大纲不正，万目即紊。唐之治道，付之尚书省，近似六官，但法不具也。后世无如宇文周，其官名法度，小有可观。隋文之法，虽小有善处，然皆出于臆断，惟能如此，故维持得数十年。”②程颐指出，唐代实行三省六部制，设中书省、门下省、尚书省三省，中书省负责定旨出令，门下省负责封驳审议，尚书省负责具体执行，尚书省又下设吏部、户部、礼部、兵部、刑部、

---

① （宋）程颐、程颢著，王孝鱼点校：《河南程氏粹言》卷1，《二程集》，中华书局1981年版，第1213页。

② （宋）程颐、程颢著，王孝鱼点校：《伊川先生语一》，《河南程氏遗书》卷15，《二程集》，中华书局1981年版，第159页。

工部六部,每部辖四司合为二十四司处理天下事务。三省六部制用严密的运行体系维系了国家治理的运转,从这个角度来看,唐代确实做到了“万目举”,如同渔网上的网眼一样一个个张开。

但是,相较于汉代甚至于隋朝,唐代在“法”上有所不足,这一不足直接导致了唐代不能做到“大纲正”,从而即使有着三省六部制这一精密的政治运行体系,也不能像汉代一样在国家治理上取得极大的成就。这个使汉代政治清明的“大纲”,就是“纲纪”。在关于唐代政治的论述中,二程对“纲纪”又作了两种具体解释。

其一,延续了《尧典》中关于“纲纪”的认识,认为“纲纪”是国家治理、百官任用的具体制度。程颢在《论十事劄子》中即言:“王者必奉天建官,故天地四时之职,历二帝、三王未之或改,所以百度修而万化理也。至唐,犹仅存其略。当其治时,尚得纲纪小正。今官秩淆乱,职业废弛,太平之治所以未至,此亦非有古今之异也。”①唐代还保存了尧帝时期按照天道设立天、地、春、夏、秋、冬六官来掌“天地四时之职”的大略,故而制度较为健全、法度比较正常。而当今之世,百官俸禄混乱、职务废弛,故而没有出现天下太平的治世。从对“纲纪”的这一理解而言,二程认为,唐代的国家治理有所不足,也尚有可取之处。

其二,二程以君君臣臣父父子子的“三纲”之道来解释“纲纪”。二程言:“唐之有天下数百年,自是无纲纪。太宗、肃宗皆篡也,更有甚君臣父子? 其妻则取之不正。又妻杀其夫,篡其位,无不至也。若太宗,言以功取天下,此尤不可,最启僭夺之端。其恶大,是杀兄篡位,又取元吉之妻。后世以为圣明之主,不可会也。”②“唐有天下,如贞观、开元间,虽号治平,然亦有夷狄之风,三纲不正,无父子君臣夫妇,其原始于太宗也。故其后世子弟,皆不可使。”③可以看出,二程之所以认为没有“纲纪”,主要是因为自唐太宗玄武门之变夺得

① (宋)程颐、程颢著,王孝鱼点校:《明道先生文一》,《河南程氏文集》卷1,《二程集》,中华书局1981年版,第453页。

② (宋)程颐、程颢著,王孝鱼点校:《大全集拾遗》,《河南程氏外书》卷10,《二程集》,中华书局1981年版,第405页。

③ (宋)程颐、程颢著,王孝鱼点校:《伊川先生语四》,《河南程氏遗书》卷18,《二程集》,中华书局1981年版,第237页。

帝位开始,便丧失了君臣、父子、夫妇“三纲”之道,[①]臣篡君位,子篡父位,妻篡夫位,等等。二程对唐代伦理纲常不正的做法予以强烈批判,认为唐代的治理从本根上便有着极大的弊病,而这,必然极大影响国家统一、民族团结、社会稳定、社会生活秩序正常运转。[②]

围绕“纲纪”的多重内涵:律度量衡及法度秩序的规范、百官职分的确立、君臣父子夫妇“三纲”之道等,二程也对如何正“纲纪”以行治道进行了具体阐述。

其一,治理天下必须有明确的律度量衡的规范。程颢指出,“为政须要有纲纪文章,先有司、乡官读法、平价、谨权量,皆不可阙也。”[③]治理国家,必须要有“纪纲文章”,要“先有司、乡官读法、平价、谨权量”,也就是要有“有司”“乡官”这一类的专职官员来宣读法令,平定上涨的物价,严格测定物体大小轻重的器具,来避免缺斤短两等事情的发生。

其二,将律度量衡的规范进一步引申为国家与朝廷法度秩序的规范。程颢在宋神宗熙宁三年(1070 年)反对王安石变法的《再上疏》中写道:“况台谏之任,朝廷纲纪所凭,使不以言之是非,皆得进职而去,臣恐纲纪自此弛废。臣虽无状,敢以死请。”[④]此时,程颢通过到各地视察农田、水利、赋役等新法推行情况,认为新法的推行多有不当之处,故而不顾宋神宗对变法的大力支持而“力陈时政之失”,即使“抗章自劾”也要直言进谏,尽到自己作为台谏的谏议之职,从而保证朝廷法纪的有序,这里的“纲纪”正是由律度量衡引申而来的朝廷、国家的制度规范。

其三,治理天下必须明确百官的职分,使百官各得其所、各尽其能、各行其职。程颐在《为家君应诏上英宗皇帝书》中从六个方面具体陈述“安危治乱之

---

① “三纲”,出自《白虎通·三纲六纪》:“三纲者,何谓也? 谓君臣、父子、夫妇也。”

② 蔡方鹿:“在中国封建社会的历史条件下,儒家伦理纲常原则最大程度地符合了中国古代封建社会以血缘关系为纽带的宗法制社会发展的客观需要,是维系国家统一、民族团结、社会稳定、社会生活秩序正常运转的必要保证。违背了此原则,天下必将大乱,社会生产力必将遭到严重破坏,人民的生命财产也难以保全。这是被历史反复证明了的客观事实。”(蔡方鹿:《二程的人性修养思想与价值观》,《道德与文明》2014 年第 2 期)

③ (宋)程颐、程颢著,王孝鱼点校:《明道先生语一》,《河南程氏遗书》卷 11,《二程集》,中华书局 1981 年版,第 134 页。

④ (宋)程颐、程颢著,王孝鱼点校:《明道先生文一》,《河南程氏文集》卷 1,《二程集》,中华书局 1981 年版,第 459 页。

机”，指出天下之势“有危亡之虞”故而需要施行王道政治时，其所言的六个方面之首、之二就是朝廷有纲纪而百官称其职，此下才是“百姓安业”“化行政肃”“民心和”和“武备修”。程颐强调，“所谓安且治者：朝廷有纲纪权持，总摄百职庶务，天下之治，如网之有纲，裘之有领，举之而有条，委之而不紊也；郡县之官，得人而职修，惠养有道，朝廷政化宣达于下也。”[①]只有朝廷有纲纪权力，能够总管百官和各种事务，对天下的治理有纲目条理，并且选贤任能得当而百官各尽其职，百官能够爱护好养育好百姓，让朝廷的政策和教化能够在百姓中宣扬，如此才能实现天下的安定和治理。

其四，治理天下必须落实君臣父子夫妇“三纲”之道。二程将“三”进一步拓展到“五”，如在《礼序》中写道：“人者，位乎天地之闲，立乎万物之上；天地与吾同体，万物与吾同气，尊卑分类，不设而彰。圣人循此，制为冠、昏、丧、祭、朝、聘、射、飨之礼，以行君臣、父子、兄弟、夫妇、朋友之义。”[②]在与弟子问答时也说道：“或曰：‘人问某以学者当先识道之大本，道之大本如何求？某告之以君臣父子夫妇兄弟朋友，于此五者上行乐处便是。’”[③]二程认为，无论是为人还是为政，都要通过“礼”的规范，使得君臣、父子、兄弟、夫妇、朋友五种关系能够得当，严守“尊卑分类”，如此才能够识得大道，实现人的“乐”和政的“和”。

二程还强调，作为君主必须保持戒骄戒躁、谦虚谨慎的态度，保证纲纪的严格落实。在注解《临》卦时，程颐就指出：“大率圣人为戒，必于方盛之时。方盛而虑衰，则可以防其满极，而图其永久。……自古天下安治，未有久而不乱者，盖不能戒于盛也。方其盛而不知戒，故狃安富则骄侈生，乐舒肆则纲纪坏，忘祸乱则衅孽萌，是以浸淫不知乱之至也。”[④]君主治理天下，愈是天下太平之时，越要有忧患意识，只有这样才能防止祸患的发生，让统治永固；反之，

---

① （宋）程颐、程颢著，王孝鱼点校：《伊川先生文一》，《河南程氏文集》卷5，《二程集》，中华书局1981年版，第519页。

② （宋）程颐、程颢著，王孝鱼点校：《河南程氏文集·遗文》，《二程集》，中华书局1981年版，第668页。

③ （宋）程颐、程颢著，王孝鱼点校：《伊川先生语四》，《河南程氏遗书》卷18，《二程集》，中华书局1981年版，第187页。

④ （宋）程颐、程颢著，王孝鱼点校：《临卦》，《周易程氏传》卷2，《二程集》，中华书局1981年版，第794页。

如果天下得治之时志得意满、骄纵奢侈，必然导致纲纪法度任意无序，国家的祸患由此萌生。在注解《解》卦卦辞“利西南，无所往，其来复吉，有攸往，夙吉”时，程颐也强调：“夫天下国家，必纪纲法度废乱，而后祸患生。圣人既解其难而安平无事矣，是无所往也；则当修复治道，正纪纲，明法度，进复先代明王之治，是来复也，谓反正理也，天下之吉也。”①程颐以商汤除夏桀之虐、武王诛商纣之暴为例子，强调国家没有纲纪法度，则必然导致祸乱；而新的王朝的建立，首先要做的就是明确纲纪法度，才能实现天下的安定和国家的长久治理，成就“善治”。故而，在君臣同治的具体实践中，“纲纪”对国家治理的重要作用可见一斑。

二、尚德善其俗，尚刑齐其众

在明确了“纲纪”之后，二程还讨论了国家治理中的“德刑”问题。“德刑”是中国传统治道思想中的重要组成部分，早在西周时期，《周书·多方》中就有周公“明德慎罚”的表述；及至孔子，在德与刑的关系上更加注重发挥德治而非刑罚的作用，如《论语·为政》载：“为政以德，譬如北辰，居其所而众星共之”，“道之以政，齐之以刑，民免而无耻；道之以德，齐之以礼，有耻且格”等，强调“一是德治要以教化为先，大德而小刑；二是统治者要率先垂范，首先律己”。② 孟子也继承了孔子的重德观念，劝诫统治者当以善政治民。但同时，也强调刑罚也有着其不可替代的作用，如《孟子·公孙丑上》载，“以力服人者，非心服也，力不赡也；以德服人者，中心悦而诚服也”；《孟子·离娄上》载：“徒善不足以为政，徒法不能以自行”。到了荀子，则更为提倡德刑并用不悖，见诸《荀子·富国篇》“教而不诛，则奸民不惩；诛而不赏，则勤励之民不劝；诛而不类，则下疑、俗俭而百姓不一”。但是，即使是荀子，也认为政治领域亦须大力倡导君子之德，这就是儒家虽然不否定法治但更强调德治的根本原因。③

从周公到孔孟荀对德刑的不同认知，当与三人所处时代现状相关，其中也不难窥见礼崩乐坏程度的日渐严重。但是，无论社会环境如何变化，儒家对德

① (宋)程颐、程颢著，王孝鱼点校：《解卦》，《周易程氏传》卷3，《二程集》，中华书局1981年版，第901页。

② 宋大琦：《程朱礼法学研究》，山东人民出版社2009年版，第266页。

③ 参见潘小慧：《荀学视域中的“天下”和“国(家)”》，《中国人民大学学报》2017年第3期。

刑关系的主流始终是提倡以德为主、以刑为辅,以德为体、以刑为用的。“从对先儒和理学的回顾我们已经看到儒家在德刑关系上的一贯主张,这个主张可以叫‘明德慎罚’、‘德主刑辅’、‘明刑弼教’,或如今人所总结的‘礼乐刑政综合为治’等等。”①二程也继承了这一思想,强调以德为本、刑政为辅,尚德善其俗,尚刑齐其众。但是,相较于此前儒家学者对“德”的侧重,二程的思想整体来说更侧重于发挥“刑”对恶行的震慑价值和对统治的保障作用。② 德性教化并非一日可成之功,必须通过起辅助作用的刑罚来实现德治的贯彻,要寓教于刑,明刑弼教,尚刑齐其众,小惩而大诫,在循序渐进中实现对国家的治理。

其一,凡为政,须立善法。立法在国家的治理中处于基础性地位,对“德”来说,立法明确了“德”的界限,让相对虚空而缺乏标准的“德”有了具体标准上的参照;对“刑”来说,立法既为“刑”的实施奠定了制度上的依据,也对“刑”的标准进行了具体规范,使得“刑”之有据。故而,立法在“德刑”之治中处于基础性的地位。对于立法,程颐指出:“发下民之蒙,当明刑禁以示之,使之知畏,然后从而教导之。自古圣王为治,设刑罚以齐众,明教化以善其俗,刑罚立而后教化行,虽圣人尚德而不尚刑,未尝偏废也。故为政之始,立法居先。”③圣王的治道,其治之始便确立明确的法律,通过对刑罚的明确规定,来对人民的行为举止加以规范和约束。在此基础上,再推行教化、移风易俗,从而确保国家社会的治理。二程也指出,作为人民,必须服从于法令,在施行的法律中找到自身言谈举止的规范,不违背法令:“居今之时,不安今之法令,非义也。若论为治,不为则已,如复为之,须于今之法度内处得其当,方为合义。”④对二程

---

① 宋大琦:《程朱礼法学研究》,山东人民出版社 2009 年版,第 267、273 页。

② 惠吉兴、敦鹏:“与以往儒家单纯的尚德色彩不同,二程格外重视立法与刑罚在维系政权统治时发挥的基本作用。”“事实上,在任何时代、任何社会,刑罚和法律都是维护现实秩序的最后底牌……虽然儒家主张以‘明德慎刑’、崇尚德政、德主刑辅为治国的基本原则,但作为维护秩序的次要手段,儒家在实际政治中依然重视它所发挥的防范性价值。这种重视程度在二程那里表现得尤为明显。”(惠吉兴、敦鹏:《礼与法:二程重构政治秩序的双重路径》,《吉首大学学报(社会科学版)》2013 年第 3 期)

③ (宋)程颐、程颢著,王孝鱼点校:《蒙卦》,《周易程氏传》卷 1,《二程集》,中华书局 1981 年版,第 720 页。

④ (宋)程颐、程颢著,王孝鱼点校:《二先生语二》,《河南程氏遗书》卷 2,《二程集》,中华书局 1981 年版,第 18 页。

“须立善法”的论断,刘乐恒总结道:“民众容易有欲心、私心、邪心,如果不制定独立公正的刚性的法律和惩罚,而只是借助于仁爱的引导作用,则民众之邪欲难以止除,因此具体的刑讼之道必须先行。”①为治之始,先立善法,进而以善法为依据来施行刑罚,正是德刑结合而治理天下的重要举措。

其二,要发挥刑罚“去闲”的作用。关于刑罚的作用,程颐在注解《噬嗑》卦时有着详尽论述。以齿咬物为“噬”,合口为“嗑”,“噬嗑”即以齿咬物合口咀嚼,象征刑罚。关于该卦序卦“可观而后有所合,故受之以噬嗑,嗑者合也”,程颐由其卦象解释道:“圣人以卦之象,推之于天下之事,在口则为有物隔而不得合,在天下则为有强梗或谗邪闲隔于其闲,故天下之事不得合也,当用刑罚,小则惩戒,大则诛戮以除去之,然后天下之治得成矣。”②正如口中有物则不能咬合,如果天下有“强梗”或“谗邪”之人或事,则不能和合。此时,就需要发挥刑罚的作用,对于小的过错则惩治以警戒之,对于大的祸患则要诛戮以去除之,从而使得天下得治。程颐进一步分析道,君臣、父子、亲戚、朋友之间,一个家庭、一个国家到万事万物,都是因为有所“闲隔”而“离贰怨隙”。此时,就需要发挥刑罚明察和威震的作用,明其刑罚,饬其法令,去除人与人、事与事之间的“闲隔”,实现对国家的治理。程颐言:“圣人观噬嗑之象,推之于天下万事,皆使去其闲隔而合之,则无不和且治矣。噬嗑者,治天下之大用也。去天下之闲,在任刑罚,故卦取用刑为义。在二体,明照而威震,乃用刑之象也。”③这样,既是对“善法”的落实,也能真正起到防民入邪、导民以正、治理国家的作用。

其三,刑罚要注重刚柔结合。在注解《噬嗑》卦象传“柔得中而上行,虽不当位,利用狱也”时,程颐言:“而治狱之道,全刚则伤于严暴,过柔则失于宽纵,五为用狱之主,以柔处刚而得中,得用狱之宜也。以柔居刚为利用狱,以刚居柔为利否?曰:刚柔质也,居用也,用柔非治狱之宜也。”④在对违背法律之

---

① 刘乐恒:《伊川理学新论》,岳麓书社 2014 年版,第 165 页。

② (宋)程颐、程颢著,王孝鱼点校:《噬嗑卦》,《周易程氏传》卷 2,《二程集》,中华书局 1981 年版,第 802 页。

③ (宋)程颐、程颢著,王孝鱼点校:《噬嗑卦》,《周易程氏传》卷 2,《二程集》,中华书局 1981 年版,第 802 页。

④ (宋)程颐、程颢著,王孝鱼点校:《噬嗑卦》,《周易程氏传》卷 2,《二程集》,中华书局 1981 年版,第 803 页。

人进行刑罚时,过刚则容易太过严暴,太柔则会过于宽纵,都不是治狱之道。审理案件要刚柔并济、恩威并施,得其中正,方能起到效果:“用刑得其中正,则罪恶者易服,故取噬肤为象。”①但是,程颐也指出,对犯有大的过错的大恶之人,特别是“下民”中的刚强之徒,还是要以“刚”为主,严刑不贷,不必拘泥于“中正之道”而妨害“刚”:“刑刚强之人,必须深痛,故至灭鼻而无咎也。中正之道,易以服人,与严刑以待刚强,义不相妨。”②只有这样,才能发挥其威慑与惩罚作用,防止恶行的再次发生。

其四,要注重刑罚与道德教化的相辅相成。二程认为,之所以要施行刑罚,其根本目的还是在于推行道德教化,刑罚只是道德教化的实现过程,要先刑罚,后教化,让刑罚的强制性约束性渐成民众自觉之教化。③ 比如,在注解《蒙》卦时,程颐指出:“治蒙之初,威之以刑者,所以说去其昏蒙之桎梏,桎梏谓拘束也。不去其昏蒙之桎梏,则善教无由而入。既以刑禁率之,虽使心未能喻,亦当畏威以从,不敢肆其昏蒙之欲,然后渐能知善道而革其非心,则可以移风易俗矣。”④对于童蒙稚子,要一开始就使之明确刑罚的界限,通过发挥刑罚的作用而去除“昏蒙”的约束。只有以刑罚禁“昏蒙”,让人民畏惧刑罚而收束其私欲,才能逐渐知晓善恶、格正其心,最终能够移风易俗,良好的教化得以推行,也就是所谓的“治蒙之始,立其防限,明其罪罚,正其法也,使之由之,渐至于化也”⑤。在《为家君请宇文中允典汉州学书》中,程颐再次重申了这一观

---

① (宋)程颐、程颢著,王孝鱼点校:《噬嗑卦》,《周易程氏传》卷2,《二程集》,中华书局1981年版,第803页。

② (宋)程颐、程颢著,王孝鱼点校:《噬嗑卦》,《周易程氏传》卷2,《二程集》,中华书局1981年版,第803页。

③ 潘富恩、徐庆余:“二程认为,刑罚与德化的功用不同,且不是同步前进的,往往总先有刑罚,在此基础上再考虑德化”,“二程在这里是把‘刑禁’作为德化的必要前提来看待的,这也就是他们屡次强调‘刑’、德未尝偏废的原因”(潘富恩、徐余庆:《论二程的刑治与教化思想》,《复旦学报(社会科学版)》1987年第1期)。惠吉兴、敦鹏:“严刑峻法从某种意义上说是推行教化的另一种手段,它先强制性地约束百姓,时间一长,习惯成自然,‘法’所体现的消极作用转化为让人遵守礼制道德的积极作用。”(惠吉兴、敦鹏:《礼与法:二程重构政治秩序的双重路径》,《吉首大学学报(社会科学版)》2013年第3期)

④ (宋)程颐、程颢著,王孝鱼点校:《蒙卦》,《周易程氏传》卷1,《二程集》,中华书局1981年版,第720—721页。

⑤ (宋)程颐、程颢著,王孝鱼点校:《蒙卦》,《周易程氏传》卷1,《二程集》,中华书局1981年版,第720—721页。

点。“生民之道，以教为本”，要在各地大力推行教育，使得天下没有不接受教育的民众，由此，“小人修身，君子明道，故贤能群聚于朝，良善成风于下，礼义大行，习俗粹美，刑罚虽设而不犯，此三代盛治由教而致也”①。反之，如果不知何为治之本，只知任用刑法，就会使得法律严明而民众依然犯罪，“法令严于上，而教不明于下，民放僻而入于罪，然后从而刑之”②。总之，通过刑罚而最终达成教化，尚刑齐其众，尚德善其俗，这才是国家治理之道。

第四节　常与变：随时因革

《周易·系辞下》曰：“穷则变，变则通，通则久。”在国家治理过程中，是否推行变法革新一直是各个朝代无法回避的话题。到了北宋，改革更是成为政治生活的主旋律。处于这一时代的儒家士大夫二程，对于变法革新也有着诸多讨论，甚至于二程自身的浮沉，也与变法有着密不可分的关联。

一、二程与王安石变法

北宋的积贫积弱，究其原因，与其政治体制有很大关联。目睹唐末五代政权分立的混乱局面，宋初统治者采取了一系列举措来加强中央集权。比如，各州以上置“路”，各“路”设帅、漕、宪、仓四官分掌地方政事，消除藩镇割据；在十五路设转运使，将地方财权统制于中央，增加中央收入；削减武将权力，实行更戍法，军队定期更换驻地而将帅不变，“兵无常帅，帅无常师”；削减宰相权力，设参知政事、枢密使等分中书令之实权。这些举措，一定程度上带来了政权的巩固、社会的稳定，却也造成了积贫积弱、内忧外患的格局。比如，内政而言，“不抑兼并”的土地政策，导致农民土地大量流失，国家财政难以为继；外交而言，“强干弱枝”的分权政策，又使得军事实力大幅削弱，与辽、西夏等先后签订不平等条约。

在这种社会背景下，改革，一直是宋代政治的重要议题。正如敦鹏所指出：“作为我国古代社会政治经济文化高度发展的时代，宋代改革涉及的范围

① （宋）程颐、程颢著，王孝鱼点校：《伊川先生文五》，《河南程氏文集》卷9，《二程集》，中华书局1981年版，第594页。

② （宋）程颐、程颢著，王孝鱼点校：《伊川先生文五》，《河南程氏文集》卷9，《二程集》，中华书局1981年版，第594页。

之广、时间之长、内容之深刻,在整个古代中国历史上都是不多见的。”①为扭转局面,北宋先后进行了两次改革变法,一是由范仲淹等推动始于宋仁宗庆历三年(1043年)的庆历新政,一是由王安石等推动始于宋神宗熙宁二年(1069年)的王安石变法(又称熙宁变法、熙宁新政)。两次变革都在重重阻力下无疾而终。而身处朝堂的二程,见证了王安石变法的盛衰荣替,也对变法提出了自己的主张。

庆历新政时期,青年二程尚随其父程珦在黄陂县读书。② 宋仁宗庆历三年(1043年),范仲淹上书宋仁宗《答手诏条陈十事疏》,提出“明黜陟”“抑侥幸”“精贡举”“择长官”“均公田”“厚农桑”“修武备”“减徭役”“推恩信”“重命令”十项主张,希望通过整顿吏治、节用钱财、减免徭役等举措来缓解社会危机。宋仁宗采纳了这些意见进行变革,史称庆历新政。但是,仅仅一年零四个月后,范仲淹、韩琦、富弼等改革派被排斥出朝廷,改革和新政被废止。庆历新政虽然失败,但为接下来的王安石变法拉开了序幕。

王安石熙宁变法与二程有着密切的关联。王安石变法,自宋神宗熙宁二年(1069年)开始,至宋神宗元丰八年(1085年)神宗去世而结束。变法涉及富国之法(涉及青苗法、募役法、方田均税法、农田水利法、市易法、均输法等)、强兵之法(涉及保甲法、裁兵法、将兵法、保马法、军器监法等)、取士之法(涉及改革科举制度、整顿太学、惟才用人等)三大类,希望通过发展生产、富国强兵,改变北宋建立以来积贫积弱局面。变法切中时弊,一定程度上缓解了北宋的“三冗”危机。但是,由于变法的部分举措不合时宜,加之实际操作中的不良运作,青苗法等新政的施行也给民众的利益带来了一定损害。由此,变法又引发了新旧党争,“转增纷扰,反而因此引起混乱局面,而北宋亦随之以亡。此乃由环境遗传种种因素相逼至此”③。

自宋神宗熙宁二年(1069年)王安石变法推行开始,北宋政坛发生了一场历时50余年的新旧党争,新党代表如王安石、吕惠卿、曾布、章惇等,旧党代表如司马光、吕公著、韩琦、欧阳修等,两派从政见不同的政治之争,逐渐演变成

---

① 敦鹏:《二程关于政治改革的构想与实践》,《现代哲学》2016年第2期。

② 程颢生于宋仁宗明道元年(1032年),程颐生于宋仁宗明道二年(1033年),庆历新政时期,二程之父程珦任黄陂县尉,青年二程在黄陂求学。

③ 钱穆:《朱子学提纲》,生活·读书·新知三联书店2014年版,第10页。

排除异己的意气之争。其中,宋神宗元丰八年(1085 年),宋神宗病逝,宋哲宗即位,宣仁太后高氏以太皇太后身份临朝听政,旧党代表司马光以门下侍郎入朝执政,吕公著以尚书左丞被召入朝。在此后的宋哲宗元祐年间(1086 年—1093 年),司马光等认为新法"舍是取非,兴害除利","名为爱民,其实病民","名为益国,其实伤国",新旧党争全面爆发,保守派几乎尽罢新法,史称"元祐更化"。宋哲宗绍圣元年(1094 年),宣仁太后病逝,宋哲宗亲政,章惇当政。他一方面恢复新法,史称"绍述",另一方面以"抵毁先帝、变易法度"的罪名,大肆报复元祐诸臣。元符三年(1100 年),宋哲宗崩,宋徽宗即位,启用蔡京。蔡京立"元祐党籍碑",将司马光等人定为奸党,党争愈烈。

二程与推行变法的王安石有着错综复杂的纠葛。总的来说,二程与王安石之政见有相似之处,如他们都抱着治国平天下的政治理想,都认同需要推行王道政治来化解现实之政治危局。二程与王安石的政见至少在三个方面是基本一致的:"第一点是,当时的中国,表面上是太平无事,实际上危机四伏,一触即发,一发就不可收拾。第二点是,要挽救危机,必须'行先王之道',在中国实现'三代之治'。第三点是,要实行'王道',须皇帝主张坚决,不为世俗所惑。就三点说,他们三个人的基调是相同的。"①但是,随着变法的推行,二程对于变法实践中所产生的问题深感忧虑,与王安石发生分歧,从变法的倡导拥护者变成反对者。②

程颢(1032—1085 年),历仁宗、英宗、神宗三朝,同司马光、吕公著来往密切,亲历并反对熙宁变法。史载,宋神宗熙宁二年(1069),王安石任参知政事,创建制置三司条例司作为变法机构,议行新法。改革之初,程颢一度入条例司,参与变法,并曾受王安石指派,到各地视察农田、水利、赋役等新法推行情况;但是,在变法推行过程中,程颢与王安石逐渐产生矛盾,并最终成为变法的反对者。《明道先生行状》载,"荆公浸行其说,先生意多不合,事出必论列,数月之间,章数十上。尤极论者:辅臣不同心,小臣与大计,公论不行,青苗

① 冯友兰:《中国哲学史新编》,人民出版社 2014 年版,第 96 页。

② 王世光:"王安石变法之前,程颢、程颐就是改革的积极倡导者,王安石变法之初,程颢还是变法的积极拥护者。然而,改革在推进过程中出现了种种弊端,二程逐渐成为改革的反对者。""王安石与二程兄弟都是抱着为万世开太平的崇高理想,以忧患之心,思忧患之故。只是二程兄弟对于变法实践中所产生的问题深感忧虑,由此才与王安石发生分歧。"(王世光:《二程理欲观与王安石变法》,《齐鲁学刊》2007 年第 6 期)

取息，卖祠部牒，差提举官多非其人及不经封驳，京东转运司剥民希宠不加黜责，兴利之臣日进，尚德之风浸衰等十余事。"[①]试举几例：

关于"公论不行"，程颢反对王安石为了激进推行变法而刚愎自用、对同僚疾言厉色，对相关意见建议不予听取的做法。程颢曾奉旨赴中堂议事，因一些大臣对新法持有反对意见，王安石对反对者疾言厉色，程颢指出天下之事不能听凭一家之言，要群策群力："尝被旨赴中堂议事，荆公方怒言者，厉色待之。先生徐曰：'天下之事，非一家私议，愿公平气以听。'荆公为之愧屈善谈。"[②]

关于"青苗取息"。程颢对于青苗法等新法不能顺民心而强行施行提出异议。青苗法是王安石变法在社会经济领域推行的主要改革举措，通过在青黄交替之时由政府直接发放借贷，杜绝地主富户从中盘剥。该法的施行出发点是好的，但在具体施行过程中，由于地方官采用按户摊派、预留利息等不良手段，实质上反而加重了农民的负担。这样，就导致了变法与民争利的现象。正如司马光在《迩英奏对》所言："天地所生货财百物止有此数，不在民间，则在公家。"[③]对于此，程颢认为，一方面，要"亟推去息之仁"[④]，免除农民的利息；另一方面，作为政府，可以采用粜籴之法来获得收益。

关于"兴利之臣日进"。就改革本身而言，二程认为王安石的相关改革举措是"以利为先"而非"以义为先"，这违背了儒家伦理道德；[⑤]而"以利为先"的导向又导致王安石变法在用人上的"兴利之臣日进"。[⑥] 程颢曾直言指出，王安石变法重用小人而轻用君子："伯淳先生尝曰：'熙宁初，王介甫行新法，

① （宋）程颐、程颢著，王孝鱼点校：《伊川先生文七》，《河南程氏文集》卷11，《二程集》，中华书局1981年版，第634页。

② （宋）程颐、程颢著，王孝鱼点校：《河南程氏遗书·附录》，《二程集》，中华书局1981年版，第329页。

③ （宋）司马光：《迩英奏对录》，《温公手录》卷2，大象出版社2019年版，第325页。

④ （宋）程颐、程颢著，王孝鱼点校：《明道先生文一》，《河南程氏文集》卷1，《二程集》，中华书局1981年版，第457页。

⑤ 敦鹏："（二程认为）改革应以义为先，义是改革的总原则和总归旨；王安石等在新法目标上以利为先，这本身与儒家以义为先的根本原则相违背，并且在改革实践中，新法逐渐发展为急于求成的行为。"（敦鹏：《二程关于政治改革的构想与实践》，《现代哲学》2016年第2期）

⑥ （宋）程颐、程颢著，王孝鱼点校：《明道先生文一》，《河南程氏文集》卷1，《二程集》，中华书局1981年版，第458页。

并用君子小人。君子正直不合，介甫以为俗学，不通世务，斥去。小人苟容谄佞，介甫以为有才，知变通，适用之。……君子既去，所用小人争为刻薄，故害天下益深。'"①王安石推行新法之初，尚能任用君子，程颢、苏轼等都曾为其所用；然而，因为君子"正直不合"，能够直言变法中存在的一些问题，提出新法中需要修正调整或暂且废止之处，被王安石认为不通世务而贬斥，反而谄媚小人得到重用。而使用小人，必然导致用人不当，在新法推行上阳奉阴违，损害人民利益。特别是司马光、范纯仁、张载之弟张戬等人的离去，推动程颢站到了新法的对立面。

程颢与王安石关于具体政治事务的分歧，还可以从其哲学思想差异进行管窥。王安石的学术思想一般被称为"荆公新学"或"新学"。② 程颢认为，王安石变法因其"新学"理论上的先天不足，从一开始便有着难以补救的弊病；王安石变法之所以失败，从思想根源上来说也正是由其"新学"所造成的。《遗书》载：有人问曰："介甫言'尧行天道以治人，舜行人道以事天'，如何？"程颐对曰："介甫自不识道字。道未始有天人之别，但在天则为天道，在地则为地道，在人则为人道。"③这其实也基本可以作为程颢的观点。二程认为，天人之道不二，"天理"在天则言"天道"，在地则言"地道"，在人则言"人道"；而王安石对"道"的划分显示了他并不曾真正识"道"，将一体之"道"歧而为二，"言乎一事，必分为二，介甫之学也"。④ 这种对"天道"与"人道"的划分，也造成了内圣外王之道的分离。

在二程看来，"天理与王道是现实改革的根本前提，而外王理想的实现必须先从内圣做起，内圣与外王的结合才是推动政治革新的充分条件。"⑤立足于这样的认识，二程认为"内圣外王"之道首先必须本于正心诚意的性命之学，必须本于加强统治者的道德修养，使君主"正心"而"格君心之非"。反之，

---

① （宋）程颐、程颢著，王孝鱼点校：《传闻杂记》，《河南程氏外书》卷 12，《二程集》，中华书局 1981 年版，第 423 页。

② "新学"一词，语出苏轼"欧阳子没十余年，士始为新学"，见《苏轼全集·六一居士集叙》卷 34。

③ （宋）程颐、程颢著，王孝鱼点校：《伊川先生语八》，《河南程氏遗书》卷 22，《二程集》，中华书局 1981 年版，第 282 页。

④ （宋）程颐、程颢著，王孝鱼点校：《河南程氏粹言》卷 1，《二程集》，中华书局 1981 年版，第 1171 页。

⑤ 敦鹏：《二程关于政治改革的构想与实践》，《现代哲学》2016 年第 2 期。

二程认为,王安石"新学"在内圣之学方面多有不足,特别是在"道德性命"上存在很大问题。内圣之学的不足,又使其外王政治建立在错误的性命之理上面。这样的学理指导下的改革实践,使得王安石变法只讲求经世致用的功利之学、兴利之道,希望通过改革北宋迂腐空疏的现实政治,谋求增加中央政权的收入以富国强兵;但是,这种改革背离了儒家正统的"内圣外王"之道,故而既无法从学理上开出长治久安之外王格局,也不能在政治上建立一个合理的人间秩序。①

此外,二程还批评王安石"新学"支离破碎、驳杂不醇、杂而无章,多宗佛老申韩之"刑名度数"而背离孔孟之正道;对于王安石本人,二程也认为其学术不正、身心修养不足,身之"本"不修,其新法只是在治事之"末"而已,"其身犹不能自治,何足以及此?"②故而极言新法之危害。

宋神宗熙宁二年(1069年),程颢先后上《论十事劄子》,论述三代之治不可改,先王之法不可变的道理,"为治之大原,牧民之要道,则前圣后圣,岂不同条而共贯哉?"③上《论王霸劄子》,提出君主要师圣人之言,法先王之道,以王者之心,用仁义治天下,反对"新法"。上《论养贤劄子》,提出"三代养贤,必本于学,而德化行焉,治道出焉",④等等。熙宁三年(1070年),因与王安石政见不合,数月间"章疏十上"。三月,上《谏新法疏》,反对"青苗法";四月,上《再上疏》,提出新法"正使徼幸有小成,而兴利之臣日进,尚德之风浸衰,尤非朝廷之福",⑤等等。这些建议未被宋神宗采纳,程颢也由太子中允、权监察御史里行改任签书镇宁军节度判官。

---

① 参见余英时:《朱熹的历史世界——宋代士大夫政治文化的研究》,生活·读书·新知三联书店2004年版,第12页;郑臣:《内圣外王之道——实践哲学视域内的二程》,上海人民出版社2015年版,第100页。

② (宋)程颐、程颢著,王孝鱼点校:《二先生语二》,《河南程氏遗书》卷2,《二程集》,中华书局1981年版,第17页。

③ (宋)程颐、程颢著,王孝鱼点校:《明道先生文一》,《河南程氏文集》卷1,《二程集》,中华书局1981年版,第455页。

④ (宋)程颐、程颢著,王孝鱼点校:《明道先生文一》,《河南程氏文集》卷1,《二程集》,中华书局1981年版,第452页。

⑤ (宋)程颐、程颢著,王孝鱼点校:《明道先生文一》,《河南程氏文集》卷1,《二程集》,中华书局1981年版,第458页。

此后，熙宁七年（1074 年），程颢降任监西京河洛抽税竹木务，司马光也被罢官居洛阳编撰《资治通鉴》，二程与司马光、吕公著等往来密切，饮酒咏诗，议论时政，批评王安石新政及其新学。熙宁十年（1077 年），程颢改任太常丞，邵雍病重，二程同司马光轮流照料。元丰八年（1085 年），宋神宗崩，宋哲宗嗣位，太后高氏临朝，司马光以门下侍郎入朝执政，吕公著以尚书左丞被召入朝。司马光、吕公著被启用，即举荐程颢。五月，召程颢为宗正寺丞，掌管皇族事务，不幸的是，六月十五日，程颢病逝，年 54 岁，宋哲宗特“赐葬地一顷二十亩”。纵观程颢的一生，曾短暂作为变法派官员推行新政，此后长期反对新政并被贬谪。又因志趣相投，与保守派官员司马光、吕公著来往亲密，故此，其一生都与变法相交织。

程颐（1033—1107 年），历仁宗、英宗、神宗、哲宗、徽宗五朝，先后被列入元祐奸党 98 人名单，元祐、元符党人 309 人名单之中。与其兄不同，程颐的前半生并未太多涉及政治中心。宋仁宗皇祐二年（1050 年），程颐上书仁宗《上仁宗皇帝书》，“自陈所学”“议天下事”，劝仁宗“以王道为心，以生民为念，黜出俗之论，期非常之功”，[①]并希求进用，但并未引起仁宗重视、未受召见。宋仁宗至和元年（1054 年），程颐一度作《养鱼记》，抒发对古代圣人之世的向往，兼济天下的抱负，以及怀才不遇的感情。宋仁宗嘉祐元年（1056 年），程颐游历京师太学，作《颜子所好何学论》，被主政太学的胡瑗称为奇文，终于获得学职。嘉祐二年（1057 年），程颐参加科举考试，却遇到“千年进士第一榜”。该年，唐宋八大家中的宋六家荟聚京城，其中欧阳修任主考，曾巩、苏轼、苏辙进士及第，此外进士及第的还有章衡、章惇、邓绾、吕惠卿、曾布、张载、程颢等，程颐未能考中进士。嘉祐四年（1059 年），程颐再次参加科举考试，而廷试不中，随后不再应试，潜心于学问。

此后，程颐曾上《为家君应诏上英宗皇帝书》，指出天下之势“有危亡之虞”，并详细论述了“立志”“责任”“求贤”三条治国之根本举措；上《代彭思永上英宗皇帝论濮王典礼疏》，借“濮议”阐述伦理思想；上《为家君上神宗皇帝论薄葬书》，力谏厚葬英宗一事；上《代吕公著应诏上神宗皇帝书》，提出“为政

① （宋）程颐、程颢著，王孝鱼点校：《伊川先生文一》，《河南程氏文集》卷 5，《二程集》，中华书局 1981 年版，第 515 页。

之道,以顺民心为本,以厚民生为本,以安而不扰为本”;①为太皇太后葬事,上《代富弼上神宗皇帝论永昭陵疏》;等等。但未居于政治中心,多与张载、邵雍等探究学术,并广收弟子,创办伊皋书院著书讲学。

程颐真正进入政治中心是在宋神宗元丰八年(1085 年)程颢去世之后。宋哲宗元祐元年(1086 年),程颐由王岩叟举荐任承奉郎,后任宣德秘书省校书郎,又经司马光推荐为通直郎、崇政殿说书,辅导年幼的宋哲宗。这年九月,司马光卒,年六十八,程颐主其丧事。此后,程颐在政治上虽几经浮沉、辞受,却尚未因新旧党争而受到较大波及。

然而,宋哲宗绍圣四年(1097 年),党论起,朝廷欲恢复王安石新法而贬斥已经去世的司马光、吕公著等,程颐被株连,追毁出身以来文字,放归田里。后又因邢恕等人牵连,诏造涪州编管,过流放生活。宋徽宗崇宁元年(1102 年),蔡京执政,将文彦博、司马光等人列为奸党,徽宗手书名单刻石而立,新旧党争进入高潮,程颐也不能独善其身。崇宁二年(1103 年),迁居龙门之南,谢绝四方学者来访。崇宁三年(1104 年),再被列入元祐、元符党人 309 人名单中,为第二等第二十人,徽宗手书并刻为党碑,置于文德殿门东壁。宋徽宗大观元年(1107 年),九月十七日,程颐去世,年七十五。其时,因党争之故,几乎无人敢送葬,只有四弟子及邵雍之子邵溥亲至为祭:“先生之葬,洛人畏入党,无敢送者,故祭文惟张绎、范域、孟厚及焞四人。乙夜,有素衣白马至者,视之,邵溥也,乃附名焉。”②程颐的一生,醉心学问、著书立说、开坛讲学,却多因亲友、弟子故被牵连进新旧党争,最终在党争的纷争中去世。可以说,程颢与程颐,一个主动,一个被动,终生身陷王安石变法的旋涡之中。

二、随时因革的变革观

《续资治通鉴》载,王安石认为,程颢虽然力主推行王道政治,但是却拘泥古制、不懂变通。这其实是与实际不符的。深陷于变法和党争中的二程,对于变法革新有着更为深刻的体认。在宋神宗熙宁三年(1070 年)王安石变法之前,二程也曾多次上书,议论政治之得失,力陈革除现实政治之弊。二人虽然并不支

---

① (宋)程颐、程颢著,王孝鱼点校:《伊川先生文一》,《河南程氏文集》卷 5,《二程集》,中华书局 1981 年版,第 531 页。

② (宋)程颐、程颢著,王孝鱼点校:《河南程氏遗书·附录》,《二程集》,中华书局 1981 年版,第 348 页。

持王安石变法的具体举措，但是对变与不变本身，持有辩证的态度，认为应“随时因革”。

“随时因革”出自程颢《论十事劄子》：“臣窃谓：圣人创法，皆本诸人情，极乎物理，虽二帝、三王不无随时因革，踵事增损之制。”①古代圣人根据人情、顺应事理而创立法度，二帝三王②无不按现实的需要来决定对这些具体法度的沿袭或改革、随事情的变化而增加或减少相应的制度规矩，这就是“随时因革”——依据现实情况来对具体政事进行沿袭或者改革。

“随时因革”，首先肯定了变革是自然之道，有其合理性。在注解《革》卦象传“泽中有火，革，君子以治历明时”一句时，程颐指出：“君子观变革之象，推日月星辰之迁易，以治历数，明四时之序也。夫变易之道，事之至大，理之至明，迹之至著，莫如四时；观四时而顺变革，则与天地合其序矣。”③变革有“天道变革”和“世故迁易”两种类型，日月星辰变动不居，春夏秋冬四时相互更替，万事万物化生其间，这是“天道变革”；由自然的变更推演到社会人事、政治秩序的“世故迁易”，正是与天地之大道相合的，这也是评价变革利弊得失的价值标准。④

“随时因革”，又突出变革中“本”与“事”的区别。二程认为，父子君臣之纲常、“引君当道”这类王道根本，是不需变动的；而在国家治理中的具体事务则当根据现实需要来决定沿袭或者变革，这类变革对国家是大有裨益的：“治道有自本而言，有就事而言。自本而言，莫大于引君当道，君正而国定矣。就事而言，未有不变而能有为者也，大变则大益，小变则小补。”⑤对此，程颢在《论十事劄子》中提出“随时因革”的命题后，对此进一步作了系统的论述：

> 圣人创法，皆本诸人情，极乎物理，虽二帝、三王不无随时因革，踵事增损之制；然至乎为治之大原，牧民之要道，则前圣后圣，岂不同条而共贯哉？盖无古今，无治乱，如生民之理有穷，则圣王之法可改。后世能尽其

① （宋）程颐、程颢著，王孝鱼点校：《明道先生文一》，《河南程氏文集》卷1，《二程集》，中华书局1981年版，第452页。

② 二帝：唐尧、虞舜；三王：夏禹、商汤、周文王。

③ （宋）程颐、程颢著，王孝鱼点校：《革卦》，《周易程氏传》卷4，《二程集》，中华书局1981年版，第952页。

④ 参见张立文：《中国哲学思潮发展史》，人民出版社2014年版，第951页。

⑤ （宋）程颐、程颢著，王孝鱼点校：《河南程氏粹言》卷1，《二程集》，中华书局1981年版，第1218页。

道则大治,或用其偏则小康,此历代彰灼著明之效也。苟或徒知泥古,而不能施之于今,姑欲循名而遂废其实,此则陋儒之见,何足以论治道哉!①

程颢指出,虽然要“随时因革”,但在治理国家的根本原则和统治人民的根本方法方面,历代君主都是事理相通、同条共贯的。后代君主如果弄清并继承了这些根本原则和根本方法,实行先王之道,自然可以天下大治;即使只是采用这些根本原则和根本方法的某个方面,也可以实现小康。反之,如果不能掌握根本,只是在一些具体事物上拘泥于古制,对历史的东西原封不动地照搬过来,是不能施行于今日的,这种食古不化、只知承袭空名却抛弃实质的做法,必然功亏一篑。

程颢强调,作为君主,必须弄清楚治理国家的“本”和“事”,“名”和“实”。故而,在这一劄子中,他列出了师傅、六官、经界、乡党、贡士、兵役、民食、四民、山泽、分数十件大事,认为这十件大事是遵循“天理”而不可变更的,是历代人民所赖以生存的,是没有古今分别而君主必须施行的,必须要按照轻重缓急来斟酌损益、灵活运用、进退回旋,使之服务于天下的治理:“惟其天理之不可易,人所赖以生,非有古今之异,圣人之所必为者,固可概举。然行之有先后,用之有缓速,若夫裁成运动,周旋曲当,则在朝廷讲求设施如何耳。”②在十件大事的具体处理中,程颢再次重申,其中具体的纲目法、施行处置的办法,要“随时因革”,考之于经典,施之于人情,审慎地去做:“如其纲条度数、施为注措之道,则审行之,必也稽之经训而合,施之人情而宜,此晓然之定理,岂徒若迂疎无用之说哉?惟圣明裁择!”③

程颐特别强调,对腐败的政治,必须“时极道穷,理当必变”,④“通其变于未穷,不使至于极”,⑤要顺应民心,抓住时机,革蔽兴利。程颐以《井》卦序卦

① (宋)程颐、程颢著,王孝鱼点校:《明道先生文一》,《河南程氏文集》卷1,《二程集》,中华书局1981年版,第452页。

② (宋)程颐、程颢著,王孝鱼点校:《明道先生文一》,《河南程氏文集》卷1,《二程集》,中华书局1981年版,第452页。

③ (宋)程颐、程颢著,王孝鱼点校:《明道先生文一》,《河南程氏文集》卷1,《二程集》,中华书局1981年版,第455页。

④ (宋)程颐、程颢著,王孝鱼点校:《既济卦》,《周易程氏传》卷4,《二程集》,中华书局1981年版,第1018页。

⑤ (宋)程颐、程颢著,王孝鱼点校:《既济卦》,《周易程氏传》卷4,《二程集》,中华书局1981年版,第1018页。

“井道不可不革，故受之以革”为例作了具体说明：“井之为物，存之则秽败，易之则清洁，不可不革者也，故井之后，受之以革也。”[①]水井开凿后，随着时间的推移，废弃物必然不断累积而导致污秽破败，必须予以清洁革新。政治也是这样，长期的太平统治必然滋生一些弊病，此时，就需要及时予以“革”，来革除时弊、救济世人：“革天下之弊，新天下之事，处而不行，是无救弊济世之心，失时而有咎也。”[②]

当然，二程也指出，“变革者，事之大”，[③]变革归根结底是一项牵一发而动全身、事关国家治理和人民福祉的大事，必须慎之又慎。《革》卦六二爻曰：“六二，已日乃革之，征吉，无咎。”程颐注曰：“以六居二，柔顺而得中正，又文明之主，上有刚阳之君，同德相应。中正则无偏蔽，文明则尽事理，应上则得权势，体顺则无违悖。时可矣，位得矣，才足矣，处革之至善者也。然臣道不当为革之先，又必待上下之信，故已日乃革之也。”[④]也就是说，成功的变革必须同时具备“时”“位”“才”三个基本条件。“时，就是遭逢变法革新的时机，时机不能早，也不能晚；位，就是要有政治变法的地位，取得上下的信任；才，就是要具备进行变法的才干。三者同时存在、缺一不可，才是改革的必备条件。”[⑤]只有具备“时”“位”“才”，加之君主的支持，才能最终推行变革，来革天下之弊，新天下之治。[⑥]

三、鉴古知今的历史观

需要注意的是，二程虽然持有“随时因革”的变革观，但对历史的整体观念是鉴古而知今的。二程对“三代之治”的理想政治“模板”尤为推崇，提出“为治而不法三代，苟道也”的论断。[⑦] 强调要广泛地学习历史、研究历史，总

---

① （宋）程颐、程颢著，王孝鱼点校：《井卦》，《周易程氏传》卷4，《二程集》，中华书局1981年版，第946页。

② （宋）程颐、程颢著，王孝鱼点校：《革卦》，《周易程氏传》卷4，《二程集》，中华书局1981年版，第953页。

③ （宋）程颐、程颢著，王孝鱼点校：《革卦》，《周易程氏传》卷4，《二程集》，中华书局1981年版，第953页。

④ （宋）程颐、程颢著，王孝鱼点校：《革卦》，《周易程氏传》卷4，《二程集》，中华书局1981年版，第953页。

⑤ 敦鹏：《二程关于政治改革的构想与实践》，《现代哲学》2016年第2期。

⑥ 参见潘富恩：《程颢　程颐》，陕西师范大学出版社2017年版，第78页。

⑦ （宋）程颐、程颢著，王孝鱼点校：《河南程氏粹言》卷1，《二程集》，中华书局1981年版，第1211页。

结历代王朝治乱兴衰的经验教训,并从古代圣贤那里习得修养自身与治理国家的道理,从而有利于当今之世的治理。

鉴古知今,首先要"读史"。程颐多次论述"读史"对治理国家的重要作用:"凡读史,不徒要记事迹,须要识治乱安危兴废存亡之理。且如读高帝一纪,便须识得汉家四百年终始治乱当如何,是亦学也。"①"读史须见圣贤所存治乱之机,贤人君子出处进退,便是格物。今人只将他见成底事便做是使,不知煞有误人处。"②"看史必观治乱之由,及圣贤修己处事之美。"③程颐认为,要通过广泛地阅读史书,来洞悉君子格物致知、出入进退之道,通晓国家安危治乱、兴废存亡之理,以史为鉴、以古为镜。

二程不仅强调儒家士大夫要广泛地阅读史书,对司马光撰修《资治通鉴》一事也表现出了极大的热情。史书记载,宋神宗熙宁七年(1074),程颢任监西京河洛抽税竹木务,程颐也居洛阳,此时吕公著、司马光已被罢官,司马迁居洛阳修《资治通鉴》,二程、司马光、吕公著、邵雍等往来密切,常共同切磋历史。《河南程氏遗书》记载,《资治通鉴》修到唐史时,针对唐太宗和唐肃宗都是篡位而得君位,而魏征开始事奉先太子李建成,玄武门之变李建成身死,魏征又改而事奉唐太宗一事,程颐和司马光有着不同见解。程颐认为史书上不应只记载魏征的为政作为而不言其事二主之罪,司马光则认为魏征恰如管仲,其事二主之事是无可厚非的。对此,程颐强调,管仲是"知非而反正",故而忍死以成就功业,与魏征的事二主是不同的:"管仲之事与征异。齐侯死,公子皆出。小白长而当立,子纠少亦欲立。管仲奉子纠奔鲁,小白入齐,既立,仲纳子纠以抗小白。以少犯长,又所不当立,义已不顺。既而小白杀子纠,管仲以所事言之则可死,以义言之则未可死。故春秋书'齐小白入于齐',以国系齐,明当立也;又书'公伐齐纳纠',二传无子字。纠去子,明不当立也;至'齐人取

---

① (宋)程颐、程颢著,王孝鱼点校:《伊川先生语四》,《河南程氏遗书》卷18,《二程集》,中华书局1981年版,第232页。

② (宋)程颐、程颢著,王孝鱼点校:《伊川先生语五》,《河南程氏遗书》卷19,《二程集》,中华书局1981年版,第258页。

③ (宋)程颐、程颢著,王孝鱼点校:《伊川先生语十》,《河南程氏遗书》卷24,《二程集》,中华书局1981年版,第313页。

子纠杀之’,此复系子者,罪齐大夫既盟而杀之也。与征之事全异。”①由此,二程的理学思想在《资治通鉴》中也有所反映。

鉴古知今,必须要“访诸稽古之人”。只有广泛考察古代的事迹,才能明辨是非、古为今用;而要想通晓古代的圣贤之道,除“读史”之外,作为君主还必须求得通晓圣贤之道的贤臣,让他们来辅佐自己。程颐在《又上太皇太后书》中也写道:“谘谋致治之道,当使圣德日跻,善治日新。进德在于求道,图治莫如稽古。道必询于有道之士,古必访诸稽古之人。若夫世俗浅士,以守道为迂,以稽古为泥,适足以惑乱人主之听。”②朝廷的善治在于君主能够明白治国之大道,增进道德并想办法把国家治好。而治理国家的方法莫过于从历史中吸取经验教训,这就必须广泛地访求通晓历史之人,来为君主讲明历代为政之得失,讲明国家的治乱之由,辅佐君主实现天下之治。

二程虽然讲要鉴古而知今,但并不厚古而薄今。二程认为,“古今异宜”,人类社会历史是发展变化的,要正确认识社会历史的发展变化。程颢言:“古今异宜,不惟人有所不便,至于风气亦自别也。”③“识变知化为难。古今风气不同,故器用亦异宜。是以圣人通其变,使民不倦,各随其时而已矣。”④这种古今的差异不仅体现在人的身上,更体现在不同的社会风气上,乃至于古今的日用器具、风俗礼仪都各有所不同。在这种情况下,日常生活也就不必一味拘泥于古代的典章礼制,不能完全使用“古物”“古礼”,而是要随时损益,随时因革:“行礼不可全泥古,须当视时之风气自不同,故所处不得不与古异。如今人面貌,自与古人不同。若全用古物,亦不相称。虽圣人作,须有损益。”⑤这样,鉴古知今的历史观也就与随时因革的变革观联系了起来。

---

① (宋)程颐、程颢著,王孝鱼点校:《二先生语二》,《河南程氏遗书》卷2,《二程集》,中华书局1981年版,第19页。

② (宋)程颐、程颢著,王孝鱼点校:《伊川先生文二》,《河南程氏文集》卷6,《二程集》,中华书局1981年版,第550页。

③ (宋)程颐、程颢著,王孝鱼点校:《明道先生语一》,《河南程氏遗书》卷11,《二程集》,中华书局1981年版,第122页。

④ (宋)程颐、程颢著,王孝鱼点校:《明道先生语一》,《河南程氏遗书》卷11,《二程集》,中华书局1981年版,第129页。

⑤ (宋)程颐、程颢著,王孝鱼点校:《二先生语二》,《河南程氏遗书》卷2,《二程集》,中华书局1981年版,第21页。

第五章 天下:垂治万世

在完成了对“家”和“国”的治理后,“天下”成为二程“家国天下”治道体系的最后一环。

千年前的北宋,五代十国的烽火带来伦理纲常与价值理念的动摇,佛道二教的兴起引发社会信仰与儒家文明的危机,汉唐训诂之学的桎梏造成空疏学风的畅行和经世之学的湮灭,辽、夏少数民族政权的并立让“居其所而众星共之”的政治理想几至破碎。立足这种现实政治,“天理”统摄下的“天下”,强调的不再是四海归心、协和万邦,而是一种“为万世开太平”的“垂治万世”的政治理想。所谓“垂治”,即推行教化、垂拱而治,突出其方法路径;所谓“万世”,即长治久安、千秋万世,突出其目的归宿。“垂治”教化与“万世”太平相辅相成,二程希望借由教化涵养作用的发挥,让仁善之德不依靠外在的制度约束而自然流行,由此带来对现有“朝廷”和“国家”框架内全体民众的引导、对社会价值和社会风气的塑造,最终实现宋代的长久存续和长治久安。这正是二程“家国天下”治道体系中“天理”之于“天下”的价值和意义所在。

二程强调,要绍续孔孟之道,以圣人之道为天下之道;要兴办教育,让“万世行之、王化之本”的教育为民众之教化奠定基础;要崇尚礼乐,以礼乐安上治民、移风易俗,成就天下之化;要秉持“仁者,浑然与物同体”①的情怀,与天地万物同流,最终达至天下大同与万世太平。“垂治”之教化与“万世”之理想相辅相成,带来对现有“国家”框架内全体民众的引导、理想价值的倡导和社会风气的塑造,最终实现宋代的存续和久安。

---

① (宋)程颐、程颢著,王孝鱼点校:《二先生语二》,《河南程氏遗书》卷2,《二程集》,中华书局1981年版,第16页。

第一节 北宋天下概念的重构

“天”,《说文解字》曰:“颠也,至高无上,从一大。”颠者,人之顶也,“天”就是人头顶之上至高无上的苍穹;苍穹覆盖下的土地及土地上承载的一切,就是“天”之“下”,也就是“天下”。《尚书·大禹谟》曰:“奄有四海,为天下君。”这里的“天下”指的是四海之内的全部土地。《孟子·公孙丑下》曰:“以天下之所顺,天下顺之。”这里的“天下”指的是普天之下的所有臣民。《淮南子·说山训》曰:“睹瓶中之冰,而知天下之寒。”这里的“天下”指的是天地之间自然界的状态。在中华文明的不断演进中,“天下”概念的内涵和外延随着时代发展而不断变化,日益拓展和丰富;而到了北宋时期,“天下”概念再次重构,其空间意义、政治意义不断消解,社会意义、超越意义日渐普及,最终成为一个新的意义上的作为“天理”落实、成就教化、万世太平之“天下”。

一、空间意义与政治意义的消解

“天下”一词,在《五经》中便已经出现,最早是一个空间和政治上的概念。在古代中国的文化语境中,“天下”的核心意义是指某一政权统治下的普天之下所有的土地及以此为中心的政权,涵括了传统的“中国”和“四夷”的范畴,至少具有地理性和政治性双重维度的内涵。

对于空间地理意义上的“天下”,钱穆称之为“中国即是整个世界,即是整个的天下”①,刘璞宁称之为“以华夏之族在天下之中心即以中国建立的国家为核心,外围则是借由朝贡、羁縻制度控制的蛮夷外邦;中国为正为统,夷狄为外为服,合而为天下之整体”②。而在空间意义基础上关于政治意义上的“天下”,赵汀阳称之为“关于帝国的一种理想或者说完美概念”,有三重基本意义:一是在地理学意义上,指代“天底下所有土地”,即人类所居的整个世界;二是在心理学意义上,指代“民心”,“得天下”主要指“得民心”;三是在伦理

---

① 钱穆:“在当时中国人的眼里,中国即是整个世界,即是整个的天下。中国人便等于这世界中整个的人类。当时所谓‘王天下’,实即等于现代人理想中的创建世界政府。凡属世界人类文化照耀的地方,都统属于唯一政府之下,受同一的统治。‘民族’与‘国家’,其意义即无异于‘人类’与‘世界’。”(钱穆:《中国文化史导论》,商务印书馆1994年版,第37页)

② 刘璞宁:《王通的正统论与道统论》,转引自彭永捷:《中国政治哲学史》第二卷,中国人民大学出版社2017年版,第192页。

学、政治学意义上,指向“一种世界一家的理想或乌托邦(所谓四海一家)”。[①]干春松也指出,“天下”有两重内涵:一是作为地理概念,“天下”是一块起初范围不确定、呈不断扩展趋势的土地;二是作为一种与“国”相对的价值体,“天下”是一种理想政治秩序。[②]

可以说,在我国古代典籍中,无论是《尚书·大禹谟》“奄有四海,为天下君……无怠无荒,四夷来王”中的直言“天下”,还是《论语·为政》“为政以德,譬如北辰,居其所而众星共之”中潜藏的“协和万邦”,都是“天下”作为这种空间概念和政治概念的展现。

北宋时期,“天下”的概念已不可与古代传统概念同日而语。“宋代虽亦称是统一时代,但宋代开国,北有辽,西有夏,并不曾有真统一。而且上承五代传下一派黑暗衰颓气象,因此宋代开国,绝不能和汉唐相比。”[③]后周显德七年(960年),赵匡胤发动陈桥兵变,建立宋朝,定都东京开封,改元建隆,是为北宋。对比唐高宗总章二年(669年)盛唐时期的《唐时期全图》和宋徽宗政和元年(1111年)的《辽北宋时期全图》可见,相较于盛唐时期的疆域辽阔,到了北宋时期,宋与辽、西夏、回鹘、吐蕃、大理等诸多少数民族政权并立。其中,尤其是处于北部的辽的建国和不断壮大[④],以及五代十国后晋时期燕云十六州的割让[⑤],使得辽的疆域扩展到长城沿线,居于中原的北宋政权长期受其战略上的威胁。北宋“右文抑武”,军备废弛,宋军与辽军多次交战,不仅始终未能收回失地,甚至于宋神宗时再割河东地七百里。“戎狄强盛,自古无比”,[⑥]这些因素

---

① 赵汀阳:《“天下体系”:帝国与世界制度》,《世界哲学》2003年第5期。

② 参见干春松:《天下,全球化时代的托古改制》,《中国书评》2006年第5辑。

③ 钱穆:《朱子学提纲》,生活·读书·新知三联书店2014年版,第9—10页。

④ 907年,辽太祖耶律阿保机成为契丹部落联盟首领,916年始建年号,建国号“契丹”,定都上京临潢府。947年,辽太宗耶律德光率军南下中原,攻占汴京,于汴京登基称帝,改国号为“大辽”,改年号为“大同”。983年,复更名“大契丹”。1007年,辽圣宗耶律隆绪迁都中京大定府。1066年,辽道宗耶律洪基复国号“辽”。1125年,被金朝所灭。

⑤ 五代十国后晋时期,后晋皇帝石敬瑭将燕云十六州割让给辽。为了收复燕云十六州,自宋太宗起,北宋与辽多次交战,但一直未能收复失地。宋真宗景德元年(1004年),北宋战胜辽,宋真宗与辽在澶州定下了停战和议,史称“澶渊之盟”,该盟约约定宋辽互为兄弟之邦,宋每年赠辽银十万两、绢二十万匹。宋仁宗庆历二年(1042年),又增银十万两、绢十万匹,并改“赠”为“纳”,北宋每年向辽交纳“岁币”,双方互不侵犯。宋神宗时,再割河东地七百里给辽。

⑥ (宋)程颐、程颢著,王孝鱼点校:《伊川先生文一》,《河南程氏文集》卷5,《二程集》,中华书局1981年版,第512页。

的交织，使得北宋所言“天下”，在空间上一般仅指代北宋统治的中原区域，而无法涵括广袤的少数民族政权地区，儒家传统的协和万邦的“大天下观”在空间意义上不断消解。

而与空间意义消解相伴而生的，必然是其政治意义上的淡化。空间上的“天下”尚且不存，那么政治上的“天下”自然也就仅仅具有“国家”的基本内涵。在这样的时代背景下，“天下”概念在宋代实现了从空间意义和政治意义向社会意义和超越意义的转向。

二、成天下教化，开万世太平

当空间意义上的“天下”因少数民族政权林立而不断消解，政治意义上的“天下”也随之变化为“国家”概念。经历了唐末五代藩镇割据、政权林立的大分裂时代，处于邦国林立、与辽互为兄弟之国的北宋，士大夫对国家长治久安的愿望比任何时代都更为迫切。在这一背景中的二程，其“家国天下”治道体系中的“天下”和孜孜以求的“平天下”，强调的已经不再是始自东西周及传统意义上的对“四海”的统治，“四夷”的归心，不再是协和万邦、“居其所而众星共之”，而是强调政权稳固、长治久安、“垂治万世”的政治理想，这也正是至高无上、永恒存在的“天理”在人世间的落实。

二程“垂治万世”的政治理想在其论述中有着集中表达。程颐在关于君子与小人的讨论中写道：“何以谓之君子？何以谓之小人？君子则所见者大，小人则所见者小且近。君子之志所虑者，岂止其一身？直虑及天下千万世。小人之虑，一朝之忿，曾不遑恤其身。”①儒家所谓“君子”，正是因为其志向远大、思虑长远，不汲汲于个人一身之荣辱得失，而是关注天下千秋万世的太平，以天下为己任，“虑及天下千万世”。二程还用“垂教万世”“垂训万世”等来表述这种政治理想：“‘圣人之言可践否?’曰：‘苟不可践，何足以垂教万世?’”②“夫圣人之道，所以垂训万世，无非中庸，非有甚高难行之说，此诚不可易之至论也。”③只有秉持圣人之道，秉持“万世之法”，才能够“垂治万世”。

---

① （宋）程颐、程颢著，王孝鱼点校：《二先生语十》，《河南程氏遗书》卷 10，《二程集》，中华书局 1981 年版，第 114 页。

② （宋）程颐、程颢著，王孝鱼点校：《伊川先生语八》，《河南程氏遗书》卷 22，《二程集》，中华书局 1981 年版，第 278 页。

③ （宋）程颐、程颢著，王孝鱼点校：《河南程氏遗书 · 附录》，《二程集》，中华书局 1981 年版，第 348—349 页。

“垂治万世”，其内涵与张载“为天地立心，为生民立命，为去圣继绝学，为万世开太平”之“横渠四句”不谋而合。① 所谓“垂治”，即推行教化、垂拱而治，突出其方法路径；所谓“万世”，即长治久安、千秋万世，突出其目的归宿。可以说，“垂治”教化与“万世”太平相辅相成，二程希望借由教化涵养作用的发挥，让仁善之德不依靠外在的制度约束而自然流行，由此带来对现有“朝廷”和“国家”框架内全体民众的引导、对社会价值和社会风气的塑造，由儒家的教化最终实现宋代在纵向时间上的长久存续和长治久安。②

“天下”不再是横向维度上的协和万邦，而是纵向历史维度上的万世太平，这种对“天下”的定义，从文化层面而言，延续了儒家“大同”之社会理想，是儒家“平天下”思想的进一步演绎发挥；从现实层面而言，则既是士大夫阶层对唐末五代以来长期战乱频仍、政权更迭的反思，也是对“天有二日”现实政治无法逆转下的一种积极的自适。当横向的协和万邦不可实现，二程转而寻求纵向上的长治久安，并提出了一系列具体的举措予以保障，这正是二程“家国天下”治道体系中“天理”之于“天下”的价值和意义所在。

在二程“平天下”的政治理想中，教化是实现“垂治万世”最为核心的方式。与具体的治家规范和治国制度不同，只有通过内在性的教化，通过道统的传承、教育的推行、礼乐的涵养，让“天理”内化于心，形成一种自觉而持久的精神力量，才能真正实现国家和民族的长治久安。故而，二程言：“先王以仁义得天下而教化之，后世以智力取天下而纠持之，古今之所以相绝者远矣。”③二程强调，要如“先王”一般，将“天下”作为“天理”落实、成就“教化”之“天下”。这个“天下”，是涵括并超越了“齐家”中的“父子之慈孝”“兄弟之友悌”“夫妇之正恒”和“治国”中的君臣之道、王道政治、爱民安民、纲纪德刑的更高层次的存在，强调的是通过绍续孔孟之道、推行教育、重视礼乐来实现对整个

---

① （宋）张载著，章锡琛点校：《拾遗》，《张载集》，中华书局1978年版，第376页。

② 陈畅：“在治教分离、礼俗歧而为二的时代，化民成俗以回向三代之治的治教一元、礼俗同一，可谓宋明理学政教实践之核心目标。蒙文通曾比较汉儒与宋儒政治思想之差异，他认为汉儒重政治制度，宋儒重社会教养之道。所谓重社会教养之道，是指宋儒以乡村自治的方式‘养以厚民生，教以齐民德’。‘厚民生’‘齐民德’亦即‘厚生’（养）与‘正德’（教），是儒家教化的主要内容。”（陈畅：《理学道统的思想世界》，上海书店出版社2017年版，第41页）

③ （宋）程颐、程颢著，王孝鱼点校：《河南程氏粹言》卷1，《二程集》，中华书局1981年版，第1217页。

民族和社会的价值倡导与移风易俗,“自觉地要把大传统贯注到民间,以改造小传统”,①将“大道”真正贯注于民众和社会生活并对其产生积极的引导和影响,最终实现“万世”之太平,是社会意义与超越意义的统一。

在这一意义上,二程将“天下”之“教化”与事关民众生存的“农桑”、事关经济富足的“仓廪”、事关国家安全的“武备”等一并作为国家之要务。如程颐在《为家君应诏上英宗皇帝书》中所言:“今言当世之务者,必曰所先者:宽赋役也,劝农桑也,实仓廪也,备灾害也,修武备也,明教化也。”②在这一意义上,二程言“治天下以正风俗、得贤才为本”,③“观人文以教化天下,天下成其礼俗,乃圣人用贲之道也”,④提出用礼乐、教育等实现对“天下”的教化。言“既天下之人莫不从教,小人修身,君子明道,故贤能群聚于朝,良善成风于下,礼义大行,习俗粹美,刑罚虽设而不犯,此三代盛治由教而致也”,⑤希望通过教化来实现个人的“修身”、君子的“明道”、群贤的“群聚于朝”而共治,以及整个社会良善之德的日渐养成,礼法道义的大道流行,美好习俗的自然化成,乃至最终复归于“三代之治”、实现万世太平的理想政治。在《明道先生行状》中,程颐更是直接记录了程颢通过推行教化来移风化俗,实现长治久安的具体事例:

> 先生为治,专尚宽厚,以教化为先,虽若甚迂,而民实风动。扶沟素多盗,虽乐岁,强盗不减十余发。先生在官,无强盗者几一年。广济蔡河出县境,濒河不逞之民,不复治生业,专以胁取舟人物为事,岁必焚舟十数以立威。先生始至,捕得一人,使引其类,得数十人,不复根治旧恶,分地而处之,使以挽舟为业,且察为恶者。自是邑境无焚舟之患。⑥

---

① 余英时:“中国古人自觉地要把大传统贯注到民间,以改造小传统,这便是历史上所常提到的礼乐教化与移风易俗。”(余英时:《学术思想文选》,上海古籍出版社2010年版,第536页)

② (宋)程颐、程颢著,王孝鱼点校:《伊川先生文一》,《河南程氏文集》卷5,《二程集》,中华书局1981年版,第521页。

③ (宋)程颐、程颢著,王孝鱼点校:《明道先生文一》,《河南程氏文集》卷1,《二程集》,中华书局1981年版,第448页。

④ (宋)程颐、程颢著,王孝鱼点校:《贲卦》,《周易程氏传》卷2,《二程集》,中华书局1981年版,第808页。

⑤ (宋)程颐、程颢著,王孝鱼点校:《伊川先生文五》,《河南程氏文集》卷9,《二程集》,中华书局1981年版,第594页。

⑥ (宋)程颐、程颢著,王孝鱼点校:《河南程氏文集》卷11,《二程集》,中华书局1981年版,第636页。

程颐记载道，程颢在为官时，待人宽厚，以推行教化为先，注重通过一定的途径对百姓进行道德教育和感化，这一方法看起来迂腐而难以见效，但实际上切实地改进了民风，取得了良好而长久的成效。比如程颢在担任扶沟县令时，扶沟长期以来的强盗现象几乎消失；而程颢主政蔡河时，这里一度不事生产、专门在船上抢夺钱财的人也痛改前非，以撑船为业。这正是二程"圣人主化"、①以教化开万世太平思想的一个证明。

第二节　绍道统，成万世之法

要想实现"垂治万世"的政治理想，首先需要找到路径和依据。对此，二程指出，"垂治万世"的实现，需要绍续孔孟圣人之道，以之作为"万世不易之法"。正如彭耀光指出，"二程的'道学'核心在于揭示'圣人之道'"。②正是在接续"道统"、揭示"圣人之道"的过程中，二程在历史思想资源中找到了"垂治后世"的良好政治范本，并提出以此作为万世之法，进一步实现万世之太平。

一、绍续孔孟之道统

"道统"即儒家传道的脉络系统，敦鹏称之为"在思想领域以儒家内圣之学建构起来的能够正确把握儒家思想原则的传道谱系"。③"道统"一说，滥觞于"亚圣"孟子。《孟子·尽心下》曰："由尧舜至于汤，由汤至于文王，由文王至于孔子，各五百有余岁，由孔子而来至于今，百有余岁，去圣人之世，若此其未远也，近圣人之居，若此其甚也。"孟子认为其学说上接尧、舜、汤、周文王、孔子，是儒家之正统。"道统"一词，则由朱熹首倡。在《中庸章句序》中，朱熹写道："《中庸》何为而作也？子思子忧道学之失其传而作也。盖自上古

---

① （宋）程颐、程颢著，王孝鱼点校：《河南程氏遗书》卷15，《二程集》，中华书局1981年版，第146页。

② 彭耀光："二程自认为在儒家经典中发现了'圣人之道'，并将重新发明此道视为自己的使命。二程将自己的学说称为'道学'，大概意在表明其学重在揭示这种'圣人之道'。而且他们认为，他们的这个工作使得中断了千年之久的'圣人之道'重新得以延续。所以二程所谓'道学'，同时也包含着自觉接续自孔孟以后断绝的'道统'的意思。"（彭耀光：《二程的"道学"与道统观——以二程对孟子性论的诠释为中心》，《东岳论丛》2015年第12期）

③ 敦鹏、王飞：《道统的重建——二程"道统论"的政治自觉及其限度》，《河北大学学报》2014年第4期。

圣神继天立极，而道统之传有自来矣。”①朱熹接续前人（如韩愈、二程）学说，将子思也放置于“道统之传”的序列之中。

然而，在千年的传承中，“道统”这一“圣人之教”因政治因素、历史因素、文本因素的影响，发生过诸多的“异化”，是断裂的、不延续的，而非连续而一以贯之的。② 比如，两汉重视对《诗》《书》《礼》《乐》《易》《春秋》“六经”的注解，并发展成为今文经学和古文经学的对立。魏晋时期，先后有王肃注解群经之“王学”流行和东晋元帝设太学、立学官、立郑玄注而“郑学”流行。南北朝隋唐时期，儒家学者继续在疏解前人注文上下工夫，先后有孔颖达《五经正义》及“九经义疏”出现，集汉魏以来六经注疏之大成。③ 然而，经学的流行使得学者过度关注文献训诂，而对其中的哲学义理不求甚解，成为儒学自身发展的巨大桎梏。这种儒学内部理论上的困境，和佛教道教发展所带来的外部冲击，让儒家尧舜孔孟之道在近千年的时间里暗昧不彰。

中唐时期，韩愈开启恢复“道统”、儒学复兴之序幕。他一方面大力反对佛教学说，另一方面从理论上对儒家学说进行完善，构建了一整套涵括仁义道德原则、“五经”经典典籍、礼乐刑罚政治制度、父子君臣伦理秩序，以及士农工商社会分工和饮食起居社会风俗等包罗万象的儒家社会秩序，并在其《原道》一文中提出这是恢复“尧以是传之舜，舜以是传之禹，禹以是传之汤，汤以是传之文、武、周公，文、武、周公传之孔子，孔子传之孟轲”的“道统”。④ 韩愈还提出了“圣人立教”的学说，提出“博爱之谓仁，行而宜之之谓义，由是而之焉之谓道，足乎己无待于外之谓德”，⑤“有圣人者立，然后教之以相生养之道”。⑥

---

① （宋）朱熹：《中庸章句序》，《四书章句集注》，中华书局 1983 年版，第 14 页。

② 丁四新：“‘道统’的‘统’，即‘统系’‘脉络’之义。而此‘统系’，实指传道的圣贤。从本质上来说‘道统’是一个连续的整体；从历史的传承来说，它又可能是断裂的、不连续的。‘道统’的这种断裂性和不连续性，决定了传承或建构‘道统’的必要性。”（丁四新：《张力与融合——朱子道统说的形成与发展》，《中州学刊》2019 年第 2 期）

③ 参见郑杰文、傅永军：《经学十二讲》，中华书局 2007 年版，第 36 页。

④ （唐）韩愈撰，（宋）魏仲举集注，郝润华、王东峰整理：《原道》，《五百家注韩昌黎集》卷 11，中华书局 2019 年版，第 676 页。

⑤ （唐）韩愈撰，（宋）魏仲举集注，郝润华、王东峰整理：《原道》，《五百家注韩昌黎集》卷 11，中华书局 2019 年版，第 673 页。

⑥ （唐）韩愈撰，（宋）魏仲举集注，郝润华、王东峰整理：《原道》，《五百家注韩昌黎集》卷 11，中华书局 2019 年版，第 674 页。

也就是说，具有“博爱”之“仁”的圣人，为了维系人类社会的生存发明了“生养之道”；而为了确保“生养之道”的有序运转，又确定了“行而宜之”的“义”，确定了一套具体的等级秩序和社会职分。这是较为系统的儒家“道统”说的首次阐明。此后，与韩愈同时期的李翱与韩愈相呼应，提出一套以《中庸》为依据的“道统”说，并撰写《复性书》一书，对性与情、修养以成圣等作了具体论述。到了北宋初年，“宋初三先生”孙复、胡瑗、石介也继承并宣扬了儒家“道统”说。但实际上，儒家“道统”的真正复归，当在于宋明理学的实际开创者——二程。

一般认为，儒家“道统”是由二程上承孟子而经朱熹发扬光大的，韩愈等学者仅仅是“道统”学说的中间过渡阶段。朱熹即持这一观点：“自是而又再传以得孟氏，为能推明是书，以承先圣之统，及其没而遂失其传焉。则吾道之所寄不越乎言语文字之闲，而异端之说日新月盛，以至于老佛之徒出，则弥近理而大乱真矣。然而尚幸此书之不泯，故程夫子兄弟者出，得有所考，以续夫千载不传之绪；得有所据，以斥夫二家似是之非。盖子思之功于是为大，而微程夫子，则亦莫能因其语而得其心也。”①朱熹认为，儒家“道统”自孔子而传子思、孟子；子思、孟子之后，“道统”一度在“言语文字之闲”和“佛老异端之说”的内外冲击下“大乱”而失其真谛，直至二程，真正接续“道统”，让儒家“道统”在佛老异端之说的侵蚀挑战中得以发明。对此，颜元进一步解释道：“是言道统失传，异端肆行，程子生而承统子思、孟子，始发明此书之意。”②重申了这一观点。程颐在《明道先生行状》中，也直接将程颢作为“道统”的传承者：“周公没，圣人之道不行；孟轲死，圣人之学不传。道不行百世无善治；学不传，千载无真儒。”③提出了一条周公——孔子——孟子——程颢的儒家“道统”承续路径。

那么，二程何以成为“道统”的接续者呢？原因就在于二程不仅仅言“道统”之传承谱系，更从哲学、义理层面对“道统”进行了深刻阐发，一改重视文

---

① （宋）朱熹：《中庸章句序》，《四书章句集注》，中华书局1983年版，第15页。

② （清）颜元著，王星贤、张芥尘、郭征点校：《四书正误》卷2，《颜元集》，中华书局1987年版，第164页。

③ （宋）程颐、程颢著，王孝鱼点校：《伊川先生文七》，《河南程氏文集》卷11，《二程集》，中华书局1981年版，第640页。

献训诂的陈旧路径,宣扬性命义理,标榜圣人之道。二程创造性提出"天理"理论,认为"天下只有一个理",①"一物之理,即万物之理",②"天理"的本体地位为儒家"道统"奠定了形上学的依据,让圣人之道在思想理论根基上更为牢固,这是称二程而非周敦颐、邵雍、张载等理学家接续"道统"的根本原因所在。二程从理论和现实的多重维度强调了佛老之学与儒家学说在社会人生各个方面不可调和的矛盾,对佛老之学从根本上进行了驳斥和批判,重建儒学的正统性。二程强调《大学》《中庸》《论语》《孟子》这"四书"对"道统"构建的重要意义,将儒家学者从烦琐的训诂之学中解放出来,真正探求以"四书"为文本的孔孟之道的义理。二程将"道统"与现实政治相结合,将"政统"置于"道统"之下,"内圣""外王"并重,劝谏统治者崇尚仁义道德、施行王道政治,让儒学理论服务于现实政治需要而非束之高阁。③

需要注意的是,二程所承接的"道统",主要是就孔孟而言,而非尧、舜、文王、周公。从二程自身所述来看,主要有两个方面的原因。一是就功劳而言,二程认为尧舜平治天下之道正是由于孔子的尊崇而得以发扬并"垂教万世",如果没有孔子,世人无法窥得尧舜之道的真面目。正如程颐与弟子谢佃(字用休)和父亲程珦(字伯温)的问答所言:"用休问:'夫子贤于尧、舜,如何?'子曰:'此是说功。尧、舜治天下,孔子又推尧、舜之道而垂教万世。门人推尊,不得不然。'伯温又问:'尧、舜,非孔子,其道能传后世否?'曰:'无孔子,有甚凭据处?'"④二是就尧舜之道与孔孟之道的区别而言,二程认为三王之法是随时损益的,而孔子之道则是"万世不易"的:"子曰:损益文质,随时之宜,三

---

① (宋)程颐、程颢著,王孝鱼点校:《伊川先生语四》,《河南程氏遗书》卷18,《二程集》,中华书局1981年版,第196页。

② (宋)程颐、程颢著,王孝鱼点校:《二先生语二》,《河南程氏遗书》卷2,《二程集》,中华书局1981年版,第13页。

③ 丁四新将二程的"道统"说概括为四点:其一,二程提出了"圣人与道无异""圣人无优劣"和"经所以载道"的观点,完成了对道统说之逻辑前提的论证;其二,二程肯定韩愈提出的道统观,肯定其所谓"轲之死,不得其传焉"之说;其三,二程虽然肯定和继承了韩愈的道统说,但又不承认韩愈本人在道统中的地位;其四,二程以"四书"为经,且在"四书"中又以《中庸》和《孟子》为核心来构造自己的道统观。(参见丁四新:《张力与融合——朱子道统说的形成与发展》,《中州学刊》2019年第2期)

④ (宋)程颐、程颢著,王孝鱼点校:《伊川先生语八》,《河南程氏遗书》卷22,《二程集》,中华书局1981年版,第279页。

王之法也；孔子告颜渊为邦者，万世不易之法也。”①

在此基础上，二程进而以“道统”特别是孔孟之道为理论基石，为其“垂治万世”的“平天下”政治理想提供理论依据，提出以儒家孔孟圣人之道来作为“万世之法”，实现天下之教化、万世之太平的主张。二程开宗明义指出，圣人所立之法乃“万世不易之法”，在当今时代也需要遵从：“若孔子所立之法，乃通万世不易之法。”②“尧、舜岂可贤也？但门人推尊夫子之道，以谓仲尼垂法万世，故云尔。”③二程还强调了作为“万世之法”的圣人之教对今天的长治久安有着可借鉴性、可操作性、可实践性：“‘圣人之言可践否？’曰：‘苟不可践，何足以垂教万世？’”④在这一意义上，二程继续孔孟之“道统”，作为实现社会长治久安的“万世之法”。胡安国在《奏状》中称之为“然孔、孟之道不传久矣，自颐兄弟始发明之，而后其道可学而至也。不然，则或以六经、语、孟之书资口耳，取世资，而干利禄，愈不得其门而入矣。今欲使学者蹈中庸，师孔、孟，而禁使不得从颐之学，是入室而不由户也。不亦误乎？”⑤认为师孔孟之道、成万世之法、开万世太平，必然离不开对二程学说的研习。

总而言之，二程是韩愈之后儒家“道统”的真正承接者，孔孟之道经由二程的推崇在宋代重新焕发生机。正如朱杰人所言：“将二程定为道统的承续者，其重要的意义在于，它确立了道学（理学）在儒家道统传续的整个谱系中的正宗与主导的地位。从此，关于道统传承的各种纷争归于一统，道学在整个儒学发展中的历史地位得以确立。”⑥可以说，二程接续儒家“道统”，并作为“平天下”之理论依据的实践，既为其“垂治万世”的政治理想提供了深厚的理

---

① （宋）程颐、程颢著，王孝鱼点校：《河南程氏粹言》卷 2，《二程集》，中华书局 1981 年版，第 1229 页。

② （宋）程颐、程颢著，王孝鱼点校：《伊川先生语三》，《河南程氏遗书》卷 17，《二程集》，中华书局 1981 年版，第 174 页。

③ （宋）程颐、程颢著，王孝鱼点校：《伊川先生语四》，《河南程氏遗书》卷 18，《二程集》，中华书局 1981 年版，第 214 页。

④ （宋）程颐、程颢著，王孝鱼点校：《伊川先生语八》，《河南程氏遗书》卷 22，《二程集》，中华书局 1981 年版，第 278 页。

⑤ （宋）程颐、程颢著，王孝鱼点校：《河南程氏遗书 · 附录》，《二程集》，中华书局 1981 年版，第 348—349 页。

⑥ 朱杰人：《二程与朱子的道统说》，《华东师范大学学报（哲学社会科学版）》2018 年第 2 期。

论根基,也从理论上奠定了理学在中国哲学史、思想史上的重要地位。

二、阐扬四书之义理

二程接续孔孟道统,宣扬圣人之教,其在义理阐发上所依据的主要文本是《大学》《中庸》《论语》《孟子》“四书”。《宋史·道学传》载:“仁宗明道初年,程颢及弟颐寔生,及长,受业周氏,已乃扩大其所闻,表章《大学》《中庸》二篇,与《语》《孟》并行,于是上自帝王传心之奥,下至初学人德之门,融会贯通,无复余蕴。”①经过二程的提倡和表彰,“四书”并行,成为宋代理学家发扬圣人之教、推行天下之治的重要依据。这一说法也得到了诸多现代学者的认同,侯外庐指出:“‘四书’并行,最初是出于二程的提倡。……由二程始以‘四书’并行起,至朱熹作《四书集注》,‘四书’风行天下后世,在‘经书’中夺取了‘五经’在思想界的地位。”②“四书”并行是西汉“罢黜百家、独尊儒术”后学术思想史上又一重大事件。任继愈也强调:“《论语》、《孟子》、《中庸》、《大学》称为‘四书’,其地位与《五经》并列,首先推动者是程伊川。”③二程对“四书”的表彰作用已是学界共识。

二程对“四书”地位在北宋的确立起到了重大作用,“四书”也是二程绍续孔孟“道统”、圣人之教而实现天下教化和长治久安的核心文本。首先,二程从儒学传承谱系进行讨论,认为孔子作《论语》,曾子从之而作《大学》,曾子传孔子之孙子思而作《中庸》,子思再传孟子而作《孟子》,孟子之后,圣人之道不传,将思孟学派作为儒学之正宗:“孔子没,曾子之道日益光大。孔子没,传孔子之道者,曾子而已。曾子传之子思,子思传之孟子,孟子死,不得其传,至孟子而圣人之道益尊。”④“昔七十子学于仲尼,其传可见者,惟曾子所以告子思,

---

① (元)脱脱等:《列传第一百八十六·道学一》,《宋史》卷427,中华书局1977年版,第12710页。

② 侯外庐、邱汉生、张岂之主编,张岂之修订:《宋明理学史》,西北大学出版社2018年版,第125页。关于“‘四书’并行”问题,黄勇则认为:“张载可能是将‘四书’并提的第一人。他说:‘学者信书,且须信《论语》《孟子》。《诗》、《书》无舛杂。《礼》虽杂出诸儒,亦若无害义处,如《中庸》和《大学》出于圣门,无可疑者。’”(黄勇撰,崔雅琴译:《论二程如何化用〈孟子〉》,《社会科学》2019年第1期)但是,无论首次将“四书”并提的学者是谁,二程在“四书”成为经典的过程中发挥了至关重要的作用是学界共识。

③ 任继愈:《“儒教问题”争论集》,宗教文化出版社2000年版,第301页。

④ (宋)程颐、程颢著,王孝鱼点校:《伊川先生语十一》,《河南程氏遗书》卷25,《二程集》,中华书局1981年版,第327页。

而子思以授孟子者耳。”[①]这样,二程就通过对儒学谱系传承的讨论,把《论语》《孟子》等拓宽到了“四书”的范畴,强调想接续孔孟道统,宣扬圣人之教,来达成天下教化和长治久安,必须复归到对“四书”的研究之中。

接下来,二程通过对“六经”与“四书”作用的对比,进一步凸显“四书”的价值。二程对汉唐以来的“六经”之学是有所继承的。程颐在《明道先生行状》中曾写道:“先生为学:自十五六时,闻汝南周茂叔论道,遂厌科举之业,慨然有求道之志。未知其要,泛滥于诸家,出入于老、释者几十年,返求诸六经而后得之。”[②]认为程颢自学于周敦颐,想求得圣人之道,一度泛滥于诸家、出入于佛老,最后在“六经”中找到了这个“道”,进而能够“明于庶物,察于人伦”,知孝悌之理而“尽性至命”,通礼乐之理而“穷神知化”。但是,相较于“六经”,二程更为强调“四书”对体悟圣人之教、修身明德而成教化的重要作用,将“四书”作为在天下推行孔孟之道、实现教化的重要载体。二程指出,如果学者能够通晓《论语》《孟子》,则对“六经”的义理不治而自明,故而治学读书,当首推《论语》《孟子》,于其中体悟圣人之用心、圣人之深意:“学者当以《论语》《孟子》为本。《论语》《孟子》既治,则‘六经’可不治而明矣。”[③]相关论述又见于《宋史·道学传》:二程“以《大学》《语》《中庸》为标指,而达于六经”。[④] 程颐进一步强调,《论语》《孟子》之所以有着可以阐明“六经”的作用,在于“《论》、《孟》如丈尺权衡相似,以此去量度事物,自然见得长短轻重”,“某尝语学者,必先看《论语》《孟子》”。[⑤]《论语》《孟子》犹如标尺,可以衡量其他事物的轻重长短,是修身、治学、为政等一切行为的根本尺度。故而,相较于“六经”之学,二程尤重“四书”,注重以“四书”为主体来阐发理学义理,通过文本的转移进而实现学术重心的转移和“重义理轻考据”这一学风的转向,

---

① (宋)程颐、程颢著,王孝鱼点校:《河南程氏粹言》卷2,《二程集》,中华书局1981年版,第1242页。

② (宋)程颐、程颢著,王孝鱼点校:《伊川先生文七》,《河南程氏文集》卷11,《二程集》,中华书局1981年版,第638页。

③ (宋)程颐、程颢著,王孝鱼点校:《伊川先生语十一》,《河南程氏遗书》卷25,《二程集》,中华书局1981年版,第322页。

④ (元)脱脱等:《列传第一百八十六·道学一》,《宋史》卷427,中华书局1977年版,第12719页。

⑤ (宋)程颐、程颢著,王孝鱼点校:《伊川先生语四》,《河南程氏遗书》卷18,《二程集》,中华书局1981年版,第205页。

最终服务于理学以“天理”为核心的思想体系的构建，也服务于“垂治万世”的“平天下”政治理想。正如蔡方鹿所言：“二程崇尚‘四书’，以‘四书’及‘四书’之学取代‘六经’作为经学的主体，这在中国经学史和中华道统思想发展史上具有重大意义，它标志着学风的转向和学术重心的转移，成为理学道统取代汉唐传注经学的表征……对后世道统论产生了重要影响。”①

关于《论语》，程颐著有《论语解》一卷，对《论语》中的《学而》《为政》《八佾》《里仁》《公冶长》《雍也》《述而》《泰伯》《子罕》九篇作了注解；程颢对《论语》也作了一些探讨，收录于相关语录之中。二程肯定了《论语》作为记录孔子及其弟子言行的原始材料对于阐明孔子思想、发扬圣人之道的重要意义，将《论语》作为圣人之道的直接载体。钱穆指出：“宋儒经学，则多能于每一经之大义上发挥。”②二程对《论语》的诠解，不拘泥于文章字句本身，而是以文章字句为手段，与自身所发明的“天理”相结合，来探讨其中所蕴含的圣人关于道德修养与社会政治的大道。比如，关于《论语·述而》篇之“子曰：‘志于道，据于德，依于仁，游于艺’”，二程指出：“子曰：‘志于道。’凡物皆有理，精微要妙无穷，当志之尔。德者得也，在己者可以据。‘依于仁’者，凡所行必依著于仁，兼内外而言之也。”③在二程这里，孔子之“道”就是本体性的至高无上的“天理”，“德”“仁”等无不是“天理”的呈现，将仁义道德上升到宇宙的高度。由此，从“天理”的角度来要求人们继承圣人之道，行仁践礼，使得民众的教化和国家的长治久安有了形上学的依据。

关于《大学》，二程则有改定之功。程颢著有《明道先生改正大学》，程颐著有《伊川先生改正大学》。二程非常重视《大学》文本，程颐指出：“《大学》，孔氏之遗书，而初学入德之门也。于今可见古人为学次第者，独赖此篇之存，而其他则未有如《论》《孟》者。故学者必由是而学焉，则庶乎其不差矣。”④将《大学》作为“入德”的门径，是修身明德的重要参照，是学者为学首先需要学习的篇目。在对《大学》重要性认知的基础上，二程对《大学》分别作了改定，

---

① 蔡方鹿：《程颢、程颐的道统思想》，《开封大学学报》1997 年第 1 期。

② 钱穆：《朱子学提纲》，生活·读书·新知三联书店 2014 年版，第 10 页。

③ （宋）程颐、程颢著，王孝鱼点校：《二先生语九》，《河南程氏遗书》卷 9，《二程集》，中华书局 1981 年版，第 107 页。

④ （清）王梓材、冯云濠：《宋元学案补遗》，中华书局 2012 年版，第 1249 页。

一方面厘清了部分错漏的文本,另一方面也使《大学》相关文本更符合现实政治和社会需要。比如,最为著名的改定当为程颐将“大学之道,在明明德,在亲民,在止于至善”之“亲民”改为“新民”,以突出“苟日新,日日新,又日新”“作新民”之意。

在改定之余,二程也极为重视对《大学》中相关理论的借鉴,借以丰富理学理论,其中对理学影响最大的当属“格物致知”思想。二程对《大学》中的“格物致知”提出了自己的阐发。二程言:“格,至也。如‘祖考来格’之格”,①“格犹穷也,物犹理也,若曰穷其理云尔”。② 认为“格物”之“格”可理解为“至”和“穷”,“格物”就是即其物而穷其理,具体方式又有读书明理、论古今人物辨别是非和应事接物得宜等不同形式。二程所言的“格物”,强调“豁然贯通”。或为“今日格一件,明日又格一件,积习既多,然后脱然自有贯通处”,③通过量的累积来达到豁然贯通;或为“非是要尽穷天下之物,但于一事上穷尽,其他可以类推”,④通过质的深入来达到豁然贯通。通过格物穷理,进而致知,从而存养“天理”。此后,朱熹继承发展二程的思想,对“格物致知”作了进一步阐发。⑤ 朱熹训“格,至也。物,犹事也”,认为“物格者,物理之极处无不到也。知至者,吾心之所知无不尽也”。⑥ 其对格物致知的理解与二程基本一致,认为人心均有知觉,万事万物均含“天理”,故而通过格物致知则可穷理而理明,“则众物之表里精粗无不到,而吾心之全体大用无不明矣”。⑦ 对格

---

① (宋)程颐、程颢著,王孝鱼点校:《伊川先生语四》,《河南程氏遗书》卷18,《二程集》,中华书局1981年版,第188页。

② (宋)程颐、程颢著,王孝鱼点校:《河南程氏粹言》卷1,《二程集》,中华书局1981年版,第1197页。

③ (宋)程颐、程颢著,王孝鱼点校:《伊川先生语四》,《河南程氏遗书》卷18,《二程集》,中华书局1981年版,第241页。

④ (宋)程颐、程颢著,王孝鱼点校:《伊川先生语一》,《河南程氏遗书》卷15,《二程集》,中华书局1981年版,第157页。

⑤ 吴震对朱熹格物论的形成作了考证,认为朱熹格物论的问题由来与二程尤其是程颐的格物思想有重要关联,二程语录中相关论述构成了朱熹建构格物致知论的主要问题意识及其思想资源;同时,朱熹对于二程的格物学说又有一定拓展,朱熹利用《大学》格物致知论欲建构起一整套道学工夫理论,其论述的完备性以及义理的丰富性都远远超过程颐。(参见吴震:《格物诚意不是两事——关于朱熹工夫论思想的若干问题》,《杭州师范大学学报(社会科学版)》2014年第6期)

⑥ (宋)朱熹:《大学章句》,《四书章句集注》,中华书局2012年版,第4页。

⑦ (宋)朱熹:《大学章句》,《四书章句集注》,中华书局2012年版,第6页。

物致知的功效,朱熹认为是“知所止”,也就是止于至善:“止者,所当止之地,即至善之所在也。知之,则志有定向。”[①]二程以《大学》“八纲目”之“格物致知”为文本,对“格物致知”理论作了理学角度的新的阐发,立足民众个人修养角度,为教化的实现提供了一条具体路径,成为《大学》对理学的重要思想贡献。

对于《中庸》,今本《二程集》收录有《中庸解》一卷[②],另在二程的其他著述中多有讨论。二程以《中庸》为孔孟“道统”传承的重要路径,正如蔡方鹿所言:“为了论证道统超越时代的心传,二程于‘四书’中又重视《中庸》从中寻找道统说的理论根据。”[③]二程认为,《中庸》为孔子之孙子思传承孔子之道、曾子之教的著作,正是由于子思作《中庸》,使得圣人之学得以传承,才能够再传而至于孟子,成就儒家之大成,故而,二程多次称赞子思的传道之功:“孔子之道,得其传者,曾子而已矣。时门弟子才辨明智之士非不众也,而传圣人之道者,乃质鲁之人也。观易箦之事,非凡于圣人者不足以臻此。继其传者,有子思,则可见矣。”[④]可以说,子思和《中庸》是圣人之教得以承上启下的桥梁纽带。而对《中庸》一书本身,二程也是极为推崇。程颐认为,《中庸》是孔门的心传宝典,学者需要反复研读、极索玩味,必然终身受用无穷:“《中庸》之书,学者之至也”,[⑤]“善读《中庸》者,只得此一卷书,终身用不尽也”。[⑥] 由于二程对《中庸》的推崇和表彰,中庸在思想史上的地位得以确立。朱熹指出,如果没有二程及其后学对《中庸》的光大,子思之功恐将不传:“盖子思之功于是为大,而微程夫子,则亦莫能因其语而得其心也。”[⑦]胡安国也认为,《中庸》及其

---

① (宋)朱熹:《大学章句》,《四书章句集注》,中华书局 2012 年版,第 3 页。

② 《中庸解》并非二程所作,而是吕大临的作品,但其本身内容“以程颢的观点为主轴线,综合了程颢和程颐的观点,同时还带有张载观点影响的痕迹”。(参见庞万里:《二程哲学体系》,北京航空航天大学出版社 1992 年版,第 420 页)

③ 蔡方鹿:《程颢、程颐的道统思想》,《开封大学学报》1997 年第 1 期。

④ (宋)程颐、程颢著,王孝鱼点校:《河南程氏粹言》卷 2,《二程集》,中华书局 1981 年版,第 1240 页。

⑤ (宋)程颐、程颢著,王孝鱼点校:《伊川先生语一》,《河南程氏遗书》卷 15,《二程集》,中华书局 1981 年版,第 160 页。

⑥ (宋)程颐、程颢著,王孝鱼点校:《伊川先生语三》,《河南程氏遗书》卷 17,《二程集》,中华书局 1981 年版,第 174 页。

⑦ (宋)朱熹:《中庸章句序》,《四书章句集注》,中华书局 1983 年版,第 15 页。

所蕴含的圣人之道,在历史传承中“不明久矣”,非二程兄弟的发明则不可得:“夫圣人之道,所以垂训万世,无非中庸,非有甚高难行之说,此诚不可易之至论也。然中庸之义,不明久矣。自颐兄弟始发明之,然后其义可思而得。”①

二程对《中庸》的继承阐发,核心在其“诚”的思想。《中庸》言:“诚者,天之道也;诚之者,人之道也。”二程继承了这一思想,提出“诚者合内外之道,不诚无物”,②以“诚”作为沟通天道人事、贯通本体工夫的存在,进而提出“立诚”的修养工夫:“道之浩浩,何处下手?惟立诚才有可居之处,有可居之处则可以修业也。”③“‘诚者自成’,如至诚事亲则成人子,至诚事君则成人臣。‘不诚无物,诚者物之终始’,犹俗说彻头彻尾不诚,更有甚物也。”④二程强调,“诚”是“天理”,既是本体性存在,也是道德修养的最高境界。儒家学者应当以“诚”为统摄,实现天道与人事的统一,秉持“诚”的本心,加强“诚”的修养,明“天理”、复“天理”,让圣人之道在人世间流行。就“平天下”之政治理想而言,也需要发挥“诚”在个人修养、社会风气养成、国家长治久安中的作用,通过天道之“诚”的落实,来实现“垂治万世”。

孔孟并举、强调孟子在儒家“道统”传承中的正统地位,是宋代儒学的重要特质。钱穆指出:“然自宋以下,始以孔孟并称,与汉唐儒之并称周公孔子者,大异其趣。此乃中国儒学传统及整个学术思想史上一绝大转变,比风虽始于韩愈,而实成于宋儒。”⑤二程也不例外,甚至于,二程正是宋儒中接续孟子、确立道统的重要践行者,“二程崇尚‘四书’,超越汉唐,其中的一个重要思想是接续孟子,确立道统”。⑥ 关于《孟子》,程颐著有《孟子解》十四卷,今仅存其目。在二程的其他著述中,将《孟子》作为圣人之道的重要载体进行阐发,

① (宋)程颐、程颢著,王孝鱼点校:《河南程氏遗书·附录》,《二程集》,中华书局 1981 年版,第 348—349 页。

② (宋)程颐、程颢著,王孝鱼点校:《二先生语一》,《河南程氏遗书》卷 1,《二程集》,中华书局 1981 年版,第 9 页。

③ (宋)程颐、程颢著,王孝鱼点校:《二先生语一》,《河南程氏遗书》卷 1,《二程集》,中华书局 1981 年版,第 2 页。

④ (宋)程颐、程颢著,王孝鱼点校:《伊川先生语四》,《河南程氏遗书》卷 18,《二程集》,中华书局 1981 年版,第 203 页。

⑤ 钱穆:《朱子学提纲》,生活·读书·新知三联书店 2014 年版,第 13 页。

⑥ 蔡方鹿:《程颢、程颐的道统思想》,《开封大学学报》1997 年第 1 期。

对于孟子在宋朝地位的确立发挥了重要作用。① 二程对孟子极为推崇，认为孟子是“有功于道”的“万世之师”，孟子之功不亚于至圣先师孔子：“孟子有功于圣门不可言。如仲尼只说一个仁义，孟子开口便说仁义；仲尼只说一个志，孟子便说出许多养气来。只此二字，其功甚多。”②“孟子有功于道，为万世之师，其才雄，只见雄才，便是不及孔子处。人须当学颜子，便入圣人气象。”③对《孟子》一书，二程也反复强调其与《论语》并举的重要地位。二程将《论语》《孟子》共同作为“丈尺权衡”，认为学者当先读此二书，“六经”之旨则不言自明：“人只看得此二书切己，终身尽多也。”④

如果说二程对《论语》的推崇主要是从“圣人之教”对人的重要作用而言，对《孟子》的推崇则源于其人性论与心性学说。二程认为，“儒者之中只有孟子对心性的认识与把握最为切要，对性的内涵揭示得最为清晰明白”，⑤孟子之所以能够超越诸儒，就在于其能够将心性推导至“极本穷源”处，从源头上、从超越意义上阐明心性。故而，二程将其“天理”与孟子的“心性”相结合，构建起其理学心性论。程颐言：“性即是理，所谓理，性是也”，⑥“在天为命，在义为理，在人为性，主于身为心，其实一也”。⑦ “性”即“天理”，“性善”即“天理”自然，从而将超越性的“天理”与人所具有的内在的“性善”的道

---

① 宋代，《孟子》列入“九经”，思想学术领域发生了贬孟与尊孟的论争。李觏著《常语》，首先否定孟子，指斥孟子以仁义“乱天下”，其仁义之说与纵横家之欺骗、兵家之诡诈在造成“乱天下”的结果上是相同的，韩愈道统论所谓圣人之道由“孔子传之孟轲”不符合事实。二程则竭力尊孟。直至南宋朱熹著《读余隐之尊孟辩》，为孟子辩护，贬孟与尊孟的论争始告结束。（参见侯外庐、邱汉生、张岂之主编，张岂之修订：《宋明理学史》，西北大学出版社 2018 年版，第 126—127 页）

② （宋）程颐、程颢著，王孝鱼点校：《伊川先生语四》，《河南程氏遗书》卷 18，《二程集》，中华书局 1981 年版，第 221 页。

③ （宋）程颐、程颢著，王孝鱼点校：《二先生语五》，《河南程氏遗书》卷 5，《二程集》，中华书局 1981 年版，第 76 页。

④ （宋）程颐、程颢著，王孝鱼点校：《伊川先生语八》，《河南程氏遗书》卷 22，《二程集》，中华书局 1981 年版，第 285 页。

⑤ 彭耀光：《二程的“道学”与道统观——以二程对孟子性论的诠释为中心》，《东岳论丛》2015 年第 12 期。

⑥ （宋）程颐、程颢著，王孝鱼点校：《伊川先生语九》，《河南程氏遗书》卷 23，《二程集》，中华书局 1981 年版，第 292 页。

⑦ （宋）程颐、程颢著，王孝鱼点校：《伊川先生语四》，《河南程氏遗书》卷 18，《二程集》，中华书局 1981 年版，第 204 页。

德结合起来,以“理”论“性”而创造性地赋予儒家心性学说以本体依据,解释经由道德修养而成圣的依据与途径。① 朱熹对此曾赞叹曰:“伊川‘性即理也’,自孔孟后,无人见得到此。”②而这一理学心性论的确认,肯定了能够通过一定路径而实现对民众的教化的可能性,进而也就为“垂治万世”的理想政治提供了可能。特别是二程对孟子“性”论进一步发挥,作出“天命之性”和“气质之性”的划分,并提出通过“养浩然之气”等恢复“天命之性”,从人性论这一根本出发点和落脚点上为教化推行、万世太平提供了坚实可靠的依据。

第三节　兴教育,成万世之教

《孟子·滕文公上》曰:“设为庠序学校以教之:庠者,养也;校者,教也;序者,射也。夏曰校,殷曰序,周曰庠,学则三代共之,皆所以明人伦也。”教育,是让天下万民明人伦事理、实现整个社会教化,进而自内而外实现国家长治久安的最为直接的方式。但是,自唐末五代以来,社会动荡,礼义之衰与教育的衰微唇亡齿寒。到了北宋,教育的衰败与凋敝愈演愈烈。

对于宋代的教育状况,二程多有论述。一方面,二程指出,教育的不兴必然导致民风的不正:“古者家有塾,党有庠,三老坐于里门,察其长幼出入揖逊之序,咏歌讽诵,无非礼义之言。今也,上无所学,而民风日以偷薄,父子兄弟惟知以利相与耳。今里巷之语,不可以属耳也。”③二程认为,古时,因为学校的普遍存在和教育的广泛施行,礼义遍存,长幼有序;而今,则民风不正,父子兄弟不敬不恭,唯知逐利。另一方面,教育的不兴也将导致人伦教化不行。程

① 二程对孟子性论的诠释,着力凸显了性的两重维度:一方面,性具有超越性,其与天道、“天理”为一,是一形上本体;另一方面,性又具有内在性,它必即道德情感和道德行事而存在,因而必须在道德行事上去体证性体。就成圣而言,前者揭示了成圣的根据与基础,后者揭示了成圣的途径与方法。而所谓圣人,即是经由道德行事去充尽地证显内在的性体,实现与天道为一。无疑,二程所谓“圣人之道”即是指此而言。(参见彭耀光:《二程的“道学”与道统观——以二程对孟子性论的诠释为中心》,《东岳论丛》2015 年第 12 期)

② (宋)朱熹著,(宋)黎靖德编:《孟子九》,《朱子语类》卷 59,中华书局 1986 年版,第 1387 页。

③ (宋)程颐、程颢著,王孝鱼点校:《河南程氏粹言》卷 1,《二程集》,中华书局 1981 年版,第 1193 页。

颢在《论十事劄子》中指出："庠序之教，先王所以明人伦，化成天下；今师学废而道德不一，乡射亡而礼义不兴，贡士不本于乡里而行实不修，秀民不养于学校而人材多废，此较然之事，亦非有古今之异者也。"①学校教育有着讲明人伦、教化天下的重要作用，而当今之世，教育荒废而道德不齐，乡射礼不行而礼义不兴，举荐士子不本于乡里而被举荐者行为不正，优秀之人不培养于学校而人才多废，教化天下必然也就不能实现。如何纠偏社会风气、重振纲常？如何阐明人伦、教化天下？兴办教育、恢复古代的庠序之教有着固本培元之功。二程极言教育之重要性，希望通过广建学校、兴办教育等举措来推行教化、实现长久之治。

一、万世行之，王化之本

程颐在《为家君请宇文中允典汉州学书》写道："盖闻贤人君子，未得其位，无所发施其素蕴，则推其道以淑诸人，讲明圣人之学，开导后进，使其教益明，其传益广；故身虽隐而道光，迹虽处而教行，出处虽异，推己及人之心则一也。"②程颐描述了绝大多数儒家士大夫的生命轨迹。作为儒家士大夫，得其位则"仕"，通过朝廷之上的君臣同治实现"外王"理想；不得其位则"教"，通过讲明圣人之学、教育后学来弘扬其道，既培养一批能够"仕"于朝堂的人才，借以实现其政治理想，也为民众整体修养的提升和社会教化的推行作出贡献，间接服务于国家长治久安。这也就是余英时所言的"宋代理学家的第一志愿是'得君行道'，亲自参加'平治天下'的事业，不得已而求其次，才轮到'成就人才，传之学者'"，"宋代理学家讲学的最终目的是要培养'治天下'的人才，以承担重建秩序的重任"③。

纵观二程一生的轨迹，也可用这两个关键词来形容，一是"仕"，做官为政；二是"教"，著述讲学。论及做官为政，程颢在地方上多有政绩，并曾一度担任太子中允、权监察御史里行，常与宋神宗奏对，"每进见，必为神宗陈君道以至诚仁爱为本"；程颐也曾应诏入朝担任崇政殿说书，为宋哲宗讲书。论及

① （宋）程颐、程颢著，王孝鱼点校：《明道先生文一》，《河南程氏文集》卷1，《二程集》，中华书局1981年版，第453页。

② （宋）程颐、程颢著，王孝鱼点校：《伊川先生文五》，《河南程氏文集》卷9，《二程集》，中华书局1981年版，第593—594页。

③ 余英时：《宋明理学与政治文化》，广西师范大学出版社2014年版，第7—8页。

著述讲学，程颐在洛阳讲学期间，曾致书文彦博《上文潞公求龙门庵地小简》，希望文彦博能够拨给一方土地以便著述讲学，兴办伊皋书院，先后在其中讲学二十余载，使“洛学”弟子遍布天下，学派影响遍及全国。进则“仕”以行“道”，退则“教”而宏“道”，进退之间，二程对教育极为推崇，这一方面是“培养‘治天下’的人才，以承担重建秩序的重任”的需要，另一方面，则是希望通过教育，实现对民众的道德教化，①让整个天下世风得正，为国家的长治久安奠定基础。

二程多言教育的重要意义。其一，教育对道德养成和人伦秩序规范具有重要意义。对个人道德修养而言，教育具有变化气质的作用。二程认为，“天命之性”是人性的本然状态，是“天理”在人身上的体现，从至善之“天理”到人之本然之性，“天命之性”必然是纯善的；“气秉之性”则是人性的现实状态，是人生而秉受的气质之性，因为气有清浊的区分，故而“气秉之性”有善恶贤愚的区别。对有善恶贤愚的“气秉之性”，又可以通过后天的修养教化“复性”而至于善，教育则正有着这一功能。程颐指出，作为“下愚”之人，不可自暴自弃，要通过学习来变化气质，实现个人的道德修养：

> 问：“人性本明，因何有蔽？”曰：“此须索理会也。孟子言人性善是也。虽荀、杨亦不知性。孟子所以独出诸儒者，以能明性也。性无不善，而有不善者才也。性即是理，理则自尧、舜至于涂人，一也。才禀于气，气有清浊。禀其清者为贤，禀其浊者为愚。”又问：“愚可变否？”曰：“可。孔子谓上智与下愚不移，然亦有可移之理，惟自暴自弃者则不移也。”曰：“下愚所以自暴弃者，才乎？”曰：“固是也，然却道佗不可移不得。性只一般，岂不可移？却被他自暴自弃，不肯去学，故移不得。使肯学时，亦有可移之理。”②

在《春秋传序》中，程颐进一步写道：“天之生民，必有出类之才，起而君长之，治之而争夺息，导之而生养遂，教之而伦理明，然后人道立，天道成，地道平。二帝而上，圣贤世出，随时有作，顺乎风气之宜，不先天以开人，各因时而立政。”③

---

① 参见任时先：《中国教育思想史》，上海书店 1984 年版，第 16 页。

② (宋)程颐、程颢著，王孝鱼点校：《伊川先生语五》，《河南程氏遗书》卷 19，《二程集》，中华书局 1981 年版，第 205 页。

③ (宋)程颐、程颢著，王孝鱼点校：《春秋传》，《河南程氏经说》卷 4，《二程集》，中华书局 1981 年版，第 1124—1125 页。

由出类拔萃之人担任君长，他治理天下之民则争夺得以平息，引导天下之民则成就生养之道，教育天下之民则人伦道德之理能够明晰，由此实现“天道”、“地道”和“人道”的确立。其中，发明人伦道德之理，确立人与人相处的忠、信、孝、悌等道德准则，规范君臣、父子、兄弟、夫妻、朋友之间的关系，这一切依靠的正是教育。

其二，王道政治的实施、国家的长治久安离不开教育。一方面，要想治理好国家，离不开有治国之能的人才；要想培养造就有治国理政才干的人才，离不开教育的推行。“善言治天下者，不患法度之不立，而患人材之不成。善修身者，不患器质之不美，而患师学之不明。人材不成，虽有良法美意，孰与行之？师学不明，虽有受道之质，孰与成之？”①在二程看来，要想扭转北宋的政治局面，当务之急不是确立“法度”，而在于培养“人材”。只有有了治国之人才，才能够协助君主同治天下，使得国家政权正常运转、赵宋王朝长治久安。在《为家君请宇文中允典汉州学书》中，程颐更是从教育的全过程重申教育对王道政治、平治天下的重要意义。该文作于宋神宗熙宁元年(1068 年)，此时二程的父亲程珦在汉州为官，想延揽当地名士宇文中允到汉州州学任教，程颐代替其父程珦作此文。程颐写道：“窃以生民之道，以教为本。故古者自家党遂至于国，皆有教之之地。民生八年则入于小学，是天下无不教之民也。既天下之人莫不从教，小人修身，君子明道，故贤能群聚于朝，良善成风于下，礼义大行，习俗粹美，刑罚虽设而不犯。此三代盛治由教而致也。”②程颐认为，教育是“生民之道”的根本。自古以来国家的得治都是肇始于教育：首先从家庭、乡党到国家，都有其进行教育的场所，童蒙八岁便学习“小学”，让人人能够接受教育；接下来，通过教育，人人修身明道，“明道”之君子又能够汇聚于朝堂而服务于国家治理。如此，道德礼义行于天下，不需要发挥刑罚的作用也能实现天下长久之治。

其三，社会教化的推行离不开教育。宋神宗熙宁元年(1068 年)，程颢自汉州返回洛阳，任监察御史里行，上《请修学校尊师儒取士劄子》，提出治理好

① (宋)程颐、程颢著，王孝鱼点校：《二先生语四》，《河南程氏遗书》卷 4，《二程集》，中华书局 1981 年版，第 69 页。

② (宋)程颐、程颢著，王孝鱼点校：《伊川先生文五》，《河南程氏文集》卷 9，《二程集》，中华书局 1981 年版，第 593 页。

国家根本在于“正风俗,得贤才”,在于兴办学校:“臣伏谓:治天下以正风俗、得贤才为本。宋兴百余年,而教化未大醇,人情未尽美,士人微谦退之节,乡闾无廉耻之行,刑虽繁而奸不止,官虽冗而材不足者,此盖学校之不修,师儒之不尊,无以风劝养励之使然耳。窃以去圣久远,师道不立,儒者之学几于废熄,惟朝廷崇尚教育之,则不日而复。”①程颢分析了宋开国百余年而教化不行的原因。百余年来,教化之所以没有完全纯正,人情之所以没有尽善尽美,士人之所以没有谦让的节操,民间之所以没有懂得廉耻的行为,刑罚虽然繁多而奸邪不能杜绝,官员虽然冗杂而人才不足,其根本原因就在于没有兴办好学校,没有给予教师、儒士应有的尊重,从而无法对百姓进行教化劝导、培养鞭策。因此,要想“治天下”,必须以端正风俗;要想“正风俗”,必须获得人才;要想“得贤才”,必须重视教育。程颐又言:“然圣人在上而民多善者,以涵泳其教化深且远也,习闻之久也。”②通过对民众长时间的涵养教化,必然能够使得人心向善,形成良好的社会风气。

二、修官学,尊师儒

既然教育对个人道德的养成、人伦秩序的规范、王道教化的推行乃至整个社会的教化具有重要意义,那么应如何推行教育,最大限度发挥教育的作用呢?正如潘富恩所言:“天下是靠人来治理的,人才问题关系到社会治乱,国家兴衰。”③推行教育,首先要关注的是治国理政之人才的教育问题;由此进一步辐射发散,对天下的教化和国家的长治久安起到良好的示范和引领作用。

隋唐时期,我国便确立了科举取士的制度,张君劢称之为“隋唐以来,吾举之制,聚天下之士子,试之以经义、策论与诗赋,以文辞之高下定人才之去取而已”④。宋代也继承了这一制度,以科举来为朝廷选取人才。但是,二程对隋唐以来逐步确立的科举取士之法并不赞同,提出:“今取士之弊,议者亦多

① (宋)程颐、程颢著,王孝鱼点校:《明道先生文一》,《河南程氏文集》卷1,《二程集》,中华书局1981年版,第442页。

② (宋)程颐、程颢著,王孝鱼点校:《伊川先生语十一》,《河南程氏遗书》卷25,《二程集》,中华书局1981年版,第323页。

③ 潘富恩、徐余庆:《略论二程的教育思想》,《中州学刊》1985年第4期。

④ 张君劢:《义理学十讲纲要》,中国人民大学出版社2006年版,第126页。

矣。臣不暇条析，而言大概。投名自荐，记诵声律，非求贤之道尔。”①“国家取士，虽以数科，然而贤良方正，岁止一二人而已，又所得不过博闻强记之士尔；明经之属，唯专念诵，不晓义理，尤无用者也。最贵盛者，唯进士科，以词赋声律为工。词赋之中，非有治天下之道也；人学之以取科第，积日累久，至于卿相。帝王之道，教化之本，岂尝知之？”②教育所培养的应该是懂得“帝王之道，教化之本”的擅长治国之道的士子，而非只知“记诵声律”却对国家治理之道并不擅长，无法使自己学得的学问与治国理政相结合、无法助益于天下教化的人，从这一角度而言，“国家取士的目的是要选拔治国平天下之士，而科举取士达不到这一目的”③。故而，二程对现行科举取士制度进行批判，并提出了一套发挥官学作用、由国家直接培养人才的教育与取士相结合的方法，以广修官学、尊师重教为核心，在教育过程中通过层层推荐选取一批通晓儒家治道、能够处理实际政务的士子，并希望由此真正为国家长治久安的实现奠定人才基础。

程颢在《请修学校尊师儒取士劄子》中，给出了一个从国家层面广修官学，为朝廷选贤举能并以此为辐射实现国家长治久安的具体方案。该方案包括两个部分，一是自上而下的教育教学，二是自下而上的取士，二者互为依托、相辅相成，服务于国家王道政治的需要。

关于自上而下的教学，程颢给出了一个“树状图”式的架构。第一层次，选定“师儒”并使之核定“正道”。这是兴办官学的首要之举。程颢指出，当前社会，人人固执私见、家家创立异说，经典注解支离破碎、无法形成统一的见解，大道也就不能阐扬。故而，当务之急是要选取一批贤明的儒者，以崇高的礼仪、优厚的待遇聘请他们，让他们研讨确定真正合乎正道、宜于推行的学问：“宜先礼命近侍贤儒，各以类举，及百执事方岳州县之吏，悉心推访，凡有明先王之道，德业充备，足为师表者，其次有笃志好学、材良行修者，皆以名闻。其高蹈之士，朝廷当厚礼延聘，其余命州县敦遣，萃于京师，馆之宽闲之宇，丰其

① （宋）程颐、程颢著，王孝鱼点校：《伊川先生文一》，《河南程氏文集》卷5，《二程集》，中华书局1981年版，第525页。

② （宋）程颐、程颢著，王孝鱼点校：《伊川先生文一》，《河南程氏文集》卷5，《二程集》，中华书局1981年版，第513页。

③ 潘富恩、徐余庆：《论二程的人才观》，《兰州大学学报（社会科学版）》1987年第1期。

廪饩，恤其家之有无，以大臣之贤典领其事，俾群儒朝夕相与讲明正学。”①具体来说，君主可以吩咐近臣中的贤明儒者各自举荐并命令文武官员、地方大员和州县官吏悉心查访，上报懂得先王之道、道德完善足以为人师表之人和志向坚定、喜好学问、才能优良、品行端正之人的名字，以崇高的礼遇延请他们来到京城，为之提供优厚的衣食条件，请他们研讨出能够揭示人伦之本、事物之理的真正的道德学问，并以此作为推行教育的依据，从洒扫应对、孝悌忠信、礼乐规范等开始教学。这批人也是最为重要的“师儒”，对最终达成“化成天下”的目标起到了根本性作用。

第二层次，培养自太学以下各级学校的教师。选取一批有一定才能见识、明白通达的善学之人接受教育，并举荐其中的学成之人担任不同的职务：“又其次取材识明达、可进于善者，使日受其业，稍久则举其贤杰以备高任。择其学业大明、德义可尊者，为太学之师，次以分教天下之学，始自藩府，至于列郡。”②第一等是学业优秀、道德品质值得尊敬的人，可以担任太学的教师；其他的人，可以使之分别在全国各地的学校里执教，从府一级开始，直到各郡。程颢还强调：“择士之愿学、民之俊秀者入学，皆优其廪给而蠲其身役。凡其有父母骨肉之养者，亦通其优游往来，以察其行。其大不率教者，斥之从役。”③要为入学之人提供优厚的待遇，免除本人的劳役，并从其供养父母等方面考察品行，对那些德行不佳的人予以开除，让他们服徭役。由此，保证入学者有相对稳定的物质条件，并通过是否服徭役这一奖惩措施激励学者努力向学。

第三层次，将这一制度辐射全国。程颢言：“渐自太学及州郡之学，择其道业之成、可为人师者，使教于县之学，如州郡之制。异日则十室之乡，达于党遂皆当修其庠序之制，为之立师，学者以次而察焉。”④从太学和州郡学校开

---

① （宋）程颐、程颢著，王孝鱼点校：《明道先生文一》，《河南程氏文集》卷1，《二程集》，中华书局1981年版，第448页。

② （宋）程颐、程颢著，王孝鱼点校：《明道先生文一》，《河南程氏文集》卷1，《二程集》，中华书局1981年版，第448—449页。

③ （宋）程颐、程颢著，王孝鱼点校：《明道先生文一》，《河南程氏文集》卷1，《二程集》，中华书局1981年版，第449页。

④ （宋）程颐、程颢著，王孝鱼点校：《明道先生文一》，《河南程氏文集》卷1，《二程集》，中华书局1981年版，第449页。

始,选择那些道德学业已有所成、可以为人师表的人,参照太学和州郡学校的制度让他们到县级学校执教;推而广之,至于有十户人家的乡村,也要建立起学校制度。由此,在保证教学内容统一和教育质量的同时,实现教育从国家、到州郡、到县乡的逐级推广。

与自上而下的教学相对应的,是自下而上的取士。这也是串联起各级教育系统,激励学子努力向学的重要方式。首先,"县令每岁与学之师,以乡饮之礼会其乡老。学者众推经明行修、材能可任之士,升于州之学,以观其实。"①经县令、乡贤、教师、同窗推荐,学生中通晓经典、行为端正、才能卓越、可以任用的士子,可以免除其家中的徭役,并升入州学;而对学业荒废、品行不正的学子予以退回,追究当地官吏和教师的责任。接着,"郡守又岁与学之师,行乡饮酒之礼,大会郡士,以经义、性行、材能三物宾兴其士于太学,太学又聚而教之",②郡守、郡士、教师和同窗再次以经义、性行、才能三方面为标准推荐合格的士人到太学学习,退回学业不通晓、品行不端正和才能低下之人。而太学则会每年向朝廷推荐有才德的人,"太学岁论其贤者能者于朝,谓之选士,朝廷问之经以考其言,试之职以观其材,然后辨论其等差而命之秩",③经太学推荐,朝廷的考问,对学子评定等级并予以任用。程颢还强调了各级选士时的标准,具体包括"性行端洁,居家孝悌,有廉耻礼逊,通明学业,晓达治道"五者。④

当然,在这一逐级推荐的方式之外,程颢还对"公卿大夫之子弟"的推荐作了设想。"公卿大夫之子弟",程颢又称之为"国子"。程颢指出,公卿大夫之子弟也要进入各级学校,在京的可直接进入太学,在各地的则进入各地州郡之学。各地每年另从公卿大夫子弟中推荐一批进入太学,太学每年向朝廷推荐,具体推荐和考察方法都与普通的选士相同。为了保证这一制度的相对公

---

① (宋)程颐、程颢著,王孝鱼点校:《明道先生文一》,《河南程氏文集》卷1,《二程集》,中华书局1981年版,第449页。

② (宋)程颐、程颢著,王孝鱼点校:《明道先生文一》,《河南程氏文集》卷1,《二程集》,中华书局1981年版,第449页。

③ (宋)程颐、程颢著,王孝鱼点校:《明道先生文一》,《河南程氏文集》卷1,《二程集》,中华书局1981年版,第449页。

④ (宋)程颐、程颢著,王孝鱼点校:《明道先生文一》,《河南程氏文集》卷1,《二程集》,中华书局1981年版,第449页。

平和落实,公卿大夫子弟中如有应当荫补的人,可以按原有制度处理,但凡不是从学校选取的则不授予官职。同时,如果经太学考察不合格,对推荐他们进入太学的各地官员也会追究过失。另外,程颢也对公卿大夫子弟的学习年限等进行了规定:“国子自入学,中外通及七年,或太学五年。年及三十以上,所学不成者,辨而为二等。上者听授以筦库之任,自非其后学业修进,中于论选,则不复使亲民政。其下者罢归之。”①公卿大夫子弟从入学开始,内外总计必须满七年,或者太学满五年。年龄 30 岁以上而所学不成的人,分为两等。上等的人可以授予管理仓库之职,但不再让他们担任州县长官;下等的人遣回。由此,程颢将官宦子弟也纳入了教育的范畴中来。

程颢认为,如果这一套制度能够在全国推行,那么几年下来,治学的风气一定会大变,“岂惟得士浸广,天下风俗将日入醇正,王化之本也。臣谓帝王之道,莫尚于此,愿陛下特留宸意,为万世行之”②。通过确定恰当的教学内容、培养一批合格的教师、充分发挥官学教育的作用,用道德仁义教养天下士人,按真实才学提拔天下士人,那么士人群体将日渐壮大,天下的向学之风也将一天天变得纯正,这是实行王道政治、实现长治久安的根本。诚然,程颢的这一套教育教学与取士相结合的教育之法,既保障了学子求学的物质条件,又用徭役这一有效的奖惩方法激励了广大学子一心向学,辅之以相对公平、畅通的晋升路径,并兼顾了统治阶层的利益,对官学的推广、国家的治理,起到一定的积极意义。

三、办书院,化民风

用兴办教育来成就万世之教,除需要建立一套切实可行的官学体系外,还必须重视民间教育的普及。如果说官学体系的价值在于从士大夫这一参与国家治理的核心群体入手来实现国家长治久安,那么民间教育的价值则在社会教化这一层面凸显,“大众教育的关键所在就是通过君子的礼教,达至厚人伦、养德义、敦风俗的旨趣”③。

---

① (宋)程颐、程颢著,王孝鱼点校:《明道先生文一》,《河南程氏文集》卷 1,《二程集》,中华书局 1981 年版,第 450 页。

② (宋)程颐、程颢著,王孝鱼点校:《明道先生文一》,《河南程氏文集》卷 1,《二程集》,中华书局 1981 年版,第 450 页。

③ 刘乐恒:《伊川理学新论》,岳麓书社 2014 年版,第 166 页。

北宋中期，以周敦颐、二程为代表的儒者们开始采用一种新的教育形式——书院，来复兴民间教育，开风气之先。程颐创办的最为著名的书院是伊皋书院，又称伊川书院、鸣皋书院，位于洛阳，宋神宗元丰五年（1082 年）文彦博赠地所创。程颐先后在其中著述讲学二十余载，其思想体系和相关著述大多在此完成，为“洛学”的弘扬提供了一方圣地。此外，二程创办、执教或与洛学传承有关的书院还有明道书院、春风书院、嵩阳书院（杨时“程门立雪”的故事即发生于此）、太极书院、颍谷书院、显道书院等，①以书院为载体，二程推广社会教化，展现了理学对社会现实和民生的深切关怀。对此，丁静博士评述道：“二程创办书院式的民间教化组织，通过讲学活动，宣传德行教化，对于推进教化思想的社会化、民间化发挥重要的作用，使广大民众受益。在书院式教育过程中，他们所提出的教育内容、教育方法具有不可替代的地位和作用，引领风尚、移风易俗，极大地改善社会风气。”②

在兴办书院、著述讲学的过程中，二程也形成了其推行教育的具体主张。

其一，就教育方式而言，要尊师重教。尊师重教是儒家教育思想之传统。《礼记·学记》中就通过全面揭示学的作用来彰显老师的重要：“不学操缦，不能安弦；不学博依，不能安诗；不学杂服，不能安礼；不兴其艺，不能乐学……故安其学而亲其师，乐其友而信其道。”荀子则多从礼的角度加以论述，《荀子·大略》言：“国将兴，必贵师而重傅，贵师而重傅则法度存。”《荀子·礼论》言：“天地者，生之本也；先祖者，类之本也；君师者，治之本也。……故礼上事天，下事地，尊先而隆君师，是礼之三本也。”荀子将师教上升到国家法度和治理的角度，把尊敬师长的道德风尚作为天下大治的根本之一。

及至二程，程颢《请修学校尊师儒取士劄子》在讨论兴修官学的方案时，便将选定“师儒”并使之核定“正道”作为该方案的第一层次内容。其实，不仅仅是官学兴办，在日常教育推行中，二程也极为强调师友对教育的重要作用。他在《颜乐亭铭》中写道：“天之生民，是为物则；非学非师，孰觉孰识？圣贤之

① 高会霞：《理学与社会》，长春出版社 2011 年版，第 51 页。
② 丁静：《二程教化思想研究》，南京大学出版社 2018 年版，第 164 页。

分，古难其明；有孔之遇，有颜之生。圣以道化，贤以学行，万世心目，破昏为醒。”①在该《铭》中，程颢以颜子之求学于孔子为喻，指出作为“天之生民”而言，必须通过学习和老师的指导，解除昏惑，涵养道德，才能够有所成就，尤为凸显了老师“破昏为醒”的重要作用。在《论十事劄子》中，他将老师的内涵进一步扩大，拓展到师友的概念，强调：“古者自天子达于庶人，必须师友以成就其德业，故舜、禹、文、武之圣，亦皆有所从学。今师傅之职不修，友臣之义未著，所以尊德乐善之风未成于天下，此非有古今之异者也。”②程颢指出，无论是舜、禹、周文王、周武王这样的圣人，还是普通的平民百姓，其道德事业的成就都离不开老师和朋友的辅导辅助作用。如果老师和友臣的职能作用不能充分发挥，那么就不能形成推崇道德、乐于向善的风气，不能人才辈出、化成天下。

其二，就教育次第而言，要蒙以养正。“蒙以养正”，出自《易·蒙》，强调从童年时期开始就要施以正确的教育。二程继承并发展了这一思想。对“蒙以养正”思想的继承，主要体现在对《蒙》卦的注解上。程颐注解《蒙》卦彖传“蒙以养正，圣功也”时指出：“未发之谓蒙，以纯一未发之蒙而养其正，乃作圣之功也。发而后禁，则扞格而难胜。养正于蒙，学之至善也。”③在训解象传“山下出泉，蒙，君子以果行育德”时指出：“山下出泉，出而遇险，未有所之，蒙之象也。若人蒙稚，未知所适也。君子观蒙之象，以果行育德：观其出而未能通行，则以果决其所行；观其始出而未有所向，则以养育其明德也。”④程颐认为，幼童是教育的关键时期。对蒙昧之幼童，必须要抓住时机，通过教育来涵养其正道，使其不被不良风气所侵染；否则，一旦幼童被邪僻侵染，就很难进行纠正了。

对“蒙以养正”思想的发展，主要展现在二程对“养正”原因的分析上。二

---

① （宋）程颐、程颢著，王孝鱼点校：《明道先生文三》，《河南程氏文集》卷3，《二程集》，中华书局1981年版，第472页。

② （宋）程颐、程颢著，王孝鱼点校：《明道先生文一》，《河南程氏文集》卷1，《二程集》，中华书局1981年版，第452页。

③ （宋）程颐、程颢著，王孝鱼点校：《蒙卦》，《周易程氏传》卷1，《二程集》，中华书局1981年版，第720页。

④ （宋）程颐、程颢著，王孝鱼点校：《蒙卦》，《周易程氏传》卷1，《二程集》，中华书局1981年版，第720页。

程立足于童蒙的特点，对“蒙以养正”的原因进行了深入分析。程颐提出了“豫”的主张：“古人生子，能食能言而教之小学之法，以豫为先。人之幼也，知思未有所主，便当以格言至论日陈于前。虽未晓知，且当薰聒，使盈耳充腹，久自安习，若固有之，虽以他言惑之，不能入也。若为之不豫，及乎稍长，私意偏好生于内，众口辩言铄于外，欲其纯完，不可得也。”①“豫”，就是预防，防患于未然。程颐认为，人在幼年之时，心志尚无所主，尚葆有“天理”而未被“人欲”所侵染，此时以圣人之道教养之，则以后不会被邪僻之道所迷惑。二程还指出：“勿谓小儿无记性，所历事皆能不忘。故善养子者，当其婴孩，鞠之使得所养，全其和气，乃至长而性美，教之示以好恶有常。”②二程还以养犬为喻，如果不想让犬登上厅堂，就要在犬正欲进入时驱赶之，而不能让犬养成登堂的习惯后再以鞭棍驱赶。童蒙也是如此。对蒙昧无知的孩童，必须在心性初成之时，便教导其何为美丑好恶，涵养其高尚道德。对二程“蒙以养正”的教育思想，潘富恩、徐庆余评价道：“如果撇开‘养正于蒙’的具体内容，二程这一见解无疑是极有价值的。”③

其三，就教育内容而言，重伦理道德。伦理道德教育是二程教育观的核心内容。正如丁静所言：“基于伦理型的人才培养目标，二程通过日常生活中自身的言行、待人处事接物的方式，将儒家的伦常道德观念作为书院教育的基本内容。”④为二程所强调的师者授之、学者受之的教育内容，并不是传统意义上的文辞章句、六艺四科等基础性知识，而是重在人伦道德教育。

二程多次论及学者之“大本”，并用“道”“仁”“圣人气象”等进行概括。程颐言：“或曰：人问某以学者当先识道之大本，道之大本如何求？某告之以君臣父子夫妇兄弟朋友，于此五者上行乐处便是。”⑤即学者要识“道”，而

---

① （宋）程颐、程颢著，王孝鱼点校：《伊川先生文二》，《河南程氏文集》卷6，《二程集》，中华书局1981年版，第543页。

② （宋）程颐、程颢著，王孝鱼点校：《二先生语二》，《河南程氏遗书》卷2，《二程集》，中华书局1981年版，第57页。

③ 潘富恩、徐余庆：《略论二程的教育思想》，《中州学刊》1985年第4期。

④ 丁静：《二程教化思想研究》，南京大学出版社2018年版，第168页。

⑤ （宋）程颐、程颢著，王孝鱼点校：《伊川先生语四》，《河南程氏遗书》卷18，《二程集》，中华书局1981年版，第187页。

“道”的核心无非君臣、父子、夫妇、兄弟、朋友“五伦”。只要习得了“五伦”之要旨,能够将伦理道德观念贯彻于心,则可以在为学修德、接人待物上游刃有余。程颢言:“学者须先识仁。仁者,浑然与物同体。义、礼、知、信皆仁也。识得此理,以诚敬存之而已,不须防检,不须穷索。若心懈则有防,心苟不懈,何防之有?”[①]“识仁”观点源自《识仁篇》,是针对张载的“防检穷索”修养工夫所作的修正。程颢认为,学者必须要先识得与物同体、涵括诸德的“仁”,再用“诚”和“敬”加以存养,则可以实现与天地同体、“万物皆备于我”。二程言:“学者不学圣人则已,欲学之,须是熟玩圣人气象,不可止于名上理会。如是,只是讲论文字。”[②]关于教育的内容,二程还提出了学习圣人之道的观点,为学要以圣人气象作为志向,以成贤成圣作为最高追求。其实,无论是父子君臣之伦理,还是识仁之道德修养、成圣之道德追求,都可以用“天理”二字涵括。二程所强调的教育内容,无非是教导人们识得“天理”,并以“天理”作为最高标准来严格要求自己,切实提高个人道德修养、成就天下之教化。

其四,从教育方法而言,要因材施教。“因材施教”即根据学生不同的认知水平、学习能力等自身特点,在内容、形式等方面有针对性地开展教学。这一思想可以追溯到孔子。二程对孔子的因材施教思想极为推崇,指出“孔子教人,各因其材,有以政事入者,有以言语入者,有以德行入者”,[③]“《论语》问同而答异者至多,或因人材性,或观人之所问意思而言及所到地位”。[④] 而在二程自身的教育思想和实践中,二程也指出,“西北东南,人材不同”,[⑤]要根据学生的不同特点和才资进行教育。比如,程颐指出:“人有实无学而气盖人者,其气有刚柔也。故强猛者当抑之,畏缩者当充养之。古人佩韦弦之戒,正为此耳。然刚者易抑,如子路,初虽圣人亦被他陵,后来既知学,便却

---

① (宋)程颐、程颢著,王孝鱼点校:《二先生语二》,《河南程氏遗书》卷2,《二程集》,中华书局1981年版,第16—17页。

② (宋)程颐、程颢著,王孝鱼点校:《大全集拾遗》,《河南程氏外书》卷10,《二程集》,中华书局1981年版,第404页。

③ (宋)程颐、程颢著,王孝鱼点校:《伊川先生语五》,《河南程氏遗书》卷19,《二程集》,中华书局1981年版,第252页。

④ (宋)程颐、程颢著,王孝鱼点校:《伊川先生语四》,《河南程氏遗书》卷18,《二程集》,中华书局1981年版,第246页。

⑤ (宋)程颐、程颢著,王孝鱼点校:《二先生语三》,《河南程氏遗书》卷3,《二程集》,中华书局1981年版,第63页。

移其刚来克己甚易。畏缩者气本柔，须索勉强也。”①二程又言：“君子之教人，或引之，或拒之，或各因所亏者成之而已。”②在教学中，要根据学生刚柔缓急的不同个性，或抑制其“刚”使之不“强猛”，或充实其“柔”使之不畏缩，或启发引导，或言辞力拒，施以不同的教育，使学生的天资得以发挥，才德得以充分发展。

其五，就教育落实而言，要力学广行。“力学广行”概念与明代哲学家王守仁的“知行合一”概念一脉相连，重视“学”（或言“识”“知”）与“行”的结合。二程提出，“力学而得之，必充广而行之”，③“学”难，“行”亦难，要以“学”为先、为本，以“行”为终、为成，实现教育在道德和事功上的落实。关于以“学”为先、以“学”为本，二程指出：“须是识在所行之先，譬如行路，须得光照。”④“到底，须是知了方行得。若不知，只是觑却尧学他行事。”⑤“故人力行，先须要知。非特行难，知亦难也。书曰：‘知之非艰，行之惟艰。’此固是也，然知之亦自艰。譬如人欲往京师，必知是出那门，行那路，然后可往。如不知，虽有欲往之心，其将何之？自古非无美材能力行者，然鲜能明道，以此见知之亦难也。”⑥二程以行路为喻，人之行路，必须知道方向和位置才能够前往，空有前往之心而不识方向位置，必将举步维艰；作为学者，也必须先通过教育习得一定知识才能够践行，“学”是首要的先决性条件，“学”也是很艰难的，世人多有能力行者，却罕有能“明道”者，故而教育的作用由此凸显。二程还从反面对以“学”为先、以“学”为本进行了论证：“君子以识为本，行次之。今有人焉，力能行之，而识不足以知之，则有异端者出，彼将流宕而不知反。内不知

---

① （宋）程颐、程颢著，王孝鱼点校：《伊川先生语四》，《河南程氏遗书》卷18，《二程集》，中华书局1981年版，第186页。

② （宋）程颐、程颢著，王孝鱼点校：《河南程氏粹言》卷2，《二程集》，中华书局1981年版，第1266页。

③ （宋）程颐、程颢著，王孝鱼点校：《河南程氏粹言》卷1，《二程集》，中华书局1981年版，第1189页。

④ （宋）程颐、程颢著，王孝鱼点校：《二先生语二》，《河南程氏遗书》卷2，《二程集》，中华书局1981年版，第57页。

⑤ （宋）程颐、程颢著，王孝鱼点校：《伊川先生语四》，《河南程氏遗书》卷18，《二程集》，中华书局1981年版，第188页。

⑥ （宋）程颐、程颢著，王孝鱼点校：《伊川先生语四》，《河南程氏遗书》卷18，《二程集》，中华书局1981年版，第187页。

好恶,外不知是非,虽有尾生之信,曾参之孝,吾弗贵矣。”[①]如果学者只想力行,在“识”上却有所不足,那么面对异端的时候必然会不辨别好恶、不知是非、不知所措,故而,要重视教育,以“学”为本。

关于以“行”为终、以“行”为成,二程指出,“学”与“行”是一个循环往复的过程。二程对这一过程进行了辩证分析,指出:“知至是致知,博学、明辨、审问、慎思、皆致知、知至之事,笃行便是终之。如始条理,终条理,因其始条理,故能终条理,犹知至即能终之。”[②]“学者有所得,不必在谈经论道间,当于行事动容周旋中礼得之。”[③]教育过程中的博学、明辨、审问、慎思,是“知”的过程,要“致知”;也是“知”的归宿,要“知至”而“笃行”。同时,于“行”之中也能有所得,“行”对于“知”有着反哺作用。就这一循环往复的过程而言,教育要重视发挥“行”的作用,以“行”为目标并最终落实到“笃行”上。对此,二程反复强调道:“学者言入乎耳,必须著乎心,见乎行事。如只听佗人言,却似说他人事,己无所与也。”[④]“夫人幼而学之,将欲成之也;既成矣,将以行之也。学而不能成其学,成而不能行其学,则乌足贵哉?”[⑤]二程认为,学者通过教育而有所得,必须著于心而见于行,如果不能力行,则学无所成。二程还以器具为喻,突出了“行”的功用。“百工治器,必贵于有用。器而不可用,工不为也。学而无所用,学将何为也?”[⑥]工匠因器具的功用而冶炼器具,学者也是因为学问有所功用而虚心向学,而功用的实现就在于“行”,故而教育最终要落实到“行”上。

在此五者之外,关于教育,二程还论及“立志”(见程颐“言学便以道为志,

---

① (宋)程颐、程颢著,王孝鱼点校:《伊川先生语十一》,《河南程氏遗书》卷25,《二程集》,中华书局1981年版,第320页。

② (宋)程颐、程颢著,王孝鱼点校:《伊川先生语一》,《河南程氏遗书》卷15,《二程集》,中华书局1981年版,第163页。

③ (宋)程颐、程颢著,王孝鱼点校:《大全集拾遗》,《河南程氏外书》卷10,《二程集》,中华书局1981年版,第404页。

④ (宋)程颐、程颢著,王孝鱼点校:《伊川先生语四》,《河南程氏遗书》卷18,《二程集》,中华书局1981年版,第189页。

⑤ (宋)程颐、程颢著,王孝鱼点校:《伊川先生语十一》,《河南程氏遗书》卷25,《二程集》,中华书局1981年版,第326页。

⑥ (宋)程颐、程颢著,王孝鱼点校:《河南程氏粹言》卷1,《二程集》,中华书局1981年版,第1189页。

言人便以圣为志"①)、"日进"(见程颢"人之学不进,只是不勇"②)、"存疑"(见二程"学者要先会疑"③)、"愤启悱发"(见程颐"盖不待愤悱而发,则知之不固,待愤悱而后发,则沛然矣"④),等等。总之,二程希望经由教育特别是以书院教育等为代表的民间教育的推行,真正实现对民众的教化,实现整个社会的移风化俗,以"万世之教"成就"万世之治"。

第四节 崇礼乐,成万世之化

《礼记·乐记》言:"乐者,天地之和也;礼者,天地之序也。和故百物皆化,序故群物皆别。"《论语·泰伯》言:"兴于《诗》,立于礼,成于乐"。礼乐思想是儒家重要思想。就其来源而言,"礼乐"源于上古初民的尊祖和祭祀习俗,并逐渐扩大化、系统化、制度化,经历夏商周之演变后汇集成为一整套的典章制度和规矩仪式,成为儒家所强调的"礼教""乐教"和文化价值理想。⑤ 就其内涵而言,"礼"指古代社会典章制度和道德规范,⑥强调"尊尊""亲亲"等外在的等级秩序的建立,具有强制性和规范性,是礼乐制度运行的基础;"乐"是运用音乐协调缓解社会矛盾,强调内在的精神秩序的和谐,是礼乐制度运行的保障。礼乐具有无可比拟的社会功能,二者相辅相成,共同服务于社会秩序建立和社会教化的推行。礼乐以劝谕和预防为手段,"'礼'教会人们注意自己的身份差异并观察社会环境,合理地对待自己的行为;'乐'则向人们展示一种公共的联系,告诉人们所有人都是整个和谐的世界的组成部分"⑦,通过

---

① (宋)程颐、程颢著,王孝鱼点校:《伊川先生语四》,《河南程氏遗书》卷18,《二程集》,中华书局1981年版,第189页。

② (宋)程颐、程颢著,王孝鱼点校:《明道先生语四》,《河南程氏遗书》卷14,《二程集》,中华书局1981年版,第141页。

③ (宋)程颐、程颢著,王孝鱼点校:《时氏本拾遗》,《河南程氏外书》卷11,《二程集》,中华书局1981年版,第413页。

④ (宋)程颐、程颢著,王孝鱼点校:《伊川先生语四》,《河南程氏遗书》卷18,《二程集》,中华书局1981年版,第208页。

⑤ 参见徐洪兴:《二程论"仁"和"礼乐"》,《云南大学学报(社会科学版)》2005年第4期。

⑥ 参见郭沫若:《十批判书·孔墨的批判》,科学出版社1956年版。

⑦ 范立舟:《程颢、程颐论"王道"与"治道"及其现代意义》,《浙江社会科学》2020年第12期。

个人对自身行为的约束和自身与社会关系的调整，实现人内在道德的提升、外在行为的规范、人际关系与社会关系的改善，进而实现整个国家和社会的教化，并由此达至"万世太平"的宏远目标。

但是，中国古代礼乐文明一度面临"礼废"的困境。清代史学家刘咸炘指出："汉以后则不周于人伦，唐以后更不通乎俗变。不周于人伦者，行于朝廷而亡于乡。不通乎俗变者，王制为俗所不遵，俗传为儒者所不许。以是二者，故虽有礼，如无礼焉。"①汉唐以来，礼乐"不周于人伦"，与民众生活脱节，"不通乎俗变"，与社会生活、民风俗脱节，造成了礼乐文明的衰颓。而二程则立足于"垂治万世"的政治理想，对"礼乐"予以强调，以期复归礼乐教化之制。需要注意的是，二程将"礼""乐"合言时所称的"礼乐"，不再拘泥于具体的礼制规范，而是一种抽象意义的"代表社会结构的真实状况及其合理性的一般形式"，②也因其抽象性而蕴含了更为丰富的义理。

一、天地之序，天地之和

二程对礼乐的意义极为重视，并继承孔子而重申了礼乐的内涵。《论语·阳货》曰："礼云礼云，玉帛云乎哉？乐云乐云，钟鼓云乎哉？"在诠释礼乐的内涵时，孔子用反问的语气申述了自己的观点，"礼"，说的绝不只是玉帛之类的礼器；"乐"，说的绝不只是钟鼓之类的乐器。然而，对"礼乐"的实质究竟是什么，孔子却未继续展开论述。程颐则继孔子而对"礼乐"的内涵进行了阐发：

> "此固有礼乐，不在玉帛钟鼓。先儒解者，多引'安上治民莫善于礼，移风易俗莫善于乐'。此固是礼乐之大用也，然推本而言，礼只是一个序，乐只是一个和。只此两字，含畜多少义理。"又问："礼莫是天地之序？乐莫是天地之和？"曰："固是。天下无一物无礼乐。且置两只椅子，才不正便是无序，无序便乖，乖便不和。"又问："如此，则礼乐却只是一事。"曰："不然。如天地阴阳，其势高下甚相背，然必相须而为用也。有阴便有阳，有阳便有阴。有一便有二，才有一二，便有一二之闲，便是三，已往更无穷。老子亦曰：'三生万物。'此是生生之谓易，理自然如此。'维天

① 刘咸炘：《礼废》，《推十书增补全本》，上海科学技术文献出版社 2009 年版，第 331 页。
② 卢国龙：《宋儒微言：多元政治哲学的批判与重建》，华夏出版社 2001 年版，第 358 页。

之命，于穆不已’，自是理自相续不已，非是人为之。如使可为，虽使百万般安排，也须有息时。只为无为，故不息。……”①

程颐指出，“礼乐”彰显在秩序和规范的自觉上，而不是在“玉帛交错”“钟鼓铿锵”这类外在的表现上。“礼只是一个序，乐只是一个和”，②礼乐在安居上位统治好人民和改变旧的风俗习惯方面确实有着重要作用，但这只是外在的表现；就其实质而言，礼的根本内涵是秩序，乐的根本内涵是和谐，这种秩序和和谐相须为用，彼此互为前提和依托。

从“礼只是一个序，乐只是一个和”出发，二程进而指出礼乐充斥于天地之间，世上无一物没有礼乐。程颐以放置两把椅子为例，两把椅子随意放置，如果没有摆正，那么便会违背秩序，违背了“礼”；因为破坏了应有的秩序，又会导致背离和谐之道。故而，“礼乐”不仅无处不在，还如天地阴阳一般相辅相成。正如同有阴便有阳，有阳便有阴，礼乐则是有“礼”方有“乐”，有“乐”方是“礼”，有了“礼乐”，进而万物流行，生生不息。从这个意义上来说，刘丰认为，“礼乐中蕴含了天地万物的普遍道理”，③郑臣也认为，礼乐所蕴藏的秩序与和谐是“人类社会政治生活的根本原理，同时也是自然万物存在和运行的最高原则”④。在二程对“礼乐”的认知中，无处不在之“礼乐”正是“天理”的展现，涵括了人世间的秩序与准则。

二程尤为强调“礼乐”的普遍性和强制性。关于普遍性，二程强调了礼乐无处不在、无所不包。二程言：“尽性至命，必本于孝弟。穷神知化，由通于礼乐。”⑤“尽性至命，必本于孝弟”之义已在“父子之亲与孝”一节中予以阐述，要通过“孝悌”之道这一切近之处，来实现“尽性知命”，进而实现“修身”。关于“穷神知化，由通于礼乐”，程颐指出：“人往往见礼坏乐崩，便谓礼乐亡，然

① （宋）程颐、程颢著，王孝鱼点校：《伊川先生语四》，《河南程氏遗书》卷18，《二程集》，中华书局1981年版，第225—226页。

② （宋）程颐、程颢著，王孝鱼点校：《伊川先生语四》，《河南程氏遗书》卷18，《二程集》，中华书局1981年版，第225页。

③ 刘丰：《宋代礼学的新发展——以二程的礼学思想为中心》，《中国哲学史》2013年第4期。

④ 郑臣：《“礼只是一个序，乐只是一个和”——程颐礼学思想的政治哲学向度》，《哈尔滨师范大学社会科学学报》2014年第3期。

⑤ （宋）程颐、程颢著，王孝鱼点校：《河南程氏粹言》卷2，《二程集》，中华书局1981年版，第1257页。

不知礼乐未尝亡也。如国家一日存时，尚有一日之礼乐，盖由有上下尊卑之分也。除是礼乐亡尽，然后国家始亡。虽盗贼至所为不道者，然亦有礼乐。盖必有总属，必相听顺，乃能为盗，不然则叛乱无统，不能一日相聚而为盗也。礼乐无处无之，学者要须识得。”①礼乐无所不在，不曾绝迹。只要国家存在一日，就有着君臣上下尊卑等级之分，礼乐便还存在；即使是对盗贼来说，其必定有一定的组织性和上下顺从，才能群起而聚、成为盗贼，而这种组织性和上下之间的等级秩序也正是礼乐的表现。换言之，只要有人的存在，便必然有人际关系的存在；有人则有“群”，有“群”则涉及组织和秩序。故而，人的社会性决定了人无所逃于“礼乐”之间。正如宋大琦所指出的，“国家法律、宗教教规、乃至江湖规则都是礼乐，只不过它们的整合程度、具体手段有所不同。礼崩乐坏，意味着社会组织的整合性一级级地向下崩塌，但礼乐并没有亡尽。”②故而，有“礼乐”，则可以穷究微妙之理，探知变化之道。

而关于强制性，二程强调在任何情况下都应该遵循“礼乐”而不能违背。比如，在论及历史时，程颐指出，即使有功如周公，也不能违背“礼乐”秩序规范：“又问：‘赐周公以天子之礼乐，当否？’曰：‘始乱周公之法度者，是赐也。人臣安得用天子之礼乐哉？成王之赐，伯禽之受，皆不能无过。’”③周天子赐给周公天子之礼乐，本身便违背了礼乐对上下尊卑等级秩序的规定，是不可取的。作为臣子，无论做出了多大的功业，都是身为臣子分内之事，就像事亲是子女的分内之事一样。④ 在论及现实政治时，程颐记载了自己担任官职时坚持礼乐秩序的一则案例：“今日供职，只第一件便做他底不得。吏人押申转运司状，某不曾签。国子监自系台省，台省系朝廷官。外司有事，合行申状，岂有台省倒申外司之理？只为从前人只计较利害，不计较事体，直得恁地。须看圣

---

① （宋）程颐、程颢著，王孝鱼点校：《伊川先生语四》，《河南程氏遗书》卷18，《二程集》，中华书局1981年版，第225页。

② 宋大琦：《程朱礼法学研究》，山东人民出版社2009年版，第102页。

③ （宋）程颐、程颢著，王孝鱼点校：《伊川先生语四》，《河南程氏遗书》卷18，《二程集》，中华书局1981年版，第235—236页。

④ 又见于《遗书》卷19“鲁得用天子礼乐”一则：“鲁得用天子礼乐，使周公在，必不肯受，故孔子曰：‘周公之衰乎！’孔子以此为周公之衰，是成王之失也。介甫谓周公有人臣不能为之功，故得用人臣所不得用之礼，非也。臣子身上，没分外过当底事。凡言舜言曾子为孝，不可谓曾子、舜过于孝也。”（（宋）程颐、程颢著，王孝鱼点校：《伊川先生语五》，《河南程氏遗书》卷19，《二程集》，中华书局1981年版，第257页）

人欲正名处，见得道名不正时，便至礼乐不兴，自然住不得。夫礼乐，岂玉帛之交错，钟鼓之铿锵哉？今日第一件便如此。”①程颐认为，按照“礼乐”的规范要求，“台省倒申外司”一事，便是于名不正、于礼不合的，故而对这类事务他没有按照惯例去做，在任职时拒绝签署于礼不合的吏人押申转运司状。程颐强调，重视礼乐制度，就要将“礼乐”贯穿于修德、为政的事事物物上，作为时时遵守的道德原则，而不能因为一些利害得失或惯例而违背“礼乐”。

二程还立足于“文”和“质”、“先进”和“后进”的角度对“礼乐”推行中的不良倾向进行了纠正。《论语·雍也》曰：“子曰：‘质胜文则野，文胜质则史，文质彬彬，然后君子。’”《论语·先进》曰：“子曰：‘先进于礼乐，野人也；后进于礼乐，君子也。如用之，则吾从先进。’”针对《论语》中的这两则，二程进行了深入分析：

> 子曰：“先进于礼乐，野人也。”言其质胜文也；“后进于礼乐，君子也”，言其文质彬彬也；“如用之，则吾从先进”，言若用于时，救文之弊，则吾从先进，小过之义也。“麻冕礼也，今也纯俭，吾从众；奢则不孙，俭则固，与其不孙也，宁固”；此之谓也，不必惑从周之说。②
>
> “先进”犹言前辈也，“后进”犹言后辈也。“先进之于礼乐”，有其诚意而质也，故曰“野人”。“后进之于礼乐”，习其容止而文者也，故曰“君子”。孔子患时之文弊，而欲救之以质，故曰“如用之，则吾从先进”，取其诚意之多也。③

对“先进”与“后进”的概念，二程指出，“先进”是前辈之意，“后进”是后辈之意。“先进于礼乐，野人也”，是说旧时前辈之人对于礼乐，主要讲求“有其诚意”而不注重文饰，在注重文饰的周人看来，是质朴无华而“野”的；“后进于礼乐，君子也”，是说周朝末年之人对于礼乐，主要讲求“习其容止”而讲求文饰，故而当时之人自以为相较于前辈之人是真正的文质彬彬、文质兼备，而没有认识到过分追求文饰的弊病。故而，孔子认为应跟从“先进”之前辈，注

① （宋）程颐、程颢著，王孝鱼点校：《伊川先生语五》，《河南程氏遗书》卷19，《二程集》，中华书局1981年版，第260页。

② （宋）程颐、程颢著，王孝鱼点校：《二先生语九》，《河南程氏遗书》卷9，《二程集》，中华书局1981年版，第109页。

③ （宋）程颐、程颢著，王孝鱼点校：《罗氏本拾遗》，《河南程氏外书》卷6，《二程集》，中华书局1981年版，第384页。

重礼乐之实质内容,而不注重礼乐的外在表现形式。正如《论语·子罕》中的另一则所言:“麻冕礼也;今也纯俭,吾从众也。”按照礼制,应该戴麻织的帽子,而出于节俭考虑,今多用黑丝来制作帽子,孔子更为赞同后者,礼乐的真正内涵,在于上文提及的“序”与“和”,而非外在形式。

二、正性情,成圣人

二程对“礼乐”在教化万民中的作用进行了具体论述。在二程的“礼乐”体系中,“礼乐”对个人和社会都起到了不可替代的作用。对个人来说,“礼乐”是“正性情”的有效方式,追求“成人”“成圣”的个人修养最高目标。故而,二程沿用了《乐记·乐化》中的观点,强调“礼乐不可斯须去身”,①礼乐片刻都不能离开身心,人必须时时刻刻秉持礼乐。

二程以其“天理”观念为基础,并综合借鉴孟子的“性善论”、张载的“天地之性”和“气质之性”等理念,从“天命之性”和“气秉之性”两个方面对心性问题进行了阐释。二程认为,“天命之性”是人性的本然状态,是“天理”在人身上的体现,是人天然具有的本然之性,从至善之“天理”到人之本然之性,“天命之性”必然是纯善的;“气秉之性”则是人性的现实状态,是人生而秉受的气质之性,因为气有清浊的区分,故而“气秉之性”有善恶的区别。对有善恶的“气秉之性”,又可以通过后天的修养教化“复性”而至于善。程颐言:“性之本谓之命,性之自然者谓之天,自性之有形者谓之心,自性之有动者谓之情,凡此数者皆一也。”②程颐指出,与“性”属于同一范畴的概念,还有“命”“天”“心”“情”。人的本心本性,都是至善之“天理”;“心”和“性”有已发与未发的区别,心性之发动则为“情”。“情则有善与不善之分。情归于正则为善,情不正则害性而为恶”,为此,程颐主张“性其情”,通过“性其情”,即“以道德理性约束情感,使情符合‘中’即性善的原则”。③ 故而,正心养性、使情发而中节,是儒者应有的修养工夫。而礼乐,正有着使人“正性情”而复归至善之“天理”的重要作用。

---

① (宋)程颐、程颢著,王孝鱼点校:《二先生语二》,《河南程氏遗书》卷2,《二程集》,中华书局1981年版,第32页。

② (宋)程颐、程颢著,王孝鱼点校:《伊川先生语十一》,《河南程氏遗书》卷25,《二程集》,中华书局1981年版,第318页。

③ 蔡方鹿:《二程的人性修养思想与价值观》,《道德与文明》2014年第2期。

二程言："礼乐大矣，然于进退之闲，则已得情性之正。"①"礼乐只在进反之间，便得性情之正。"②对二程的这两句论述，可以结合《礼记·乐记》加以理解。《礼记·乐记》曰："礼主其减，乐主其盈，礼减而进，以进为文，乐盈而反，以反为文。礼减而不进则销，乐盈而不反则放。故礼有报而乐有反。礼得其报则乐，乐得其反则安。"也就是说，礼的特征是减损和克制，乐的特征则是充盈而张扬。故而，克制之"礼"需要"进"，需要勉励自我；充盈之"乐"需要"反，即抑制自我。只有"礼"和"乐"做到了一"进"一"反"，人们才能践行礼制、心神安宁。故而，二程指出，在一进一退、一张一弛之间，礼乐才能相辅相成，充分发挥对人的性情的规范作用。

更进一步，二程在孔子之后，再一次强调了礼乐所具有的"成人""成圣"的重要作用，将礼乐教化与"成人""成圣"直接相连接，赋予了"礼乐"更为高远的价值意蕴。成人，具备为人的基本道德修养，是儒学对儒家士大夫的基本要求；③成圣成贤，是历代儒家士大夫共同的价值追求。孟子曰："人皆可以为尧舜"；荀子曰："圣人者，人之所积而致"。正是在"成人"的基本要求及"成贤""成圣"这一终极目标的激励下，一代代儒家知识分子"志伊尹之所志，学颜子之所学"，前者就是要以伊尹为楷模，致力于国家的治理和民众的安康，后者就是要像颜子一样去追求圣人的精神境界，终其一生努力践行着"内圣外王"之道。④ 关于"礼乐"与成圣，《论语·宪问》载："子路问成人，子曰：'若臧武仲之知，公绰之不欲，卞主子之勇，冉求之艺，文之以礼乐，亦可以为成人矣。'曰：'今之成人者何必然？见利思义，见危授命，久要不忘平生之言，亦可以为成人矣。'"孔子认为，臧武仲的智慧，孟公绰的不贪求，卞庄子的勇敢，冉求的才艺，如果能够再加之礼乐教化，就可以称得上完美无缺了；而对今日而

① （宋）程颐、程颢著，王孝鱼点校：《河南程氏粹言》卷1，《二程集》，中华书局1981年版，第1181页。

② （宋）程颐、程颢著，王孝鱼点校：《二先生语二》，《河南程氏遗书》卷2，《二程集》，中华书局1981年版，第68页。

③ 张千帆："'礼'的社会功能正在于它作为一部'社会宪章'，为传统中国社会提供了统一的道德法则，通过共同的道德实践将每个年轻人社会化，并使之成为超越道德底线的值得信赖的成年人。"（张千帆：《为了人的尊严——中国古典政治哲学批判与重构》，中国民主法制出版社2012年版，第133页）

④ 参见陈来：《宋明理学》，生活·读书·新知三联书店2011年版，第49页。

言，能够看到货财则能想到道义，危急关头不惜献出自己的生命，不忘记平生的诺言，也可以称之为完人。关于《论语》中的此则，二程指出：

若臧武仲之知，又公绰之不欲，卞庄子之勇，冉求之艺，合此四人之偏，文之以礼乐，方成圣人，则尽之矣。①

兼四人之所长，而又“文之以礼乐，亦可以为成人矣”，成人之难也。武仲之智非正也。若文之以礼乐，则无不正者。今之成人者，“见利思义，见危授命”，谓忠也；“久要不忘平生之言”，信也。有忠信而不及礼乐，亦可以为成人，又其次也。②

“今之成人者何必然？见利思义，见危授命，久要不忘平生之言，亦可以为成人矣”者，只是言忠信也。忠信者实也，礼乐者文也。语成人之名，自非圣人，谁能当之？孟子曰：“唯圣人然后可以践形。”如此，方足以称成人之名。③

对二程的论述和孔子的论述进行对比，可以发现相较于孔子对“礼乐”与“成人”的认识，二程有两处新的论断。其一，对“臧武仲之知，公绰之不欲，卞庄子之勇，冉求之艺”，孔子认为加之以礼乐可以“成人”，而二程则认为如果兼具这四者和礼乐，可以“成圣人”。相较于孔子的“成人”，“成圣”必然是更高、更难达至的境界。具备“知”“不欲”“勇”“艺”四种德行，再加之以礼乐的文饰作用，可以成就“圣人”这一最高目标，这无疑对人们秉持礼乐之教具有重大激励作用。其二，对“今之成人”，二程将“见利思义，见危授命”概括成了“忠”，将“久要不忘平生之言”概括成了“信”。“忠信”是“实”，是内在道德；“礼乐”是“文”，是外在表现。“今之成人”有“忠信”而无“礼乐”，有内在道德而无外在表现，故而虽然可以“成人”，但相较于兼具内在道德和外在表现的“圣人”来说，是有着差距的。由此，在个人修养层面，“礼乐”是出于“忠信”而高于“忠信”、直达“圣人”大德的必不可少的方式，必须对礼乐予以重视和推行。

---

① （宋）程颐、程颢著，王孝鱼点校：《二先生语六》，《河南程氏遗书》卷6，《二程集》，中华书局1981年版，第93页。

② （宋）程颐、程颢著，王孝鱼点校：《胡氏本拾遗》，《河南程氏外书》卷7，《二程集》，中华书局1981年版，第396页。

③ （宋）程颐、程颢著，王孝鱼点校：《明道先生语一》，《河南程氏遗书》卷11，《二程集》，中华书局1981年版，第123页。

关于“礼乐”有助于“成圣”，二程还结合《论语·泰伯》之“兴于《诗》，立于礼，成于乐”予以论证，给出了另外一条借助“礼乐”而“成圣”的路径。二程言：“古之学者，必先学诗。学诗则诵读，其善恶是非劝戒，有以起发其意，故曰兴。人无礼以为规矩，则身无所处，故曰立。此礼之文也。中心斯须不和不乐，则鄙诈之心入之。不和乐则无所自得，故曰成。此乐之本也。……理义以养其心，礼乐以养其血气，故其才高者为圣贤，下者亦为吉士，由养之至也。”① 二程指出，古代学者都是从学习《诗经》开始的，通过诵读《诗经》，能够初步明晓善恶是非，故言“兴于诗”；人因为有“礼”而有规矩，有规矩则此身有地方可以安立，故言“立于礼”；内心和乐，则心有所得，不被贪鄙诈伪所侵扰，故言“成于乐”。古人自童蒙入学，到40岁左右而出仕为官，这中间遍经了理义的教化和礼乐的涵养，其中天资卓著、修身明德的人，可以达到圣贤的境界；即使有所不足，也可以成为贤人。

三、善风俗，成仁治

就个人修养而言，礼乐对“正性情”和“成圣”有着重要意义；而就社会教化而言，礼乐则对社会全体民众普遍性的教化发挥着重要作用。陈壁生指出：“程、朱理学之教士大夫，是以‘四书’为中心进行德性启蒙，而其教天下民庶，则是改制立法，损益礼乐，制作家礼、乡约，通过礼乐重建，使道德在一般庶民生活中成为日用而不知的纲常伦纪。”②如果说阐扬“四书”义理、接续孔孟道统是就士大夫而言，那么通过礼乐来端正伦理纲纪则是就全体民众而言，如果人人都能接受礼乐教化，加强道德修养与自我约束，那么整个社会就可以移风易俗、成就儒家对“天下”之仁治，进而实现万世之太平。

二程对社会现实有着清醒的辩证认知，认为“天地之间皆有对，有阴则有阳，有善则有恶”，③善恶就像天地、阴阳一样，必然是相生相伴的，在任何时代、任何社会，都是既有品行高洁之君子，也有品行不端之小人的。国家治理的得失、社会风气的好坏，就在于整个社会君子和小人所占的比例。程颐指

① （宋）程颐、程颢著，王孝鱼点校：《胡氏本拾遗》，《河南程氏外书》卷7，《二程集》，中华书局1981年版，第396页。

② 陈壁生：《理教与经教之间——朱子政治哲学中的帝王、士大夫与庶民》，《现代哲学》2014年第6期。

③ （宋）程颐、程颢著，王孝鱼点校：《伊川先生语一》，《河南程氏遗书》卷15，《二程集》，中华书局1981年版，第161页。

出,如果全社会有六成、七成的人是小人,那么一定是乱世;如果有六成的人是君子,则可以称之为“小治”;如果君子占到了人数的七成,就可以称之为“大治”了。二程还指出:“尧、舜之世不能无小人。盖尧、舜之世,只是以礼乐法度驱而之善,尽其道而已。然言比屋可封者,以其有教,虽欲为恶,不能成其恶。”①尧舜之时,是历代儒家学者所追求的“治世”,但尧舜之世也是有小人存在的。此时,只需要用礼乐教化和法度规范驱使更多的人去恶向善,那么小部分的小人即使为恶,也不能在整体向善的社会掀起大的风浪。故而,通过礼乐的教化作用,唐虞之时,贤人众多,社会安定,民俗淳朴,几乎到了每家都有可受封爵的大德之人的地步。这也就是余敦康所言的:“所谓外王理想的政治运作,并不是要造就一种弃绝小人的纯之又纯的君子国,其实质性的内涵在于造就一种相对平衡的政治局面,一方面承认小人存在的正当性,同时进行正面的引导驱而之善,使之顺而听命,化消极因素为积极因素,存异求同。”②

反之,如果失之于礼乐教化,人们没有了共同遵守的道德规范和行为模式,那么整个社会的风俗必然会急剧恶化。二程经常以齐国为例来谈礼乐不兴、教化不行的弊端。春秋时期,管仲在齐国大兴改革以谋求富国强兵。在改革过程中,提出“相地而衰征”的土地税收政策,大力发展商业和军事,这些新的举措必然对传统礼乐制度造成一定冲击。故而,作为以接续孔孟之道为己任的传统儒家士大夫二程,在论及齐国时多批判之:“齐经管仲霸政之后,风俗尚权诈,急衣食。鲁之风俗不如此,又仲尼居之。”③“齐国政衰,君臣皆失道,故风俗败坏,男女淫奔。日兴君,月兴臣。日月明照,则物无隐蔽,奸慝莫容,如朝廷明于上也。今君不明,故有淫奔之俗。”④齐国管仲改革不重礼乐而重经济,“本”与“末”倒置,使得整个国家君臣失道,整个社会崇尚权谋狡诈之术,社会风俗极为“不善”。除了齐国,在论及乱世时,二程也多次指出乱世礼乐不兴对社会风俗的恶劣影响。在解《诗经·郑风·子衿》时,程颐指出:“及夫乱世,

---

① (宋)程颐、程颢著,王孝鱼点校:《伊川先生语一》,《河南程氏遗书》卷15,《二程集》,中华书局1981年版,第162页。

② 余敦康:《程颐的经世外王之学》,《孔子研究》1992年第2期。

③ (宋)程颐、程颢著,王孝鱼点校:《二先生语六》,《河南程氏遗书》卷6,《二程集》,中华书局1981年版,第94页。

④ (宋)程颐、程颢著,王孝鱼点校:《诗解》,《河南程氏经说》卷3,《二程集》,中华书局1981年版,第1058页。

上不复主其教，则无以率之，风俗杂乱浮偷，父兄所教者趋利，朋友所习者从时，故人莫不肆情废惰，为自弃之人，虽有贤者，欲强之于学，亦岂能也？故悲伤之而已。”①程颐认为，乱世礼乐不兴，上下失序，风俗浮躁杂乱。在这种社会环境里，人人肆情懈怠、不思进取，唯知趋利避害，不知仁义礼智，其不悲哉？

故而，从纠正风俗而言，必须要重视礼乐教化。要发挥礼乐的作用。从大的方面来说，要“观人文以教化天下，天下成其礼俗”。② 从具体细节而言，二程也给出了一些推行礼乐教化的具体举措。比如，在“礼”方面，对宗族来说，要坚持宗法礼制，通过明确谱系世族、施行立宗子法等举措，来使得风俗醇厚：“管摄天下人心，收宗族，厚风俗，使人不忘本，须是明谱系世族与立宗子法。”③可以以礼乐制度为依据，制作家礼、乡约，通过礼乐在民间的重建，让伦理纲纪覆盖社会生活的各个角落。在“乐”方面，重视诗教与乐教的作用，《诗经》凡三百零五篇，都是精挑细选的合乎雅颂之音、合乎教化之道的，要在全社会推行：“有问：诗三百，非一人之作，难以一法推之。伯淳曰：‘不然。三百，三千中所择，不特合于雅、颂之音，亦是择其合于教化者取之。篇中亦有次第浅深者，亦有元无次序者。’”④

礼乐教化不仅对涵养良好社会风俗有着积极意义，同时，对在天下施行仁治、实现“垂治万世”的政治理想也发挥着重要作用。宋仁宗嘉祐二年（1057年），程颢时年 26 岁，参加科举考试。宋仁宗亲自主持殿试，在殿试上，程颢作《南庙试策五道》。其中的《第五道》，针对宋仁宗围绕《论语・子路》篇中几则关于治国取得成效所需时间的不同表述所作提问一一予以回答，⑤重点

---

① （宋）程颐、程颢著，王孝鱼点校：《诗解》，《河南程氏经说》卷 3，《二程集》，中华书局 1981 年版，第 1057 页。

② （宋）程颐、程颢著，王孝鱼点校：《贲卦》，《周易程氏传》卷 2，《二程集》，中华书局 1981 年版，第 808 页。

③ （宋）程颐、程颢著，王孝鱼点校：《二先生语六》，《河南程氏遗书》卷 6，《二程集》，中华书局 1981 年版，第 85 页。

④ （宋）程颐、程颢著，王孝鱼点校：《二先生语二》，《河南程氏遗书》卷 2，《二程集》，中华书局 1981 年版，第 28 页。

⑤ 《论语・子路》中三则分别为：第十则“子曰：‘苟有用我者，期月而已可也，三年有成。’”“期月”即一年，如果由孔子来主持国家政事，一年之内便可以见到成效，三年之内便可以成效显著。第十一则“子曰：‘善人为邦百年，亦可以胜残去杀矣。诚哉是言！’”善人治理国家一百年，就能够去除残暴、消除杀戮了。第十二则“子曰：‘如有王者，必世而后仁。’”三十年为一“世”，如果有王者兴起，也必须经过三十年才能推行仁政。

阐发了礼乐对王者之治的重要作用。

问:"子曰:'苟有用我者,三年有成',何其效之疾欤?又曰:'善人为邦百年,亦可以胜残去杀矣',何其效之迟欤?又曰:'如有王者,必世而后仁',必世云者,较诸善人则已疾,合诸圣人则已迟。三者之效,不能齐一。然则圣何道而疾?善何术而迟?王何务而必世?愿以前代已然之迹,质于此三者。"

对:"圣人之道,无所苟而已矣。以圣人之才,施于天下,其易矣,犹必曰三年而有成也。然方之善人之效,则圣人之治,其疾也远矣。仲尼曰:'善人为邦百年,亦可以胜残去杀矣。'夫善人者,所谓'不践迹亦不入于室'者也。既不循前人之弊而守之,又不得圣人之道而行之,宜其缓且久也。有人焉,相继而往,则百年而后可至治矣。所谓'王者必世而后仁',则蒙谓作礼乐之时尔。夫民之情,不可暴而使也,不可猝而化也,三年而成,大法定矣。渐之仁,摩之义,浃于肌肤,沦于骨髓,然后礼乐可得而兴也。盖礼乐者,虽上之所以教民也,然其原则本于民,而成于上尔。则圣人之效所以疾,善人之效所以迟与!"①

在这一奏对中,宋仁宗问道:对于治国,孔子称圣人三年可有大的成效,王者三十年可实现仁政,善人一百年可去除残暴、消除杀戮。为何三者在时间上有这么大的差异?程颢回答道,治理国家推行仁政不是易事。圣人凭借其出类拔萃的才能禀赋,加之对治国理民之事从不草率对待,故而可以三年而有所大成;相较于圣人,善人虽然能做到不沿袭前人治国之弊病,却因不具备圣人的才能禀赋、不能继承并施行圣人之道,只能一代代前赴后继成就善治,故而其成效的取得迟缓而长久,需要百年的时间。而对于王者而言,虽然不具备圣人之才德,却能三十年而成就仁政,正是发挥了礼乐教化的作用。程颢指出,对民众的"胜残去杀"、去除恶习,不可能通过强制的命令和手段一蹴而就,必须发挥礼乐教化悄然无声、春风化雨的作用,在一时一日、一月一年中,逐渐地让礼乐教化浸润民众之"肌肤""骨髓",由此,自上而下推行以教民的"礼乐",又可以自下而上推动国家王道政治的实现。

---

① (宋)程颐、程颢著,王孝鱼点校:《明道先生文二》,《河南程氏文集》卷2,《二程集》,中华书局1981年版,第471页。

在注解《渐》卦象传时，程颐也强调了礼乐教化“渐”以美风俗、成善治的特点：“君子观渐之象，以居贤善之德，化美于风俗。人之进于贤德，必有其渐，习而后能安，非可陵节而遽至也。在己且然，教化之于人，不以渐，其能入乎？移风易俗，非一朝一夕所能成，故善俗必以渐也。”①个人的进德修业、社会的移风易俗、国家的仁治政治与长治久安，都不是一朝一夕可以完成的事情。要充分发挥礼乐“随风潜入夜，润物细无声”的特质，让礼乐教化在天下施行。

第五节　仁与万物一体

在立足道统、教育和礼乐对“天下”的教化推行、长治久安进行讨论的同时，二程还站在更为宏大的人与天地万物关系的角度，来直抒其“垂治万世”的政治理想。二程指出，统治者和儒家士大夫尤其应当秉持“仁”与万物一体的情怀和境界，不将平治天下仅仅局限在一人、一国的治理层面，而是用博大的人文主义关怀和强烈的社会忧患意识来实现对万物的化治，实现万物一体，生生不息。钱穆评价道：“‘以天地万物为一体’者，此北宋以来宋儒精神命脉之所寄也。”②“仁与万物一体”，正与张载的“民胞物与”观念异曲同工，彰显着宋代士大夫对天下万物化治的永恒价值追求，对国家长治久安的政治理想。

一、仁者浑然与物同体

二程对儒家学说的核心概念——“仁”进行了新的阐释。一般认为，“仁”是孔子思想体系的核心。在《论语》中，“仁”字共出现 109 次，涉及仁的性质、为仁的途径、求仁的意义等。通过对“仁”的阐发，建立起了孔子的仁学思想体系。《论语·学而》曰：“有子曰：‘其为人也孝弟而好犯上者，鲜矣；不好犯上而好作乱者，未之有也。君子务本，本立而道生。孝弟也者，其为仁之本与！’”《学而》中有子的这段话基本反映了孔子的“仁”学思想。对于“孝悌”与“仁”的关系，二程之前历代注家有着不同的解释，其中，汉唐以来一种基本

---

① （宋）程颐、程颢著，王孝鱼点校：《渐卦》，《周易程氏传》卷 4，《二程集》，中华书局 1981 年版，第 974 页。

② 钱穆：《国学概论》，商务印书馆 1997 年版，第 236 页。

观点是认为孝敬父母、敬爱兄长，就是仁的根本。① 从“孝悌”为“仁之本”出发，孔子将宗法制下的血缘亲情进一步放大，推己及人，提出“爱人”的主张，见诸《论语·颜渊》篇：“樊迟问仁，子曰：‘爱人。’”也就是说，“仁”的推衍层次是从血缘亲情出发，推而广之到亲爱亲族，最后到“泛爱众，而亲仁”，施及万民。对于“仁”，孔子还强调了克己复礼的观点。《论语·颜渊》指出：“克己复礼为仁。一曰克己复礼，天下归仁焉。”也就是说，“仁”需要以“礼”为约束和原则，以“礼”为标准，以“复礼”为目的。孔子进而强调，仁具有自觉的性质，每个人都可以习得，不需要依赖别人来完成，如《论语·颜渊》之“为仁由己，而由人乎哉”，《论语·述而》之“仁远乎哉？我欲仁，斯仁至矣”。但是，在孔子看来，“仁”的实现需要人在各个层面的全面修行：行“恭、宽、信、敏、惠”五者于天下，“为仁矣”（《论语·阳货》）；“刚毅木讷，近仁”（《论语·子路》）；“博学而笃志，切问而深思，仁在其中矣”（《论语·子张》）；“夫仁者，己欲立而立人，己欲达而达人。能近取譬，可谓仁之方也已”（《论语·雍也》）；等等。

二程论“仁”，与春秋战国至汉唐诸儒有着很大不同，陈来称“程颢显然更突出了对仁之理解的境界化、内在化”②。二程认为，“自古元不曾有人解仁字之义”。③ 首先，二程不认同以“孝悌”解释“仁”，指出“孝悌”只是“为仁”的根本，只是“为仁”的出发点和落脚点，涉及的是“仁”的“用”，而非其“体”或“性”。二程强调，不仅“孝悌”不是“仁”之本，儒家传统的“博施济众”“恻隐之心”“博爱”等观念都只是“仁”的表现，而不是“仁”之“体”。“故‘博施济众’，乃圣之功用。仁至难言，故止曰‘己欲立而立人，己欲达而达人，能近取譬，可谓仁之方也已。’欲令如是观仁，可以得仁之体。”④二程认为，《论语·雍也》中提及的“博施于民，而能济众”，是圣人的功用，而非仁之体。又言：

---

① 持此解释的学者有东汉包咸、三国魏何晏、南朝梁皇侃、北宋邢昺等；现代对该句的解读也以此为主，钱穆、冯友兰、杨伯峻等均持有此观点。（参见乐爱国：《“孝弟”：“仁之本”还是“为仁之本”——以朱熹对〈论语〉“孝弟也者，其为仁之本与”的诠释为中心》，《安徽大学学报（哲学社会科学版）》2019 年第 1 期）

② 陈来：《仁学视野中的“万物一体”论（上）》，《河北学刊》2016 年第 3 期。

③ （宋）程颐、程颢著，王孝鱼点校：《伊川先生语一》，《河南程氏遗书》卷 15，《二程集》，中华书局 1981 年版，第 154 页。

④ （宋）程颐、程颢著，王孝鱼点校：《二先生语二》，《河南程氏遗书》卷 2，《二程集》，中华书局 1981 年版，第 15 页。

"孟子曰:'恻隐之心,仁也。'后人遂以爱为仁。恻隐固是爱也。爱自是情,仁自是性,岂可专以爱为仁?孟子言恻隐为仁,盖为前已言'恻隐之心,仁之端也',既曰仁之端,则不可便谓之仁。退之言'博爱之谓仁',非也。仁者固博爱,然便以博爱为仁,则不可。"①程颐指出,孟子的"恻隐之心",韩愈的"博爱之谓仁",也都未能准确理解"仁"的真谛。"恻隐之心"是"仁"之开端而非"仁"本身,"博爱"是"仁者"身上具备的特质也非"仁"本身。那么,"仁"究竟是什么呢?二程提出了自己的论断。

黄宗羲言:"明道之学,以识仁为主。"②二程关于"仁"的核心观点见诸程颢《识仁篇》:

> 学者须先识仁。仁者,浑然与物同体。义、礼、知、信皆仁也。识得此理,以诚敬存之而已,不须防检,不须穷索。若心懈则有防,心苟不懈,何防之有?理有未得,故须穷索。存久自明,安待穷索?此道与物无对,大不足以名之,天地之用皆我之用。孟子言"万物皆备于我",须反身而诚,乃为大乐。若反身未诚,则犹是二物有对,以己合彼,终未有之,又安得乐?订顽意思,乃备言此体。以此意存之,更有何事?"必有事焉而勿正,心勿忘,勿助长",未尝致纤毫之力,此其存之之道。若存得,便合有得。盖良知良能元不丧失,以昔日习心未除,却须存习此心,久则可夺旧习。此理至约,惟患不能守。既能体之而乐,亦不患不能守也。③

《宋元学案·吕范诸儒学案》载,张载的弟子吕大临,在张载去世后继续跟随二程学习,并继承张载关于学的理论,"以防检穷索为学"。"防检",是防范和检束自己,"穷索",是尽力探索。对此,程颢并不赞同。他提出"识仁"的观点:"明道语之以识仁,且以'不须防检,不须穷索'开之,先生默识心契,豁如也,作《克己铭》以见意",④来对张载一派"防检穷索"修养工夫进行修正。

---

① (宋)程颐、程颢著,王孝鱼点校:《伊川先生语四》,《河南程氏遗书》卷18,《二程集》,中华书局1981年版,第182页。

② (明)黄宗羲撰,(清)全祖望补修:《明道学案上》,《宋元学案》卷13,中华书局1986年版,第542页。

③ (宋)程颐、程颢著,王孝鱼点校:《二先生语二》,《河南程氏遗书》卷2,《二程集》,中华书局1981年版,第16—17页。

④ (明)黄宗羲撰,(清)全祖望补修:《吕范诸儒学案》,《宋元学案》卷31,中华书局1986年版,第1105页。

《识仁篇》中，程颢指出，凡治学者，必先“识仁”，也就是“体仁”。① 而“仁者，浑然与物同体”②，正是程颢对“仁”的核心判断。“仁”者，浑然与万物一体，而“五常”中的其他四者“义”“礼”“知”“信”，归根结底都归属于“仁”。③故而，程颢指出，要想“识仁”“体仁”，并不需要采用张载一派的“防检穷索”之学苦苦求索，只需要体认到“仁”与万物一体的道理并且用“诚”和“敬”的工夫来保持它即可，保持久了，自然能够明了其中的道理。

程颢进而用孟子的“万物皆备于我”来对“仁”进行阐发。“万物皆备于我”语出《孟子·尽心上》“万物皆备于我矣。反身而诚，乐莫大焉；强恕而行，求仁莫近焉”，认为天地万物之本性皆备于我心，与其向外探求，不如向内探求到至诚之境界，在天人合一得到快乐，进而再尽其所能按照恕道办事，能够推己及人，就接近于“仁”了。程颢也认为，“仁”与万物并非对立关系，而是“与物无对”的、与物为一体的。从这个角度讲，天地之功用都是人自身之功用，只需要按照孟子“万物皆备于我”的思路，物我合一，反省自身而达到“诚”的境界，不需要耗费气力就可以保有“仁”。故而，“识仁”“体仁”只需要保持“我”之良知良能、去除习心、巩固仁心。

对于这一过程，冯友兰在《中国哲学史》一书中写道：“明道以为吾人实本来与天地万物为一体，不过吾人多执个体以为我，遂将我与世界分开。吾人修养之目的，即在于破除此界限而回复于万物一体之境界。”④在《中国哲学简史》中，他以白话的语言进行更为直白的阐发：“人必须首先觉解他与万物本来是合一的道理。然后，他需要做的一切，不过是把这个道理放在心中，做起事来诚实地聚精会神地遵循着这个道理。”⑤这些评述很好地揭示了《识仁》篇所谓“仁者，浑然与物同体”的真谛。

如果说《识仁》篇主要立足人的修养工夫来讨论“仁”与“万物一体”的关联，强调“仁”之境界就是将自己与万事万物看作一个整体，那么在其他篇章

---

① 陈来：“所谓学者先须识仁，识并不是认识，识仁实即体仁。”（陈来：《宋元明哲学史教程》，生活·读书·新知三联书店 2010 年版，第 104 页）

② （宋）程颐、程颢著，王孝鱼点校：《二先生语二》，《河南程氏遗书》卷 2，《二程集》，中华书局 1981 年版，第 16 页。

③ 参见张立文：《中国哲学思潮发展史》，人民出版社 2014 年版，第 939—940 页。

④ 冯友兰：《中国哲学史》，重庆出版社 2009 年版，第 268—269 页。

⑤ 冯友兰：《中国哲学简史》，北京大学出版社 2013 年版，第 267 页。

中,二程还尤为强调了“万物皆备于我”之“我”的主体性地位。二程言:

医书言手足痿痺为不仁,此言最善名状。仁者,以天地万物为一体,莫非己也。认得为己,何所不至?若不有诸己,自不与己相干。如手足不仁,气已不贯,皆不属己。①

若夫至仁,则天地为一身,而天地之间,品物万形为四肢百体。夫人岂有视四肢百体而不爱者哉?圣人,仁之至也,独能体是心而已,曷尝支离多端而求之自外乎?故“能近取譬”者,仲尼所以示子贡以为仁之方也。医书有以手足风顽谓之四体不仁,为其疾痛不以累其心故也。夫手足在我,而疾痛不与知焉,非不仁而何?世之忍心无恩者,其自弃亦若是而已。②

二程强调,与万物为一体之“仁”,是以“我”为基点的;以“我”为基点,而天地万物与“我”息息相通,从而让“识仁”成为可能。二程以医书中关于“手足痿痺”的记录为例。“痿”即萎缩,“痹”即麻痹。医书中称手脚萎缩麻痹是不仁。手脚萎缩麻痹,气已不再贯通,人对肢体失去知觉,似乎已不属于自己所有。而与天地为一体之“仁”,是以“我”为主体的;如果“我”这个主体受到损伤,那么去体味万物一体之“仁”就无从谈起。因此,“识仁”最好的方法就是由“我”的个体之“仁”,推己及人去“己欲立而立人,己欲达而达人”;又因为只有“圣人”才能做到“仁之至”,故而只有圣人才能“博施济众”、最大限度造福于民。故而,二程又言:“仁者以天地万物为一体,莫非我也。知其皆我,何所不尽!不能有诸己,则其与天地万物,岂特相去千万而已哉?”③从强调“认得为己”,到强调“莫非我也”,彰显了“我”对于“仁”之重要意义。宇宙万物的存在莫不与“我”的存在相感相通,只有“我”的存在,才让天地万物一体成为可能。④

---

① (宋)程颐、程颢著,王孝鱼点校:《二先生语二》,《河南程氏遗书》卷2,《二程集》,中华书局1981年版,第15页。

② (宋)程颐、程颢著,王孝鱼点校:《二先生语四》,《河南程氏遗书》卷4,《二程集》,中华书局1981年版,第74页。

③ (宋)程颐、程颢著,王孝鱼点校:《河南程氏粹言》卷1,《二程集》,中华书局1981年版,第1179页。

④ 向世陵:“从曾子启手足以来,儒家认为人应当爱其肢体以全孝道,孟子亦有‘兼所爱’之说。但由于手足痿痹,人不能知觉其身体,生命有机体在事实上招致破坏,爱意也就无从畅达。由此,仁在程颢之生发,首先便是基于身体发肤完备基础上的生命的自觉。有此自觉,即‘有诸己’和‘与己相干’,才可能‘以天地万物为一体’。”“从‘认得为己’到‘知其皆我’,越发具有更强的孟子之‘万物皆备于我’的色彩,因为只有在确立‘我’之主体地位的前提下,天地万物的‘一体’才是可能的。”(向世陵:《二程论仁与博爱》,《孔子研究》2015年第2期)

二程所构建的“仁”与万物一体的思想框架对“垂治万世”之政治理想的重要意义,在于其为“爱”在全社会的推演和施行提供了可能,让“平天下”的范畴实现从一人、一家、一乡、一国,向万事万物的拓展。正如陈来指出,“这种仁的境界与道家万物一体的境界的不同,在于此种境界指向的是一种慈悯的情怀,即亲亲、仁民、爱物,以此境界实现人的社会义务”①。向世陵也认为:“建立在一气流通和同气同性基础上的‘仁者以天地万物为一体’,为博爱之可能奠定了本体论的基石。不仅是我之气血自身的流通,也是我与气化生成的不同人物相互感通,并体现为‘我’对天地万物的关爱。”②“仁”与万物一体,故而人们推己及人而爱人,成为调节人与人之间关系、达成社会和谐的推动力;“仁”与万物一体,故而统治者以仁爱之心治理国家、施行德政,实现百姓和乐、国家长治久安;“仁”与万物一体,故而人们对一花一木、鸟兽虫鱼爱护之,实现人与自然万物之和谐。

二、天地之大德曰生

二程反复申述了“仁”的“浑然与物同体”③“以天地万物为一体”的道理,④以及从“万物皆备于我”出发、以“我”为基点的“识仁”之道,这主要是从精神境界上来说。那么,从宇宙万物之本体而言,“万物一体”之“仁”之“体”究竟作何解释?“仁”又与“天理”有着何种关联?二程创造性地用《周易》之“生生”来解释一体之“仁”,并串联起“仁”与“天理”。

“生生”出自《周易·系辞上》第五章之“生生之谓易”。该章曰:“一阴一阳之谓道,继之者善也,成之者性也。仁者见之谓之仁,知者见之谓之知,百姓日用而不知,故君子之道鲜矣。显诸仁,藏诸用,鼓万物而不与圣人同忧,盛德大业至矣哉!富有之谓大业,日新之谓盛德。生生之谓易,成象之谓乾,效法之谓坤,极数知来之谓占,通变之谓事,阴阳不测之谓神。”这一章由一阴一阳的相反相生、运转不息谈起,指出一阴一阳互变叫作“道”,秉受其道的为“善”,顺成其道的为“性”;仁者见道之“仁”便称道为“仁”,智者见道之

① 陈来:《宋元明哲学史教程》,生活·读书·新知三联书店2010年版,第105页。

② 向世陵:《二程论仁与博爱》,《孔子研究》2015年第2期。

③ (宋)程颐、程颢著,王孝鱼点校:《二先生语二》,《河南程氏遗书》卷2,《二程集》,中华书局1981年版,第16页。

④ (宋)程颐、程颢著,王孝鱼点校:《河南程氏粹言》卷1,《二程集》,中华书局1981年版,第1179页。

"智"便称道为"智"。"道"显现其仁德于外,潜藏其功用于内,鼓动万物之生长,造就万物"日新"之盛德、"富有"之大业。从一阴一阳之"道"出发,《周易·系辞上》又指出:阴阳变化生生不已叫作"易",成天象为"乾",效地形为"坤",穷极蓍策之数预知未来为"占",通达变化为"事",阴阳变化不可测度为"神"。①

"生生"在《周易·系辞上》被用来描述天道生生不息、变化无穷之状态,而在二程这里,则被赋予了更为丰富的内涵。《二程集》收录"生生之谓易"凡7处,其中2处直言"生生"之理的意义,劝诫学者要从中有所得,见:"'生生之谓易',生生之用则神也。"②"'日新之谓盛德,生生之谓易,阴阳不测之谓神。'要思而得之。"③另有2处以"生生之谓易,天地设位而易行乎其中"解"易"。其余3处则重点围绕天道之"生生"作了阐发:

> 所以谓万物一体者,皆有此理,只为从那里来。"生生之谓易",生则一时生,皆完此理。人则能推,物则气昏,推不得,不可道他物不与有也。人只为自私,将自家躯壳上头起意,故看得道理小了佗底。放这身来,都在万物中一例看,大小大快活。④
>
> "生生之谓易",是天之所以为道也。天只是以生为道,继此生理者,即是善也。善便有一个元底意思。"元者善之长",万物皆有春意,便是"继之者善也"。"成之者性也",成却待佗万物自成其性须得。⑤
>
> 如天地阴阳,其势高下甚相背,然必相须而为用也。有阴便有阳,有阳便有阴。有一便有二,才有一二,便有一二之闲,便是三,已往更无穷。老子亦曰:"三生万物。"此是生生之谓易,理自然如此。"维天之命,于穆不已",自是理自相续不已,非是人为之。如使可为,虽使百万般安排,也

① 参见刘大钧、林忠军:《〈周易〉经传白话解》,上海古籍出版社2006年版,第282页。

② (宋)程颐、程颢著,王孝鱼点校:《明道先生语一》,《河南程氏遗书》卷11,《二程集》,中华书局1981年版,第128页。

③ (宋)程颐、程颢著,王孝鱼点校:《明道先生语一》,《河南程氏遗书》卷11,《二程集》,中华书局1981年版,第133页。

④ (宋)程颐、程颢著,王孝鱼点校:《二先生语二》,《河南程氏遗书》卷2,《二程集》,中华书局1981年版,第34—35页。

⑤ (宋)程颐、程颢著,王孝鱼点校:《二先生语二》,《河南程氏遗书》卷2,《二程集》,中华书局1981年版,第29页。

须有息时。只为无为,故不息。①

一方面,二程指出,万物一体之“仁”,其意义正是生生不息,也就是二程所言“所以谓万物一体者,皆有此理,只为从那里来。‘生生之谓易’,生则一时生,皆完此理。”②无论是人,还是万物,莫不源于“生生”之理;天地万物的发育流行,又彰显着“生生”之理,这也从根源上揭示了“仁”与“万物一体”的原因所在。人从“生生”之理中,自然能够体会到“浑然与物同体”的“仁”的存在;又从与“万物一体”之“仁”中,体悟万物之生生不息。③

另一方面,在关于“生生之谓易”的讨论中,二程强调了“生生”之理是“天之所以为道”,正是天地阴阳相须为用、生生不息而化生万物之“天理”。二程进一步强调“天只是以生为道”,④“天理生生,相续不息”,⑤“天地之化,自然生生不穷……天之气,亦自然生生不穷”。⑥ 万物一体,其根源在于万物都是从“天理”那里产生出来的;万事万物之“生生”不息,都是“天理”的反映,受“天理”的支配。王新春指出:“天地凭借作为生生之理的‘天理’而令万物生机盎然,使大宇宙处处生意一片,以此而落实了其无上之仁德,于是,天理,生机、生意与仁,三者通为一体,互诠互显。”⑦吴鹏也指出:“‘仁’是包括宋明理学在内的儒家学说的核心内容,宋明时期,仁学理论在结合了《周易》的‘生生’观后,呈现出‘天理’的样态,并在人性论、境界论中产生了深远的影响。”⑧这样,就通过“生生”,串联起了“仁”与“天理”,赋予“仁”以生生不息

① (宋)程颐、程颢著,王孝鱼点校:《伊川先生语四》,《河南程氏遗书》卷18,《二程集》,中华书局1981年版,第225—226页。

② (宋)程颐、程颢著,王孝鱼点校:《二先生语二》,《河南程氏遗书》卷2,《二程集》,中华书局1981年版,第34—35页。

③ 徐洪兴:“二程所谓人和万物一体,并不是从形体上言,而是从生生之理上言,只有人能够从万物的生生不息之中体验到天地万物的一体之仁,这是因为人能‘推’,能从自身推到天地万物。”(徐洪兴:《二程论“仁”和“礼乐”》,《云南大学学报(社会科学版)》2005年第4期)

④ (宋)程颐、程颢著,王孝鱼点校:《二先生语二》,《河南程氏遗书》卷2,《二程集》,中华书局1981年版,第30页。

⑤ (宋)程颐、程颢著,王孝鱼点校:《河南程氏粹言》卷2,《二程集》,中华书局1981年版,第1228页。

⑥ (宋)程颐、程颢著,王孝鱼点校:《伊川先生语一》,《河南程氏遗书》卷15,《二程集》,中华书局1981年版,第184页。

⑦ 王新春:《仁与“天理”通而为一视域下的程颢易学》,《周易研究》2006年第6期。

⑧ 吴鹏:《“天理”与“仁”:程颢的仁学理论与境界内涵》,《中国社会科学报》2019年8月14日。

之本体性“宇宙原理”的概念，赋予了其宇宙论的依据。“天理”既然绝对、普遍而圆满自足，“仁”自然也圆满自足、永恒不变，具有“推至四海而皆准”的普遍价值意义。“仁者，仁此者也……是以仁者无对，放之东海而准，放之西海而准，放之南海而准，放之北海而准。”①

此外，二程还从“天地之心”的角度对“生生”与“天理”的关系进行了论证。“心”本义为木尖、花蕊，本有创生、发育之义。②《复》卦彖传曰：“复，其见天地之心乎！”“天地之心”，“即是宇宙之心，指宇宙所具有的主导的性质、内在的倾向、指向，是它决定了宇宙万象的发展，又是宇宙万象及其运动的根源和依据，它也是宇宙动能和生命力的中心，被称为宇宙的心灵、天地之心。”③换言之，“天地之心”是宇宙运动的根本法则。二程言：“‘复其见天地之心。’一言以蔽之，天地以生物为心。”④“复者反本也，本有而去之，今来复，乃见天地之心也，乃天理也，此贤人之事也。”⑤二程认为，“天地之心”正是“生生”之理，正是“天理”之流行，并提出以“动”而非“静”来“复见天地之心”的主张。这样，就再次强调了作为“仁”之“体”的“生生”之理，其实质正是至高无上的“天理”的大化流行。天地阴阳化生万物，归根结底是“天理”的作用；“天理”使万事万物呈现出“生生”之特质，成为万物生生不息的根本动力。

从“万物一体”之“仁”及其所蕴藏的本体性的“生生”之理出发，二程强调了天地间自然万物之“生意”，和人对自然万物应有的态度与作为。

其一，二程强调，人当珍视自然之“生意”，这是“天理”“天道”的潜藏之处。程颢指出：“天地之大德曰生”，“万物之生意最可观，此元者善之长也，斯所谓仁也。人与天地一物也，而人特自小之，何耶？”⑥善莫大于“生”，天地之

---

① （宋）程颐、程颢著，王孝鱼点校：《明道先生语一》，《河南程氏遗书》卷11，《二程集》，中华书局1981年版，第110页。

② 参见付长珍：《宋儒境界论》，上海三联书店2008年版，第80页。

③ 陈来：《宋明儒学的“天地之心”论及其意义》，《江海学刊》2015年第3期。

④ （宋）程颐、程颢著，王孝鱼点校：《陈氏本拾遗》，《河南程氏外书》卷3，《二程集》，中华书局1981年版，第367页。

⑤ （宋）程颐、程颢著，王孝鱼点校：《大全集拾遗》，《河南程氏外书》卷10，《二程集》，中华书局1981年版，第404页。

⑥ （宋）程颐、程颢著，王孝鱼点校：《明道先生语一》，《河南程氏遗书》卷11，《二程集》，中华书局1981年版，第120页。

大德就在于天地生养万物而生生不息，这种“生意”正是万物一体之“仁”的展现，“自然运行本身即具有价值指向，即天地以生养万物为其最高职责，这是最高的善，是世间一切存在和价值的终极来源”①。对于这种造物的“生机”“生意”之“仁”，二程的喜悦和珍视之情洋溢于纸上。二程言：“静后，见万物自然皆有春意。”②程颐言：“道则自然生万物。今夫春生夏长了一番，皆是道之生，……道则自然生生不息。”③程颢还作有《秋日偶成二首》，其二曰：“闲来无事不从容，睡觉东窗日已红。万物静观皆自得，四时佳兴与人同。道通天地有形外，思入风云变态中。富贵不淫贫贱乐，男儿到此是豪雄。”④在这首诗中，程颢从闲来无事、东窗高卧见窗上日光谈起，由生活中万物“自得”之“生意”，论及天地间万千物类之奥妙，以及人生旷达乐观之心态，由景及理及人，彰显了由万物之“生意”引发的对自然、宇宙、社会与人生的认知和悠远的精神追求，正是与万物一体、天人合一的典范之作。

其二，对天地万物，人当以一体之“仁”视之，平等地看待自然万物、尊重自然万物，而不干扰、不破坏其自然运转。程颢言：“天地之间，非独人为至灵，自家心便是草木鸟兽之心也，但人受天地之中以生尔。”⑤人在天地之间，与草木鸟兽、自然万物是平等的，生于天地之间的人，要按照“仁”的要求，视“草木鸟兽”之心为“自家心”，对自然万物有着推己及物的“恕”道。这一观念，进一步扩展融合了儒家的仁爱原则，丰富了儒家的仁学思想体系。《明道学案》还曾载二程后学、从教于二程弟子杨时的张九成（字横浦）的一段论述：“张横浦曰：明道书窗前有茂草覆砌，或劝之芟，曰：‘不可！欲常见造物生意。’又置盆池畜小鱼数尾，时时观之，或问其故，曰：‘欲观万物自得意。’草之

① 乔清举、朱舒然：《二程“仁者浑然与物同体”的生态哲学思想》，《福建论坛（人文社会科学版）》2018 年第 9 期。

② （宋）程颐、程颢著，王孝鱼点校：《二先生语六》，《河南程氏遗书》卷 6，《二程集》，中华书局 1981 年版，第 84 页。

③ （宋）程颐、程颢著，王孝鱼点校：《伊川先生语一》，《河南程氏遗书》卷 15，《二程集》，中华书局 1981 年版，第 149 页。

④ （宋）程颐、程颢著，王孝鱼点校：《明道先生文三》，《河南程氏文集》卷 3，《二程集》，中华书局 1981 年版，第 842 页。

⑤ （宋）程颐、程颢著，王孝鱼点校：《二先生语一》，《河南程氏遗书》卷 1，《二程集》，中华书局 1981 年版，第 4 页。

与鱼,人所共见,唯明道见草则知生意,见鱼则知自得意,此岂流俗之见可同日而语!”①程颢的“窗前草不除”并以之“见造物生意”和蓄养小鱼来“观万物自得意”,可见其对自然生命自然运转的关爱与恻隐,亦可以窥见其“浑然与物同体”之心和“天地之大德”的“生生之道”。

其三,由一体之“仁”,提出了“对时育物”的思想。天地万物自然运转而各有其“生意”,各有其“自得”,人类不应该干扰之、破坏之;但是,这并不代表人对自然万物完全“无为”,而是应秉持“与物同体”之“仁”,顺应“天理”“天时”来实现对万物的治理,在“有为”中实现天人和谐。故而,二程言:“圣人于天下事,自不合与,只顺得天理,茂对时,育万物。”②“天道生万物,各正其性命而不妄;王者体天之道,养育人民,以至昆虫草木,使各得其宜,乃对时育物之道也。”③正如治理万民需要依据天道,对昆虫草木,也要顺应“天理”而治,使之各得其宜。

关于“对时育物”的具体举措,二程各有论述:程颐的核心观点是尊重生命、合理取用,“养物而不伤”,主要针对动物而言。程颐在其22岁时所作《养鱼记》中写道:“吾读古圣人书,观古圣人之政,禁数罟不得入洿池,鱼尾不盈尺不中杀,市不得鬻,人不得食。圣人之仁,养物而不伤也如是。物获如是,则吾人之乐其生,遂其性,宜何如哉?”④圣人对自然万物之“仁”,当“养物而不伤”,对自然万物,比如禽兽鱼鳖之类,人类有着一定的物质需求,但是要按照“天理”去予取予求,而不是肆意取用,如《孟子·梁惠王上》之“数罟不入洿池”之举是也。程颐又言:“问:‘佛戒杀生之说如何?’曰:‘儒者有两说。一说,天生禽兽,本为人食,此说不是。岂有人为虮虱而生耶?一说,禽兽待人而生,杀之则不仁,此说亦不然。大抵力能胜之者皆可食,但君子有不忍之心尔。故曰:见其生不忍见其死,闻其声不忍食其肉,是以君子远庖厨也。’旧先兄尝

① (明)黄宗羲撰,(清)全祖望补修:《明道学案下》,《宋元学案》卷14,中华书局1986年版,第578页。

② (宋)程颐、程颢著,王孝鱼点校:《二先生语六》,《河南程氏遗书》卷6,《二程集》,中华书局1981年版,第80页。

③ (宋)程颐、程颢著,王孝鱼点校:《无妄卦》,《周易程氏传》卷2,《二程集》,中华书局1981年版,第823页。

④ (宋)程颐、程颢著,王孝鱼点校:《伊川先生文四》,《河南程氏文集》卷8,《二程集》,中华书局1981年版,第579页。

见一蝎不忍杀，放去。颂中有二句云：‘杀之则伤仁，放之则害义。’”①程颐强调，针对佛教的禁止杀生一说，儒家认为，人们虽然会食用一些动物，但这是符合自然之理的，要正确看待，既不能认为这些动物天生就为了被人食用而生，漠视生命；也不需要将食用动物作为“不仁”的行为，拒绝一切杀生。人们需要做的，是对动物葆有一颗“不忍之心”，合理取用即可。

程颢的核心观点是“奉天理物”，按照“天理”“天时”对自然万物进行治理，主要针对山林湖泽而言。程颢在《论十事劄子》中写道：“圣人奉天理物之道，在乎六府；六府之任，治于五官；山虞泽衡，各有常禁，故万物阜丰，而财用不乏。今五官不修，六府不治，用之无节，取之不时。……此乃穷弊之极矣。惟修虞衡之职，使将养之，则有变通长久之势，此亦非有古今之异者也。”②关于这段文字，此前在第四章“重民生大利”一节已有提及。程颢认为，对自然万物，要秉持“奉天理物”的思想。要仿照古制设置金、木、水、火、土五行之官，对金、木、水、火、土、谷“六府”进行管理，尤其是要恢复“虞”“衡”这类管理山林水泽的官职。古代正是因为山林水泽各有其官员治理，各有禁令，故而对自然资源能够按时取用，万物丰盛而财用不缺。而今天不设“五官”，“六府”便得不到有效治理，山林水泽的取用没有节制、不按时节，导致山木因砍伐焚烧而枯竭，鱼虾因频繁捕捞而匮乏，天之生物在人类过度的渔猎中被消耗殆尽，这必然不利于国家的长远发展。故而，必须恢复“虞”“衡”的官职，对山川、林泽加以养护，对资源的取用加以治理，才是“垂治万世”的长久之势。

最后，二程将“天地大德”之“生意”和“万物一体”之“仁”从自然界的生物上升到宇宙万物之大化流行的高度，强调了“参赞化育”的观点。“参赞化育”出自《中庸》第二十二章，“唯天下至诚，为能尽其性；能尽其性，则能尽人之性；能尽人之性，则能尽物之性；能尽物之性，则可以赞天地之化育；可以赞天地之化育，则可以与天地参矣”，意为人可以帮助天地化育万物。在注解《中庸》时，二程指出：“天地之化育，犹有所不及，必人赞之而后备，则天地非

---

① （宋）程颐、程颢著，王孝鱼点校：《游氏本拾遗》，《河南程氏外书》卷 8，《二程集》，中华书局 1981 年版，第 399 页。

② （宋）程颐、程颢著，王孝鱼点校：《明道先生文一》，《河南程氏文集》卷 1，《二程集》，中华书局 1981 年版，第 454 页。

人不立,故人与天地并立为三才,此之谓天地参。”①二程认为,天地化育万物并非完满的,而是有所不及之处,需要人的帮助才能完成,故言天、地、人“三才”。立足这一认识,二程进一步丰富了“参赞化育”的思想。

二程从“气”的角度对人具有“参赞天地化育”的能力进行了说明,认为相较于其他万物,“唯人气最清,可以辅相裁成,‘天地设位,圣人成能’,直行乎天地之中,所以为三才。天地本一物,地亦天也。只是人为天地心,是心之动,则分了天为上,地为下,兼三才而两之,故六也”。② 二程认为,相较于牛马、猕猴等其他生物,人所秉受的气是最清的,故而能够葆有“天理”,与天、地共同构成天、地、人“三才”,协助天地化育万物。

另外,二程还从“天理”与“诚”的角度对人“参赞天地化育”的方式进行了论述。二程言:“理之所不得已者,是谓化育。明其所不得已之机,则知之至矣。至诚而至于此,则至诚之事尽矣,天德全矣。”③“显明于道,而见其功用之神,故可与应对万变,可赞祐于神道矣,谓合德也。人惟顺理以成功,乃赞天地之化育也。”④“至诚可以赞天地之化育,则可以与天地参。赞者,参赞之义,‘先天而天弗违,后天而奉天时’之谓也,非谓赞助。只有一个诚,何助之有?”⑤二程认为,人当依据“天理”,秉持“万物一体”之“仁”,与天地合其德,使得天地万物能够“不越不倚”、各得其所。其中,程颢又尤为强调了“诚”对“参赞化育”的作用。由此,重申了人对自然万物应以一体之“仁”视之、泛爱万物,这一方面能够实现人与宇宙万物、与“天理”浑然一体的自身的和乐;另一方面,也能够真正从天地万物的宏大视角实现万物得宜、长久之治。

三、大公与天下大同

通过以“生生”释“仁”,二程将自然万物纳入一体之“仁”中,实现对自然

---

① (宋)程颐、程颢著,王孝鱼点校:《中庸解》,《河南程氏经说》卷 8,《二程集》,中华书局 1981 年版,第 159 页。

② (宋)程颐、程颢著,王孝鱼点校:《二先生语二》,《河南程氏遗书》卷 2,《二程集》,中华书局 1981 年版,第 54 页。

③ (宋)程颐、程颢著,王孝鱼点校:《中庸解》,《河南程氏经说》卷 8,《二程集》,中华书局 1981 年版,第 1163 页。

④ (宋)程颐、程颢著,王孝鱼点校:《易说》,《河南程氏经说》卷 1,《二程集》,中华书局 1981 年版,第 1030 页。

⑤ (宋)程颐、程颢著,王孝鱼点校:《明道先生语一》,《河南程氏遗书》卷 11,《二程集》,中华书局 1981 年版,第 133 页。

万物的“垂治”。而在人与社会层面，二程则主要以“公”解“仁”[1]，认为“公”是最接近于“仁”的，亦是“仁”的本质原理，并由“仁”之“公”，生发出“爱人”与“博施济众”的理念，乃至于“天下大同”的政治理想。

二程常以“公”解“仁”，相关论述比比皆是。比如，在论及仁义礼智信“五常”之性时，二程便以“公”来解释“仁”，以“别”来解释“礼”，认为恻隐之心等“动者”都是“情”：“仁者公也，人此者也；义者宜也，权量轻重之极；礼者别也，知者知也，信者有此者也。万物皆有性，此五常性也。若夫恻隐之类，皆情也，凡动者谓之情。”[2]在讨论《论语》中“己欲立而立人，己欲达而达人”的推行“仁”之方法时，二程也指出，推己及人讲的正是“公”的道理：“先生曰：‘孔子曰：“仁者己欲立而立人，己欲达而达人，能近取譬，可谓仁之方也已。”尝谓孔子之语仁以教人者，唯此为尽，要之不出于公也。’”[3]此外，在讨论到颜子之“仁”时，程颐指出，之所以说颜子没有违背“仁道”，就是因为颜子能够做到“无纤毫私意”，故而学者要理解“仁”的真谛，只需要在“公”字上下功夫：“同伯温问：‘“回也三月不违仁”，如何？’曰：‘不违处，只是无纤毫私意。有少私意，便是不仁。’……又问：‘如何是仁？’曰：‘只是一个公字。学者问仁，则常教他将公字思量。’”[4]

但是，“公”只是最接近于“仁”，而非“仁”本身。二程开门见山提出：“仁道难名，惟公近之，非以公便为仁。”[5]“仁道”广大精深，难以精确说明，“公”是最接近于“仁”的。譬如阐述《论语·里仁》所谓“唯仁者能好人，能恶人”，

---

① 关于以“生生”解“仁”和以“公”解“仁”的不同区分，陈来认为是大程与小程的区分。程颢的“仁”说思想主要有三：以一体论仁，以知觉论仁，以生意论仁；程颐的“仁”说思想也有三：唯公近仁，爱人非仁，仁性爱情。并认为“二程对仁的不同解释，似乎正好与其人格气象相对应——大程温然，小程严毅。依据这一理解，陈来推测《遗书》《外书》《粹言》等文本中诸多未区分大小程的以“公”论“仁”的文本均为程颐所作。（参见陈来：《仁学视野中的“万物一体”论（上）》，《河北学刊》2016年第3期）

② （宋）程颐、程颢著，王孝鱼点校：《二先生语九》，《河南程氏遗书》卷9，《二程集》，中华书局1981年版，第105页。

③ （宋）程颐、程颢著，王孝鱼点校：《二先生语九》，《河南程氏遗书》卷9，《二程集》，中华书局1981年版，第105页。

④ （宋）程颐、程颢著，王孝鱼点校：《伊川先生语八》，《河南程氏遗书》卷22，《二程集》，中华书局1981年版，第284—285页。

⑤ （宋）程颐、程颢著，王孝鱼点校：《二先生语三》，《河南程氏遗书》卷3，《二程集》，中华书局1981年版，第63页。

"仁者用心以公,故能好恶人。公最近仁。人循私欲则不忠,公理则忠矣。以公理施于人,所以恕也。"[①]"仁者"之所以能够不受私欲蒙蔽、明辨真正的是非善恶,在于"仁者"秉持有一颗大公之心,而"公最近仁",故"仁者"循公理而不循私欲,能够合乎天道,公平公正、不偏不倚地看待人和事。由"唯仁者能好人,能恶人"一句,程颐进而指出:"'唯仁者能好人,能恶人。'仁之道,要之只消道一公字。公只是仁之理,不可将公便唤做仁。公而以人体之,故为仁。只为公,则物我兼照,故仁,所以能恕,所以能爱,恕则仁之施,爱则仁之用也。"[②]程颐认为"公是仁之理","恕是仁之施","爱是仁之用"。"公"是"仁"的本质原理,"恕"是"仁"的施行,而"爱"是"仁"的发用。人能够体会"仁"中蕴藏的"公"的道理,并践行于人伦日用,则能够做到以己心推及他人之心,以仁爱之心待人。[③]

由此,二程又从"仁"与"公",推出了应当"爱人"与"博施济众"的主张。"爱人"是"仁之端"、是"仁之事","博施济众"是"圣之功用",二者都与"仁"密切相关,是"仁"之体的外在展现,但不可认为其本身就是"仁"。

对于"爱人",二程尝言:"信不足以尽诚,犹爱不足以尽仁。"[④]"仁者必爱,指爱为仁则不可。"[⑤]二程围绕"仁"与"爱人"展开了具体讨论:

> 先生云:初见伊川先生,一日有江南人鲍某守官西京,见伊川问仁曰:"仁者爱人便是仁乎?"伊川曰:"爱人,仁之事耳。"先生时侍坐,归,因取论语中说仁事致思,久之忽有所得,遂见伊川请益曰:"某以仁惟公可尽之。"伊川沈思久之,曰:"思而至此,学者所难及也。天心所以至仁者,惟

---

① (宋)程颐、程颢著,王孝鱼点校:《程氏学拾遗》,《河南程氏外书》卷4,《二程集》,中华书局1981年版,第372页。

② (宋)程颐、程颢著,王孝鱼点校:《伊川先生语一》,《河南程氏遗书》卷15,《二程集》,中华书局1981年版,第153页。

③ 对于二程关于"公"与"仁"关系的讨论,陈来认为"公"并不能阐明"仁"的内涵:"从儒学的仁论来看,伊川之说并不能全面把握或体现仁,'公'虽然含有普遍而无差别的对待之义,但任何普世原理都要求普遍而无差别的对待,不仅是仁,义、礼、智皆然。'公'虽然重视不要有偏私,但毕竟不是仁的本义。"(陈来:《仁学视野中的"万物一体"论(上)》,《河北学刊》2016年第3期)

④ (宋)程颐、程颢著,王孝鱼点校:《伊川先生语十一》,《河南程氏遗书》卷25,《二程集》,中华书局1981年版,第178页。

⑤ (宋)程颐、程颢著,王孝鱼点校:《河南程氏粹言》卷1,《二程集》,中华书局1981年版,第1173页。

公尔。人能至公,便是仁。"①

谢收问学于伊川,答曰:"学之大无如仁。汝谓仁是如何?"谢久之无入处,一日再问曰:"爱人是仁否?"伊川曰:"爱人乃仁之端,非仁也。"谢收去,先生曰:"某谓仁者公而已。"伊川曰:"何谓也?"先生曰:"能好人,能恶人。"伊川曰:"善涵养。"②

二程在与谢收、尹焞诸弟子讨论"仁"与"爱人"时,直言"爱人"是"仁之事"、"仁之端"。无论是就"仁"之事还是"仁"之开端而言,"仁"都是顶层概念和最高境界,"爱人"都只是仁的发用和表现,是其内涵之一;而要想全面的概括"仁",还是需要立足于"公"来对"仁"进行解释。正如向世陵所言:"发端者,即凡爱人便进入到仁,但此爱若能普遍播撒而又公正无私时,应当便是仁意的完全展现,可能尹焞也因此而感悟出'公'之一言。"③而关于"爱"本身不是"仁"的原因,二程也进行了说明。有人问二程,为什么"爱"不是"仁"? 二程答曰:"爱出于情,仁则性也。仁者无偏照,是必爱之。"④二程认为,"爱"是出于"情",而"仁"则是出于"性",故而二者非等同关系。对于"仁性爱情",程颐还结合孟子的"恻隐之心"和韩愈的"博爱之谓仁"再次进行阐发:

问仁。曰:"此在诸公自思之,将圣贤所言仁处,类聚观之,体认出来。孟子曰:'恻隐之心,仁也。'后人遂以爱为仁。恻隐固是爱也。爱自是情,仁自是性,岂可专以爱为仁? 孟子言恻隐为仁,盖为前已言'恻隐之心,仁之端也',既曰仁之端,则不可便谓之仁。退之言'博爱之谓仁',非也。仁者固博爱,然便以博爱为仁,则不可。"⑤

仁义礼智信,于性上要言此五事,须要分别出。若仁则固一,一所以

---

① (宋)程颐、程颢著,王孝鱼点校:《河南程氏外书》卷13,《二程集》,中华书局1981年版,第439页。

② (宋)程颐、程颢著,王孝鱼点校:《传闻杂记》,《河南程氏外书》卷12,《二程集》,中华书局1981年版,第433页。

③ 向世陵:《二程论仁与博爱》,《孔子研究》2015年第2期。

④ (宋)程颐、程颢著,王孝鱼点校:《河南程氏粹言》卷1,《二程集》,中华书局1981年版,第1180页。

⑤ (宋)程颐、程颢著,王孝鱼点校:《伊川先生语四》,《河南程氏遗书》卷18,《二程集》,中华书局1981年版,第182页。

为仁。恻隐则属爱,乃情也,非性也。恕者入仁之门,而恕非仁也。因其恻隐之心,知其有仁。惟四者有端而信无端。只有不信,更无信。如东西南北已有定体,更不可言信。若以东为西,以南为北,则是有不信。如东即东,西即西,则无信。①

程颐指出,孟子的"恻隐之心",韩愈的"博爱之谓仁",也都未能准确理解"仁"的真谛。"爱"是"情"而"仁"是"性","恻隐之心"是"仁"之开端而非"仁"本身,"博爱"是"仁者"身上具备的特质也非"仁"本身,绝不可将"爱"等同于"仁",而是要通过"爱仁"去体会"仁"之性,复归于万物一体、至公无私之"仁"。

"博施济众",出自《论语·雍也》,意为广泛给予百姓恩惠和接济。《论语·雍也》言:"子贡曰:如有博施于民,而能济众,何如?可谓仁乎?子曰:何事于仁,必也圣乎!尧舜其犹病诸!夫仁者,己欲立而立人,己欲达而达人。能近取譬,可谓仁之方也。"孔子认为,"博施于民而能济众",广泛给予百姓恩惠和接济,不仅仅是"仁",更可以说是尧舜都有所不及的圣人之举。关于"仁"与"博施济众",二程也展开了诸多讨论:

医书言手足痿痹为不仁,此言最善名状。仁者,以天地万物为一体,莫非己也。认得为己,何所不至?若不有诸己,自不与己相干。如手足不仁,气已不贯,皆不属己。故"博施济众",乃圣之功用。仁至难言,故止曰"己欲立而立人,己欲达而达人,能近取譬,可谓仁之方也已。"欲令如是观仁,可以得仁之体。"博施济众",云"必也圣乎"者,非谓仁不足以及此,言"博施济众"者乃功用也。②

"博施济众",非圣不能,何曾干仁事?故特曰:夫仁者达人立人,取譬,可谓仁之方而已,使人求之,自反便见得也。虽然,圣人未有不尽仁,然教人不得如此指杀。③

圣则无大小,至于仁,兼上下大小而言之。博施济众亦仁也,爱人亦

① (宋)程颐、程颢著,王孝鱼点校:《伊川先生语一》,《河南程氏遗书》卷15,《二程集》,中华书局1981年版,第168页。

② (宋)程颐、程颢著,王孝鱼点校:《二先生语二》,《河南程氏遗书》卷2,《二程集》,中华书局1981年版,第15页。

③ (宋)程颐、程颢著,王孝鱼点校:《二先生语六》,《河南程氏遗书》卷6,《二程集》,中华书局1981年版,第81页。

仁也。“尧、舜其犹病诸”者，犹难之也。博则广而无极，众则多而无穷，圣人必欲使天下无一人之恶，无一物不得其所，然亦不能，故曰“病诸”。“修己以安百姓”，亦犹是也。①

又问：“博施济众，何故仁不足以尽之？”曰：“既谓之博施济众，则无尽也。尧之治，非不欲四海之外皆被其泽，远近有闲，势或不能及。以此观之，能博施济众，则是圣也。②

二程认为，孔子所言的“仁”是一个内涵丰富的概念，“博施济众”也是“仁”的表现，却不能完全与“仁”等同。“爱人”是“仁”的一方面，“博施济众”也是“仁”的一方面。二程强调，要立足于万物一体之“仁”，发挥“博施济众”的“圣治功用”，通过推己及人、“博施济众”，修己以安人、修己以安百姓，让天下人人向善、物物各得其所，使百姓和乐而天下化治，在这一过程中自然可以体察“仁”之“体”。

最后，从“仁”与“公”出发，二程又提出了“天下大同”之政治理想。“大同”出自《礼记·礼运·大同》篇：“大道之行也，天下为公。选贤与能，讲信修睦，故人不独亲其亲，不独子其子，使老有所终，壮有所用，幼有所长，矜寡孤独废疾者皆有所养。男有分，女有归，货恶其弃于地也不必藏于己，力恶其不出于身也不必为己，是故谋闭而不兴，盗窃乱贼而不作，故外户而不闭，是谓大同。”“大同”是儒家追求的最高境界和理想世界，其基本特征是天下为全天下之人所共有，人们选取贤能之士治理国家，人与人之间相亲相爱，鳏寡孤独皆有所养，社会秩序安定，没有战乱和纷争。

受北宋特殊的政治环境影响，二程“天下”观中的“天下”概念在空间意义和政治意义上有所消解，强调的已经不再是传统意义上的对“四海”的统治、“四夷”的归心，不再是协和万邦、“居其所而众星共之”，而是强调一种“垂治万世”的政治理想；而儒家传统“大同”思想，无疑是“垂治天下”这一政治理想的核心组成部分。二程之“大同”社会所强调的，更多的是通过“大同”来实现现有国家政权统治范围内的长治久安。

---

① （宋）程颐、程颢著，王孝鱼点校：《罗氏本拾遗》，《河南程氏外书》卷6，《二程集》，中华书局1981年版，第382页。

② （宋）程颐、程颢著，王孝鱼点校：《伊川先生语八》，《河南程氏遗书》卷22，《二程集》，中华书局1981年版，第284—285页。

立足这一背景，在注解《周易》第十三卦《同人》卦卦辞“同人于野，亨，利涉大川，利君子贞”时，程颐指出，《同人》卦讲的就是“天下大同”之道；而“天下大同”之道的实现，又离不开大公之心。“大同”之道的核心正是“大公”和“仁”：“夫同人者，以天下大同之道，则圣贤大公之心也。……能与天下大同，是天下皆同之也。天下皆同，何险阻之不可济？何艰危之不可亨？故利涉大川，利君子贞。上言于野，止谓不在暱比，此复言宜以君子正道。君子之贞，谓天下至公大同之道。故虽居千里之远，生千岁之后，若合符节，推而行之，四海之广，兆民之众，莫不同。……”①君子葆有大公之心，不为私情所困，能够做到大同而无我，以“万物一体”之“仁”与天下和同，那么天下就会成为一个“至公大同”的共同体，就可以战胜一切艰难险阻，推行于四海万民，影响千秋万代。程颐在注解该卦彖传“唯君子为能通天下之志”一句时，进而强调，只有君子能够秉持“仁”之“至公”之理，沟通天下人各不相同的意志，实现天下大同的政治理想：“天下之志万殊，理则一也。君子明理，故能通天下之志。圣人视亿兆之心犹一心者，通于理而已。文明则能烛理，故能明大同之义；刚健则能克己，故能尽大同之道；然后能中正合乎乾行也。”②对君子的要求，正是二程对君主与儒家士大夫的期待。儒家士大夫当秉持“至公无私，大同无我，虽眇然一身，在天地之闲，而与天地无以异”的一体之“仁”的境界，③让天下大同、开万世之太平的理想真正落地。

---

① （宋）程颐、程颢著，王孝鱼点校：《同人卦》，《周易程氏传》卷1，《二程集》，中华书局1981年版，第763页。

② （宋）程颐、程颢著，王孝鱼点校：《同人卦》，《周易程氏传》卷1，《二程集》，中华书局1981年版，第764页。

③ （宋）程颐、程颢著，王孝鱼点校：《河南程氏粹言》卷1，《二程集》，中华书局1981年版，第1172页。

第六章　程氏后学与程氏遗产

二程治道思想的影响是长久而深远的。二程之后,道南学派和湖湘学派对其治道思想均有继承;特别是至南宋朱熹,“天理”统摄下的治道思想被充分阐扬,“家国天下”治道体系的地位得以完全确立。而将二程治道思想置于整个历史长河中来看,其在恢复儒家治道体系的正统化、推动儒家治道体系的哲理化、实现儒家治道体系的大众化等方面,无不具有较高的理论与实践意义,成为整个宋明理学的治道思想模板,也成为理学思潮在中国政治哲学史上的重要贡献之一。

第一节　二程治道体系的继承

对二程洛学的传承,有两种较具代表性的观点。一是南宋理学家真德秀①在《真文忠公读书记》中所列出的二程之学的两条传承谱系,一为二程——杨时——罗从彦——李侗——朱熹一脉;一为二程——谢良佐——胡安国——胡宏——张栻一脉。另一种观点则见诸全祖望:“私淑洛学而大成者,胡文定公其人也。文定从谢、杨、游三先生以求学统,而其言曰:‘三先生义兼师友,然吾之自得于遗书者为多。’然则后儒因朱子之言,竟以文定列谢氏门下者,误矣,今沟而出之。南渡昌明洛学之功,文定几侔于龟山,盖晦翁、南轩、东莱皆其再传也。”②全祖望认为,成洛学之大成者乃胡安国,而胡安国

---

① 真德秀(1178—1235 年),本姓慎,字实夫、景元、希元,号“西山”,谥号“文忠”,世称“西山先生”,南宋后期理学家,学宗朱熹,被认为是继朱熹之后的理学正宗传人,在确立理学正统地位过程中发挥了重要作用。著有《西山文集》。所修《大学衍义》,为元明清三代必读之书。

② (明)黄宗羲撰,(清)全祖望补修:《宋元儒学案序录》,《宋元学案》卷首,中华书局 1986 年版,第 7 页。

乃师从谢良佐、杨时、游酢三人而成其学统，而非师从谢良佐一人；学界因朱熹所言的“毕竟文定之学，后来得于上蔡者为多”，①而对此传承多有误解。向世陵也认可这一谱系，认为闽学和湖湘学都经由杨时而传承下来：“由程颢‘吾道南矣’引出的二程洛学后来发展的主要两支——闽学（道学）和湖湘学（性学），都主要经由杨时而传承下来”；“二程洛学由‘道南’而广播，学术兴趣的差异和理论走向的不同逐步形成为闽学和湖湘学两系”。②

真德秀、全祖望二说虽在学术源流上有所不同，但除对胡安国之师从问题未能形成统一意见之外，在洛学传承的核心人物、主要派别等方面都是一致的。故而，二说并无根本性的矛盾。总的来说，洛学后学可以分为道南学派（又称龟山学派）和湖湘学派两派。其中道南一脉由杨时所开创，得名于程颢目送杨时南归时所言“吾道南矣”一语，代表人物有杨时、游酢、罗从彦、李侗等，承洛启闽，是二程到朱熹重要的中间环节；湖湘学派代表人物则为胡安国、胡宏、张栻等人，因其在湖南湘潭讲学著述而得名，在张栻之后由盛转衰。道南一脉和湖湘一脉对二程治道思想均有所继承和发展，但各有侧重；直至南宋朱熹，“天理”统摄下的治道思想被充分阐扬，“家国天下”治道体系的地位得以完全确立。

一、道南一脉论治道

道南学派，因程颢对杨时、游酢等所言“吾道南矣”而得名。杨时（1053—1135年），字中立，号龟山，卒谥文靖，北宋理学家。同游酢、吕大临、谢良佐并称程门四大弟子，是二程后学中最有名的代表人物之一，也是道南学派的开创者。著有《龟山集》及编纂二程《粹言》等。《龟山学案》载：“熙宁九年进士，调官不赴，以师礼见明道于颍昌。明道喜甚，每言杨君会得最容易。其归也，目送之曰：‘吾道南矣！’明道没，又见伊川于洛，先生年已四十，事伊川愈恭。一日，伊川偶瞑坐，先生与游定夫侍立不去。伊川既觉，则门外雪深一尺矣。”③杨时曾先后师从程颢、程颐，并在二程洛学的南传中发挥了承上启下的

① （宋）朱熹著，（宋）黎靖德编：《程子门人》，《朱子语类》卷110，中华书局1986年版，第2587页。

② 向世陵：《理气性心之间——宋明理学的分系与四系》，人民出版社2008年版，第65页。

③ （明）黄宗羲撰，（清）全祖望补修：《龟山学案》，《宋元学案》卷25，中华书局1986年版，第944页。

重要作用，对接续其学的罗从彦、李侗、朱熹的闽学一系和胡宏、张栻的湖湘学一系都具有重要影响，被称为“南渡洛学大宗”。

杨时对二程治道思想的继承，主要体现在对“天理”、圣人循天理治天下思想的继承，以及将“天理”与《中庸》“内圣外王”之道相结合而实现修齐治平的实践上。同二程一样，杨时也指出：“盖天下只是一理。”杨时将“理”作为其哲学思想的核心话题，认为“理”是天地万物的形而上者和社会伦理的依据，是万事万物的所以然，并结合张载的“气”论而言“天理”与“理一分殊”。立足于对“理”的认知，杨时对二程“圣人循天理而治天下”的思想进行了补充，提出事功的“求可”“求成”，无不需要遵循“天理”之正道，这也是圣贤之道，而非济济于智谋：“凡事求可，功求成，取必于智谋之末，而不循‘天理’之正者，非圣贤之道也。”由“天理”的贯通，杨时还强调了以《中庸》之“诚意正心”“格物致知”来“合内外之道”而“平天下”的论断。

杨时指出，主体之“我”为内，客体之“天下之物”为外。主体之“我”的耳目口鼻通过格物致知、正心诚意，则可以感知、体悟客观万物之理，并获得万物之理。而这一过程，正是“合内外之道”的实践。通过感知、体认分殊在万物的“天理”，从而实现与“天理”的合一，则可以“通天下之志，类万物之情，赞天地之化”，实现齐家治国平天下的“外王”实践。

其中，在《中庸》之“格物致知”“正心诚意”中，杨时又认为“反身而诚，则举天下之物在我矣”，尤其突出了“诚”的统率作用。其在《答学者其一》中言：“自修身推而至于平天下，莫不有道焉，而皆以诚意为主。苟无诚意，虽有其道，不能行也。故《中庸》论天下国家有九经，而卒曰：‘所以行之者一’，一者何？诚而已。盖天下国家之大，未有不诚而能动者也。”在《余杭所闻》中又言：“今之君子欲行道以成天下之务，反不知诚其身，岂知一不诚，他日舟中之人尽为敌国乎！故曰：不诚未有动者也。”《中庸》第二十章提出“凡为天下国家有九经，所以行之者一也”的论断，认为治理天下有“九经”，分别为修身、尊贤、亲亲、敬大臣、体群臣、子庶民、来百工、柔远人、怀诸侯，这“九经”涵括了治道的方方面面，然而九者的实现都需要秉持“诚”，发挥“诚”的作用。杨时继承了这一观点。杨时认为，“诚”就是“天之道”“性之德”；反身而诚，回归人的至诚至善本性,“率性,循天理也”,就是回归“天理”。故而,圣人在循“天理”治天下的过程中,天下事务的成就都离不开“诚”;离开了“诚”,则大道不行,国将不国。

游酢(1053—1123 年),字定夫,号廌山,学者称广平先生、廌山先生,谥号文肃,北宋理学家。游酢同杨时一同师事二程,得二程思想之正传,同为道南学派开创者。著作主要有《中庸义》《易说》《诗二南义》《论语杂解》《孟子杂解》《廌山集》等。游酢对二程的“家国天下”治道也多有继承和发挥。

相较于二程的以“天理”为最高本体,游酢则以理、道、性、诚为一,认为“诚”和“道”都是以自己为本根,从性而言是“诚”,从“理”而言是“道”:“诚者,非有成之者,自成而已。其道非有道之者,自道而已。自成自道,犹言自本自根也。以性言之为诚;以理言之为道,其实一也。”①游酢又言:“《大学》自诚意、正心至治国、平天下,只一理,此《中庸》所谓合外内之道也。”②游酢认为,“正心”“诚意”之“内圣”修养与“治国”“平天下”之外王事功,都只是一个理,是“合内外之道”,再次强调了“道”与“理”合一。而关于齐家治国平天下之治道,自然也不出乎理、道、性、诚四字。游酢指出,“循理而已,则有行有为,皆天命也,何妄之有焉”,③治道的推行只需要循“道”与“理”即可,循“理”则没有舛错与过失。而这个“道”与“理”,一是强调“性”:国家治理只需要顺应万民的“中正”之“性”而教化万民,而不需要“神道设教”之类的其他什么东西,这正是自然之“理”:“先王之化民,岂能拂其所有而与之以所无哉!亦曰顺以巽而已,中正,民之性也。顺其性而人之,则将沦肌膏而浃骨髓矣。下观而化,自然之理也。”④二是突出“诚”:“圣人从于其道而天下化成,盖天下之化非有资于号令之鼓舞也,刑赏之惩劝也,一于诚而已。诚至则天下徯其志而从之,如恐不及矣。”⑤君主治理天下不需要以刑罚之、以功劝之,只需要一本于“诚”,“诚”

① (宋)游酢:《中庸义》,《游酢文集》卷 4,延边大学出版社 1998 年版,第 141 页。
② (宋)游酢:《中庸义》,《游酢文集》卷 4,延边大学出版社 1998 年版,第 142 页。
③ (宋)游酢:《易说》,《游酢文集》卷 2,延边大学出版社 1998 年版,第 52 页。
④ (宋)游酢:《易说》,《游酢文集》卷 2,延边大学出版社 1998 年版,第 50 页。
⑤ (宋)游酢:《易说》,《游酢文集》卷 2,延边大学出版社 1998 年版,第 50 页。

则天下万民跟随其意志去做。

游酢也强调了君主的仁民爱物和贤臣的辅弼作用。关于君主的仁民爱物,他认为,“惟仁者宅心于大中至正之地而无私焉”①,“博爱者,圣人之心也。复礼未有爱也,而博爱之实由复礼而出”②。圣人当置其心于天地之间,中正而无私,复礼而博爱,以仁爱为怀。而这一过程的实现,则需要发挥恻隐之心的作用,对民生之疾苦感同身受而仁民爱物,从而达到万物一体、天下归仁的理想境界:“恻隐痛伤也,伤在彼而我伤之,痛在彼而我痛之。伤痛非自外至也,因心则然,此恻隐所以为仁之端也。至于充其心体之本然,则万物一体矣,无我之间也,故天下归仁焉。”③

关于贤臣的辅弼,游酢在注解《大畜》卦彖传“大畜,刚健笃实辉光,日新其德,刚上而尚贤,能止健,大正也。不家食,吉,养贤也。利涉大川,应乎天也”时强调:“群贤不家食,则礼义立而政事修,财用足而百志成,万邦咸宁,吉孰大焉,亦何难之不济乎?”④贤能之臣都能够汇集于朝廷,建立礼义、修明政事,那么国家必然财用充足、百业可成,进而实现天下的长治久安。

在文本方面,相较于二程的以“四书”为要,游酢还突出了《诗经》对治道的作用,将之作为齐家治国平天下的根基所在。游酢指出:“兴于《诗》,言学《诗》者可以感发于善心也。如观《天保》之诗,则君臣之义修矣。观《常棣》之诗,则兄弟之爱笃矣。观《伐木》之诗,恻友之交亲矣。观《关雎》《鹊巢》之风,则夫妇之经正矣。昔王褒有至性,而弟子至于废讲《蓼莪》,则《诗》之兴发善心,于此可见矣。”⑤观《诗经》,可以兴发善心,可以得夫妇之正、兄弟之爱、朋友之亲、君臣之义,故而学者当重视《诗经》对治道的作用,学《诗》而明“治”。

罗从彦(1072—1135年),字仲素,学者称豫章先生,谥号文质,两宋之际理学家。著有《豫章文集》《遵尧录》《议论要语》等。罗从彦师从杨

① (宋)游酢:《论语杂解》,《游酢文集》卷3,延边大学出版社1998年版,第95页。
② (宋)游酢:《易说》,《游酢文集》卷2,延边大学出版社1998年版,第52页。
③ (宋)游酢:《孟子杂解》,《游酢文集》卷3,延边大学出版社1998年版,第118页。
④ (宋)游酢:《易说》,《游酢文集》卷2,延边大学出版社1998年版,第54页。
⑤ (宋)游酢:《论语杂解》,《游酢文集》卷3,延边大学出版社1998年版,第107页。

时，又为李侗之师，三人在学术传承上递相授受，且同为南剑州人氏，故并称“南剑三先生”。作为再传弟子，罗从彦的学术思想既有着对二程的继承，也有着自己的发挥。比如，在修养工夫方面，二程主张“主敬”的修养工夫，而罗从彦则强调“主静”。弟子李侗记载：“某曩时从罗先生问学，终日相对静坐……先生令静中看喜怒哀乐未发之谓中。”①罗从彦认为从“静”中自可以体验“喜怒哀乐未发”的状态，不被外物所打扰，修养身心，进学进德，以至达到与天地万物融为一体的境界，故而主张从静中体会未发之气象。

在治道方面，罗从彦主要提出“天理”人伦相结合的王道之治和君主当“正心”、以仁义治国两条具体原则。罗从彦承接二程、杨时、游酢而言“天理”，认为无论是自然万物运行还是天下国家之治，都有其“理”：“凡为天下国家者，安危治乱，是失得失，必有至当之论，至正之理。”②而尧舜之所以能够成就王道之治，就在于“得天理之正，极人伦之至者”③。故而，君主治国必须循“天理”而正“人伦”。

关于君主的“正心”，二程曾反复强调君主“正心”的重要性，认为正心是君主治道的根本所在：“治道亦有从本而言，亦有从事而言。从本而言，惟从格君心之非、正心以正朝廷，正朝廷以正百官。”④“治道有自本而言，有就事而言。自本而言，莫大乎引君当道，君正而国定矣。”⑤罗从彦继承了这一思想，指出：“人君者，天下之表，若自心正，则天下正矣，自心邪曲，何以正天下。”⑥“人君当淡然无欲，不使嗜好形见于外，则奸邪无自入焉，可谓善矣。夫嗜者，

---

① （宋）朱熹著、朱杰人等编：《朱子全书》，上海古籍出版社、安徽教育出版社 2002 年版，第 322 页。

② （宋）罗从彦：《遵尧录》，《罗豫章先生文集》卷 6，《丛书集成初编》本，商务印书馆 1936 年版，第 68 页。

③ （宋）罗从彦：《论王霸》，《罗豫章先生文集》卷 7，《丛书集成初编》本，商务印书馆 1936 年版，第 86 页。

④ （宋）程颐、程颢著，王孝鱼点校：《伊川先生语一》，《河南程氏遗书》卷 15，《二程集》，中华书局 1981 年版，第 165 页。

⑤ （宋）程颐、程颢著，王孝鱼点校：《河南程氏粹言》卷 1，《二程集》，中华书局 1981 年版，第 1218 页。

⑥ （宋）罗从彦：《遵尧录》，《罗豫章先生文集》卷 1，《丛书集成初编》本，商务印书馆 1936 年版，第 11 页。

人情之所不能免也，方其淡然不使形见于外，则其违道不远也。”[①]君主在国家治理中处于核心地位，是天下人的表率；君主心正，则可以正朝廷、正百官，从而正天下之民。而要想使得君主“正心”，又必须使之无欲，无欲则君心中正，嗜好不形之于外，奸邪之人也就无从投其所好，从而不被外物所干扰；及其至也，则可以得“天理”之正，实现王道之治。而关于以仁义治国，罗从彦指出：“仁义者，人主之术也。一于仁，天下爱之而不知畏；一于义，天下畏之而不知爱。三代之主，仁义兼隆，所以享国至于长久。”[②]罗从彦认为，“天理”是君主治国之本，而仁义为君主治国之术，“仁”能使万民相爱，“义”能使万民畏惧，二者结合，仁义兼备、爱惧兼备，则可以实现国家的长治久安。

李侗（1093—1163年），字愿中，学者称延平先生，同为南剑州（今福建南平）人，南宋理学家，著有《李延平先生文集》。李侗学术渊源于二程，曾拜杨时、罗从彦为师学习《春秋》《中庸》《孟子》《论语》，又下启朱熹之学。李侗对治道言及较少，其对二程治道思想的继承主要体现在对“天理”本体的复归上。二程之后，杨时、游酢、罗从彦等对“天理”的体认各有特色，及至李侗，再次强调了万物统一于“天理”“只是此理一贯”的观念，认为“天理”是形而上的本原和万事万物的终极根据，天地、自然、社会、人生，内外、体用、显微、精粗，无不统摄于这个“一贯”的“天理”，这对朱熹“天理”秩序观念的确立无疑起到了重要作用。

二、湖湘一脉论治道

湖湘学派，因胡安国、胡宏、张栻等代表性学者主要在湖南活动而得名。其中，胡安国有开创之功，其子胡宏是该学派学术成就最高者，[③]而张栻则使湖湘学的规模进一步拓展并形成了富有影响力的学术流派。

胡安国（1074—1138年），字康侯，号青山，别称武夷先生，谥文定，两宋之际理学家，湖湘学派的先驱和奠基者。著有《春秋传》，明清时期成为科举考

---

① （宋）罗从彦：《遵尧录》，《罗豫章先生文集》卷2，《丛书集成初编》本，商务印书馆1936年版，第20页。

② （宋）罗从彦：《议论要语》，《罗豫章先生文集》卷1，《丛书集成初编》本，商务印书馆1936年版，第11页。

③ 全祖望：“绍兴诸儒所造，莫出五峰之上。其所作《知言》，东莱以为过于《正蒙》，卒开湖湘之学统。”参见（宋）胡宏著，吴仁华点校：《胡宏集》，中华书局1987年版，第10页。

试的必读教科书;后人编有《胡氏传家录》。胡安国未明确拜师程颐,常与游酢、谢良佐、杨时等同游,注重性命之学,深得程学真传,在两宋理学转接中起到了重要的作用。胡安国之侄胡寅在《先公行状》中对胡安国的为学宗旨有所概括:“圣门之学,则以致知为始,穷理为要,知至理得,不昧本心,如日方中,万象毕见,则不疑其所行而内外合也。故自修身至于天下国家无所处而不当矣。”①认为胡安国的学问,以格物致知为始,以即物穷理为要,内外相合来体认理,从而对内圣外王之道皆有所得。张立文先生用“内外合也”来概括湖湘理论思维品格,认为“穷究道德形上学的理与形而下的齐家、治国、平天下的外王相融合”正是胡安国的学术特色。②

这种内外相合、心与理一的思想反映在治道上,则“开启了湖湘学派义理与经世相兼并用的学风”③。所谓“经世”,主要体现在胡安国对《春秋》的注解上。与程颐作《春秋传》一样,胡安国倾其毕生精力于《春秋》,著有《春秋传》三十卷。但不同于程颐对《春秋》经文言简意赅的注解,胡安国在注《春秋》的过程中,对《春秋》经文作了详细的考证和订补,对其中的义理作了较为深入的阐发,“感激时事,往往借《春秋》以寓意”,④注重察古以鉴今,对现实治道开出“药方”,“目的在维护和强化儒家的纲常人伦,力求为国家的长治久安提供政治蓝图”。⑤

胡安国指出,孔子之所以著《春秋》,是因为其时“周道衰微,乾纲解纽,乱臣贼子接迹当世,人欲肆而天理灭矣”,面对这样的社会现实,孔子以道自任,认为天下之斯文之兴丧系于己身,故而“遏人欲于横流,存‘天理’于既灭”,“假鲁史以寓王法,拨乱世反之正。叙先后之伦,而典自此可惇;秩上下之分,而礼自此可庸。有德者必褒而善自此可劝;有罪者必贬而恶自此可惩。其志存乎经世,其功配于抑洪水、膺戎狄、放龙蛇、驱虎豹,其大要则皆天子之事也”。⑥《春秋》本就是立足现实政治、讲“天子之事”的经世之书,对叙人伦、分上下、劝善惩恶都起到重要作用。而且,相较于《诗》《书》《礼》《易》《乐》

---

① (宋)胡寅:《先公行状》,《斐然集·崇正辩》卷25,岳麓书社2009年版,第523页。
② 参见张立文:《中国哲学思潮发展史》,人民出版社2014年版,第1104页。
③ 张立文:《中国哲学思潮发展史》,人民出版社2014年版,第1107页。
④ (宋)胡安国:《春秋传序》,《春秋传》卷首,岳麓书社2011年版,第3页。
⑤ 向世陵:《理气性心之间——宋明理学的分系与四系》,人民出版社2008年版,第66页。
⑥ (宋)胡安国:《春秋传序》,《春秋传》卷首,岳麓书社2011年版,第1页。

“五经”,《春秋》一书是“百王之法度,万世之绳准”,对“五经”的理解起到了“断例”的作用,能够“穷理之要”,让人在大事面前知所决断:“故《春秋》见诸行事,非空言比也。……百王之法度,万世之绳准,皆在此书。故君子以谓《五经》之有《春秋》,犹法律之有断例也。学是经者,信穷理之要矣;不学是经,而处大事、决大疑能不惑者,鲜矣。”①

但是,胡安国指出,因为王安石新学的流行,《春秋》被排除出了贡举取士、庠序设官、经筵进读的序列,这使得北宋“人欲日长,天理日消,其效使夷狄乱华,莫之遏也”的时弊日益加剧。② 胡安国希望通过对该书的注解,对于“尊君父、讨乱贼、辟邪说、正人心、用夏变夷”等有所裨益,③能够切实发挥经世之作用。将义理之学与经世治学相结合,立足时弊、以注疏的形式言经世之治道,以期能够唤起士大夫之责任担当,以应对内外交困之现实政治局面,这正与二程之“天理”治道一脉相承。

胡宏(1106—1162 年),字仁仲,号五峰,学者称五峰先生,南宋理学家,胡安国之子,与其父共创湖湘学派。胡宏思想深受其父影响,还从学于杨时、侯仲良,是二程再传弟子。著有《知言》《五峰集》《皇王大纪》等。其中,《知言》尤为学界所赞誉,被吕祖谦称赞为超过张载的《正蒙》,真德秀也认为该篇是批异端、继孔孟的道统心传。

张栻(1133—1180 年),字敬夫,号南轩,师从胡宏,胡宏之后湖湘学派的领袖,与朱熹、吕祖谦并称“东南三贤”。曾编次二程《粹言》、作序并刊出胡宏《知言》,著有《南轩易说》《论语孟子说》等。诗文由朱熹编定为《张南轩先生文集》。

在本体层面,胡宏和张栻对二程“天理”治道的继承都较少。其中,胡宏综合其父胡安国“理与心一”的主张,并借鉴张载、二程的思想,“将家学、道学和传统儒家孔孟之道相融突,在思议现实社会的变迁和时代精神的实践中,把心性话题转换为道性话题”,提出“道”作为自然宇宙和社会生活的客体与作为性的心性主体是一以贯之的,从而建立了一种“道”与“性”圆融合一的本体

① (宋)胡安国:《春秋传序》,《春秋传》卷首,岳麓书社 2011 年版,第 1—2 页。
② (宋)胡安国:《春秋传序》,《春秋传》卷首,岳麓书社 2011 年版,第 2 页。
③ (宋)胡安国:《春秋传序》,《春秋传》卷首,岳麓书社 2011 年版,第 2 页。

学,以“道”为贯通天地人的至高无上的普遍性范畴;①张栻则“克继湖湘学的‘心与理一’、‘道与性一’的思想路线,企图将周敦颐以来道学各派理论思维核心范畴太极、理、性、心加以融突和合,而开出新内涵、新思维”,推崇周敦颐和周敦颐所著《太极图说》,以“太极”为核心话题并圆融理、性、心诸话题,展开其哲学逻辑结构。② 故而,无论是胡宏还是张栻,都未上承二程而突出“天理”对治道的统摄作用;而是强调了“仁”对治道之重要意义。

胡宏言“仁”,认为“仁”以“孝”为基础,与本体之“道”相伴相生、相辅相成。胡宏言:“道非仁不立。孝者,仁之基也。仁者,道之生也。义者,仁之质也。”③“道”因“仁”而立,“仁”为“道”所生,“孝”又是“仁”的基础,“义”则是“仁”的性质。这样,通过“仁”的桥梁纽带作用,本体之“道”与治道之“孝”产生了天然的关联。

“仁”不仅与家庭关系中最为核心的“孝”密切相关,由“仁”还可以达至治国平天下的效果。胡宏揭示了“仁”这一道德规范对人修身处世乃至为政、平天下的重要作用。胡宏言:“仁也者,人也。人而能仁,是以生。生则安,安则久,久在天,天以生为道者也。人之于道,下学于己,而上达于天,然后仁可言矣。”④“学圣人者,以仁存心,以义处物,相时而动,亦岂必于进退哉……以圣人之道为必可行,以圣人之政为必可复,以天下之衰为必可振。”⑤胡宏指出,“仁”是人所具有的道德,人能够以仁爱之心待人,则可以“生”“安”“久”,并可以推自及道、推己及天;人能够学习圣人的“仁心”,接人待物以“仁”,则圣人之道可以大行,圣人王道之政可以光复,天下就会振兴,从而实现通过“仁”达至治国平天下的效果。

那么,如何践行“仁”之道,实现齐家治国平天下之治道呢?胡宏认为,“仁”合于天地、通于鬼神;人能够做到“仁”,则可以“自乘天运,御六气,赞化工,生万物,与天地参”。⑥ 既然“仁”具有贯通天地的性质,则求“仁”只需要

---

① 参见张立文:《中国哲学思潮发展史》,人民出版社 2014 年版,第 1110—1111 页。
② 参见张立文:《中国哲学思潮发展史》,人民出版社 2014 年版,第 1124—1128 页。
③ (宋)胡宏著,吴仁华点校:《知言·修身》,《胡宏集》,中华书局 1987 年版,第 6 页。
④ (宋)胡宏著,吴仁华点校:《求仁说》,《胡宏集》,中华书局 1987 年版,第 196 页。
⑤ (宋)胡宏著,吴仁华点校:《上光尧皇帝书》,《胡宏集》,中华书局 1987 年版,第 82 页。
⑥ (宋)胡宏著,吴仁华点校:《邵州学记》,《胡宏集》,中华书局 1987 年版,第 150 页。

识得天地之心。这个“天地之心”，胡宏认为正是孔子所强调的“忠恕”之道。“唯仁者为能一以贯天下之道，是故欲知一贯之道者，必先求仁；欲求仁者，必先识心。忠恕者，天地之心也。人而主忠行恕，求仁之方也。施诸己而不愿，亦勿施于人，即主忠行恕之实也。”①人欲求仁，只需要做到忠恕，既推己及人，又己所不欲勿施于人，如此则可以识得忠恕这一“天地之心”，从而识得一以贯之之“仁”。

胡宏还指出，治国平天下不仅需要践行“仁”道，还需要体用合一。“体”，就是仁；“用”，则涉及井田、封建、学校、军制等诸多具体的制度。胡宏言：“圣人仁以为体，义以为用，与时变化，无施不可。”②“学圣人之道，得其体，必得其用。有体而无用，与异端何辨？井田、封建、学校、军制，皆圣人竭心思致用之大者也。”③在学习圣人仁之“体”并施行于治国理政的同时，也要学习圣人竭心思致的各种大“用”，做到体用结合而不偏废，则可以实现圣人之治道在今日的落实，从而“新其政，光其国”，实现治国平天下的理想政治秩序。

张栻则在“太极”“理”“性”“心”等概念的圆融中言“仁”。关于“太极”与“仁”，张栻认为仁与义为“人道”，而“太极”则为“人道”之中道：“《易》有太极者，函三为一，此中也。如立天之道曰阴与阳，而太极乃阴阳之中者乎！立地之道曰柔与刚，而太极乃刚柔之中者乎！立人之道曰仁与义，而太极乃仁义之中者乎！”④这里，张栻侧重从天地人三道的阴阳、刚柔、仁义之“中”的角度来阐发“太极”的内涵，属于形而上的范畴，对形而下的治道并未论及。

张栻所言之“理”，是立足于太极作为天地万物之所以生生的本根这一定位而言。“理”（或言“天理”）是“太极既判的天、地、人三极之道的阴阳、刚柔、仁义之理”，是“太极判别天地万物是非好恶和选择天地万物取舍的准则”，⑤而非二程哲学体系中至高无上、万事万物本体性的“理”。“仁”就是“天理”之于人，“仁”事关“天理”人欲之分：“所谓‘仁，人心者’，天理之存乎

① （宋）胡宏著，吴仁华点校：《论语指南》，《胡宏集》，中华书局1987年版，第305页。

② （宋）胡宏著，吴仁华点校：《上光尧皇帝书》，《胡宏集》，中华书局1987年版，第82页。

③ （宋）胡宏著，吴仁华点校：《与张敬夫》，《胡宏集》，中华书局1987年版，第131页。

④ （宋）张栻著，王蓉贵、杨世文点校：《南轩易说》卷1，《张栻全集》，长春出版社1999年版，第11—12页。

⑤ 参见张立文：《中国哲学思潮发展史》，人民出版社2014年版，第1128页。

人也。……存之久则天理浸明，是心之体将周流而无所蔽矣。”①“仁与不仁，特系乎操舍之间，而天理人欲分焉。天理存则人欲消，固不两立也，故以水胜火喻之。然用力于仁，贵于久而勿舍，若一暴而十寒，倏得而复失，则暂存之天理，岂能胜无穷之人欲哉?”②在仁与不仁之间，“天理”和人欲被分判。“天理”和人欲就像不可并存的水与火，人们只有坚持“仁”的道德修养，久久为功，才能够消尽人欲，而存养“天理”。由存养“天理”出发，张栻进而指出，“仁”的施行，“天理”的落实，都需要落实在“礼”上：“克尽己私，一由于礼，斯为仁矣。礼者，天则之不可逾者也，本乎笃敬，而发见于三千三百之目者，皆礼也。”③“礼”是天地之间不可逾越的规则，只有通过“礼”，才能行“仁”而存养“天理”。故而，无论是个人的道德修养，还是社会的有序运转、国家的有效治理，都需要借由人的克己复礼：“惟其涵养纯熟，天理昭融，于过之所形，无纤介之滞，其化也如日之销冰，然则奚贰之有? 是二者，盖克己复礼，心不违仁者之事也。”④

此外，关于“心”与“仁”，张栻认为“仁”就是天地之心：“盖仁者天地之心，天地之心而存乎人，所谓仁也。人惟蔽于有己，而不能以推，失其所以为人之道，故学必贵于求仁也。”⑤关于“性”与“仁”，张栻认为“仁”就是爱之理：“人之性，仁、义、礼、智四德具焉；其爱之理则仁也，宜之理则义也，让之理则礼也，知之理则智也。是四者虽未形见，而其理固根于此，则体实具于此矣。性之中只有是四者，万善皆管乎是焉。”⑥这些论述，虽然都没有直接指向“家国天下”之治道，但其中所蕴藏的天地生生、博爱之心等，从心与性的角度为

① (宋)张栻著，王蓉贵、杨世文点校：《孟子说》卷6，《张栻全集》，长春出版社1999年版，第439页。

② (宋)张栻著，王蓉贵、杨世文点校：《孟子说》卷6，《张栻全集》，长春出版社1999年版，第444页。

③ (宋)张栻著，王蓉贵、杨世文点校：《论语解》卷6，《张栻全集》，长春出版社1999年版，第165页。

④ (宋)张栻著，王蓉贵、杨世文点校：《论语解》卷3，《张栻全集》，长春出版社1999年版，第108页。

⑤ (宋)张栻著，王蓉贵、杨世文点校：《南轩集》卷14，《张栻全集》，长春出版社1999年版，第752页。

⑥ (宋)张栻著，王蓉贵、杨世文点校：《南轩集》卷18，《张栻全集》，长春出版社1999年版，第803页。

齐家治国平天下的推行奠定了一定的理论依据。

总的来说，相较于道南一脉，湖湘一脉对二程“天理”治道的继承较少。而且，湖湘学派自胡安国开创、胡宏发扬、张栻集大成后，后学未能将湖湘一脉显扬。这一方面是源于张栻一生只活了47岁，其去世后弟子转而师从朱熹、陆九渊、陈傅良等学者；而胡宏的其他门人如胡广仲、胡伯逢、吴晦叔等则因才智所限，未能对其学说进一步阐发，故而湖湘一派至南宋由盛转衰。①

三、朱熹之天理秩序

朱熹（1130—1200年），字元晦，号晦庵，南宋哲学家、思想家、教育家。师从程颐三传弟子李侗，继承二程又独立发挥，形成了自己的体系，后人称为程朱理学。历仕高宗、孝宗、光宗、宁宗四朝。晚年曾被打入“伪学逆党籍”。宋宁宗嘉定二年（1209年）诏赐遗表恩泽，谥曰文，寻赠中大夫、宝谟阁直学士。宋理宗宝庆三年（1227年）特赠太师，追封信国公，改徽国公。著有《四书章句集注》《周易本义》《易学启蒙》《诗集传》《朱子语类》《朱文公文集》等。② 朱熹是宋代以来学问最广博、影响最深远的大家，是唯一非孔子亲传弟子而位列大成殿十二哲、享祀孔庙的儒家学者，其理学思想成为元、明、清三代官学，所编著《四书章句集注》《资治通鉴纲目》《诗集传》等书目长期以来是科举选士钦定教材。

作为二程的四传弟子，朱熹继承了二程的“天理”思想。朱熹也以“天理”作为其理学体系的核心范畴，作为万事万物的最高本体和最高准则，并结合张载的“气”论对二程的“天理”思想体系进行了完善，让“天理”的形象更加饱满，“天理”的主体地位更加凸显。

朱熹强调，“天理”具有至上性、普遍性、统一性、形上性、实在性、伦理性等突出特质。③ 至上性强调“天理”是一切事物的“所以然之故”和“所当然之

---

① 蔡仁厚：“后来朱子不满五峰之《知言》，南轩虽与之论说，终守不住阵脚，常随朱子之脚跟转。五峰子弟门人出而与朱子辩（亦驳斥南轩），但学力既不及于朱子，而年寿又皆不永，故虽坚守师说，而终无由发皇。”（蔡仁厚：《宋明理学·北宋篇》，吉林出版集团有限责任公司2009年版，第348页）

② 参见张立文：《朱熹大辞典》，上海辞书出版社2013年版，第3页。

③ 参见张立文：《中国哲学史新编》，中国人民大学出版社2011年版，第279页。

则”,“至于天下之物,则必各有所以然之故,与其所当然之则,所谓理也”,[①]万事万物的生长变化、人伦社会的事物运行,皆各有其理,并受理支配,“天理”主宰着一切。普遍性强调“天理”在时间、空间和事物上的无时不有、无处不在,“未有天地之先,毕竟是先有此理”,[②]“近而一身之中,远而八荒之外,微而一草一木之众,莫不各具此理”,[③]“天理”先于天地而存在,又具备于草木万物之中,故而天地万物、人伦社会皆有其理。统一性强调虽然事事物物各有其理,但“万物各具一理,万物同出一原”,[④]故而事事物物之理实际上是一个统一的“天理”。形上性强调“天理”不是具体的、有形的、有生灭的事物,而是无形无象的形上之道,这保证了“天理”作为万事万物本体的存在。实在性接续形上性而言,“天理”虽然无形无象,但又不是佛老的“空虚”,朱熹继承二程的观点强调“天理”的至实不虚,“如释氏便只是说‘空’,老氏便只是说‘无’,却不知道莫实于理”,[⑤]“天理”的至实不虚保证了宇宙自然和人伦社会万事万物的实在性。

相较于二程,朱熹对“天理”思想的最大改造在于对“天理”伦理性的强调上。二程的“天理”观,仅仅是表明“至于君臣父子间皆是理”,[⑥]“父止于慈,子止于孝,君止于仁,臣止于敬,万物庶事莫不各有其所,得其所则安,失其所则悖”,[⑦]认为父子君臣之间皆蕴含着“天理”,慈孝仁敬等儒家传统道德都是“天理”的具体展现之一,故而要顺应这一绝对的“天理”而实现齐家和平治天下。朱熹则直接以“三纲五常”来解释“天理”。“三纲”就是君为臣纲,父为子纲,夫为妻纲。“五常”,不是仁、义、礼、智、信五种道德规范,而是君臣、父

① (宋)朱熹:《大学或问上》,《四书或问》,上海古籍出版社、安徽教育出版社 2001 年版,第 8 页。

② (宋)朱熹著,(宋)黎靖德编:《理气上》,《朱子语类》卷 1,中华书局 1986 年版,第 1 页。

③ (宋)朱熹著,(宋)黎靖德编:《大学五》,《朱子语类》卷 18,中华书局 1986 年版,第 398 页。

④ (宋)朱熹著,(宋)黎靖德编:《大学五》,《朱子语类》卷 18,中华书局 1986 年版,第 398 页。

⑤ (宋)朱熹著,(宋)黎靖德编:《程子之书一》,《朱子语类》卷 95,中华书局 1986 年版,第 2437 页。

⑥ (宋)程颐、程颢著,王孝鱼点校:《伊川先生语五》,《河南程氏遗书》卷 19,《二程集》,中华书局 1981 年版,第 247 页。

⑦ (宋)程颐、程颢著,王孝鱼点校:《艮卦》,《周易程氏传》卷 4,《二程集》,中华书局 1981 年版,第 968 页。

子、兄弟、夫妻、朋友五种伦理体系，又称“五典”“五伦”。① 对于“三纲五常”，朱熹强调：“宇宙之间，一理而已。天得之而为天，地得之而为地。而凡生于天地之间者，又各得之以为性。其张之为三纲，其纪之为五常，盖皆此理之流行，无所适而不在。”②朱熹赋予了“天理”以“三纲五常”这一具体的伦理道德内容，认为“三纲五常”是“天叙之典，天秩之理”，③是“天理民彝之大节，而治道之本根也”。④ “三纲五常”是“天理”在人世间的流行，是人人都必须遵守的必然准则，也是治道与理想政治秩序的根本所在。这样，就从“天理”的角度赋予了“三纲五常”伦理秩序以天然的绝对性与永恒性，“三纲五常”成为“天理”之展现，也是“天理”落实之必然。

朱熹分析道，“天理”是三纲五常的价值来源，君臣、父子、兄弟、夫妻、朋友之间各有其理，都有“天理”作为其依据。朱熹言：“夫天下之事，莫不有理：为君臣者有君臣之理，为父子者有父子之理，为夫妇、为兄弟、为朋友，以至于出入起居、应事接物之际，亦莫不各有理焉。”⑤这些“理”落实在三纲五常不同的伦理关系中表现各有不同，比如在君则为仁，在臣则为敬，在父则为慈，在子则为孝，但这只是因为所处之位不同，其实都是出自同一个“天理”的流行：“如为君须仁，为臣须敬，为子须孝，为父须慈。物物各具此理，而物物各异其用，然莫非一理之流行也。”⑥

朱熹还从“所以然之故”和“所当然之则”的角度、以家庭为切入点对三纲五常之为“天理”进行了说明。朱熹与弟子对答言：“问：‘或问，物有当然之则，亦必有所以然之故，如何？’曰：‘如事亲当孝，事兄当弟之类，便是当然之

---

① 彭永捷：“‘君臣父子夫妇长幼朋友’乃儒家所讲的‘五伦’，也称‘五常’，而‘皆必有当然之则’则是‘五伦’或‘五常’之‘理’。”（彭永捷：《朱陆之辩——朱熹陆九渊哲学比较研究》，人民出版社2002年版，第88页）

② 曾枣庄、刘琳主编：《朱熹四》，《全宋文》第251册卷5647，上海辞书出版社2006年版，第62页。

③ （宋）朱熹著，（宋）黎靖德编：《孟子一》，《朱子语类》卷51，中华书局1986年版，第1227页。

④ 曾枣庄、刘琳主编：《朱熹二二〇》，《全宋文》第243册卷5432，上海辞书出版社2006年版，第82页。

⑤ （清）王懋竑撰，何忠礼点校：《朱熹年谱》卷4，中华书局1998年版，第235页。

⑥ （宋）朱熹著，（宋）黎靖德编：《大学五》，《朱子语类》卷18，中华书局1986年版，第398页。

则。然事亲如何却须要孝,从兄如何却须要弟,此即所以然之故。如程子云:"天所以高,地所以厚。"若只言天之高,地之厚,则不是论其所以然矣。'"①朱熹认为,以孝事亲、以悌事兄,这就是"当然之则",是家庭关系中必然的准则和规范;而关于为何以孝事亲、以悌事兄,涉及的就是"所以然之故",这就像讨论天何以高、地何以厚一样,是从本质上进行探讨,而这个本质就是"天理",故而父子之孝、兄弟之悌正是"天理"的具体落实。此外,在三纲五常中,朱熹还尤为强调了父子之仁和君臣之义的重要意义。朱熹言:"然而仁莫大于父子,义莫大于君臣,是谓三纲之要,五常之本,人伦天理之至,无所逃于天地之间。"②朱熹强调,父子之仁和君臣之义,是三纲五常中"无所逃于天地之间"的最为核心的伦理关系,当从君臣父子入手,匡正三纲五常,构建其理想政治秩序。

朱熹对"天理"的这种"三纲五常"的道德解释,是对二程"天理"思想的推进;但就这种推进的意义而言,则不全是积极的。冯友兰先生在《新理学》中指出,"程朱说五常即是人所有之人之性之内容,即是人之理之内容,则对于人之理之内容,肯定过多,可以不必"③。这种将"五常"作为"人之理"的"过多"和"不必",其实正是针对朱熹对"天理"的发挥而言。而紧接着,以"三纲五常"之道的展开,就构成了朱熹的治道体系。从作为"天理"的展现与落实的"三纲五常"入手,朱熹的治道体系延续了二程所复归的儒家传统,围绕家、国、天下而展开。

朱熹的"齐家"思想的最大特色是兼论家庭和家族双重秩序的建立与维护,并强调家礼对家庭和家族的规范作用,这是其对二程"齐家"思想的最大发展。朱熹认为:"礼者,天理之节文,人事仪则也。……盖礼之为体虽严,而皆出于自然之理,故其为用,必从容而不迫,乃为可贵。"④礼是"天理"中行之有度的礼仪,礼仪的制定出自"天理";礼也是人伦事物的法则,人事的落实具应依据礼仪。对礼仪高度重视的朱熹撰有《朱子家礼》一书,

---

① (宋)朱熹著,(宋)黎靖德编:《大学五》,《朱子语类》卷18,中华书局1986年版,第414页。

② 曾枣庄、刘琳主编:《朱熹四》,《全宋文》第243册卷5431,上海辞书出版社2006年版,第62页。

③ 冯友兰:《新理学》,北京大学出版社2014年版,第192页。

④ (宋)朱熹:《论语集注》卷1,《四书章句集注》,中华书局1983年版,第51页。

分通礼、冠礼、昏礼、丧礼、祭礼五卷来整理古代礼义制度并为时人确立伦理纲常和礼节礼仪，用具体的家礼规范来展现其对长幼尊卑、忠义孝悌的倡导。

在家礼的规范下，朱熹对家庭和家族需要遵循的礼制进行了具体论述。对于家庭，朱熹强调了家长的权威、子女的孝亲、夫妇的有别等观点。朱熹在《朱子家礼》中全文收录了司马光为其家人所作的《司马氏居家杂仪》一文，其中指明了家庭的各种规范。作为家长，“凡为家长，必谨守礼法，以御群子弟及家众。分之以职，授之以事，而责其成功。制财用之节，量入以为出。称家之有无，以给上下之衣食及吉凶之费，皆有品节，而莫不均壹。裁省冗费，禁止奢华，常须稍存盈馀，以备不虞”。① 一家之主要严守礼法、树立榜样来统率家中大小，同时负有分配职事、节用钱财等责任；与之相对应，作为晚辈，则应事无大小向一家之主咨询请教，不可积蓄私财。而作为子女和妻子夫婿，也应孝敬父母舅姑，对父母舅姑的衣食起居妥帖安排、晨昏定省，对父母舅姑的疾病亲尝药饵、亲身侍奉，对父母舅姑的命令迅速执行，对父母舅姑的过失柔声以谏，不违父母舅姑之心志，严守长幼尊卑之秩序。而夫妇男女之间，“男治外事，女治内事，男子昼无故不处私室，妇人无故不窥中门”，②要注重男主外、女主内，男女有别、各得其所。

而对于家族而言，朱熹一方面强调了族人之间的平等和相爱：“凡为人子弟者，不敢以贵富加于父兄宗族。”③族人之间要相互爱护、相互帮助，不可因为贫富的差异而形成尊卑贵贱之分，而应该按照礼法，做好基本衣食等生活必需品的分配，“上下之衣食，及吉凶之费，皆有品节，而莫不均一”。④ 这种平等的本质是家族内所推行的仁爱的价值取向。另一方面，族人之间的平等是相对的，朱熹并不否认宗子在家族事务中不可取代的地位，如在进行葬

① （清）郭嵩焘撰，梁小进主编：《通礼》，《郭嵩焘全集·校订朱子家礼》卷1，岳麓书社2012年版，第634页。

② （清）郭嵩焘撰，梁小进主编：《通礼》，《郭嵩焘全集·校订朱子家礼》卷1，岳麓书社2012年版，第635页。

③ （清）郭嵩焘撰，梁小进主编：《通礼》，《郭嵩焘全集·校订朱子家礼》卷1，岳麓书社2012年版，第635页。

④ （清）郭嵩焘撰，梁小进主编：《通礼》，《郭嵩焘全集·校订朱子家礼》卷1，岳麓书社2012年版，第634页。

礼之降神时，对丧主是否为宗子，有着不同的礼仪规定："若宗子自为丧主，则丧主行之。若丧主非宗子，则宗子行之。"①宗子不仅在家族中行使着主祭权，对族内事务也有着更多的管理权。这又体现了家族之中的礼法与秩序。

对治国与平天下，朱熹则尤其强调了"格正君非"的政治设想和经世济民的政治主张。"格正君非"的政治设想主要是围绕君主的自我修养和君与臣的关系而言，强调对国家的治理；而经世济民的政治主张则主要围绕君与民的关系而言，强调了以爱民来实现长治久安的政治理想。

"格正君非"，包括两个方面的内容，一是强调君主要秉持"正心"，二是强调臣子对君主不正之心的"格正"。这两点也是二程所强调的。关于君主秉持"正心"，二程认为这是天的乾健之德在君主身上的展现之一，并指出："治道亦有从本而言，亦有从事而言。从本而言，惟从格君心之非、正心以正朝廷，正朝廷以正百官。"②"治道有自本而言，有就事而言。自本而言，莫大乎引君当道，君正而国定矣。"③二程认为，治道之本无外乎君主之"正心"，君主能够保持心志坚定，那么推而广之可以使朝廷归向于正，使百官归向于正，故言君主心志坚定而国家安定。关于臣子对君主不正之心的"格正"，二程认为，国家的治理绝不是君主一人能够完成的，需要君主和百官的分工配合、相辅相成。故而，二程着重讨论了君主的选贤任能与臣子的臣辅君治，最终达到君臣上下一心，同治天下的目标。对于君主，二程言："天下之治，由得贤也。天下不治，由失贤也。"④"帝王之道也，以择任贤俊为本，得人而后与之同治天下。"⑤君主要尊贤畏相、使臣以礼、知人善任，其中尤其要做到善于责成任用宰辅，广泛发动群臣推贤援能，以及"养贤""仁贤"，给予贤能之士优厚待遇。

---

① (清)郭嵩焘撰，梁小进主编：《丧礼》，《郭嵩焘全集 · 校订朱子家礼》卷 4，岳麓书社 2012 年版，第 699 页。

② (宋)程颐、程颢著，王孝鱼点校：《伊川先生语一》，《河南程氏遗书》卷 15，《二程集》，中华书局 1981 年版，第 165 页。

③ (宋)程颐、程颢著，王孝鱼点校：《河南程氏粹言》卷 1，《二程集》，中华书局 1981 年版，第 1218 页。

④ (宋)程颐、程颢著，王孝鱼点校：《伊川先生文一》，《河南程氏文集》卷 5，《二程集》，中华书局 1981 年版，第 514 页。

⑤ (宋)程颐、程颢著，王孝鱼点校：《书解》，《河南程氏经说》卷 2，《二程集》，中华书局 1981 年版，第 1035 页。

而对于臣子,则要持守己道,不一味从君从众、阿谀奉承,在必要之时“格君心之非”,“让皇帝明确实行仁政的责任,使其认清权力来源,并学会妥善使用权力”。① 二程强调,臣子要敢于直言兴亡之大道,对君主的错误,臣子要讲明事理予以纠正:“大臣之任,上畜止人君之邪心,下畜止天下之恶人。”②“凡谏说于君,论辩于人,理胜则事明。”③

朱熹继承了二程的这些思想并作了进一步的发挥。朱熹也强调君主“正心”的重要性,并进一步将君主之“正心”明确为“仁心”。“国之本在君,君之本在心。人君之学,当正心诚意,以仁为体,使邪僻浮薄之说无自而入,然后发号施令,为宗庙社稷之福。”④朱熹强调,国家治理的根本在于君主,而君主的根本在于正心诚意、秉持仁心,这样就可以不被“邪僻浮薄”所惑,从而妥善使用权力并造福江山社稷。这种“仁心”,又有另一表述,即“不忍人之心”;“不忍人之心”,又包括恻隐之心、羞恶之心、辞让之心、是非之心“四心”。朱熹继承孟子“不忍人之心”的概念,指出:“人君当黜霸功,行王道。而王道之要,不过推其不忍之心,以行不忍之政而已。齐王非无此心,而夺于功利之私,不能扩充以行仁政。”⑤朱熹认为,君主能够葆有并推广“不忍”之仁心、罢黜霸道而推行王道,则可以实现仁政。在“仁心”之外,朱熹还强调了君主当葆有“公心”“虚心”“孝心”而摒弃“私心”“非心”等。

关于臣子对君主不正之心的“格正”,朱熹也多有论述。朱熹指出:“君心不能以自正,必亲贤臣、远小人,讲明义理之归,闭塞私邪之路,然后乃可得而正也。古先圣王所以立师傅之官,设宾友之位,置谏诤之职,凡以先后纵臾,左右维持,惟恐此心顷刻之间或失其正而已。原其所以然者,诚以天下之本在

① 李永富:“格君心之非,可以让皇帝明白实行仁政是天道秩序的要求。”“格君心之非,还可以让皇帝明白实行仁政是人间的政治契约的必然要求。”(李永富:《引君当道　致君尧舜——二程论格君心之非》,《东岳论丛》2016年第11期)

② (宋)程颐、程颢著,王孝鱼点校:《大畜卦》,《周易程氏传》卷2,《二程集》,中华书局1981年版,第830页。

③ (宋)程颐、程颢著,王孝鱼点校:《河南程氏粹言》卷2,《二程集》,中华书局1981年版,第1245页。

④ (明)黄宗羲撰,(清)全祖望补修:《高平学案》,《宋元学案》卷3,中华书局1986年版,第148页。

⑤ (宋)朱熹:《孟子集注》卷1,《四书章句集注》,中华书局1983年版,第212页。

是,一有不正,则天下万事将无一物得其正者,故不得而不谨也。”①朱熹认为,纲纪依靠君主无偏无党之“正心”而立,而君主之心则必须亲贤臣、远小人才能得正。故而古代圣王设立“宰相、台省、师傅、宾友、谏诤之臣”,来帮助自己防止心之失正;而现在国家在内政外交上的困境,则正是由于缺少了“宰相、台省、师傅、宾友、谏诤之臣”来格正君心。故而,朱熹也提倡施行经筵等制度,充分发挥贤能之臣对君主德性和治国理政的辅弼作用,从而协助君主通晓仁心与治国之要,提升道德修养与治国水平。李存山总结道:“朱熹在政治思想上继承二程,把‘格君心之非’或君主的‘正心诚意’作为治道的‘大根本’。”②突出臣子“格正君心”的作用,正是朱熹继承二程而来的政论特色。

经世济民,则强调君主要爱护人民。在二程的治道体系中,统治者和人民是上下相应、相互依附、相互成就的“社会契约”式的关系:“人之生,不能保其安宁,方且来求附比。民不能自保,故戴君以求宁;君不能独立,故保民以为安。不宁而来比者,上下相应也。”③也就是说,统治者因保护人民而居于其位,人民依附君主以获得安宁。故而,二程提出,国家治理必须推行王道政治,“以王道为心”,“以生民为念”,“重民生大利”,推行仁义道德,厚生养民而治天下。朱熹继承了这一思想。对于君主与人民的关系,朱熹指出:“害仁者,凶暴淫虐,灭绝天理,故谓之贼。害义者,颠倒错乱,伤败彝伦,故谓之残。一夫,言众叛亲离,不复以为君也。书曰:‘独夫纣。’盖四海归之,则为天子;天下叛之,则为独夫。所以深警齐王,垂戒后世也。”④朱熹认为,如果君主能够做到民众拥戴、四海归心,那么他就贵为天子;如果不仁不义、凶暴淫虐、伤败彝伦,则会导致众叛亲离,成为“独夫”一人。可以说,朱熹也将君与民的关系判定为一种契约关系,这也从根本上要求君主必须实施仁政,否则便会面临王朝覆灭的危险,无法实现“为万世开太平”的政治理想。

故而,作为君主必须经世济民,以百姓安居、社会繁荣为己任;“下不安

---

① 曾枣庄、刘琳主编:《朱熹一》,《全宋文》第243册卷5428,上海辞书出版社2006年版,第21页。

② 李存山:《程朱的“格君心之非”思想》,《中国社会科学院研究生院学报》2006年第1期。

③ (宋)程颐、程颢著,王孝鱼点校:《比卦》,《周易程氏传》卷1,《二程集》,中华书局1981年版,第739页。

④ (宋)朱熹:《孟子集注》卷2,《四书章句集注》,中华书局1983年版,第221页。

分，上不恤民，皆非理也”，[1]经世济民也是“天理”之必然要求。经世济民对君主提出了很多具体要求，其中，朱熹尤为强调的是君主要爱惜民力、轻徭薄赋。朱熹指出：“省刑罚，薄税敛，此二者仁政之大目也。……君行仁政，则民得尽力于农亩，而又有暇日以修礼义，是以尊君亲上而乐于效死也。”[2]作为推行仁政之君主，必须减少刑罚、轻徭薄赋，通过施行仁政，使得人民不仅在物质上能够自给自足，而且有闲暇来接受礼义教化，这样就可以“仓廪足而知礼节，衣食足而知荣辱”，做到上下一心、君民和乐，人人安居乐业而朝堂长治久安。关于税收的具体标准，朱熹还引用了范祖禹的观点予以说明：“古之耕者什一，后世或收大半之税，此以赋敛为暴也。”[3]朱熹较为认同十一税的赋税标准，反对统治者横征暴敛、与民争利。“仁者必爱其亲，义者必急其君。故人君躬行仁义而无求利之心，则其下化之，自亲戴于己也。”[4]这样，君主躬行仁义而不求礼，则可以化治天下。

经世济民，还要求君主要重视事关民生之“大利”。程颐即指出要重视水利、经界、山泽等；朱熹也提出了其关于重民生大利的主张，包括经界、设立社仓等。以经界为例，张立文指出，“朱熹继承孟子的经界说，把经界看作给予土地所有权以法律效力”。[5] 朱熹认为：“经界，谓治地分田，经画其沟涂封植之界也。此法不修，则田无定分，而豪强得以兼并，故井地有不均。……此欲行仁政者之所以必从此始，而暴君污吏则必欲慢而废之也。有以正之，则分田制禄，可不劳而定矣。”[6]经界，就是治地分田，如果不能够确定治地分田之法，则必然导致豪强兼并、不能实现耕者有其田。故而，仁政的推行必须先进行“经界”，通过明确分田之法避免豪强的兼并、保证人民拥有一定数量的可以保障生计的良田用于耕种，“宜以口数占田，为立科限，民得耕种，不得买卖，以赡贫弱，以防兼并，且为制度张本，不亦宜乎？”[7]朱熹希望，通过以经界为代

---

① （宋）朱熹：《孟子集注》卷2，《四书章句集注》，中华书局1983年版，第216页。

② （宋）朱熹：《孟子集注》卷1，《四书章句集注》，中华书局1983年版，第206页。

③ （宋）朱熹：《孟子集注》卷14，《四书章句集注》，中华书局1983年版，第366页。

④ （宋）朱熹：《孟子集注》卷1，《四书章句集注》，中华书局1983年版，第206页。

⑤ 张立文：《朱熹评传》，南京大学出版社1998年版，第425页。

⑥ （宋）朱熹：《孟子集注》卷5，《四书章句集注》，中华书局1983年版，第256页。

⑦ 曾枣庄、刘琳主编：《朱熹二一三》，《全宋文》第251册卷5640，上海辞书出版社2006年版，第250页。

表的这些民生之大利的落实，能真正爱护人民、保障民生，从而实现国家的长久之治。

由此，朱熹涵括家庭、国家、社会等各个层面的“天理”政治秩序得以确立，实现了对二程“天理”统摄下家国天下治道体系的总结和升华，让“天理”治道真正成为有宋一代最为重要的理想政治模板，也对此后历代的治道思想与治道体系构建带来诸多启发，成为宋明理学在“外王”领域对儒学的重大贡献。

第二节　二程治道体系的价值

二程的治道思想，通过“天理”统摄下“家”“国”“天下”的会通互动，构建了道德、伦理与政治合一的儒家政治秩序，呈现出既延续儒家传统又赋予“家国天下”以新的内涵，既注重对儒家心性之学的阐发又在儒家“外王”事业及其理论创新方面多有建树的鲜明特质，成为二程治道思想特有的价值所在。

其一，恢复了儒家治道体系的正统化。二程所构建的“天理”统摄下的家国天下治道体系，是时隔一千余年后对孔孟儒家传统治道思想的复归。《礼记・大学》之“身修而后家齐，家齐而后国治，国治而后天下平”，建立起了儒家政治中最为正统的“内圣外王”治道体系，寄托了儒者最为深切的人文关切和最为高远的政治理想。然而，孔孟荀之后，经由《大学》篇而确立的儒家“家国天下”治道体系，随着儒学自身的起承转合而几经浮沉。无论是汉代“《春秋》大一统”政治理论和以天人感应为特征的哲学思想对儒家传统“家国天下”治道体系的异化，还是魏晋之际纲常名教政治秩序随着王朝衰败不可避免地走向支离，抑或是隋唐三教纷争愈演愈烈背景下的儒学复兴新的理论尝试，都不曾从理论根基上重构儒家“齐家”“治国”“平天下”的“外王”之道，让儒家正统治道体系发挥价值。直至二程，在“天理”的统摄下重新确立修齐治平的治道体系基本框架，强调以家为治道之始，对国进行君臣同治，努力实现天下的长治久安与垂治万世。二程通过其圆融的理论构建和广泛地参政议政与著书讲学的实践，让《礼记・大学》所构建的儒家“家国天下”正统治道思想在理论上更加完满，在实践上更加应世，不仅服务了现实政治的需要，也有效应对了佛道二教对儒家文明的冲击，让儒家治道思想焕发新的生机与活力。

其二，推动了儒家治道体系的哲理化。中国哲学一直面临着西方文明所认为的“中国文化中没有哲学思维”(德国哲学家黑格尔语)、“中国没有哲学,只有思想”(法国哲学家雅克·德里达语)的挑战。黑格尔在《哲学史讲演录》中说:“孔子和他的弟子们的谈话(《论语》)里面所讲的只是一种常识道德,这种常识道德我们在哪里都找得到,在哪一个民族里都找得到——可能还要更好些,这是毫无出色之点的东西”,“孔子只是一个实际的世间智者,在他那里一点也没有思辨的哲学——只有一些善良的、老练的、道德的教训,从里面我们不能获得什么特殊的东西”。① 这些论断在二程的哲学理论面前是苍白无力的。程颢言:“吾学虽有所受,天理二字却是自家体贴出来。”②二程构建了以“天理”为核心的哲学体系,通过最高范畴的“天理”本体来贯通天人,统摄自然、社会与人生。经由此,儒家的“内圣外王”之道也就有了形上学的依据,在“天理”的统摄下,“齐家”“治国”“平天下”的政治实践绝不仅仅止步于一种“道德常识”和“经验教训”,而是一种真正具有严密逻辑体系和严谨思辨思维的哲学化的治道构建。同时,这种“天理”治道的立足点也完全不同于此前神秘主义的“天人感应”等思想,而是一种真正的自然主义的哲学构建,这对儒家治道体系的意义是跨时代的。

其三,实现了儒家治道体系的大众化。自孔孟荀起,儒家的治道思想基本是立足于最高统治者也就是君主,其所论,无不是君(或称君子、圣人等)之如何为君。即使讨论家庭中的“孝悌”,也是服务于君主治国的需要,比如《论语·学而》之“其为人也孝弟,而好犯上者,鲜矣;不好犯上,而好作乱者,未之有也。君子务本,本立而道生。孝弟也者,其为仁之本与!”等。二程所构建的“天理”统摄下的“家国天下”治道体系,则通过“天理”对“家国天下”的贯通,转而讨论“天理”在不同治道主体中的具体展现。其对家庭关系中父子之间的“亲”与“孝”、兄弟之间的“友”与“悌”、夫妇之间的“正”与“恒”的强调,对国家治理中“君臣同治”和君臣之道的倡导,对天下长治久安的实现中民间化的教育普及、社会化的礼乐推广、自然化的“仁”与“万物一体”的主张,特别是对“天下”观念的政治意义的消解和社会意义、超越意义的彰显,无不使其“家国天下”治道体系更加贴近社会现实、贴近百姓日用,让“家国天下”治道

---

① [德]黑格尔:《哲学史讲演录》第一卷,贺麟、王太庆译,商务印书馆2009年版,第130页。

② (宋)程颐、程颢著,王孝鱼点校:《传闻杂记》,《河南程氏外书》卷12,《二程集》,中华书局1981年版,第424页。

不再是高高在上的“空中楼阁”式的理论构建，而是真正成为一种人人各顺其“理”、各尽其“职”，共同参与其中的大众化的具体实践。在“天理”的统摄下，将全部社会主体有效纳入治道体系中来，使之成为“家国天下”治道体系的有机组成部分，让君、臣、民共同参与到“垂治万世”的政治理想的践履中来，彰显了治道体系深切的人文关怀与大众情怀。

附　　录

附录1　程颢简介

程颢(1032—1085年),北宋理学家。字伯淳,世称明道先生。洛阳(今属河南)人。与其弟程颐曾师事周敦颐,同为宋代理学奠定基业,世称"二程",又因其长幼分别叫大程和小程。因二程兄弟长期在洛阳讲学,故世称其学为"洛学"。

嘉祐年间(1056—1063年),举进士,曾任鄠县及上元县主簿、晋城令,官至太子中允、监察御史里行。宋宁宗嘉定十三年(1220年),赐谥其为"纯公"。宋理宗淳祐元年(1241年),追封"河南伯",并"从祀孔子庙庭"。元明宗至顺元年(1330年),颁诏加封其为"豫国公"。

在思想上,将"理"或"天理"作为宇宙的本体和哲学体系的最高范畴。提出"天者理也"的命题,又说"吾学虽有所受,天理二字却是自家体贴出来"。"天理"是天地万物生存活动的最后根据和最高主宰。"天以生为道",万事万物终处在生灭变化之中,但理却是永恒不变的绝对实体。虽也讲格物致知,但又认为认识无须外求,因为人心自有"明觉",可以体察万物,"自家元是天然完全自足之物",所以说"只心便是天,尽之便知性"。为世人指出了一个求得理想人格的道德修养方法,"学者须先识仁,仁者浑然与物同体,礼智信皆仁也。识得此理,以诚敬存之而已,不须防检,不须穷索","故君子之学,莫若廓然大公,物来顺应"。他的"识仁""定性"的思想对后来的理学发展影响很大。在教育上提出,教育之目的乃在于培养圣人,"君子之,必至圣人而后已。不至圣人而自者,皆弃也"。

主要著作有《识仁篇》《定性书》,后人所编《遗书》《文》《经说》等,收入《二程全书》,今有中华书局出版点校本《二程集》。

附录2 程颐简介

程颐(1033—1107年),北宋理学家。字正叔,世称伊川先生。洛阳(今属河南)人。早年曾与胞兄程颢师事周敦颐,同为宋明理学的奠基者,人称其兄弟为“二程”。

宋嘉定十三年(1220年),赐谥程颐为“正公”。理宗淳祐元年(1241年),追封“伊川伯”,并“从祀孔子庙庭”。元明宗至顺元年(1330年),颁诏加封为“洛国公”。

在其哲学体系中,“理”或“天理”是最高范畴,是万事万物生存的根据。“冲漠无朕,万象森然已具”。“理”是永恒存在的唯一的实体。“天下之理一也,涂虽殊而其归则一……虽物有万殊,事有万变,统之以一。”关于理气关系,认为理是形而上,气是形而下,形而上之理是形而下之气存在的依据。由于对立面的普遍存在,“天地之间皆有对,有阴则有阳,有善则有恶”,事物的运动便是“物极必反,其理须如此”。在为学方法上,主张“涵养须用敬,进学则在致知”。《宋史》称程颐“学本于诚,以《大学》、《语》、《孟》、《中庸》为标指,而达于‘六经’”。强调自我修养,其途径为致知、格物、穷理。“致知,则智识当自渐明”,致知的办法是“格物”,即穷究事物之理,最终达到所谓豁然贯通,直接体悟“天理”。在论知行关系上,以知为本,先知后行,知指导行。主张“存天理,去人欲”,“饿死事极小,失节事极大”,极大影响了后世社会伦理观。在人性问题上,提出“性即理也”的命题,认为性无不善,人所以有善与不善,是由于才的不同。才是由气而来的,气有清浊不同,故才有善与不善之分。

主要著作有《周易程氏传》《颜子所好何学论》,后人所编《遗书》《文集》《经说》等,收入《二程全书》,今有中华书局出版点校本《二程集》。

附录3　二程年谱

时间	程颢	程颐
1032年（宋仁宗明道元年）	生于黄陂（今属湖北黄陂县）。其父程珦时任黄陂县尉，任满未调造。	
1033年（宋仁宗明道二年）		生于黄陂。
1038年（宋仁宗宝元元年）	程珦为二程延请老师，教授礼乐射御书数。	
1041年（宋仁宗庆历元年）	“数岁，诵诗书，强记过人，十岁能为诗赋”。	
1043年（宋仁宗庆历三年）	户部侍郎彭思永巡查黄陂，程颢“居痒序中，如老成人”，许嫁其女。	
1046年（宋仁宗庆历六年）	程珦任江西兴国县知县，时周敦颐任南安军司参军，程珦令二程兄弟拜周敦颐为师，程颢自述“慨然有求道之志”。	
1047年（宋仁宗庆历七年）	周敦颐升任郴县县令，二程随学至郴县。	
1049年（宋仁宗皇祐元年）		自谓十七八岁读《论语》时“已晓文义，读之愈久，但觉意味深长”。
1050年（宋仁宗皇祐二年）		上《上仁宗皇帝书》，“自陈所学”和“议天下事”，劝仁宗“以王道为心，以生民为念，黜出俗之论，期非常之功”。
1052年（宋仁宗皇祐四年）	母侯氏卒于江宁（今江苏江宁县），年四十九岁；父程珦从龚州还，寓居江宁。	
1054年（宋仁宗至和元年）		作《养鱼记》，抒发对古代圣人之世的向往，兼济天下的抱负，以及怀才不遇的感情。
1055年（宋仁宗至和二年）	程珦任凤州（今陕西凤县）知事，二程随父至凤州。	
1056年（宋仁宗嘉祐元年）	入京准备科举考试。 与张载共论《周易》。 收刘立之为学生。	游历开封。 游历京师太学。 作《颜子所好何学论》，被主政太学的胡瑗称为奇文，处以学职，吕公著之子吕希哲等也相继拜程颐为师。

续表

时间	程颢	程颐
1057年（宋仁宗嘉祐二年）	进士及第，同榜进士有苏轼、张载、曾巩等。后宋仁宗主持殿试，作《南庙试佚道使民赋》《南庙试九叙惟歌论》《南庙试策第五道》。 与程颐再访周敦颐，“再见周茂汉后，吟风弄月以归，有吾与点也之意”。	未中进士。作《与方元寀手帖》。
1058年（宋仁宗嘉祐三年）	任京兆府鄠县（今陕西户县北）主簿，在任期间颇有政绩。 作《答横渠张子厚先生书》，又被程朱派理学家称为《定性书》，作为论述性理的重要文献。	
1059年（宋仁宗嘉祐四年）	仍任鄠县主簿。作《偶成》诗。	参加进士考试，而廷试不中，随后不再应试。 吕公著主政国子监，邀请程颐为学正，作《谢吕晦叔待制书》婉言谢绝。
1060年（宋仁宗嘉祐五年）	任职期满，表现优异，由鄠县主簿调任江宁府上元县主簿。时上元县令罢去，程颢摄邑事，治政有方，修水利，救灾民，断民狱。 作《游鄠山诗》。	
1064年（宋英宗治平元年）	调任泽州晋城县令（今山西晋城县）。八月，子端縠出生。	
1065年（宋英宗治平二年）	任晋城县令，任内着力办学兴教，使“诸乡皆有校”。暇时亲至讲学，“儿童所读书，亲为正句读”，并改革陋俗，理财富民。	上《为家君应诏上英宗皇帝书》，指出天下之势“有危亡之虞”，并详细论述“立志”“责任”“求贤”三条治国之根本举措。 上《代彭思永上英宗皇帝论濮王典礼疏》，借“濮议”阐述他的伦理思想。
1066年（宋英宗治平三年）	仍任晋城县令。 作《晋城县令题名记》，提出今后凡任县令者，应“第其岁月先后而记之”，使“俾民观其名而不忘其政，后之人得从而质其是非以为师戒”。	吕公著上书英宗推荐程颐“洞明经术，通古今治乱之要，实有经世济物之才”。
1067年（宋英宗治平四年）	晋城县令任期满，改任著作佐郎，“在邑三年，百姓爱之如父母，去之日，哭声振野”。	宋英宗崩，神宗即位，欲厚葬之。上《为家君上神宗皇帝论薄葬书》，力谏厚葬英宗。
	父程珦任汉州知府（今四川广汉），随之前往。	

续表

时间	程颢	程颐
1068 年（宋神宗熙宁元年）	自汉州返回洛阳，任农田水利使，又授监察御史里行。 上《上殿劄子》，指出君主治理天下，必先确定心志、任命贤臣。 上《请修学校尊师儒取士劄子》，提出治理好国家，根本在于"正风俗，得贤才"，在于兴办学校。 子端慤死，年五岁，作《程邵公墓志》。	居汉州，代父作《为家君请宇文中允典汉州学书》《为家君作试汉州学策问三首》。
1069 年（宋神宗熙宁二年）	三月，入条例司，参与王安石变法；四月，到各地视察农田、水利、赋役等新法推行情况，与王安石政见上发生分歧；八月，授太子中允、权监察御史里行。 上《论十事劄子》，论述三代之治不可改，先王之法不可变的道理，提出"必法先王"的路线。 上《论王霸劄子》，提出君主要以王者之心，用仁义治天下，反对"新法"。 上《论养贤劄子》。	居汉州。 与张载数次致书讨论心气关系展开的修养论问题，各有不同看法。
1070 年（宋神宗熙宁三年）	与王安石"意多不合"。数月间"章疏十上"，不被宋神宗采纳，改任签书镇宁军节度判官。 上《谏新法疏》，反对"青苗法"；上《再上疏》。	居汉州。
1071 年（宋神宗熙宁四年）	仍任签书镇宁军节度判官。治理曹村黄河决堤。	程珦因病归朝，随父从汉州回洛阳居住、讲学。
1072 年（宋神宗熙宁五年）	曹村堵决口有功，回洛阳监局任职。 作《代少卿和王宣徽游崇福宫》。	
1074 年（宋神宗熙宁七年）	降任监西京河洛抽税竹木务，与被罢官的吕公著、司马光往来密切，饮酒咏诗，议论时政，批评王安石新政及其新学。	居住洛阳，访问邵雍。与之相论天地万物之理，为之赞叹。

续表

时间	程颢	程颐
1075 年（宋神宗熙宁八年）		上《代吕公著应诏上神宗皇帝书》，提出“为政之道，以顺民心为本，以厚民生为本，以安而不扰为本”。
1077 年（宋神宗熙宁十年）	改太常丞。 邵雍病重，二程同司马光照料。七月，邵雍去世，作《邵尧夫先生墓志铭》；十一月，张载去世，作《哭张子厚先生》。	
1078 年（宋神宗元丰元年）	任扶沟县令。其间，建明道书院，以倡明道学为己任。谢良佐拜师。	侍父同往扶沟，居住数月，为游酢引见程颢。吕大忠、吕大临、吕大钧拜访。
1079 年（宋神宗元丰二年）	吕大临学于二程。吕大临记程颢语录：“万物皆只是一个天理”，“吾学虽有所授，但天理二字却是自家体贴出来”。作《识仁篇》。	扶沟讲学。 为太皇太后葬事，上《上富郑公书》《答富公小简》《代富弼上神宗皇帝论永昭陵疏》。
1080 年（宋神宗元丰三年）	扶沟地势低下，水旱灾频发，策划以“沟洫之法”以治水旱灾，未及动工，被罢免，数千百姓为之呜冤乞留。	入关中讲学，提出“不是天理，便是私欲”。
1081 年（宋神宗元丰四年）	寓居颍昌，侍奉其父。 杨时以师礼见二程于颍昌，游酢、谢良佐同往从学。杨时返回南方时程颢曰：“吾道南矣。”后杨时将洛学传于罗从彦—李侗—朱熹。	
1082 年（宋神宗元丰五年）	居洛阳讲学。	作《上文潞公求龙门庵地小简》，希望文彦博拨地以便著述讲学。 创办伊皋书院（即伊川书院），并先后在其中著书讲学达二十余年，使“洛学”学派影响遍及全国。
1082 年（宋神宗元丰六年）	任汝州酒务镇酒税，就近照顾父亲。 刘徇、朱光庭到汝州求学，“如沐春风”。 十一月，富弼去世，作《祭富韩公文》。	随程颢到汝州。
1084 年（宋神宗元丰七年）	妻彭氏去世。	

续表

时间	程颢	程颐
1085 年 （宋神宗元丰八年）	宋神宗崩，宋哲宗嗣位，太后高氏临朝。三月，改任承议郎；五月，召为宗正寺丞；六月，病逝，年五十四岁，宋哲宗特“赐葬地一顷二十亩”。十月，程颐葬其于伊川祖坟。吕大临致哀辞，文彦博题其墓“明道先生”，韩持国撰《明道先生墓志铭》，程颐撰《明道先生墓表》，称“先生出，倡圣学以示人，辨异端、辟邪说，开历史之沉迷，圣人之道得先生而后明，为功大矣”。	十一月，被任为汝州团练推官，充西京国子监教授。 上《辞免西京国子监教授表》《再辞免表》。
1086 年 （宋哲宗元祐元年）		由王岩叟举荐任承奉郎，后任宣德秘书省校书郎，经司马光推荐为通直郎、崇政殿说书。 九月，司马光卒，年六十八岁，程颐主其丧事。
1087 年 （宋哲宗元祐二年）		自元祐元年任讲官以来，拘礼自守，议论褒贬，无所顾忌。归其门者甚多，树敌亦众。遭弹劾，罢崇政殿说书。
1088 年 （宋哲宗元祐三年）		判西京国子监。 连上《乞归田里第三状》《乞致仕第一状》《第二状》数状，请求归田。
1089 年 （宋哲宗元祐四年）		二月，吕公著去世，作《为家君祭吕申公文》。
1090 年 （宋哲宗元祐五年）		程珦病故于西京国子监公舍，年八十五岁。程颐辞官，葬父于伊川先坟，作《先公太中家传》。 尹焞登门求学。
1092 年 （宋哲宗元祐七年）		丧期满，授予左通直郎、直秘阁，权判西京国子监，主管西京嵩山崇福宫。 上《辞免服除直秘阁判西京国子监状》《谢管勾崇福宫状》。
1094 年 （宋哲宗绍圣元年）		春，宋哲宗亲政。复授直秘阁判西京国子监，再辞不受，上《辞免再除直秘阁判监状》《再辞免状》。 三月，朱光庭去世，作《祭朱公掞文》。

续表

时间	程颢	程颐
1096年（宋哲宗绍圣三年）		与杨时书信讨论张载《西铭》，称"《西铭》之为书，推理以存义，扩前圣所未发，与孟子性善养气之论同功"。
1097年（宋哲宗绍圣四年）		二月，党论起，朝廷欲恢复王安石新法而贬斥已经去世的司马光、吕公著等。被株连，追毁出身以来文字，放归田里。十一月，诏造涪州编管，过流放生活。
1098年（宋哲宗元符元年）		在涪州。 子端本因庸医致死，作《祭四十一郎文》。
1099年（宋哲宗元符二年）		元月，写成《周易程氏传》，并作《易传序》。
1100年（宋哲宗元符三年）		正月，宋哲宗崩，宋徽宗即位。移峡州。十月，官复通直郎，权西京国子监。 从游从学弟子日渐增多，张绎、孟厚、罗从彦、尹焞、谢良佐等都先后来到洛阳。
1103年（宋徽宗崇宁二年）		作《春秋传序》。 因党争故，迁居龙门之南，谢绝四方学者来访，言"尊所闻，行所知，可矣，不必及吾门也"。被列入元祐奸党98人之中。
1104年（宋徽宗崇宁三年）		再被列入元祐、元符党人309人名单中，尹焞、张绎仍从学。
1105年（宋徽宗崇宁四年）		离龙门山，到伊川鸣皋讲学。
1106年（宋徽宗崇宁五年）		蔡京罢相。 程颐以通直郎致仕。
1107年（宋徽宗大观元年）		九月十七日，去世，年七十五岁。"生之葬，洛人畏入党，无敢送者，故祭文惟张绎、范域、孟厚及焞四人。乙夜，有素衣白马至者，视之，邵溥（邵雍之子）也，乃附名焉。"

参考文献

一、著作

（一）古籍（按责任者朝代排列）

1.（汉）刘安：《淮南鸿烈集解》，中华书局1997年版。

2.（汉）董仲舒著，（清）苏舆撰，钟哲点校：《春秋繁露义证》，中华书局1992年版。

3.（汉）班固撰，朱维铮主编：《白虎通义》，上海书店出版社2012年版。

4.（汉）许慎：《说文解字》，中华书局1963年版。

5.（魏）嵇康撰，戴明扬校注：《嵇康集校注》，人民文学出版社1962年版。

6.（魏）王弼：《周易注》，中华书局2011年版。

7.（魏）王弼注，边家珍点校：《王弼道德经注》，凤凰出版社2017年版。

8.（晋）郭象注，（唐）成玄英疏，曹础基、黄兰发点校：《南华真经注疏》，中华书局1998年版。

9.（南朝宋）范晔撰，（唐）李贤等注：《后汉书》，中华书局2003年版。

10.（南朝梁）僧祐、（唐）道宣：《弘明集·广弘明集》，上海古籍出版社1991年版。

11.（隋）王通著，张沛撰：《中说校注》，中华书局2013年版。

12.（唐）韩愈撰，（宋）魏仲举集注，郝润华、王东峰整理：《五百家注韩昌黎集》，中华书局2019年版。

13.（唐）柳宗元著，吴文治等点校：《柳宗元集》，中华书局1979年版。

14.（宋）欧阳修著，李逸安点校：《欧阳修全集》，中华书局2001年版。

15.（宋）欧阳修撰，（宋）徐无党注：《新五代史》，中华书局1974年版。

16.（宋）李觏：《李觏集》，中华书局2011年版。

17.（宋）邵雍：《皇极经世书》，中州古籍出版社1993年版。

18.(宋)周敦颐:《周敦颐集》,中华书局1990年版。

19.(宋)周敦颐:《元公周先生濂溪集》,岳麓书社2006年版。

20.(宋)司马光编著,(元)胡三省音注:《资治通鉴》,中华书局1956年版。

21.(宋)司马光著,李之亮笺注:《司马温公集编年笺注》,巴蜀书社2008年版。

22.(宋)司马光:《温公手录》,大象出版社2019年版。

23.(宋)张载著,章锡琛点校:《张载集》,中华书局1978年版。

24.(宋)程颐、程颢著,王孝鱼点校:《二程集》,中华书局1981年版。

25.(宋)游酢:《游酢文集》,延边大学出版社1998年版。

26.(宋)罗从彦:《罗豫章先生文集》,《丛书集成初编》本,商务印书馆1936年版。

27.(宋)胡安国:《春秋传》,岳麓书社2011年版。

28.(宋)胡寅:《斐然集·崇正辩》,岳麓书社2009年版。

29.(宋)胡宏著,吴仁华点校:《胡宏集》,中华书局1987年版。

30.(宋)朱熹:《四书章句集注》,中华书局1983年版。

31.(宋)朱熹著,(宋)黎靖德编:《朱子语类》,中华书局1986年版。

32.(宋)朱熹撰,尹波、郭齐点校:《朱熹集》,四川教育出版社1996年版。

33.(宋)朱熹著,朱杰人等编:《朱子全书》,上海古籍出版社、安徽教育出版社2002年版。

34.(宋)张栻:《张栻全集》,长春出版社1999年版。

35.(宋)李焘:《续资治通鉴长编》,中华书局1992年版。

36.(宋)陆九渊:《陆九渊集》,中华书局1980年版。

37.(元)脱脱等:《宋史》,中华书局1977年版。

38.(明)黄宗羲撰,(清)全祖望补修:《宋元学案》,中华书局1986年版。

39.(清)颜元著,王星贤、张芥尘、郭征点校:《颜元集》,中华书局1987年版。

40.(清)王懋竑撰,何忠礼点校:《朱熹年谱》,中华书局1998年版。

41.(清)茅星来:《近思录集注》,华东师范大学出版社2015年版。

42.(清)戴震:《孟子字义疏证》,中华书局1982年版。

43.（清）段玉裁:《说文解字注》,上海古籍出版社1988年版。

44.（清）洪亮吉:《春秋左传诂》,中华书局2011年版。

45.（清）朱彬:《礼记训纂》,中华书局1996年版。

46.（清）王梓材、冯云濠:《宋元学案补遗》,中华书局2012年版。

47.（清）郭嵩焘撰,梁小进主编:《郭嵩焘全集·校订朱子家礼》,岳麓书社2012年版。

48.（清）王闿运:《论语训·春秋公羊传笺》,岳麓书社2009年版。

49.（清）王先谦:《尚书孔传参正》,中华书局2011年版。

50.（清）王先谦:《荀子集解》,中华书局2012年版。

51.（清）郭庆藩:《庄子集释》,中华书局2013年版。

52. 容肇祖:《王安石老子注辑本》,中华书局1979年版。

53.（晋）葛洪撰,王明校释:《抱朴子内篇校释》,中华书局1985年版。

54. 王利器:《颜氏家训集解》:中华书局1993年版。

55. 曾枣庄、刘琳主编:《全宋文》,上海辞书出版社2006年版。

（二）专著(按责任者姓氏音序排列)

1. 蔡方鹿:《程颢程颐与中国文化》,贵州人民出版社1996年版。

2. 蔡仁厚:《宋明理学·北宋篇》,吉林出版集团有限责任公司2009年版。

3. 曾亦:《本体与工夫——湖湘学派研究》,上海人民出版社2007年版。

4. 陈畅:《理学道统的思想世界》,上海书店出版社2017年版。

5. 陈来:《古代宗教与伦理》,北京大学出版社2017年版。

6. 陈来:《宋明理学》,华东师范大学出版社2003年版。

7. 陈来:《宋元明哲学史教程》,生活·读书·新知三联书店2010年版。

8. 陈来:《中国近世思想研究》,商务印书馆2003年版。

9. 陈来:《朱子哲学研究》,生活·读书·新知三联书店2010年版。

10. 邓小南:《祖宗之法——北宋前期政治略述》,生活·读书·新知三联书店2006年版。

11. 杜维明:《道·学·政——论儒家知识分子》,上海人民出版社2000年版。

12. 范寿康:《中国哲学史通论》,开明书店1936年版。

13. 冯友兰:《新理学》,北京大学出版社 2014 年版。

14. 冯友兰:《新事论》,商务印书馆 1940 年版。

15. 冯友兰:《中国古代著名哲学家评传 · 程颢、程颐》,齐鲁书社 1981 年版。

16. 冯友兰:《中国哲学简史》,北京大学出版社 2013 年版。

17. 冯友兰:《中国哲学史》,重庆出版社 2009 年版。

18. 冯友兰:《中国哲学史新编》,人民出版社 2014 年版。

19. 付长珍:《宋儒境界论》,上海三联书店 2008 年版。

20. 傅凤英:《理学与道家道教》,长春出版社 2011 年版。

21. 干春松:《制度化儒家及其解体》,中国人民大学出版社 2003 年版。

22. 高会霞:《理学与社会》,长春出版社 2011 年版。

23. 耿静波:《北宋五子心性论与佛教心性论关系研究》,中国社会科学出版社 2016 年版。

24. 郭沫若:《十批判书 · 孔墨的批判》,科学出版社 1956 年版。

25. 郭晓东:《识仁与定性——工夫论视域下的程明道哲学研究》,复旦大学出版社 2006 年版。

26. 贺麟:《文化与人生》,商务印书馆 1996 年版。

27. 侯外庐、邱汉生、张岂之主编,张岂之修订:《宋明理学史》,西北大学出版社 2018 年版。

28. 侯外庐:《中国思想通史》,人民出版社 1959 年版。

29. 姜海军:《程颐〈易〉学思想研究——思想史视野下的经学诠释》,北京师范大学出版社 2010 年版。

30. 姜海军:《二程经学思想研究》,北京师范大学出版社 2016 年版。

31. 蒋庆:《政治儒学——当代儒学的转向、特质与发展》,生活 · 读书 · 新知三联书店 2003 年版。

32. 李刚兴:《两宋大儒评介》,西南财经大学出版社 2018 年版。

33. 李泽厚:《中国古代思想史论》,人民出版社 1985 年版。

34. 梁涛:《中国政治哲学史》第一卷,中国人民大学出版社 2017 年版。

35. 刘乐恒:《伊川理学新论》,岳麓书社 2014 年版。

36. 刘咸炘:《推十书增补全本》,上海科学技术文献出版社 2009 年版。

37. 刘象彬:《二程理学基本范畴研究》,河南大学出版社 1987 年版。

38. 柳诒征:《中国文化史》,上海三联书店 2007 年版。

39. 卢国龙:《宋儒微言:多元政治哲学的批判与重建》,华夏出版社 2001 年版。

40. 卢连章:《程颢程颐评传》,南京大学出版社 2001 年版。

41. 卢连章:《二程学谱》,中州古籍出版社 1988 年版。

42. 吕思勉:《理学纲要》,东方出版社 1996 年版。

43. 蒙培元:《理学范畴系统》,人民出版社 1989 年版。

44. 蒙培元:《朱熹哲学十论》,中国人民大学出版社 2010 年版。

45. 牟宗三:《心体与性体》,上海古籍出版社 1999 年版。

46. 牟宗三:《中国哲学十九讲》,上海古籍出版社 2005 年版。

47. 潘富恩、徐余庆:《程颢程颐理学思想研究》,复旦大学出版社 1988 年版。

48. 潘富恩:《程颢　程颐》,陕西师范大学出版社 2017 年版。

49. 庞万里:《二程哲学体系》,北京航空航天大学出版社 1992 年版。

50. 彭耀光:《二程道学异同研究》,山东人民出版社 2016 年版。

51. 彭永捷:《中国政治哲学史》第二卷,中国人民大学出版社 2017 年版。

52. 彭永捷:《朱陆之辩——朱熹陆九渊哲学比较研究》,人民出版社 2002 年版。

53. 彭永捷主编:《张立文学派》,河北大学出版社 2014 年版。

54. 钱穆:《国学概论》,商务印书馆 1997 年版。

55. 钱穆:《宋明理学概述》,九州出版社 2010 年版。

56. 钱穆:《中国历代政治得失》,九州出版社 2012 年版。

57. 钱穆:《中国文化史导论》,商务印书馆 1994 年版。

58. 钱穆:《朱子新学案》,九州出版社 2011 年版。

59. 钱穆:《朱子学提纲》,生活·读书·新知三联书店 2014 年版。

60. 钱穆:《庄老通辨》,生活·读书·新知三联书店 2002 年版。

61. 任继愈:《“儒教问题”争论集》,宗教文化出版社 2000 年版。

62. 任时先:《中国教育思想史》,上海书店 1984 年版。

63. 容庚:《金文编》,中华书局 1985 年版。

64. 宋大琦:《程朱礼法学研究》,山东人民出版社 2009 年版。

65. 谭其骧主编:《中国历史地图集》,中国地图出版社 1996 年版。

66. 唐纪宇:《程颐〈周易程氏传〉研究》,人民出版社 2016 年版。

67. 唐君毅:《中国哲学原论 · 导论篇》,中国社会科学出版社 2005 年版。

68. 唐君毅:《中国哲学原论 · 原教篇》,中国社会科学出版社 2006 年版。

69. 滕壬生:《楚系简帛文字编(增订本)》,湖北教育出版社 2008 年版。

70. 王心竹:《理学与佛学》,长春出版社 2011 年版。

71. 温伟耀:《成圣之道——北宋二程修养工夫论之研究》,河南大学出版社 2004 年版。

72. 吴震:《宋代新儒学的精神世界——以朱子学为核心》,华东师范大学出版社 2009 年版。

73. 向世陵:《理气性心之间——宋明理学的分系与四系》,人民出版社 2008 年版。

74. 肖孟夏:《"体用一源,显微无间"程伊川的理一本思想研究——以〈程氏易传〉为中心》,四川大学出版社 2017 年版。

75. 徐复观:《徐复观文集》,湖北人民出版社 2002 年版。

76. 徐远和:《洛学源流》,齐鲁书社 1987 年版。

77. 杨海中:《理学名家河南二程》,大象出版社 2018 年版。

78. 杨立华:《宋明理学十五讲》,北京大学出版社 2015 年版。

79. 杨荣国:《简明中国思想史》,中国青年出版社 1962 年版。

80. 杨儒宾、祝次平主编:《儒学的气论与工夫论》,华东师范大学出版社 2008 年版。

81. 于省吾:《甲骨文字诂林》,中华书局 1996 年版。

82. 余英时:《士与中国文化》,上海人民出版社 1987 年版。

83. 余英时:《宋明理学与政治文化》,广西师范大学出版社 2014 年版。

84. 余英时:《学术思想文选》,上海古籍出版社 2010 年版。

85. 余英时:《朱熹的历史世界——宋代士大夫政治文化的研究》,生活 · 读书 · 新知三联书店 2004 年版。

86. 张岱年:《中国文化精神》,北京大学出版社 2015 年版。

87. 张岱年:《中国哲学大纲》,中国社会科学出版社 1982 年版。

88. 张君劢:《义理学十讲纲要》,中国人民大学出版社 2006 年版。

89. 张立文:《宋明理学研究》,人民出版社 2002 年版。

90. 张立文:《中国哲学思潮发展史》,人民出版社 2014 年版。

91. 张立文:《中国哲学范畴发展史》,中国人民大学出版社 1988 年版。

92. 张立文:《朱熹大辞典》,上海辞书出版社 2013 年版。

93. 张立文:《朱熹评传》,南京大学出版社 1998 年版。

94. 张千帆:《为了人的尊严——中国古典政治哲学批判与重构》,中国民主法制出版社 2012 年版。

95. 赵振:《二程语录研究》,人民出版社 2015 年版。

96. 郑臣:《内圣外王之道——实践哲学视域内的二程》,上海人民出版社 2015 年版。

97. 郑杰文、傅永军《经学十二讲》,中华书局 2007 年版。

98. 中国社会科学院考古研究所:《甲骨文编》,中华书局 2004 年版。

99. 周法高、张日昇:《金文诂林》,香港中文大学出版社 1975 年版。

100. [英]葛瑞汉:《中国的两位哲学家:二程兄弟的新儒学》,程德祥等译,大象出版社 1999 年版。

101. [德]黑格尔:《哲学史讲演录》第一卷,贺麟、王太庆译,商务印书馆 2009 年版。

102. [美]马伯良编著:《宋代的法律与秩序》,杨昂、胡雯姬译,中国政法大学出版社 2010 年版。

103. [日]市川安司:《程伊川哲学的研究》,东京大学出版会 1964 年版。

104. [美]伊沛霞:《内闱——宋代的婚姻和妇女生活》,胡志宏译,江苏人民出版社 2004 年版。

二、论文

(一)期刊论文(按责任者姓氏音序排列)

1. 白彤东:《中西、古今交融、交战下的先秦政治哲学——关于比较哲学方法的一些思考》,《云南大学学报(社会科学版)》2009 年第 1 期。

2. 蔡方鹿、冯欢:《“存天理,去人欲”提出的针对性、原因及其流弊再探》,《哲学研究》2019 年第 8 期。

3. 蔡方鹿:《1949 年以来程颢、程颐研究述评》,《社会科学研究》1994 年第 2 期。

4. 蔡方鹿:《程颢程颐在宋学和理学中的地位》,《学习论坛》2007 年第 5 期。

5. 蔡方鹿:《程颢、程颐的道统思想》,《开封大学学报》1997 年第 1 期。

6. 蔡方鹿:《二程的人性修养思想与价值观》,《道德与文明》2014 年第 2 期。

7. 蔡方鹿:《二程哲学的异同变化及其对陆王心学的影响》,《河北学刊》1995 年第 3 期。

8. 陈壁生:《理教与经教之间——朱子政治哲学中的帝王、士大夫与庶民》,《现代哲学》2014 年第 6 期。

9. 陈来:《论道德的政治——儒家政治哲学的特质》,《天津社会科学》2010 年第 1 期。

10. 陈来:《仁学视野中的"万物一体"论(上)》,《河北学刊》2016 年第 3 期。

11. 陈来:《仁学视野中的"万物一体"论(下)》,《河北学刊》2016 年第 4 期。

12. 陈来:《宋明儒学的"天地之心"论及其意义》,《江海学刊》2015 年第 3 期。

13. 陈力祥:《顺理而治　发政施仁——二程王道政治伦理思想发微》,《求索》2019 年第 1 期。

14. 陈增辉:《二程民本思想简论》,《河北学刊》1997 年第 1 期。

15. 程永凯:《前理学时代之"天理"观研究》,《海南大学学报(人文社会科学版)》2019 年第 3 期。

16. 崔大华:《二程与宋明理学》,《中州学刊》1984 年第 5 期。

17. 邓子纲、王芳芳:《二程的"孝"思想及其现代意义》,《船山学刊》2010 年第 3 期。

18. 丁静:《"二程"教化思想及其当代价值》,《贵州社会科学》2018 年第 2 期。

19. 丁四新:《张力与融合——朱子道统说的形成与发展》,《中州学刊》

2019 年第 2 期。

20. 董根洪:《“天下之理,莫善于中”——论二程的中和哲学》,《中州学刊》1999 年 1 月。

21. 敦鹏、惠吉兴:《王道的张力——兼论二程王道政治及其人文特质》,《社会科学战线》2013 年第 12 期。

22. 敦鹏、王飞:《道统的重建——二程“道统论”的政治自觉及其限度》,《河北大学学报》2014 年第 4 期。

23. 敦鹏:《道统的重建与儒学的复兴——论二程政治哲学形成的历史背景与思想渊源》,《保定学院学报》2016 年第 3 期。

24. 敦鹏:《二程关于政治改革的构想与实践》,《现代哲学》2016 年第 2 期。

25. 敦鹏:《近 40 年来二程思想研究综述》,《保定学院学报》2015 年第 4 期。

26. 敦鹏:《礼与法:二程重构政治秩序的双重路径》,《国学学刊》2018 年第 1 期。

27. 敦鹏:《理想政治的道德承诺——兼论二程政治哲学的伦理之维》,《道德与文明》2013 年第 2 期。

28. 范立舟:《程颢、程颐论“王道”与“治道”及其现代意义》,《浙江社会科学》2020 年第 12 期。

29. 范立舟:《论两宋理学家的政治理想》,《政治学研究》2005 年第 1 期。

30. 方朝晖:《“治道”考义——纪念钱穆先生诞辰 125 周年》,《政治思想史》2020 年第 4 期。

31. 方朝晖:《人伦重建是中国文化复兴必由之路》,《文史哲》2013 年第 3 期。

32. 冯兵:《儒家“敬”论的三个发展阶段——以〈尚书〉、〈曲礼〉和程朱理学为例》,《哲学动态》2017 年第 4 期。

33. 冯友兰:《正确评价二程洛学》,《中州学刊》1988 年第 4 期。

34. 付长珍:《程颐境界哲学的理性之维——兼论二程境界的不同取向》,《厦门大学学报(哲学与社会科学版)》2006 年第 5 期。

35. 付长珍:《程颐境界哲学的理性之维——兼论二程境界的不同取向》,

《厦门大学学报(哲学社会科学版)》2006 年第 5 期。

36. 高海波:《论北宋理学家对普遍性的追求——以周敦颐、张载、二程为例》,《哲学动态》2020 年第 11 期。

37. 洪元植:《“家的发见”与儒学中“家”的特殊性》,《中国人民大学学报》2017 年第 3 期。

38. 黄明喜:《论二程的义利观与教育哲学思想》,《华东师范大学学报(教育科学版)》1997 年第 2 期。

39. 黄勇撰,崔雅琴译:《论二程如何化用〈孟子〉》,《社会科学》2019 年第 1 期。

40. 惠吉兴、敦鹏:《礼与法:二程重构政治秩序的双重路径》,《吉首大学学报(社会科学版)》2013 年第 3 期。

41. 惠吉兴:《试论政治哲学的学科定位、对象与功能》,《河北师范大学学报(哲学社会科学版)》2011 年第 3 期。

42. 贾贵荣:《宋代妇女地位与二程贞节观的产生》,《山东社会科学》1992 年第 3 期。

43. 乐爱国:《“孝弟”:“仁之本”还是“为仁之本”——以朱熹对〈论语〉“孝弟也者,其为仁之本与”的诠释为中心》,《安徽大学学报(哲学社会科学版)》2019 年第 1 期。

44. 李承贵:《二程的佛教观及其思想史意义》,《南京大学学报(哲学·人文科学·社会科学)》2005 年第 3 期。

45. 李存山:《程朱的“格君心之非”思想》,《中国社会科学院研究生院学报》2006 年第 1 期。

46. 李存山:《庆历新政与熙宁变法——兼论二程洛学与两次“革新政令”的关系》,《中州学刊》2004 年第 1 期。

47. 李景林、杨静:《诚敬存养与格物穷理——二程人格修养学说述论》,《人文杂志》2019 年第 7 期。

48. 李祥俊、朱墨青:《儒家思想中的内与外》,《河南社会科学》2017 年第 3 期。

49. 李祥俊:《纲常与中国传统政治》,《北京师范大学学报(人文社科版)》2001 年第 2 期。

50. 李祥俊:《儒学“天”观念的含义演进与思想特征》,《社会科学战线》2021 年第 2 期。

51. 李晓虹:《天理 · 仁性与程颢的修身之道》,《中州学刊》2013 年第 9 期。

52. 李晓虹:《从“理 · 仁 · 礼”看二程的孝道思想》,《中州学刊》2012 年第 1 期。

53. 李永富:《引君当道　致君尧舜——二程论格君心之非》,《东岳论丛》2016 年第 11 期。

54. 梁涛:《北宋新学、蜀学派融合儒道的“内圣外王”概念》,《文史哲》2017 年第 2 期。

55. 林存光、王法强:《义理、权势与政治——二程兄弟的政治哲学论纲》,《政治思想史》2018 年第 3 期。

56. 林存光:《中国古典政治哲学论纲——一项基于中西比较视角的审视与分析》,《天津社会科学》2006 年第 2 期。

57. 刘丰:《宋代礼学的新发展——以二程的礼学思想为中心》,《中国哲学史》2013 年第 4 期。

58. 刘玉敏:《二程对“孝悌其为仁之本”的解读及其伦理意义》,《兰州学刊》2007 年第 4 期。

59. 刘增光:《理学视域中的礼说——程颐论郊祀宗祀与宗子法》,《黑龙江社会科学》2020 年第 4 期。

60. 卢广森:《二程的崇儒重道思想》,《中州学刊》1983 年第 6 期。

61. 卢连章:《二程理学与佛学思想》,《中州学刊》2004 年第 4 期。

62. 罗安宪:《“诚信”观念的历史生成及时代意义》,《哲学家》2011 年辑。

63. 罗安宪:《敬、静、净:儒道佛心性论比较之一》,《探索与争鸣》2010 年第 6 期。

64. 罗安宪:《论中国文化学意义上的“家”》,《中国人民大学学报》2017 年第 3 期。

65. 罗安宪:《儒家视域中的“家国天下”》,《中国人民大学学报》2017 年第 3 期。

66. 罗家祥:《儒家“诚”“敬”理论的宋代开展及其实践意义》,《哲学研究》2015 年第 5 期。

67. 潘富恩、徐余庆:《论二程的变革理论和对熙宁新政的态度》,《学术月刊》1986 年的 3 期。

68. 潘富恩、徐余庆:《论二程的人才观》,《兰州大学学报(社会科学版)》1987 年第 1 期。

69. 潘富恩、徐余庆:《论二程的刑治与教化思想》,《复旦学报(社会科学版)》1987 年第 1 期。

70. 潘富恩、徐余庆:《略论二程的教育思想》,《中州学刊》1985 年第 4 期。

71. 潘小慧:《荀学视域中的"天下"和"国(家)"》,《中国人民大学学报》2017 年第 3 期。

72. 彭耀光:《二程的"道学"与道统观——以二程对孟子性论的诠释为中心》,《东岳论丛》2015 年第 12 期。

73. 彭耀光:《二程辟佛与理学建构》,《哲学动态》2012 年第 11 期。

74. 彭耀光:《近百年来二程哲学思想异同研究述评》,《哲学动态》2007 年第 6 期。

75. 乔清举、朱舒然:《二程"仁者浑然与物同体"的生态哲学思想》,《福建论坛(人文社会科学版)》2018 年第 9 期。

76. 任锋:《"体乾刚健":二程政治思想的非常气质》,《学术月刊》2015 年第 12 期。

77. 任剑涛:《道德与中国传统政治的合法性》,《华中师范大学学报》2005 年第 1 期。

78. 沈毅:《"家""国"关联的历史社会学分析——兼论"差序格局"的宏观建构》,《社会学研究》2008 年第 6 期。

79. 宋志明:《二程与正统理学的奠基》,《河南社会科学》2009 年第 3 期。

80. 孙向晨:《家:中国文化当代最切近的形式》,《中央社会主义学院学报》2020 年第 5 期。

81. 唐纪宇:《〈程氏易传〉中的"君臣共治"思想》,《中国哲学史》2013 年第 1 期。

82. 王世光:《二程理欲观与王安石变法》,《齐鲁学刊》2007 年第 6 期。

83. 王心竹:《20 世纪中国大陆程朱理学研究综述》,《哲学动态》2002 年第1期。

84. 王新春:《仁与“天理”通而为一视域下的程颢易学》,《周易研究》2006年第6期。

85. 吴鹏:《“天理”与“仁”:程颢的仁学理论与境界内涵》,《中国社会科学报》2019年8月14日。

86. 向世陵:《二程论仁与博爱》,《孔子研究》2015年第2期。

87. 肖瑛:《“家”作为方法:中国社会理论的一种尝试》,《中国社会科学》2020年第11期。

88. 徐洪兴:《二程论“仁”和“礼乐”》,《云南大学学报(社会科学版)》2005年第4期。

89. 徐洪兴:《论二程思想之异同》,《复旦学报(社会科学版)》2006年第5期。

90. 徐仪明:《二程哲学思想研究的新进展》,《中州学刊》1984年第1期。

91. 许章润:《论“家国天下”——对于这一伟大古典汉语修辞义理内涵的文化政治学阐发》,《学术月刊》2015年第10期。

92. 闫鑫:《二程礼论的性理基础》,《中州学刊》2018年第11期。

93. 姚季冬:《“有天下”:北宋儒者的理解》,《孔子研究》2013年第4期。

94. 姚季冬:《程颐君臣观的治道意涵》,《政治思想史》2018年第3期。

95. 余敦康:《程颐的经世外王之学》,《孔子研究》1992年第2期。

96. 张丰乾:《“身”“乡”“家”“国”“天下”之同异——由〈管子〉反观〈大学〉》,《学术视野》2017年第7期。

97. 张浩、孙劲松:《论〈周易程氏传〉的君臣关系》,《人文论丛》2020年1月。

98. 张建民:《程颐的君主论》,《海南大学学报(人文社会科学版)》2018年第1期。

99. 张连伟、李晗:《辟佛、反本与开新:二程“生之谓性”新解》,《中国哲学史》2019年第3期。

100. 张倩:《从家国情怀解读国家认同的中国特色》,《江淮论坛》2017年第3期。

101. 张新:《政治哲学视域下的“亲亲互隐”——以先秦儒、法思想为考察中心》,《孔子研究》2018 年第 3 期。

102. 章启辉:《程颢程颐与周敦颐的佛学思想》,《求索》2001 年第 5 期。

103. 章启辉:《二程“天理”论的伦理特质》,《湖南大学社会科学报》1994 年第 1 期。

104. 章启辉:《试论二程性理合一的道德学说》,《齐鲁学刊》1998 年第 6 期。

105. 赵汀阳:《哲学的政治学转向》,《吉林大学社会科学学报》2006 年第 2 期。

106. 赵振:《北宋疑经思潮与二程经学》,《兰州学刊》2007 年第 6 期。

107. 郑臣:《“礼只是一个序,乐只是一个和”——程颐礼学思想的政治哲学向度》,《哈尔滨师范大学社会科学学报》2014 年第 3 期。

108. 郑臣:《宋代思想转型中的二程与王安石》,《兰州学刊》2007 年第 10 期。

109. 周桂钿:《政治哲学是中国传统哲学的中心》,《哲学研究》2000 年第 11 期。

110. 朱杰人:《二程与朱子的道统说》,《华东师范大学学报(哲学社会科学版)》2018 年第 2 期。

(二)学位论文(按责任者姓氏音序排列)

1. 丁静:《二程教化思想研究》,博士学位论文,南京理工大学人文与社会科学学院,2017 年。

2. 丁涛:《程颢理学思想研究》,博士学位论文,西北大学中国思想文化研究所,2019 年。

3. 敦鹏:《二程政治哲学研究》,博士学位论文,河北大学哲学与社会学学院,2013 年。

4. 洪梅:《二程生态伦理思想研究》,博士学位论文,中南大学公共管理学院,2012 年。

5. 黄锦君:《二程语录语法研究》,博士学位论文,四川大学文学与新闻学院,2002 年。

6. 李学卫:《张载与程颐易学比较研究》,博士学位论文,陕西师范大学哲学与政府管理学院,2018 年。

7. 李永富:《易学视野下的二程理学建构》,博士学位论文,山东大学哲学与社会发展学院,2017 年。

8. 王鹏英:《二程理学美学思想研究》,博士学位论文,山东师范大学文学院,2009 年。

9. 王绪琴:《气本与理本——张载与程颐易学哲学比较研究》,博士学位论文,南开大学哲学院,2012 年。

10. 肖梦夏:《"体用一源,显微无间":程伊川理一本思想研究——以〈程氏易传〉为中心》,博士学位论文,复旦大学哲学学院,2014 年。

11. 谢寒枫:《程颢哲学研究》,博士学位论文,中国社会科学院研究生院哲学系,2002 年。

12. 于江波:《理学和易学交融视域下的程颐礼法哲学思想研究》,博士学位论文,山东大学哲学与社会发展学院,2019 年。

13. 张恒:《理学的发生:基于范式转换的视角》,博士学位论文,山东大学儒学高等研究院,2020 年。

14. 张鹏伟:《宋明理学"天理"人欲问题研究》,博士学位论文,陕西师范大学哲学与政府管理学院,2013 年。

15. 郑臣:《内圣外王之道——实践哲学视域内的二程》,博士学位论文,复旦大学哲学学院,2007 年。

后　　记

十年一觉哲学梦。

从2011年进入山东大学学习，到2015年进入中国人民大学哲学院师从罗安宪教授，到2021年博士毕业入职中央团校，再到今年个人的第一本专著即将付梓，已整整过去了12个寒暑。

“落其实者思其树，饮其流者怀其源。”走上中国哲学、宋明理学研究这条道路实属偶然。本科时，所在的尼山学堂是“山东大学古典学术人才培养实验班”，日常所学游走于四书五经、经史子集之间，于西学甚少涉猎。保研时，鉴于国内并没有国学专门学科，便选择了与国学意趣最为接近的中国哲学专业。

“所谓大学者，非谓有大楼之谓也，有大师之谓也。”来到中国人民大学哲学院，受业于恩师罗安宪教授，6载硕博连读，改变了我的人生和学术方向。老师于我，亦“师”亦“父”、亦“长”亦“友”。老师循循善诱，博我以文，约我以礼；我虔诚追随老师步伐，学大德、学大爱，学做人、学做事。老师用他的宽厚温和、言传身教，护佑我在人大这方净土上恣意生长，在理学这片天地间自由驰骋。最终，以二程为原点，以理学为半径，先后完成了硕士学位论文《“主静”与“主敬”——周敦颐与程朱修养工夫论比较研究》和博士学位论文《“天理”与二程家国天下治道体系研究》。本书正是在博士学位论文基础上修订、扩充而成的。我在学术上的天赋和努力远不及老师，精专而广博，圆融而自得；但如果说对未来有所期待，那便是以老师为标杆，用接下来几十年的埋首持续精进，努力成为像老师这样的“大人”。

师道绵远，学海无涯。本书从撰写到出版，离不开诸位老师的关心爱护。耄耋之年的师公张立文先生，作为宋明理学研究之大家，不仅在博士学位论文撰写时给予我亲切指导和关键点化，还亲自出山担任博士学位论文答辩主席。

人大哲学院的林美茂老师、曹峰老师、彭永捷老师、温海明老师、谢林德老师、刘增光老师、李记芬老师、罗祥相老师，严谨治学，教我育我。担任博士学位论文答辩委员的白奚老师、王心竹老师、王威威老师、曹峰老师，春风化雨，永不能忘。来到中央团校后，马克思主义学院刘长军院长和学校各个部门为本书的出版提供了诸多支持。人民出版社刘海静老师给予了悉心指导和宝贵建议，最终推动这本书的面世。在此，一并向老师们致以最诚挚的谢意！

本书的出版得到中央团校（中国青年政治学院）出版基金资助，在此谨致谢忱。

最后，感谢我的父母家人，感谢我的爱人徐弘源先生，你们的爱永远是我最温暖的港湾、最坚强的后盾。

这本书作为个人学术生涯的起点，还略显笨拙稚嫩，请各位师友指正。

胡　静

2023 年 6 月 30 日